U0457923

GUOJI HUANJING FA ANLI JIEXI

林灿铃 等◎编著

国际环境法案例解析

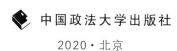

中国政法大学出版社

2020·北京

图书在版编目（ＣＩＰ）数据

国际环境法案例解析/林灿铃等编著. —北京:中国政法大学出版社,2020.11
ISBN 978-7-5620-9744-0

Ⅰ.①国… Ⅱ.①林… Ⅲ.①国际环境法学－案例 Ⅳ.①D996.9

中国版本图书馆 CIP 数据核字(2020)第 232034 号

出 版 者　　中国政法大学出版社
地　　　址　　北京市海淀区西土城路 25 号
邮寄地址　　北京 100088 信箱 8034 分箱　邮编 100088
网　　　址　　http://www.cuplpress.com (网络实名：中国政法大学出版社)
电　　　话　　010-58908586(编辑部) 58908334(邮购部)
编辑邮箱　　zhengfadch@126.com
承　　　印　　保定市中画美凯印刷有限公司
开　　　本　　720mm×960mm　　1/16
印　　　张　　27.5
字　　　数　　450 千字
版　　　次　　2020 年 11 月第 1 版
印　　　次　　2020 年 11 月第 1 次印刷
定　　　价　　99.00 元

作者简介

林灿铃　男，1963 年 9 月生，法学博士，福建周宁灵凤山人，留学归国，现为中国政法大学教授、博士生导师、国际环境法研究中心主任，同时兼任中国国际法学会理事、中国环境科学学会环境法学会副会长、教育部学位与研究生教育发展中心评估专家、教育部社科基  金项目评审专家、国家社科基金项目评审专家等职。主要研究领域为：国际法、国际环境法、国家责任法、环境伦理学、国际关系学、国际政治学等，代表作有《国际法上的跨界损害之国家责任》《国际环境法》《荆斋论法——全球法治之我见》《跨界损害的归责与赔偿研究》《国际环境立法的伦理基础》等，近年来主持"突发工业事故跨界影响的国际法理论与实践""跨界损害问题的归责与赔偿研究""国外应对气候变化法所涉重点问题识别和研究""跨国界大气污染问题的国际条约与规则研究""国际环境立法的伦理基础研究""气候变化所致损失损害责任之国际法机制研究"等国家级和省部级科研项目数十项，并在国内外发表《论跨国界环境污染的国家责任》《现代国际法的主体问题》《国际社会的整体利益与国际犯罪》《浅析个人在国际法上的地位》《论国际法不加禁止行为所产生的损害性后果的国家责任》《环境问题的国际法律调整》《国际法的"国家责任"之我见》《环境保护与国际立法》《儒学与当今世界主题》《儒学于当今世界之圭臬论》《工业事故跨界影响的国际法分析》《跨界水资源开发利用的国际环境法原则》《国际环境法之立法理念》《侨民保护之国际法理论的发展》《论国际环境法在当代国际关系中的地位和作用》《气候变化与中国法制对策》《边境地区环境问题的法治之道》《气候变化所致损失损害补偿责任》以及《环境伦理之于国际环境立法》等学术论文一百多篇。

前 言
PREFACE

地球是一个整体，人类属于这个地球，与地球上的一切休戚相关。环境问题所导致的严重后果已影响到人类生产生活的各个方面，毋庸置疑，环境问题已经成为人类不可回避的共同课题。保护环境同维护和平、为保护人的尊严以及基本权利而为全人类创造生存条件同样重要，已经成为国际社会的共识、共同利益和共同责任。为了确保经济的繁荣与发展，确保社会的安全与稳定，我们致力于高科技的研究和应用。但同时必须清醒地认识到，迅猛发展的现代高科技在给人类带来福祉的同时也带来了越来越多的困扰和危险，带来了各种各样的损害和灾难。

过去的 20 世纪和我们生活的当下——21 世纪初叶——发生过且还在发生着重大事件：1945 年日本广岛和长崎的原子弹爆炸、1986 年苏联切尔诺贝利核电站泄漏事故、2003 年"非典"流行、2005 年中国松花江污染事件、2011 年日本福岛核泄漏、2020 年"新冠肺炎"，等等，无一例外给人类的未来投下了阴影。诸多诸如此类的事件有的听说过读到过，有的亲身经历过，有的正在经历着，但我皆将其视作与我有关，环境大灾难啊！

就像已肆虐人间三月有余的"新冠肺炎"，疫情着实恐怖且令人恐慌，人类过去曾经面对，而今正在经历，甚至将来仍旧无法幸免。疫情，惊慌了国与城，惊恐了世间诸相，乡村设卡阻路，亲戚不走动，邻里不串门，还有……都市没有了熙熙攘攘，不见了车水马龙，消失了灯红酒绿，还有……疫情，使人性的各个侧面都表现得淋漓尽致。有人勇于直面惨淡的人生，具大无畏精神的真正勇者在病毒横行时奋起，怀自由人道主义者在荒诞的悲催下坚持真理与正义，绝大多数似我者，虽不伟大，但绝不颓废，更不绝望！

我坚信：疫情的蔓延一定是能够被阻止的，人们无论如何都能够弄清它是什么，以及用什么步骤对付它和最终制服它。只要看透该看透的东西，驱散无关的干扰，采取必要的措施。然后，疫情就会结束。一俟疫情结束，那么一切就都将好起来。但我们不能好了伤疤忘了疼，我们应该主动探索，深入思考，举一反三，善于总结，从而避免重蹈覆辙，以达和谐健康、稳步发展。

大自然的保护、人类生存与发展环境的保护、人与自然的和谐——是我们致力的事业与目标。

……我是多么希望有着坚持自己美好情操的勇气！多么希望学会如何表达自己！多么希望生命中的分分秒秒皆有非凡价值！……理性压过了脱缰的联翩浮想，猛然觉得……其他的一切都是不可靠的，只有日常工作才是确定的。不能把时间浪费在那些琐碎或偶然的事情上，要紧的是把日常工作做好。对的，有道是以先例解决抑或参照解决新事，世间诸般多如是，学界亦然。正可谓"述古喻今文无妄作，观天察地人不虚生"。

付梓本书旨在阐明"环境无国界"，促人理解"命运共同体"，珍惜环境，关爱众生，正确定位，规范行为，窥得"国际环境法"相关原理，且尽可能领悟国际环境法之真谛。同时，亦在使"国际环境法"之学科体系愈臻完善。

尽管，疫情尚未终结，但，今天的事绝不拖到明天……

2020 年 4 月 20 日 于荆斋

目 录 CONTENTS

一、特雷尔冶炼厂案

基本案情

特雷尔冶炼厂（The Trail Smelter）是在英属加拿大的哥伦比亚的特雷尔的一家北美洲最大的冶炼厂，是加拿大一家私人的冶炼厂。该厂从 1896 年开始冶炼锌和锡，由于提炼的矿物质含有硫磺，烟雾喷入大气层后生成为二氧化硫。到 1930 年，每天喷入大气的二氧化硫达 600 吨到 700 吨。这股气体随着上升的气流南下，越过特雷尔以南约 18 公里的加美边界，在美国华盛顿州造成严重的污染，该地的庄稼、森林、牧场、牲畜、建筑物受到大面积的损害，成为历史上最严重的一件跨界污染事件。多年来，美国华盛顿州的私人曾多次向加拿大索赔，但一直没有得到圆满解决。1927 年，美加进行过多次外交谈判后，终于 1931 年双方同意将问题提交给处理两国边界问题的"国际联合委员会"解决。该委员会在 1931 年的报告中称，冶炼厂对美国所造成的损害到 1932 年 1 月 1 日将达 35 万美元。加拿大政府同意付给美国 35 万美元作为全部损失的赔偿。但这一建议为美国所拒绝，争端未能解决。其后，由于特雷尔冶炼厂采取了一定的控制措施，二氧化硫的排放量已大有减少，但污染损害问题尚未解决，新的污染仍然存在。美加两国在国际联合委员会的建议下，于 1935 年 4 月 15 日签订"特别协议"，组织仲裁法庭解决此项争端。根据特别协议，仲裁法庭由三名仲裁员组成，仲裁法庭主席是比利时法学家霍斯蒂耶，美方仲裁员是华伦，加方仲裁员是格林舒尔德。美加各派一名科学家协助法庭工作。仲裁法庭于 1938 年作出裁决。由于美国对 1938 年裁决提出异议，要求法庭对裁决进行审议和修改。仲裁法庭最后在 1941 年才就本案作出最后裁决。

诉讼请求

1. 特雷尔冶炼厂停止对美国华盛顿州的跨界大气污染损害。
2. 要求加拿大政府对美国进行跨界大气污染损害赔偿。

裁决

仲裁庭于 1938 年 4 月 16 日发布第一份裁决，对双方争议的第一个问题做出回答。仲裁庭认为，加拿大政府应向美国支付自 1932 年 1 月 1 日至 1937 年 10 月 1 日之间，特雷尔冶炼厂对美国华盛顿州造成的损害赔偿共计 78 000 美元，同时要求加拿大政府采取安装污染物测量仪等合理措施对特雷尔冶炼厂的污染行为进行治理。仲裁庭仅支持了美国提出的赔偿请求的第 1 项和第 2 项，即对开垦地和未开垦地的损害进行赔偿。仲裁庭为特雷尔冶炼厂设置了临时的监督管理制度以减少其污染，并且明确本裁决不能作为加拿大的免责事由。

第二份裁决发布于 1941 年 3 月 11 日，仲裁庭对美、加两国争议的事项进行了终局裁决。仲裁庭对美国要求的费用赔偿不予支持；不认可美国所主张的"本案存在法律适用错误"，并且所谓的法律适用错误也不能推翻原裁决；由于美国没能证明 1937 年至 1940 年特雷尔冶炼厂对其造成的损害，仲裁庭对于美国提出的 1937 年后的损害赔偿请求不予支持。

问题提炼

1. 何谓"环境无国界"？
2. 什么是跨界损害责任的法律基础？
3. 如何理解"域外私人行为的国家责任"？
4. 私人行为的法律归责性问题？
5. 私人行为之国家责任的法律依据是什么？

解析

（一）何谓"环境无国界"？

1972 年，罗马俱乐部关于人类困境的报告——《增长的极限》公开发表；1987 年，世界环境与发展委员会以"从一个地球到一个世界"的总观点负责制订"全球的变革日程";〔1〕1992年初，具有全球影响的世界观察研究所发布《世界环境状态年度报告》，用大量数据说明世界环境正在恶化，指出需要开展一场环境革命来拯救人类；联合国环境规划署公布的《世界环境状况报告》，也以大量资料说明环境问题的严重，等等。所有这些都在警示我们，人类所面临的环境危机已经非常严峻，我们必须充分认识到人类赖以生存的地球是一个整体，是一个总的生态系统，它的各个组成部分是相互联系、相互影响、相互制约的。一个地方的环境灾难会不同程度直接、间接地影响到其他地方的环境状况，危及其他国家和人民。大气是流动的，不受国界的限制，在某一个国家排放的空气污染物，可以通过气流传播到其他国家，扩散到很远的地方。如多氯联苯通过大气从工业国的释放源传到了北极，英国等西欧国家排放的硫氧化物飞到北欧构成了酸雨，等等。水是流动的，全球水系是相互联系的整体，一个国家的跨国流域的水污染同样可以影响到别的国家。迁徙动物也不受国界的限制，候鸟和洄游鱼类在一年之中有规律地从此地迁徙到彼地，包括从一国迁徙到另一国。可见，大气、水流、野生物种乃至整个自然环境都不受人为国界的限制，一国境内严重的环境污染，其危害性在很多情况下会波及多个国家乃至影响整个地球的生态系统。因此，从地球自然环境的本身发展规律来说，需要各国共同予以保护。

同时，在我们的地球上，不仅存在着两国以上共管的环境资源，而且还存在着属于全人类的环境资源，即"人类共同继承财产"。所谓"人类共同继承财产"，包括"公域环境"。〔2〕这些领域或资源不属于任何国家所有，而为全人类共有，应为全人类谋福利，为世界各国共同管理和合理利用。《联合国海洋法公约》宣布国家管辖范围以外的海床和洋底及其底土为人类的共同继承财产，《指导各国在月球和其他天体上活动的协定》明确规定："月球及其自然资源均为全体人类的共同财产。"公海、南极虽然未被宣布为人类共同财产，但它们也不属于任何国家，根据南极条约体系，南极实际上是作为"人类共同继承财产"在一个多边合作的体制下进行管理，保证其仅用于和平目

〔1〕 参见世界环境与发展委员会：《我们共同的未来》，王之佳、柯金良等译，吉林人民出版社1997年版，第5~12页。

〔2〕 "公域环境"指国家管辖范围以外的区域，包括公海、公空、国家管辖范围以外的海床和洋底及其底土、地球南北两极、外层空间等。参见林灿铃：《国际环境法》（修订版），人民出版社2011年版，第461页。

的，世界各国应共同管理并重视对其环境资源的保护。

此外，对于各国主权管辖范围的某些环境组成部分，鉴于其对人类的重要价值，亦赋予其"人类共同遗产"或"人类共同财富"的意义，要求在承认国家对它们享有主权权利的前提下，通过国际合作对它们进行国际保护。例如，根据1972年的《保护世界文化和自然遗产公约》，国际社会为集体保护具有重大价值的文化遗产和自然遗产建立了一个长久性的有效机制。这些世界遗产仍属世界各国所有并主要由各国自己保护，但整个国际社会有责任根据该公约进行合作，使之受到国际性保护，以便永久保护和为全人类享用。

人类是一个整体，地球只有一个。我们必须认识到：任何一个人或一个国家都不可能建立起自己的环境防线。环境保护绝不是一个人、一个地区或一个国家就能够做到的，她需要全世界、全球范围的大动员，是整个人类共同的事业，是全人类——不分种族、不分地域、不论信仰、不论贫富——所有地球人应该履行、必须履行的义务，必须齐心协力，同舟共济。否则，终有一天，整个人类将彻底灭绝，就如同现在已经灭绝的物种一样。如果真正认识到这一点，那么环境的国际保护就是整个人类的最高的共同利益。面对人类共同的危机，为了人类最高的共同的利益，人类必须采取共同的行动，制定改善环境、保护环境的法律。我们应按照有利于人类在自然界持久生存下去且更好地生活的要求来确立人对自然的实践行为的评价标准系统，为人类改造、利用、占有自然确定正当的范围、合理的途径方式并承担起优化自然生态系统或环境的道德义务和法律责任。

今天，我们处在一个大变动、大交流、大发展的时代，东西方文化的碰撞、互动实属必然，绝不应该非黑即白、非此即彼。我们必须明确并践行"环境无国界"这一基本认识，以"善"为念，建立起一套原则明确并包括事前磋商、事后救济、争端解决等在内的完善的关于跨界资源开发利用活动中所引发的环境事故的国际环境法机制，使人类的活动与自然界的永恒的普遍规律相协调。

（二）什么是跨界损害责任的法律基础？

在跨界的具有高度危险性的高科技活动中，受害人往往难以收集到必要的证据来证明行为者的过错，因而得不到赔偿。当这种危害来自另一个国家时，国家之间的行政上的阻碍更加剧了求偿上的困难。因此，为维护受害者的利益，只要受害者能证明其受到的损害与行为者活动之间的因果关系，就可以得到赔偿，除非行为者可以证明损害是由于受害人的过错而引起的。这就是严格责任制度或绝对责任制度。

在古时候，实行不分青红皂白对损害一律赔偿的"加害原则"。罗马法用"无过失即无责任"的原则来取而代之，是历史的进步。另一方面，罗马法中也对过失责任规定了一些例外，如动物造成的损害，其主人不论有无过错，都要负责。可以说，这是"严格赔偿责任"的萌芽。当今社会，随着高科技的迅速发展和高度危险性技术的运用日益增多，国际经济交往情况日益复杂，工业污染日益严重，传统的过失责任制度——"无过失即无责任"理论，特别是在跨界损害中，越来越表现出其局限性，其中最为显著的是无辜受害者的合法利益得不到保护。作为跨界损害责任基础的严格责任就是在这样的时代背景下发展起来的。

可以说，严格责任制度今天已根植于大多数国家的法律制度中，许多国家的民法典，包括法国、比利时、阿根廷等都对造成伤害的动物的主人适用严格赔偿责任，不论动物是在看管中，还是已经走失或逃走。尤其在高度和异常危险的活动领域中亦引进了严格责任概念，如我国《民法通则》第123条规定了从事危险活动的行为者要负严格赔偿责任。之所以适用严格赔偿责任，其理由不外乎两个方面。一方面是为了促进行为者加强安全措施；另一方面是为了弥补受害者的损失，如果行为者仅证明他采取了一切合理的注意，就可以免除责任，这显然对受害者是不公平的。

在跨界环境污染损害领域，传统的过失责任理论不仅因受害者在举证上存在困难而得不到应有的法律救济，而且行为者也可以轻易地逃避责任。因此，当今世界各国都将严格赔偿责任原则作为环境污染损害的一条重要原则，如1990年《德国环境责任法案》，其第1条就规定："任何一个人因附录1所列举范围的设施的排放造成环境污染从而引起人身伤害或财产损失的，该设施所有者应对由此而引起的损害或损失承担责任。"事实上，只要具备以下三个因素，责任就可以成立：①被告运行的设施属于法案所列举的范围；②对环境的影响是由被告的设施所造成的；③环境的影响引起了对造成的损害的追诉。

综上可以看出，严格责任原则已存在于大多数国家的法律制度中，它作为一种法律概念已被广泛接受。尽管各国在运用这一原则上还存有不同之处。

自20世纪60年代以来，国际社会针对造成严重跨界环境污染或高度危险活动亦缔结了一系列国际条约，建立起了各种形式的赔偿责任制度。其中严格责任制度最为突出，亦最被广泛接受。如 1969 年《国际油污损害民事责任公约》第 3 条规定：在事件发生时，船舶所有人应对该事件引起的漏油或所造成的污染损害负责；1972 年《空间物体造成损害的国际责任公约》规定了发射国对本国或在本国境内发射的空间物体对他国及其人身、财产所造成的损害承担绝对的赔偿责任；1989 年《欧洲委员会关于公路铁路以及内河航运中运载危险物品所引起的损害民事责任公约》规定运载者要对由此引起的任何损害承担严格责任。《南极矿产资源活动管理公约》也把严格责任作为责任制度的基本原则。

考察各国实践及国际社会实践，不难发现严格责任具有其本身的特征：①严格责任的最大特点是不提过失，过失不是判断赔偿责任的依据和标准。行为与伤害之间的因果关系就足以导致行为人的赔偿责任。②严格责任的政策考虑是，如果仅按照过失责任来确定危险活动经营人的责任，对受害者是不公平的，并会对社会造成不良后果。③严格责任使举证责任转移。传统的做法是由原告承担举证责任，而严格责任是由被告承担举证责任。④严格责任也有例外。如由于不可抗力或在做出该行为的主体实在别无任何可供选择的严重危难时，或由于保卫国家重要利益的必需等，就可以免除其部分责任。

综上所述，严格责任制度作为一项法律原则，已经存在。尽管仍然存在围绕这一原则在国际法中的地位问题的各种不同见解。

通过以上分析，笔者认为对于跨界损害的国家责任之责任基础应适用严格责任。亦即只要受害人能证明其受到的损害与行为者活动之间的因果关系，就可以得到赔偿，除非行为者可以证明损害是由于受害人的过错而引起的。

此外，正如上文所述，由于引起跨界损害赔偿的行为不仅具有高度危险性而且是国际法不加禁止的，因而，对国家施以责任不是基于其行为的不法性，而是因为一国造成了跨界的损害后果，所以，也称为"后果责任"或"危险责任"。[1]跨界损害将成为一种危险责任，从而使各国对跨界损害造成的损失承担责任，否则就是违反国际法——国际环境法。

（三）如何理解"域外私人行为的国家责任"？

国际环境法目前一个很重要的发展趋势或者说一个显著的特色，就是建

---

〔1〕 ［德］洛塔尔·京特林："国家对跨国界污染的责任"，载论文集编辑委员会译：《当代联邦德国国际法律论文集》，北京航空航天大学出版社 1992 年版，第 434 页。

立起国家对私人行为造成的跨界损害承担责任的连接点。

由于私人行为在国际环境法中起着特殊的作用，与私人造成的跨界损害相联系，以传统的观点来对域外私人行为的国家责任进行说明，是一件十分困难的事情。传统国际法关于私人行为的国家责任，一般只限于国家领域内的行为，而且，对于国家应负责任的根据，一般也只是从以国家领域为基础国家所承担的国际义务上去研究。近年来，从预防跨界损害的观点出发，私人行为所从事的活动常常具有高度危险性，并可能导致灾难性后果；从保护受害者的角度来考虑，国家信誉及经济实力是任何保险机构所不能比拟的，而跨界损害，其造成的损害之严重凭私人的财力有时是无法承担的。因此，鉴于"对在国家领域外具有该国国籍或有类似关系的私人的行为所造成的损害，国家须为此承担国际责任的事例，正在日渐增多"[1]这一客观现实，提出私人行为的国家归责性问题，国家在跨界损害领域为私人承担国际责任的问题，乃是国际法亟待解决的一个新问题。

（四）私人行为的法律归责性问题

关于私人行为的国家责任，虽然迄今为止有过种种的讨论，但大都是限于国家领域内私人行为所造成的损害。过去所有被昭之于世的关于国家承担国际责任的大多数案例，基本上都是对"在自国领域内外国及外国人所遭受的损害的国家的国际责任"的事实冠以此种名称而已。对于此类国家责任，即关于领域内之私人行为的国家责任的根据，基本上是这样阐述的：在国际法上，国家基于领土主权而具有对其领域内的人和物的排他的管辖权，另一方面，基于国家的这种排他性的权利，国家又具有对其领域内之外国和外国人的权益进行保护的义务。具体地说，国家应于事前采取"在其领域内之外国或外国人的权益不受到私人行为的损害"的预防措施，一旦其领域内之外国或外国人的权益受到私人行为之侵害的话，事后则应采取适当的救济措施以尽"相当注意"之义务。国家如果疏于这一义务而使外国或外国人之权益遭受侵害的话，国家就需为此承担国家责任。换言之，国家为私人行为承担责任的根据就是该国基于其领土主权的上述义务。正如奥本海所言：国际法对每个国家均加以义务，使其运用"相当注意"以防止其本国人以及居住

---

〔1〕［日］安藤仁介："领域外において私人行为の国家责任"，载《日本神户法学杂志》1980年第30卷第25号，第314页。

在其领土范围内的外国人对其他国家做侵害行为的义务。[1]可见，国家的义务是运用相当注意以防止私人做国际侵害行为，而在私人已经做了这种行为时，惩罚不法行为人并强令他们支付必要的损害赔偿，以尽可能使受害者得到必要的满足和补偿……如果一个国家没有运用相当注意，[2]它就要担负责任并且应付给损害赔偿。[3]1927 年 7 月 17 日，美国驻墨西哥港的领事查普曼（Chapman）被一墨西哥人枪杀。枪杀的前三个星期，查普曼曾收到美国驻墨西哥大使馆的警告。他当时就通知了墨西哥港的地方当局，而墨西哥港地方当局没有加以特别保护，以致这一不幸事件发生。后来该案件提交给 1930 年美墨赔偿委员会裁决，委员会认为墨西哥港地方当局已经接获通知而不曾特别保护身为友邦领事的查普曼，显然是不曾作"相当注意"，以此判由墨西哥支付赔偿 15 000 美元。在 1980 年驻德黑兰的美国外交人员案中，国际法院也强调了这一点。[4]这种国家为私人行为承担的国家责任乃是以领土主权观念即国家对其领域内的人与物进行着排他性的统治——属地管辖权为基础，在这个基础上，国家担负着要给予相当注意，以防止外国和外国人的权利因私人的行为而受侵害的义务。

与主权的属地优越和属人优越（一国对本国境内的事务具有优先的管辖权）相对应的义务则是一国不得允许本国领土被用来从事有害他国利益的行为。该原则在"科孚海峡案"[5]中已得到了确认。此外，在国际法上还有一

---

〔1〕［英］詹宁斯、瓦茨修订：《奥本海国际法》（第 1 卷第 1 分册），王铁崖等译，中国大百科全书出版社 1998 年版，第 425 页。

〔2〕着重号为作者所加。

〔3〕［英］詹宁斯、瓦茨修订：《奥本海国际法》（第 1 卷第 1 分册），王铁崖等译，中国大百科全书出版社 1998 年版，第 425、426 页。

〔4〕中国政法大学国际法教研室编：《国际公法案例评析》，中国政法大学出版社 1995 年版，第 190 页。

〔5〕1946 年 10 月 22 日，英国军舰在通过位于阿尔巴尼亚大陆和希腊的科孚岛之间的科孚海峡时触到阿尔巴尼亚所布水雷遭受严重损害而引起的英国与阿尔巴尼亚之间的诉讼案。该案是联合国国际法院成立后审理的第一个案子，1949 年国际法院在审理该案时认为：根据国际法阿尔巴尼亚应对在其水域内发生的爆炸和由此爆炸对英国船舶造成的财产和生命损失负责。在该案件中，国际法院的依据是国际法而不是也可能认为阿尔巴尼亚应负责任的任何特别协定。国际法院说："阿尔巴尼亚当局应尽的义务包括为一般的航行利益起见应通告在阿尔巴尼亚领海设有布雷区并应警告趋近的英国军舰布雷区可对它们造成紧急危险。这些义务的依据不是适用于战时的 1907 年《海牙公约》（第 8 号），而是某些普遍公认的原则：对人道的基本考虑……每一国家都有义务不得有意地让其领土用于违反他国权利的行为。"

项基本原则：当有关行为是处于该国控制之下时，国家应为其承担责任。1972年《斯德哥尔摩人类环境宣言》第21条原则宣布："按照《联合国宪章》和国际法原则，各国有按自己的环境政策开发自己资源的主权；并且有责任保证在他们管辖或控制之内的活动，不致损害其他国家的或在国家管辖范围以外地区的环境。"此外，联合国大会自1972年以来的一系列有关国际环境法的决议、经济合作与发展组织的有关建议、1978年联合国环境规划署《指导国家在保护和协调利用两个或两个以上国家共享自然资源方面的环境领域行为准则草案》、1992年《里约热内卢环境与发展宣言》第2条原则[1]等都宣示"尊重国家主权和不损害国外环境"已经成为国际环境法的一项惯法原则。

上述原则说明国家应对在其控制下的行为负责。众所周知，在跨界损害活动中，私人行为往往都是在国家控制之下的。例如，建造核电站和使用污染空气的设备需要经过国家批准；开发大陆架和向河道排放污水需要沿岸国发放许可证；在海上航行的船舶需要在一个国家注册；等等。

（五）私人行为之国家责任的法律依据

对于域外私人行为所造成的损害，国家之所以需承担责任的原因，就是因为国家确实对这些私人行为进行了许可并监督等而将其置于自己的控制之下。从另一个角度看，国家对域外私人行为，仅从将其置于自己的控制之下来说，不也应该为其所造成的损害承担一些责任吗？如此，与基本上完全置于国家控制下的外空活动领域的国家为私人行为直接承担责任相比较，在很难做到由国家直接控制的防止海洋污染领域，国家只为私人行为承担有限的间接责任则是理所当然的了。不论怎样，国家为域外私人行为承担责任的根据，从国家完全可能置私人行为于自己的管理、控制之下这样的事实中去探求本身是具有深刻意义的。之所以这样说，乃是因为关于领域内私人行为的国家责任的根据在于国家基于领域管辖权所承担的国际义务。反过来说，国家为域外私人行为承担责任的根据，可以说乃是基于国家可以将私人行为置于国家的管辖和控制之下这个现实。因而，不论是领域内还是领域外的私人

---

〔1〕《里约热内卢环境与发展宣言》第2条原则：根据《联合国宪章》和国际法原则，各国拥有按照其本国的环境与发展政策开发本国自然资源的主权权利，并负有确保在其管辖范围内或在其控制下的活动不致损害其他国家或在各国管辖范围以外地区的环境的责任。

行为的国家责任，都可以认为是与国家传统的属地管辖权和属人管辖权概念相对应的。当然，正如属地管辖权与属人管辖权的内容不同一样，关于领域内和领域外的私人行为的国家责任的内容也不可能是完全一样的。另外，国家为域外私人行为承担责任也可以被看作是"权利与义务的一种平衡"。因为，控制国被推定从这种域外私人活动中获利，那么它也应该承担与此相关联的其他费用，包括一旦发生事故所应承担的赔偿责任。

毋庸置疑，环境保护在所有国家都是一项首要的国家任务。造成环境负担，尤其在产生有害影响时，都是在国家的控制之下。如前述建造核电站和使用污染空气的设备需要经过国家批准；开发大陆架和向河道排放污水需要沿岸国发放许可证；在海上航行的船舶需要在一个国家登记注册；等等。这表明国家从一开始就参与了增加环境负担的活动。因此，这不仅涉及对所有其他私人行为的抽象的国家控制，而且也涉及对环境污染的特殊控制。如果国家在国际上承担环境保护责任，则应贯彻"环境保护是国家任务"的原则。即国家承担在其主权和司法管辖范围利用环境的义务，实行有效控制，不得造成跨界环境损害，不论它是由国家机构还是私人所造成的。

本案的启示与意义

虽然时隔将近一个世纪，但跨界大气污染（环境损害）事件却不绝如缕，随着科学与技术的高速发展，此类事件大有愈演愈烈之趋势。2014年6月23日至27日，首届联合国环境大会就提出优先应对大气污染，改善大气环境质量的行动被提上全球议程。可以预见，大气污染跨界传输的影响和可能引发的纠纷已经成为国家环境外交的主要议题。因此，无论是现在还是将来，在相互依存性日益加强的现代国际社会，国际合作已不再仅仅是国家自我的政治意愿，而是在一定程度上成为国家的一项义务。所以，通过对特雷尔冶炼厂案的分析研究，从中提炼问题，不仅能够对跨界大气污染等国际环境争端的解决提供参考，有助于公正、及时、有效地解决国际环境争端而化解矛盾，在一定程度上也能够使人们在理解环境无国界、命运共同体等基本理念的基础上掌握国际环境法的相关原理，并真正领悟国际环境法的真谛所在。

二、尼日利亚科科港危险废物堆放事件

事件概况

1987年8月至1988年5月期间，根据一项协议，意大利一家公司分5条船，将从欧洲各国和美国收集的总共3800多吨有害废物运进了当时的本德尔州（Bendel State，即现在的尼日利亚三角洲 Delta State）科科港，在该协议中，意大利废物贸易商拉斐利（Gianfranco Rafaelli）以每月100美元的价格，说服一名当地退休木材工人纳纳（Sunday Nana），在其家附近堆放这些废物。这些有害废物不断散发出恶臭，并渗出脏水。直至1988年6月2日，尼日利亚政府才从非官方渠道（在意的尼日利亚留学生）获知该信息，并立即采取了相应措施。

1988年6月7日，尼日利亚外交部部长伊克·纳瓦丘库（Ike Nwachukwu）请求联合国对本次事件进行干预，希望联合国能够禁止跨国公司向非洲倾倒废物。6月9日，尼日利亚当局怀疑一艘丹麦货船丹尼克斯（Danix）号曾帮助将前述废物运往科科港，对其进行了扣押，同时遭到扣押的还有一艘意大利船只 Piave 号。同一天，尼日利亚总统易卜拉欣·巴班吉达（Ibrahim Babangida）召回了尼日利亚驻意大利大使，以此迫使意大利政府与其立即展开磋商，并要求意大利政府停止其在拉各斯（Lagos）的代办事务（这件事后来因意大利政府同意运回废物而得到妥善解决，尼日利亚驻意大利大使也于8月底返回意大利）。除了这些外交上的手段，尼日利亚还考虑通过司法途径解决该问题，其司法部长普林斯·博拉·阿吉博拉（Prince Bola Ajibola）声称将把此事提交国际法院。

截至1988年6月13日，尼日利亚政府逮捕了15人，包括拉斐利的意大利合作伙伴德西德里奥·佩拉齐（desiderio perazzi），针对此事件，尼日利亚还成立了一个专门针对该案件的法庭对他们进行审判，并要求意大利运回所

倾倒的废物。

与此同时，尼日利亚方得到了卫生官员报告，报告表明，经检验，发现这些废物中含有一种致癌性极高的化学物——聚氯丁烯苯基（C4H7ClC6H5-）。这些有害废物造成很多码头工人及其家属瘫痪或被灼伤，有 19 人因食用被污染了的大米而中毒死亡，并且有 3 名工人在搬运废物时遭受严重的化学烧伤。

6 月中旬，意大利政府同意运走这些废物，并通过其国有石油公司的子公司包租了两艘联邦德国船只——Karin B 号和 Deepsea 号来装运废物，同时雇用了超过 150 名尼日利亚工人来重新包装废物。尼日利亚政府为此提供了相应的机械设备和防护设备（包括防护服和防毒面具），美国政府通过其环境保护署捐赠了一些传输设备，英国政府也表示愿意捐赠清洁设备。但是，由于这些有害废物的毒性太过剧烈，防护设备并未起到很好的保护效果，许多工人仍被这些物质烧伤，并出现恶心、吐血甚至部分瘫痪住院的情况。6 月 20 日，中国和印度政府宣布将为尼日利亚提供人力支援，以帮助尼日利亚渡过难关。尼日利亚政府为此承诺将给这些国际工人支付 500 奈拉（107 美元）现金奖金，并为此订购了价值 50 000 奈拉（约 10 000 美元）的药品、防护装备和医疗设备。不仅如此，由于科科港的居民拒绝了撤离该镇的计划，尼日利亚政府还在该国所有港口和码头设立了警戒小组，以防止任何的废物倾倒行为再次发生。

1988 年 7 月 30 日，Karin B 号收集了大约 2100 吨废物，离开非洲海岸，准备前往意大利港口拉文纳（Ravenna）。在得知该消息后，拉文纳地区的政府官员于 Karin B 号预计到达时间一周前就不断提出抗议，因此这艘船只能考虑在西班牙的加的斯（Cadiz）港口停靠，但同样遭到西班牙政府的拒绝。8 月 15 日，Deepsea 号从科科港接收了剩余的垃圾，启程返回意大利。但是关于这些废物的处置却遇到了难题，作为当时欧洲最先进的有毒物质处理基地之一的荷兰拒绝了意大利的请求，同时，联邦德国、英国和法国也表示拒不接受这批垃圾，其中，在英国，公众、新闻界和国会议员之间还专门针对"Karin B 的最终命运"展开了激烈辩论，最终，迫于社会的舆论压力，当时英国主管环境部的副国务卿维吉尼亚·鲍特利女士（Virginia Bottomley）不得不告诉意大利驻英国大使，这是意大利自身的问题。

随后，意大利于 9 月 2 日同意把有毒废物运回本国处理，并通过内阁批准了一项法令，禁止向第三世界国家出口废物，并命令意大利各地区制定废物处理计划。同月，据有关报道，在 Karin B 号返程途中，出现了一个小插曲，总共载有 10 名船员的 Karin B 号上有 5 名船员遭到不明原因的胸部和背部疼痛的折磨，但由于当时 Karin B 号刚离开法国的勒阿弗尔（Le Harve）海岸，因此只能请求法国空运一名海军医生到 Karin B 号上。

9 月 16 日，意大利内阁宣布将 Karin B 号的货物运往意大利里窝那港（Livorno），而 Deepsea 号的货物将运往拉文纳港（Ravenna）或曼弗雷多尼亚港（Manfredonia）。在得到这个消息后，这些港口地区的人民开始游行示威，以阻止这些废物在该港口卸货，在曼弗雷多尼亚港还爆发了大规模的警民冲突。

Karin B 号于 9 月 19 日抵达里窝那港，当地的市长以船上有毒物质已经泄漏为由，发布了船只禁入令，但遭到里窝那港所在州州长的否决，该事件导致里窝那港口 1400 名工人罢工。直至 1988 年 12 月 20 日这件事才得到解决，25 名意大利工人将这些废物进行卸货，废物被运到埃米利亚罗曼尼亚（Emilia Romagna）的一个临时储存点进行再次包装，1989 年 1 月，首批载有重新包装好的废物的 10 个集装箱离开里窝那港，但直至 1990 年，Karin B 号的所有废物才被运往英国焚烧（这之间发生的事情不得而知，据说是长期停留在公海上）。

与此同时，Deepsea 号到达奥古斯塔（Augusta）港外，等待停靠许可。由于一直未得到许可，1989 年上半年，这艘船一直停在港口近海上，在这期间，绿色和平组织发现了这艘船只载有 2500 吨废物，并且船员们一直留在船上，没有任何防护与监控设施，因此提出严正抗议。1989 年 8 月，Deepsea 号最终到达了里窝那港，当地政府用 149 个容器对这些废物进行了暂时的储存，并寻找合适的公司来处理这些废物。

1990 年 3 月 3 日，科科港危险废物遗弃事件发生的两年后，纳纳（接受跨国公司废物的人）经抢救无效去世。尼日利亚官方通讯社报道说，纳纳的死与有毒物质的倾倒无关，称其在废物倾倒到他的土地上之前就得了肺结核。

如今，科科港废物遗弃旧址已经变成了一个有毒废物的研究中心。[1]

问题提炼

1. 何谓"危险废物"？

---

〔1〕 Sylvia F. Liu, "The KoKo Incident: Developing International Norms For The Transboundary Movement of Hazardous Waste", *Journal of Natural Resources & Environmental Law*, 1992～1993.

2. 危险废物越境转移的原因？

3. 意大利应当承担的法律义务？

解析

（一）何谓"危险废物"？

伴随着工业的发展，工业生产过程排放的废物日益增多。据不完全统计，全世界每年产生的具有危险性的废物为 3.3 亿吨。由于这些具有危险性的废物带来的严重污染和潜在的严重影响，在工业发达国家已将其称为"政治废物"，公众对此问题亦十分敏感，反对在自己居住的地区设立此类废物处置场，加上处置费用高昂，发达国家便试图将此种具有危险性的废物转移到发展中国家。然而，迄今为止，关于此类具有危险性的废物——危险废物——的定义，要么从废物的定义入手采取概括加列举的方式，要么从危险废物的特性入手并考虑其在生产或加工过程中展现出来的不同形态进行概括性总结，无论是国内立法还是国际立法，都未能有一个科学统一的概括。

1972 年在伦敦签署的《防止倾倒废物及其他物质污染海洋公约》（以下简称《伦敦公约》）规定"废物或其他废物"系指任何种类、任何形状或任何式样的材料和物质。并通过三个附件列举了禁止在海上倾倒的物质（黑名单）、获得特别许可证才可以倾倒的物质（灰名单）以及事先获得一般许可才可以倾倒的物质（白名单），虽然该公约并未对"危险废物"作出规定。1989 年在巴塞尔签署的《控制危险废物越境转移及其处置公约》（以下简称《巴塞尔公约》）的"危险废物"是指属于附件一所载任何类别的废物，除非它们不具备附件三所列的任何特性以及任一出口、进口或过境缔约国的国内立法确定为或视为危险废物的不包括在附件以内的废物。在涉及后一情况时，国家应将其立法视为或确定为危险废物的废物名单，连同有关适用于这类废物越境转移程序的任何规定通知本公约秘书处。另外，公约还规定附件二的废物，即住家收集的废物和从焚化住家废物产生的残余物属于"其他废物"，并且船舶正常作业产生的废物和具有放射性而应由专门适用于放射性物质的国际管制制度包括国际文书管辖的废物不属于本公约的范围。[1]1991 年在巴马科签署的《禁止向非洲进口危险废物并在非洲内管理和控制危险废物越境

---

[1] 参见《巴塞尔公约》第 1 条。

转移公约》（以下简称《巴马科公约》）对于"废物"的规定与《巴塞尔公约》基本相同，即"废物"是指处置或打算予以处置或按照国家法律规定必须加以处置的物质或物品。而"危险废物"的规定则相对宽泛，《巴马科公约》规定："'危险废物'为：（a）属于附件一所载任何类别的废物；（b）任一出口、进口或过境缔约国的国内立法确定为或视为危险废物的不包括在（a）项内的废物；（c）具备在附件二所列的任何特性的废物为保护人类健康和环境，已经被政府管理行为禁止、取消或拒绝注册的危险物质，或者在制造国自愿撤销注册的危险物质。那些受控于任何的国际控制制度，包括特别适用于放射性物质的国际文件，并具有放射性结果的废物也包括在本公约的范围内。但来源于船舶的正常运行并被另一国际文件所包含的排放废物，不在本公约的范围之内。"[1]

此外，诸多国际组织也对危险废物的定义进行了努力。如联合国环境规划署（UNEP）在1985年12月举行的危险废物环境管理专家会议上把危险废物定义为：除放射性以外的那些废物（固体、污泥、液体和用容器盛装的气体），由于它的化学反应性、毒性、易爆性、腐蚀性和其他特性引起或可能引起对人体健康或环境的危害。不管它是单独的或是与其他废物混在一起，不管是产生的或是被处置的或正在运输中的。经济合作与发展组织（OECD）认为，除放射性之外，一种会引起对人和环境的重大危害，这种危害可能来自一次事故的或不适当的运输或处置，而被认为是危险的或在某一国家或通过该国过境时被该国法律认定为危险的废物。[2]世界卫生组织（WHO）欧洲地区办公室认为，所谓废物就是其拥有者在特定的地点和时间里不再需要而且没有现行市价或想象不出其市价的物质，而危险废物是具有需要特殊的处理和处置方法来避免危害人体健康和/或其他不良影响的物理、化学或生理特性的废物，但不包含医疗废物和放射性废物。同时还强调在给危险废物下定义需要注意以下两点：①短期危害，诸如通过摄食、吸入或皮肤吸收的急性毒性，腐蚀性，其他皮肤或眼睛接触危害性，易燃易爆的危险性等；②长期环境危险，包括起因于反复暴露的慢性毒性、致癌性（某种情况下由于急性暴

---

〔1〕 参见《巴马科公约》第1条。

〔2〕 蒋克彬、张洪庄、谢其标编：《危险废物的管理与处理处置技术》，中国石化出版社2016年版，第2~3页。

露也会产生致癌作用，但潜伏期很长）、解毒过程（如生物降解等）受阻、对地下或地表水的潜在污染或美学上难以接受的特性（如恶臭等）。最后，具有这些特性的废物可能作为以下的一种而出现：副产品、过程残渣、用过的反应介质、生产过程中被污染的设施或装置以及废弃的制成品。[1]

综上所述，"危险废物"可界定为：在特定时间或空间失去其原有的既定的功能或价值但具有毒性、腐蚀性、易燃性、放射性、感染性等一种或几种危险特性而对自然环境和/或人体健康造成有害或潜在影响并制约可持续发展的需以特殊方法加以处理或处置的物质。

（二）危险废物的越境转移的原因与后果

毫无疑问，发达国家一直以来都在向发展中国家转移危险废物。发达国家通过危险废物的越境转移，不仅能够减少危险废物滞留本国对于环境造成的威胁和长期损害，还能节省大量人力、物力和财力，为危险废物出口者带来巨额利润。而对于自然资源匮乏、经济发展缓慢和一些极度贫穷的发展中国家而言，由于环境教育水平低下，民众缺乏应有的环境保护意识，更为重要的是发展中国家环境立法严重滞后不健全，执法不力法律监督机制缺失，且进口危险废物可以带来一定的收入，刺激经济的增长，扩大就业需求，缓解资源的紧张。此外，危险废物的越境转移往往又是在国际贸易的名义掩盖下进行的。所以，尽管危险废物会带来极大的污染和严重的环境后果，但为了捞取经济利益，危险废物的越境转移却依然大行其道。

危险废物越境转移表面上看似是双赢的局面，实际上是发达国家逃避本国的危险废物处置责任而对发展中国家进行的环境剥削。危险废物的越境转移对发展中国家乃至整个人类环境都具有极其严重的危害，其贮存、运输或处置不当，都可能造成地下水污染、损害人体健康、生物栖息地破坏等严重后果。危险废物越境转移已成为严重的国际环境问题。

（三）意大利应当承担的法律责任？

"尊重国家主权和不损害国外环境"是国际环境法的基本原则。本事件造成科科港生态环境破坏、人员伤亡的危险废物是由意大利所属公司从欧洲各国以及美国收集来的，欧洲各国与美国属于废物的生产者，意大利公司是废

---

〔1〕 世界卫生组织欧洲地区办公室编：《危险废物的管理》，严珊琴等译，中国环境科学出版社1994年版，第10页。

物的收集者和出口者，而且，在危险废物运输返回意大利的过程中，因为港口当地政府拒绝停靠，而将载有危险废物的船只停留在公海上，存在导致国家管辖范围以外地区造成损害的风险。所以，意大利公司需要对该事件承担相应的责任，同时，意大利政府也有义务对此造成的后果承担相应的责任。

首先，作为出口国有责任通过本国指定的部门或要求危险废物的产生者或出口者将危险废物或其他危险废物越境转移的情况，通知准备进口的和过境的国家，而且通知的情况应该详细，使进口国和过境国的有关部门能够评价废物转移的性质和危险。并且，进口国和过境国无论有条件或无条件同意转移、不允许转移，还是要求进一步提供资料，都应书面答复通知者。进口国在答复中，必须证实存在一份出口者与处置者之间的合同，并详细说明对有关废物的环境无害管理方法。在通知者收到进口国的书面同意及确认上述合同前，出口国不应该允许转移。这就是后来被明文载入《巴塞尔公约》的要求，即事先通知、允许过境和知情同意的"事先知情同意"程序。"事先通知"要求进口国、出口者须尽到事先通知的义务，拟接受国有多重选择，可以接受、可以拒绝、可以附条件接受或要求获取更多的资料。"允许过境"则要求出口国必须将相关信息通知过境国的主管部门，过境国主管部门在收到信息后应迅速告知通知人，此处可以有不同选择，既向通知人表示无条件或者附条件接受过境转移，也可以拒绝过境，还可以要求进一步资料。"知情同意"要求进口国和过境国应该设立管理通知接受与回复的主管当局，该主管当局应被授权能够处理批准越境转移的相关事项。本事件中，意大利转移危险废物的行为并未经过尼日利亚当局的知情同意。

其次，无论是危险废物还是其他废物的非法运输皆为犯罪行为。在出现非法运输情况时，国家应承担责任。由于出口者或产生者没有向所有有关国家发出通知或没有得到一个有关国家的同意或通过伪造、谎报和欺诈而取得有关国家的同意或与文件所列材料不符或违反国际法的一般原则造成危险废物或其他废物的蓄意处置（例如倾斜）等的非法运输，则出口国应确保在被告知此种非法运输情况后由出口者或产生者或由它自己运回出口国。于本事件中，危险废物出口者或产生者并没有向尼日利亚发出通知，也没有得到尼日利亚的同意，其行为明显属于"非法运输"。

再次，如果在进口国通知出口国不能对危险废物做出环境上无害的处置替代安排，出口国应确保出口者将废物运回出口国。这样，环境无害管理的

责任就由废物产生国承担。此即"废物再进口责任"。[1] 可见，意大利必须承担废物的再进口责任。

最后是赔偿责任。鉴于危险废物所产生的严重后果，正如后来的 1999 年 12 月巴塞尔公约缔约方会议第五次大会通过的《关于责任与赔偿问题的议定书》在确定严格赔偿责任为责任基础的同时，也规定了赔偿责任的限额[2]（议定书附件 B）。同时，也犹如该议定书第 6 条所规定的一定的预防措施，这是国际环境法"预防原则"的体现。亦即，赔偿包括了预防措施和恢复措施所涉及的费用，即采取预防措施的合理费用也由承担赔偿责任者而不是由采取措施者来承担。[3]

综上所述，意大利毫无疑问需要承担义务将这些危险废物运回自己国内，并且需要承担相应的损害赔偿责任。

本案的启示及意义

本次事件之后，国际上重申并澄清了至少三项关于危险废物国际贸易的国际准则。第一，关于危险废物转移的问题，曾经是私营贸易商之间进行的、基本上不受监管的"空白地带"，但现在，出口国被认为是危险废物转移和处置的主要责任人。第二，危险废物贸易需要公共部门监管，包括出口国事先通知的义务以及获得进口国和过境国事先同意的义务。第三，国家有控制其自然资源的权力包括禁止进口有害物质的主权。科科港事件为这些国际规范的发展做了铺垫，也间接促成了《巴塞尔公约》的出台。

---

〔1〕 参见林灿铃：《国际环境法》（修订版），人民出版社 2011 年版，第 555 页。

〔2〕 责任限额只规定了最低赔偿标准，有利于受害者取得与损害相当的赔偿，也有利于保险人正确估算保险费用从而使废物越境转移的保险计算有标准可以参照。

〔3〕 参见林灿铃：《国际环境法》（修订版），人民出版社 2011 年版，第 556 页。

三、科特迪瓦毒垃圾事件

事件概括

2006 年 8 月 18 日，一艘货船在科特迪瓦的首都阿比让自治港排放有毒残留物，这些有毒残留物是由荷兰最大的期货公司托克有限责任公司运输的一批含硫极高的汽油物质。当地一家承包商将这些重达数百吨的垃圾倾倒在七个城市的 16 个地点，其中包括路边、面包厂、主要的城市垃圾填埋场、两个屠宰场、泻湖。根据联合国人道主义事务协调办公室编写的情况报告，截至 2006 年 9 月 18 日，该事件已经造成 7 人死亡，44 000 人因接触该残留物而寻求医疗救助，他们出现包括呼吸系统疾病、恶心、头晕等不良症状。对此，托克公司称，这些物质是清洗油船时产生的由"完全正常的汽油混合材料"组成的常见废物。

事实上，倾倒在阿比让的物质是含有大量碳氢化合物的液体污泥。事件发生后，科特迪瓦总理查尔斯科南班尼在政府调查委员会调查事件后，解散了内阁。该委员会的报告将此事件定性为腐败问题，是政府的某些官员故意或疏忽地允许在他们的监督下发生令人发指的行为。同时，政府还拘留逮捕了托克公司的两名高级官员，并指控他们违反了有关有毒废物的法律。

事件焦点

要求相关责任方就危险废物造成的损害进行赔偿。

事件结果

至 2009 年，托克公司向科特迪瓦政府支付了 1.98 亿美元用于清理的费用，并向受伤公众提供了 3000 万英镑的赔偿，但科特迪瓦人民的创伤并未抚平，仍处于被毒垃圾笼罩的阴影中。

问题提炼

1. "毒垃圾"的性质为何？
2. "毒垃圾"倾倒是否违反国际环境法？
3. 本事件的责任主体及其相关责任。
4. 关于本事件的赔偿额。

解析

（一）"毒垃圾"的性质为何？

被排放于阿比让的毒垃圾显然就是我们常提及的有毒废物。但什么是"废物"呢？迄今并无统一明确的定义。废物可以是"任何种类、任何形式或任何式样的材质和物质"。[1]也可以是"持有者扔弃或根据国家现行规定必须扔弃的所有物质或物品"。还可以是"处置的或打算予以处置的或按照国家法律规定必须予以处置的物质或物品"。[2]之所以出现不统一的界定，主要是因为废物本身具有两重性。所谓"废物"往往从一个角度看是废物，从另一个角度看是可加以回收利用的资源，"废物"与"产品"之间缺乏清晰的区别，其模糊标准使得废物继续"在商品或原材料的标签下"出口，还因此为贸易双方带来经济利益。

国际社会对此问题的关注始于《巴塞尔公约》订立前几年。在《巴塞尔公约》之前，发展中国家不当处置危险废物造成的灾难性事件催生了公众对国际控制需求的认识。《巴塞尔公约》被认为是有关危险废物中影响最深远的国际协定，它也是后续有关危险废物条约的基础，[3]实际上对危险废物持广泛理解，认为危险废物包括来自废物制造过程中的特定废物或材料的有害成分，以及根据出口、进口或过境国的国内法律被视为危险的废物。此外，《巴塞尔公约》还涵盖了附件二所列的某些"其他废物"，包括家庭废物或家庭焚化炉废物等。船舶作业和放射性物质的排放废物被认为是其他国际文书的规定内容，因此不属于《巴塞尔公约》的调整范围。1991年《巴马科公约》是

---

〔1〕《伦敦公约》第3条第4款。

〔2〕《巴塞尔公约》第1条。

〔3〕 Laura A. W. Pratt, "Decreasing Dirty Dumping-A Reevaluation of Toxic Waste Colonialism and the Global Management of Transboundary Hazardous Waste", 35 Wm. & Mary Envtl. L. & Pol'y Rev, 581 (2011).

旨在保护人类健康和环境免受越境转移和处置危险废物的潜在有害影响的区域性公约，它订立于非洲国家对《巴塞尔公约》执行的不信任背景下，非洲国家深刻认识到自己没有处理危险废物的技术能力，因而具有反对工业化国家将有毒废物和不安全的残留物转移到其境内的强烈愿望。[1]《巴马科公约》基本上采用了《巴塞尔公约》的用语，虽然它仅规制非洲境内产生的废物，但其范围仍比《巴塞尔公约》的范围广泛得多。《巴马科公约》中的废物包括出口国禁止的任何废物和放射性废物，但不包括船舶经营产生的废物，[2]如《巴马科公约》附件一所列废物类别，具有附件二所列任何特征的废物，以及被进口国国内法认为有害的任何废物，出口或过境被视为危险废物，也包括"为了人类健康或环境原因而被禁止，取消或拒绝政府管制行动登记的危险物质，或自愿在制造国注册登记的危险物质"。[3]

可见，上述两个规制危险废物的国际公约对"废物"也同样缺乏清晰统一的界定。但，国际法关于废物的规制首先从给废物下定义开始，这是废物国际法律管理的一个最基本的问题。[4]所以，综合相关国内国际立法，可以界定"废物"为："在特定的时间或空间失去其原有的既定的功能或价值而需要处置或依据法律规定必须加以处置的物质。"而托克公司所称清洗油船时产生的由"完全正常的汽油混合材料"组成的常见废物——毒垃圾，实质上属于"危险废物"（详见"尼日利亚科科港危险废物堆放事件"）。

（二）"毒垃圾"倾倒是否有违国际环境法？

本次毒垃圾事件显然违背了各国有责任保证在它们的管辖或控制之内的活动，不致损害其他国家的或在国家管辖范围以外地区的环境的国际环境法原则。此原则在《斯德哥尔摩人类环境宣言》等许多国际文件得以复述和重申。[5]这家荷兰公司所从事的倾倒行为，显然是处于荷兰本国控制之下的垃圾处理

---

〔1〕 Olanrewaju A. Fagbohun, "The Regulation of Transboundary Shipments of Hazardous Waste: A Case Study of the Dumping of Toxic Waste in Abidjan, Cote D'Ivoire", 37 Hong Kong L. J., 831（2007）.

〔2〕 Laura A. W. Pratt, "Decreasing Dirty Dumping-A Reevaluation of Toxic Waste Colonialism and the Global Management of Transboundary Hazardous Waste", 35 Wm. & Mary Envtl. L. & Pol'y Rev., 581（2011）.

〔3〕 Olanrewaju A. Fagbohun, "The Regulation of Transboundary Shipments of Hazardous Waste: A Case Study of the Dumping of Toxic Waste in Abidjan, Cote D'Ivoire", 37 Hong Kong L. J., 831（2007）.

〔4〕 林灿铃：《国际环境法》（修订版），人民出版社2011年版，第546页。

〔5〕 林灿铃：《国际环境法》（修订版），人民出版社2011年版，第129页。

活动，严重威胁到了科特迪瓦人民的生命安全，危害到了科特迪瓦的生态环境。国际环境法倡导国际合作原则。有关国家应当在平等基础上本着合作精神通过多边或双边安排，在正当考虑所有国家的主权和利益的情况下，防止、消灭或减少和有效地控制各方面的行动所造成的对环境的有害影响。在科特迪瓦恶意堆放危险废物行为显然是一种肆意的环境破坏行为，违背了"合作监控危险废物的管理对人类健康和环境的影响"的国际环境义务和背离合作发展新技术"以及在可行范围内消除危险废物和其他废物的产生"[1]等有关国际环境法义务。此外，对于一国境内发生的可能造成环境损害的一切情况或事件，有义务立即通知可能受影响的其他国家。[2]在进行危险废物运输之前，必须通知过境国和进口国，且该通知必须包括《巴塞尔公约》附件五（A）中规定的所有信息，并明确说明拟议的活动对人类健康、环境和转移国的影响。[3]在此次毒垃圾堆放事件中，托克公司虽然支付了一定的清洁费用，但始终不公开所堆放物质的相关具体情况，严重损害了当地政府及利益相关者的知情权，这种恶意堆放危险废物的行为是国际环境法所不容许的。

综上所述，在科特迪瓦发生的恶意堆放"毒垃圾"（危险废物）事件明显违背了国际环境法相关规则，首先是违背了各国有责任保证在其管辖或控制下的活动不致损害国外环境的国际环境法原则；其次是违背了国际环境法的国际合作原则；再次是事件发生后未履行通知与磋商义务；最后是有违信息公开与知情权规则。

（三）本事件的责任主体及其相关责任

《巴塞尔公约》虽然没有明确规定危险废物所造成的责任和赔偿问题，但在1999年12月巴塞尔公约缔约国会议第五次大会通过的《关于责任与赔偿问题的议定书》（以下简称《议定书》），初步解决了公约缔约方废物越境转移所引起的损害赔偿问题。《议定书》首先明确了以严格责任为主，过错责任为辅的归责原则。[4]

危险废物的越境转移需遵守《巴塞尔公约》之相关规定是各相关行为者

---

〔1〕《巴塞尔公约》第10条。

〔2〕林灿铃：《国际环境法》（修订版），人民出版社2011年版，第129页。

〔3〕《巴塞尔公约》第4条、第6条、第13条。

〔4〕参见《议定书》第4条。

的基本职责,〔1〕包括出口商、进口商和处置者以及相关国家等都可能在不同阶段承担责任。因此,不仅荷兰和托克公司,科特迪瓦也因在港口堆放危险废物而被追责。按照《议定书》第5条和第9条的规定,任何因科特迪瓦官方未能遵守《巴塞尔公约》的有关规定或因其有意、疏忽或轻率的不当行为而造成或促成损害者,应当对此种损害承担赔偿责任。于本毒垃圾事件中,当事国荷兰、科特迪瓦以及事件的始作俑者托克公司皆有违所应承担的法律义务,作为事件责任主体都应当承担相关的国际法律责任。

其一是"事先通知"责任。《巴塞尔公约》第13条对通知程序作了详细规定,出口国有责任通过本国指定的部门或要求废物的产生者、出口者将危险废物或其他废物越境转移的情况,通知准备进口的和过境的国家;而且通知的情况应该详细,使进口国和过境国的有关部门能够评价废物转移的性质和危险。进口国无论是有条件或无条件同意转移、不允许转移,还是要求进一步提供资料,都应书面答复通知者。进口国在答复中,必须证实存在一份出口者与处置者之间的合同,并详细说明对有关废物的环境无害处理方法。在收到进口国的书面同意及确认上述合同前,出口国不应允许转移。〔2〕本次事件的当事国荷兰与科特迪瓦未切实履行"事先通知"义务。

其二是废物再进口责任。在有关国家遵照公约规定已表示同意的危险废物或其他废物的越境转移未能按照契约的条件完成的情况下,如果在进口国通知出口国和秘书处之后90天内或在有关国家同意的另一期限内不能作出环境上无害的处置替代安排,出口国应确保出口者将废物运回出口国。为此,出口国和任何过境缔约国不应反对、妨碍或阻止该废物运回出口国。〔3〕这样,环境无害管理的责任就由废物产生国承担了,也即荷兰承担。

其三是非法运输责任。没有向所有有关国家发出通知或没有得到一个有关国家的同意,或通过伪造、谎报或欺诈而取得有关国家的同意,或与文件所列材料不符,或违反国际法的一般原则造成危险废物或其他废物的蓄意处

---

〔1〕 Laura A. W. Pratt, "Decreasing Dirty Dumping-A Reevaluation of Toxic Waste Colonialism and the Global Management of Transboundary Hazardous Waste", 35 Wm. & Mary Envtl. L. & Pol'y Rev., 581 (2011).

〔2〕 林灿铃:《国际环境法》(修订版),人民出版社2011年版,第554页。

〔3〕 参见《巴塞尔公约》第8条。

置（例如倾倒）等皆可视为非法运输。[1]

此外，危险废物的越境转移还可能直接涉及某些欺诈行为。因为危险废物很容易与非危险废物混合，在将危险废物进行越境转移时，为了达到"合法转移"的目的，当事方极有可能对废物的毒性加以否认，犹如托克公司，就一直辩称堆放于科特迪瓦的毒垃圾为清洗油船时产生的由"完全正常的汽油混合材料"组成的常见废物。此种欺诈行为亦毫无疑问须课以相关国际法律责任。

（四）关于本事件的赔偿额

《巴塞尔公约》议定书附件：废物在5吨以内者，最低200万个记账单位；废物在50吨以内，最低400万个记账单位；废弃物在1000吨以内，最低600万个记账单位；超过1万吨，最低1000万个记账单位。除此之外，如发生任何意外事故，每吨的废弃物须额外支付1000个记账单位的费用，最高不超过3000万个记账单位。在处置废弃物的责任保证金方面，最少为200万个记账单位，但此数字将依据废弃物的质与量、特性、运送时对环境的风险等因素加以衡量而增减。

该议定书规定损害的定义中，包含了预防措施和恢复措施所涉及的费用，所以采取措施而花费的合理费用也由承担赔偿责任者而不是由措施采取者承担。[2]如果本次事件中，有关主体采用了预防措施，则赔偿责任者也应涵盖这部分费用。另外，倘若科特迪瓦方进行了掩埋作业，荷兰方面则需支付污染清理与复原费用。

本案的启示与意义

危险废物的越境转移，自20世纪70年代末80年代初以来，呈现愈演愈烈之势，且主要是将危险废物由发达国家转移到发展中国家。科特迪瓦毒垃圾事件这一悲剧性实例充分体现了工业化国家"以邻为壑"的卑劣行径，只关心清理他们自己的后院，而并不在乎这些"毒垃圾"（危险废物）被转移到发展中国家后所造成的严重后果。发达国家处置危险废物的高额成本、发展中国家的经济贫困及对危险废物科学认识的不足以及发达国家将发展中国

---

[1] 参见《巴塞尔公约》第9条。
[2] 参见《议定书》第6条。

家视为废弃物处理场等原因，导致了各种"毒垃圾"悲剧事件的不断发生。危险废物出口通常以出口国和进口国的"同意"换来进口国人民的无限潜在风险……却毫无益处。换句话说，发展中国家在不成比例地承担着危害人类健康和环境的极端代价。[1]因此，本案的启示与意义还在于强调进一步加强国际环境立法的同时，对于发展中国家而言，必须重视环境教育，强化环境保护意识，努力深化对危险废物的科学认识。变革旧的观念并育养先进、文明的法治观念，创建合理、和谐的法律制度且使之不断完善，其根本则在于教育，在于培养、改善、提高每一个人的人文素质。[2]环境教育应成为每个国家基础教育的重要组成部分。[3]

---

〔1〕 Laura A. W. Pratt, "Decreasing Dirty Dumping-A Reevaluation of Toxic Waste Colonialism and the Global Management of Transboundary Hazardous Waste", 35 Wm. & Mary Envtl. L. & Pol'y Rev., 581 (2011).

〔2〕 林灿铃："改善生态环境归根到底要靠法治"，载《中国改革报》2012 年 11 月 21 日。

〔3〕 林灿铃："环境法实施的立法保障"，载《比较法研究》2016 年第 1 期。

四、法国核试验案

基本案情

1966 年至 1972 年间，法国多次在南太平洋法属波利尼西亚的上空进行大气层核试验。1973 年，法国计划进一步开展大气层核试验。在核试验期间，法国同时在南太平洋划定了"危险区域"和"禁区"，"危险区域"不允许船舶和飞机航行，"禁区"不允许飞机飞越。澳大利亚认为法国的大气层核试验对公海及其上空的船舶、飞机的通航造成了严重妨害，且放射性散落物导致了公海严重的污染，这一行为不仅违反了公海自由原则，同时也对受法国核试验巨大危险威胁的国家及其国民的权利，尤其是核试验造成的放射性散落物回降在澳大利亚领土内，严重侵犯了澳大利亚的领土主权。此外，澳大利亚的诉讼理由中还提出了由于禁止大气层核试验是一项普遍性的国际法规则，法国违反这一规则使得国际社会都对法国拥有提起诉讼的资格（众有诉权，Actio Popularis）。新西兰则在提出法国核试验对人类环境造成污染和违反了禁止在大气层进行核试验的国际法规则外，特别强调法国的大气层核试验严重侵害了公海自由、新西兰的领土主权和人民的人身安全等权利。1973 年 5 月 9 日，新西兰和澳大利亚两国分别向国际法院提起诉讼，起诉法国进行大气层核试验的行为违反国际法。法庭由拉克斯院长、法官福斯特、格罗斯、本格宗、皮特里恩、奥尼亚马、迪拉德、伊格纳西奥-平托、德卡斯特罗、莫罗佐夫、希门尼斯·德阿雷查加、汉弗莱·沃尔多克爵士、纳格德拉·辛格、鲁达、专案法官加菲尔德·巴威克爵士组成。1973 年 5 月 16 日，斐济请求法院允许其参加本案的诉讼，当日法国也发表声明，否认国际法院对本案有管辖权，表示不接受国际法院的管辖。国际法院在受理了澳大利亚和新西兰的起诉后，法国拒绝对以后的程序递交辩诉状，并且拒绝出庭应诉。1973 年 6 月 22 日，国际法院以 8 票比 6 票，作出两项命令发布临时保全措施指示，指示在国际法院作出最后判决以前，法国、新西兰和澳大利亚应各自保证不采取任何可能会恶化或扩大该争端，或损害对方享有国际法院之后可能作出的判决的权利的行动，特别是法国应当避免核试验造成的放射性散落物在澳大利亚和新西兰领土的沉积。由于法国表示 1974 年后不继续进行大气层核试验，1974 年 12 月 20 日，国际法院判决认为新西兰和澳大利亚的诉讼请求不再具有标的，国际法院因此无须对此案作出进一步裁判。

此后，1995 年 8 月 21 日，新西兰向国际法院提出，请求国际法院按照 1974 年新西兰诉法国核试验案判决第 63 段进行局势审查，并申请了临时措施，随后澳大利亚（仅提出了申请，未发表声明）、萨摩亚、所罗门群岛、马绍尔群岛和密克罗尼西亚联邦，根据《国际法院规约》第 62 条、第 63 条[1]提出了请求，请求国际法院对局势进行审查以及申请指示临时措施。

诉讼请求

1. 澳大利亚请求国际法院判决和宣布在南太平洋地区进行大气核武器试验不符合国际法规则，并且命令法国不得继续实施此类活动。

2. 新西兰请求国际法院判定和宣布，根据国际法，法国政府在南太平洋地区进行核试验，产生的放射性散落物已构成对新西兰权利的侵犯，如果法国进行进一步的核试验，新西兰的权利还会继续受到侵犯。

3. 新西兰和澳大利亚向国际法院申请临时保全措施，请求国际法院命令法国在法院作出判决前，停止进一步的空中核试验。

4. 新西兰和澳大利亚请求国际法院宣布国际法院对两国提起的诉讼具有管辖权，并且两国的申请具有可受理性。

判决

针对本案的第一阶段，1974 年 12 月 20 日，国际法院以 9 票比 6 票作出判决，新西兰和澳大利亚的诉讼请求不再具有标的，国际法院因此无须对此作出判决。国际法院作出这样的决定的理由是：国际法院认为一个国家公开发表的声明，表示愿意受该声明的约束，该声明具有法律的保证。国际法院

---

〔1〕 参见《国际法院规约》第 62 条 "Application for Permission to Intervene" 和第 63 条 "Declaration of Intervention"。

认为本案中起诉方与被诉方之间的争端已经不存在，新西兰和澳大利亚的诉求已经基本达到。

关于新西兰在 1995 年 8 月 21 日提出的本案的局势审查，1995 年 9 月 22 日，国际法院认为新西兰提出的审查局势的请求不属于所述第 63 段规定的范围，因此予以驳回，还一并驳回了新西兰的指示临时措施的申请和澳大利亚（仅提出了申请，未发表声明）、萨摩亚、所罗门群岛、马绍尔群岛和密克罗尼西亚联邦 5 个国家的请求允许参加诉讼的申请，以及除澳大利亚外另外 4 个国家发表的参加诉讼的声明。

问题提炼

1. 核试验是否违反国际法？
2. 临时保全措施的意义。

解析

（一）核试验是否违反国际法？

核试验是否违反国际法，对本案的评价有着至关重要的意义。分析核试验是否违反国际法，首先要判断是否存在国际法规则禁止核试验，核试验是否违反了国际条约、国际习惯或者一般法律原则？

在 1974 年，法国进行核试验没有违反任何条约规定，法国当时并没有签署《不扩散核武器条约》，[1]也没有签署《禁止在大气层、外层空间和水下进行核武器试验条约》，[2]并且当时也没有形成禁止核试验的国际习惯法规则。因此，在 1974 年时，核试验并不违反当时的国际法规则。

不过，需要特别指出的是，即使在 1974 年，法国进行大气层核试验的行为没有违反国际法，但是并不代表法国的这种行为无需承担责任，国际法需要解决这样的问题，因此产生了以严格责任为基础的跨界损害的国家责任，这种国家责任并不对国家的行为性质作出要求，不要求国家从事了国际不法行为。在南太平洋的大气层核试验必然会造成跨界损害，因此法国应当承担

---

〔1〕《不扩散核武器条约》于 1968 年 7 月 1 日开放签字，1970 年 3 月 5 日正式生效，法国于 1992 年 1 月 27 日签署。

〔2〕《禁止在大气层、外层空间和水下进行核武器试验条约》于 1963 年 8 月 5 日签署，1963 年 10 月 10 日生效，无限期有效。

跨界损害的国家责任，即使法国当时的核试验并不违反国际法。关于法国的核试验是否违反预防原则，在本案这种情形下，很难适用预防原则，预防原则是指对于可能有害于环境的物质或行为，即使缺乏其有害的结论性证据，也应采取各种预防性手段和措施，对这些物质或行为进行控制或管理，以防止环境损害的发生。[1]然而，核试验肯定会造成严重的环境损害结果，并且在现有的科技水平下，也无法采取措施防止环境损害的发生。甚至可以说，法国将核试验选定在南太平洋上进行，实际上就是一种预防手段，但是不管在哪里进行核试验，对环境的损害结果都是一样的，因为核试验行为与其他可以控制、预防的行为有着本质区别，核试验的损害结果根本无法预防。

尽管在当时看来，法国的核试验没有违反国际法，但是随着国际法的发展，如果现在进行核试验，是违反现有国际法规则的，至少有以下两个理由：①随着有关禁止核试验条约的缔结，包括《禁止在大气层、外层空间和水下进行核武器试验条约》《不扩散核武器条约》《全面禁止核试验条约》《禁止在海床、洋底及其底土安置核武器和其他大规模毁灭性武器条约》《制止核恐怖行为国际公约》《非洲无核武器区条约》《南太平洋无核区条约》《拉丁美洲禁止核武器条约》《核安全公约》等条约的签订，表明绝大多数国家承认核试验对环境造成巨大损害，应当予以禁止。尤其是1996年9月10日，联合国大会以158票赞成、3票反对（印度、不丹和利比亚）、5票弃权（古巴、黎巴嫩、叙利亚、坦桑尼亚和毛里求斯）的压倒多数票通过决议，正式认可《全面禁止核试验条约》文本。1996年9月24日，《全面禁止核试验条约》在纽约联合国总部开放供签署，目前已有近180个国家签署，成为一个世界性的条约。其中特别关键的第1条规定："1. 每一缔约国承诺不进行任何核武器试验爆炸或任何其他核爆炸，并承诺在其管辖或控制下的任何地方禁止和防止任何此种核爆炸；2. 每一缔约国还承诺不导致、鼓励或以任何方式参与进行任何核武器试验爆炸或任何其他核爆炸。"在各国对禁止核试验展现的态度上，以及根据禁止核试验条约的签署国家的数量，以及签署国家具有广泛代表性，既包括绝大多数有核国家，也包括大量无核国家，近50多年来如此丰富的国家实践表明，各国对禁止核试验形成了法律确信，禁止核试验现在已经形成了一项国际习惯法规则。②即使认为禁止核试验行为没有形成国际

---

〔1〕 林灿铃：《国际环境法》（修订版），人民出版社2011年版，第166页。

习惯法或者存在"一贯反对者",并且一国没有加入禁止核试验相关的国际条约,该国现在进行核试验也是违反国际法的。自 1972 年《斯德哥尔摩人类环境宣言》通过,标志着国际环境法诞生以来,国际环境法不断发展。《斯德哥尔摩人类环境宣言》第 21 条规定:根据《联合国宪章》和国际法原则,各国享有根据它们自己的环境政策开发其资源的主权权利,各国也有义务使其管辖范围内或控制下的活动不对其他国家的环境和任何国家管辖范围以外的地区造成损害。1992 年《里约热内卢环境与发展宣言》第 2 条原则再次强调:根据《联合国宪章》和国际法原则,各国拥有按照其本国的环境与发展政策开发本国自然资源的主权权利,并负有确保在其管辖范围内或在其控制下的活动不致损害其他国家或在各国管辖范围以外地区的环境的责任。如今,"尊重国家主权和不损害国外环境原则"是国际环境法的一项基本原则,是已被公认为国际环境保护领域的一项国际习惯法规则。[1]各国的行为必须遵守这一原则,核试验必然会造成国外环境损害,且核试验导致的损害往往是全球性质的,这就使得一国进行核试验必然会违反"尊重国家主权和不损害国外环境原则"这一国际环境法的基本原则以及国际习惯法规则。

(二) 临时保全措施的意义

国际法院及其前身的常设国际法院都认为,只有在能够证明原告所主张的权利具体的存在,并且的确受到了违法行为的侵害时,才可以采取临时保全措施,作为保持现状的紧急手段,[2]否则临时保全措施的请求不能予以认定。[3]而在本案中,国际法院在指示临时保全措施时提出:所指示的临时保全措施只是临时的,并不能影响案件的实质权利义务关系,也不能作为国际

---

〔1〕 林灿铃:《国际环境法》(修订版),人民出版社 2011 年版,第 151 页。

〔2〕 国际常设法院在"关于中国与比利时的条约废弃案"于 1927 年 2 月 15 日发布的命令中提出:虽然中国对 1865 年《中比条约》进行了单方面废弃,国际常设法院认为到最后作出确定判决为止,对条约中关于将遗失护照的比利时人安全送达比利时领事馆,对传教士和一般人的保护,关于比利时人犯罪的治外法权,财产没收、扣压的保护,新设法院的出诉权等,根据国际法给予比利时和比利时人的保护,以保全国际社会所承认的基本权利为理由,临时保全措施的请求予以认可。

〔3〕 国际常设法院在"关于东格陵兰的法律地位案"于 1932 年 8 月 3 日发布的命令中提出:临时保全措施的目的是仅限于威胁当事者权利的损害在事实上或法律上已经不可能再恢复原状的范围内行使。对于丹麦探险队队长所赋予的警察权即使也可以向挪威人行使,挪威意欲防止的事态对于纠纷地域如果并不构成任何有害于挪威的主权的话,挪威的临时保全措施请求不予认可。对于纠纷地域挪威的主权主张并非确定的权利,丹麦的警察权行使的只不过是在事实上对挪威的统治权主张造成威胁而已。

法院最终判决结果的预测，国际法院仅在认为为了保全一方权利需要的时候，才会指示临时保全措施。[1]由此可推断，国际法院认为，原告所提出的权利主张是具体存在的，尤其是考虑到国家领土主权和公海自由原则，原告所主张的权利应当是显然存在的，因此原告只需要证明权利受到侵犯是由于法国在南太平洋地区的大气层核试验造成的即可。[2]

可见，国际法院指示临时保全措施，主要有四点意义。其一，国际法院通过临时保全措施表达了对新西兰、澳大利亚领土主权的认可，对公海自由原则的认可，国际法院认为这些权利应当受到国际法的保护。其二，国际法院对于法国大气层核试验致使放射性散落物对环境造成污染，持否定态度，各国具有防止污染的义务，为了不使污染进一步扩大造成更大的损害，国际法院认为需要发布这样的命令。其三，国际法院指示的临时保全措施表明国际法院认为各国有防止争端进一步扩大的义务，这符合和平解决国际争端、善意履行国际义务的基本原则，同时在本案中，也实际上否定了法国提出的国际法院对本案没有管辖权的主张。[3]其四，国际法院认为各国在进行国际法不加禁止的活动中，不得对其他国家或者公域环境造成重大损害，只要行为造成了损害结果，行为者应当承担赔偿责任，行为与损害结果之间有因果关系就可以援引行为者的赔偿责任，而无需考虑是否有过失。

本案的启示与意义

本案是国际法院早期的关于国际环境保护的案例，是国际环境法发展过程中的一个重要案例，本案对于理解国际环境法的发展趋向、理解作为跨界损害的国家责任基础的严格责任而言，具有重大的启发意义。

对于跨界损害给其他国家造成损害的事实，无需考虑造成跨界损害的行

---

〔1〕 Nuclear Tests (New Zealand v. France), Interim Protection, Order of 22 June 1973, I. C. J. Reports 1973, pp. 139~142.

〔2〕 也有不同观点认为，国际法院指示临时措施是为原告提供了证明有关禁止核试验和环境保护的国际法规则存在的机会，因为原告的诉求是法国的大气层核试验违反了国际法，是必须要以当时存在禁止这种行为的国际法规则为前提的，这就涉及当时的国际法规则的修正问题，因此国际法院不能受理这样的诉求。参见林灿铃：《跨界损害的归责与赔偿研究》，中国政法大学出版社 2014 年版，第69 页。

〔3〕 Nuclear Tests (New Zealand v. France), Interim Protection, Order of 22 June 1973, I. C. J. Reports 1973, p. 137.

为者是否存在过失，只要求受损害一方证明所受损害与行为者造成跨界损害的行为之间存在因果关系，即为严格责任。本案是作为跨界损害的国家责任基础的严格责任在国际司法实践中的一个典型案例，[1]对严格责任的发展具有重大影响。本案所处的 20 世纪 70 年代初，国际环境法刚开始产生，虽然受时代和外部环境所限，国际法院当时并未明确使用到严格责任或者跨界损害这样的术语，但是国际法院的态度已经表明了对于尊重国家主权和不损害国外环境原则的认可，国际法院认可各国有义务防止造成跨界损害，这对于国际习惯形成的识别具有重要意义，本案涉及的一些法律问题，在当时看来，属于"正在形成中的"国际习惯法，这对于这些规则将来的适用具有重要意义，尽管国际法并不是判例法，但是国际法院的判决和态度仍然对以后的国际司法实践具有指引作用，国际法院自身也在以后的司法判决中不断援引前例作为论述的根据。因此，本案中国际法院所表达的对严格责任的态度之于跨界损害责任制度的发展起到了重要的推动作用。

在跨界损害的国家责任制度中，产生损害结果的行为，本身是国际法不加禁止的行为，这种责任追究的是行为的结果责任，是因为其行为导致了损害才产生了责任，与主观过错无关，所以是严格责任。这种责任的承担方式是赔偿，[2]而非惩罚或者道歉，行为本身的性质既不是非法，也不是合法，而是不加禁止。当然，国际法不加禁止的行为不一定会造成损害，比如发射的卫星，如果顺利完成回收，则不会造成损害，也就不涉及跨界损害的责任了。但是本案中的核试验会对环境造成损害的结果是必然的，因此必然会涉及行为国因国际法不加禁止造成跨界损害的国家责任。

---

〔1〕 严格责任在国际司法与仲裁实践中的案例还包括：美国与加拿大"特雷尔冶炼厂案""古特水坝索赔案"、法国与西班牙"拉努湖仲裁案"、哥斯达黎加与尼加拉瓜"圣胡安河案"、阿根廷与乌拉圭"乌拉圭河纸浆厂案"等。

〔2〕 "赔偿"作为跨界损害责任承担方式，能够在最大限度上弥补受害者遭受的损失。但跨界损害赔偿具体数额的确定因涉及许多因素变得尤为复杂，有的损害存在潜伏性，一时难以察觉，有的则导致环境的改变，造成遭受损害区域的自然景观、文化遗产、宜居性等的严重破坏。此外，在确定赔偿数额之前，还应充分考虑造成跨界损害后果的行为者是否合理、及时、有效地采取了相应措施以防止跨界损害的进一步扩大。如果行为者采取主观放任或故意的态度，致使损害结果进一步恶化，则应为此课以不同的责任形式使其承担相应责任。参见林灿铃：《跨界损害的归责与赔偿研究》，中国政法大学出版社 2014 年版，第 132~171 页。

五、多瑙河水坝案

基本案情

多瑙河水坝案，也称"盖巴斯科夫-拉基玛洛（Gabcikovo–Nagymaros）大坝案"，是指捷克斯洛伐克和匈牙利于 1977 年缔结了关于两国共同在多瑙河"修建和运行盖巴斯科夫-拉基玛洛水利设施"（以下简称"多瑙河水坝项目"）的双边条约后（以下简称《1977 年条约》），因项目纠纷导致匈牙利诉斯洛伐克的一起国际环境案例。本案是国际法院首例裁决的国际环境案例。

多瑙河是欧洲第二长河，在欧洲河流中其长度仅次于伏尔加河。多瑙河发源于德国黑林山（德国西南部），自西向东分别流经奥地利、斯洛伐克、匈牙利、克罗地亚、塞尔维亚、保加利亚、罗马尼亚、摩尔多瓦、乌克兰九国，最后注入黑海，是世界上干流流经国家最多的河流。她的支流涓涓潺潺，蜿蜒至瑞士、波兰、意大利、波斯尼亚-黑塞哥维那、捷克以及斯洛文尼亚六国，最后在罗马尼亚东部的苏利纳流入黑海。多瑙河全长 2850 千米，流域面积 81.7 万平方千米，素有"蓝色多瑙河"之美誉。

作为连接北海与黑海的重要通航要道，多瑙河对沿岸国家的经济与社会发展起到重要作用，这也大大增加了沿岸国家之间的相互依赖性。20 世纪 60 年代，许多国家开始拦河筑坝、兴建水利，在这种大规模改造自然环境的历史背景下，相互毗邻的匈牙利和捷克斯洛伐克决定在流经两国的多瑙河上修建水坝。1977 年 9 月 16 日，匈牙利和捷克斯洛伐克签订《1977 年条约》，多年以后这两个缔约国的名称已经分别改变为匈牙利和斯洛伐克。《1977 年条约》于 1978 年 6 月 30 日正式生效，它规定双方建设和实施船闸系统是一项"联合投资"。根据条约序言，该系统旨在实现"广泛利用多瑙河布拉迪斯拉发-布达佩斯地段的自然资源，发展缔约国的水资源、能源、交通、农业和国民经济的其他部门"的目的。因此，联合投资的基本目的在于水力发电，改善多瑙河相关地段的航运并使沿岸地区免受洪涝灾害侵犯。同时，根据条约条款，两国承诺确保多瑙河的水质不会因为这项工程而下降，并在建设和实施船闸系统过程中履行保护自然之义务。

根据《1977年条约》的规定，即将建设的水坝项目的主体工程分为两个系列船闸，一个是斯洛伐克境内的盖巴斯科夫工程，另一个是位于匈牙利的拉基玛洛工程，二者共同构成"一个完整不可分割的工程运营系统"。条约进一步规定了将有关这一系统的技术规格列入"共同承办计划"，该计划是根据两国政府为此目的于1976年5月6日签订的协议而制定的。共同承办计划描述了系统的目标以及工程的特征，并载列了"初步运营和维护规则"，其中第23条规定"最终运营规则应在系统投入使用一年之内批准通过"。条约还规定在联合的基础上建设、筹资和管理该项工程，当事双方平等参与。双方于1977年9月16日，也就是条约签订之日又签署了一项确定工作进度表的相互协助协议，该协议对条约所确定的双方工程的分配做了些许调整，项目于1978年开工。而后，根据匈牙利的倡议，双方最初根据1983年10月10日签署的两份议定书，同意放慢工作进度并推迟发电站投入使用的时间，随后又根据1989年2月6日签订的一份议定书同意加快项目进度。但是，由于该项目在匈牙利国内遭受猛烈抨击，匈牙利政府于1989年5月13日决定，在主管当局于1989年7月31日之前完成各种调查报告以前暂停拉基玛洛工程。同年7月21日，匈牙利政府决定将拉基玛洛工程的搁置时间延长至10月31日。最后于10月27日，匈牙利决定放弃拉基玛洛工程，而仅维持多瑙克里蒂（Dunakiliti）工程的现状。

这段时间双方展开了谈判，捷克斯洛伐克开始调查替代解决方案，其中一个替代解决方案后来被称为"变通方案C"。该方案使捷克斯洛伐克负责在其境内对距离多瑙克里蒂10公里左右的上游处对多瑙河进行单方面改道。在最后阶段，变通方案C列入了在库诺沃（Cunovo）修建一份溢流堰（溢流堰是一个塔板上的液体溢出结构，具有维持板上液层及使液体均匀溢出的作用）和一个将溢流堰与旁道运河南岸连接在一起的防洪堤的内容，并为辅助工程做了准备。1991年7月23日，捷克斯洛伐克政府决定"于1991年9月根据临时解决方案开工建设，使加盖巴斯科夫项目投入使用"，并于同年11月开始了变通方案C的工作。1992年5月19日，匈牙利政府照会捷克斯洛伐克政府，提出自1992年5月25日起单方面终止《1977年条约》以及有关文件。

1992年10月15日，捷克斯洛伐克着手封闭多瑙河的工作，并于10月23日开始截水。

1992年12月，捷克斯洛伐克国内局势发生剧变，并于1993年1月1日分裂为捷克和斯洛伐克两个国家，由于盖巴斯科夫工程位于斯洛伐克境内，故由斯洛伐克继续运营该船闸系统。1993年4月7日，匈牙利和斯洛伐克签署了《特别协议》，同意将该争端提交国际法院解决。

1997年9月25日，国际法院作出判决，判决结果强调了当事双方的协商与合作。为了执行国际法院判决，两国于1997年10月共同起草了一份继续实施相关工程的《框架协议》（Framework Agreement）。[1]斯洛伐克于1998年3月10日批准该《框架协议》，但匈牙利认为该《框架协议》实际上是《1977年条约》的翻版，认为"国际法院判决并未要求修建大坝"，故而匈牙利决定废除该《框架协议》。1998年9月3日，斯洛伐克以匈牙利不履行国际法院判决为由，请求国际法院作出附加判决。匈牙利答辩后，两国随后又进行多次谈判，并将谈判进程通知给了国际法院。2017年6月30日和7月12日，斯洛伐克和匈牙利先后致信国际法院，请求中止以及不反对中止该案件程序，最终于7月18日，国际法院致信双方代表，将该案从案件列表中移除。[2]

诉讼请求

（一）匈牙利主张

1. 其暂停继而终止位于拉基玛洛的工程以及由匈牙利负责的在盖巴斯科夫的部分工程的理由是基于国家责任制度中的"危机情况原则"，是在环境保护的紧迫压力下，不得已而为之。

2. 捷克斯洛伐克实施的临时解决方案"替代方案C"属于严重违反条约。

3. 1992年5月19日声明终止《1977年条约》及相关文件效力的通知具备国际法上终止条约的效力。

---

[1] See Overview of the case concerning GabCikovo-Nagymaros Project（Hungary/Slovakia），available at https://www.icj-cij.org/en/case/92（Last visit on 1 July 2020）.

[2] See GabCikovo-Nagymaros Project（Hungary/Slovakia），Judgment，available at https://www.icj-cij.org/files/case-related/92/092-20170721-PRE-01-00-EN.pdf（Last visit on 1 July 2020）.

（二）捷克斯洛伐克主张

1. 临时解决方案是为了尽可能减少匈牙利暂停和终止工程这一违约行为造成的损害的国际法"反措施"，因而具备合理性。

2. 当事双方请求国际法院确定其判决所产生的法律后果，包括当事双方的权利与义务。

判决

针对本案，国际法院于 1997 年 9 月 25 日作出判决：

1. 考虑到《特别协议》第 2 条第 1 款：（1）以 14 票对 1 票判定，匈牙利无权于 1989 年中止继而放弃拉基玛洛工程和《1977 年条约》及有关文书赋予其在盖巴斯科夫项目上的工程部分；（2）以 9 票对 6 票判定，捷克斯洛伐克有权在 1991 年 11 月着手准备《特别协议》条款中提到的"临时解决方案"；（3）以 10 票对 5 票判定，捷克斯洛伐克无权自 1992 年 10 月将"临时解决方案"付诸实施；（4）以 11 票对 4 票判定，匈牙利于 1992 年 5 月 19 日发出的终止《1977 年条约》及有关文书不具有终止条约的法律效力。

2. 考虑到《特别协议》第 2 条第 2 款和第 5 条：（1）以 12 票对 3 票判定，斯洛伐克作为捷克斯洛伐克的继承国，自 1993 年 1 月 1 日起成为《1977 年条约》的当事方；（2）以 13 票对 2 票判定，匈牙利和斯洛伐克必须根据当前局势进行善意协商，必须根据它们可能商定的形式，采取一切必要措施，以确保实现《1977 年条约》的目标；（3）以 13 票对 2 票判定，除非当事双方另行商定，必须按照《1977 年条约》制定一个联合经营制度；（4）以 12 票对 3 票判定，除非当事双方另有商定，对由于匈牙利中止并放弃负责的工程使捷克斯洛伐克和斯洛伐克遭受的损失，匈牙利应向斯洛伐克进行赔偿；对由于捷克斯洛伐克实施、斯洛伐克继续使用"临时解决方案"而对匈牙利造成的损失，斯洛伐克应对其予以赔偿；（5）以 13 票对 2 票判定，必须根据《1977 年条约》及有关文件的规定结算工程建设和运营账目，并且酌情考虑双方在本执行段（其二）的（2）和（3）点时可能采取的措施。

问题提炼

1. 《1977 年条约》的效力如何？

2. 可持续发展原则的重大意义。

解析

（一）《1977 年条约》的效力如何？

《1977 年条约》至今是否依然有效力，是本案的一个基础性问题。分析《1977 年条约》的效力，要判断匈牙利中止继而放弃《1977 年条约》及相关文件的行为是否具备国际法上的合法性和有效性，以及《1977 年条约》对斯洛伐克是否具有效力。

1989 年，匈牙利国内发生巨大的政治动乱，这场动乱导致多瑙河水坝项目工程的开工时间一再延后，直至匈牙利彻底放弃了拉基玛洛工程以及应由匈牙利负责实施的盖巴斯科夫船闸系统的部分工程。对此，匈牙利提出五项理由支持其终止条约的通知具有合法性和有效性，分别是：危急状态的存在、不可能履行条约、情势发生根本改变、捷克斯洛伐克严重违反条约、国际环境法新规范的制定。首先，匈牙利与捷克斯洛伐克都是 1969 年《维也纳条约法公约》的缔约国。根据该公约第 60 条、第 61 条和第 62 条之规定，危急状态本身是一个未能履行条约的国家所能援引的免责事由之一，而不是一个单方面终止条约的合法事由。[1] 虽然《1977 年条约》签订之时，《维也纳条约法公约》尚未生效，不能直接适用，但《维也纳条约法公约》第 60 条至第 62 条所规定的对条约暂停或终止，是对既存的国际习惯的编纂，因而不影响公约对本案的适用。其次，根据《1977 年条约》第 15 条、第 19 条和第 20 条的规定，该条约实际上向双方缔约国提供了必要的手段，用以在任何时候通过谈判，对经济发展需求和生态发展需求之间的关系进行必要的重新调整，同时第 15 条、第 19 条和第 20 条的目的就是为了适应情势发生变化后能够作出必要的调整，所以匈牙利并不存在无法履行条约或者因情势变更而无法履行条约的情况。再次，捷克斯洛伐克只是在 1992 年 10 月将多瑙河河水引入旁道运河时才违反了条约，在变通方案 C 的辅助工程中并不存在违法行为，所以当匈牙利于 1992 年 5 月 19 日发出终止条约的通知时，捷克斯洛伐克并不存在违反条约的情况，因此匈牙利无权援引违反条约作为其终止条约的一个理由。最后，由于当事双方在《1977 年条约》缔结以来，未对其间出现的新的国际环境法强制性规范提出质疑，所以《维也纳条约法公约》第 64 条在本

---

[1] 参见 1969 年《维也纳条约法公约》第 60、61、62 条。

案中并不适用。[1]因此，尽管在事实层面，匈牙利和捷克斯洛伐克都未能履行各自在《1977年条约》中的义务，但在国际法层面，当事双方的不法行为并没有使条约发生终止，也没有为其终止提供理由。

1993年1月1日，捷克斯洛伐克正式分裂为捷克共和国和斯洛伐克共和国两个国家，多瑙河水坝项目中盖巴斯科夫工程位于斯洛伐克境内。匈牙利认为，即使《1977年条约》不受终止通知的影响而继续有效，它无论如何在1992年12月31日都已停止作为一项条约继续发生效力，捷克斯洛伐克作为一个法律实体不再存在，即《1977年条约》的当事一方消失了，丧失了国际人格，所以，《1977年条约》应当终止。事实上，《1977年条约》除了具有联合投资这一性质之外，条约的主要内容是提议在匈牙利和捷克斯洛伐克两国境内沿多瑙河一线的具体地段建设和共同运营一个大型的完整、不可分割的结构和设施综合体。同时，根据1978年《关于国家在条约方面的继承的维也纳公约》第12条"其他关于领土的制度"，领土特征的条约不论从传统理论还是现代观点来看都被认为不受国家继承的影响，当事双方对此也没有争议。[2]因此，《1977年条约》本身不受国家继承的影响，自1993年1月1日起对斯洛伐克和匈牙利继续产生拘束力。

（二）可持续发展原则的重大意义

"可持续发展"（Sustainable Development）指的是在寻求满足当代人类需求的发展的同时，为后代的需要保护和尊重环境。可持续发展是21世纪的主题，其中心内容是要求经济增长与环境保护的协调，这是人类社会发展的一种新理念、新模式。可持续发展原则要求环境与发展两方面互相结合：一方面要求在制定经济和其他发展计划时切实考虑保护环境的需要；另一方面要

---

〔1〕1969年《维也纳条约法公约》第64条：一般国际法新强制规律（绝对法）之产生：遇有新的一般国际法强制规律产生时，任何现有条约之与该项规律抵触者即成为无效而终止。

〔2〕参见1978年《关于国家在条约方面的继承的维也纳公约》第12条："其他关于领土的制度：1.国家继承本身不影响：（a）条约为了外国任何领土的利益而订定的有关任何领土的使用或限制使用，并被视为附属于有关领土的各种义务；（b）条约为了任何领土的利益而订定的有关外国任何领土的使用或限制使用，并被视为附属于有关领土的各种权利。2.国家继承本身不影响：（a）条约为了几个国家或所有国家的利益而订定的有关任何领土的使用或限制使用，并被视为附属于该领土的各种义务；（b）条约为了几个国家或所有国家的利益而订定的有关任何领土的使用或限制使用，并被视为附属于该领土的各种权利。3.本条各项规定不适用于被继承国在国家继承所涉领土上容许设立外国军事基地的条约义务。"

求在追求保护环境目标时充分考虑发展的需要。[1]

可以认为，本案为可持续发展原则的适用提供了一个独特的机会，因为它出自于一项以发展作为其目标而又因关于环境考虑的争论而被停止的条约。本案双方都为论证自己的观点而引用"可持续发展"。匈牙利从该概念的环境方面论证它关于不应有拦河坝系统的观点，而斯洛伐克则从该概念的发展要件论证相反的结论，即如果《1977年条约》所规划的两座拦河坝得以建造，则"可持续发展"将得以实现。国际法院则认为："通观历史，人类由于经济的或者其他的原因一直不断地干扰自然。人类在过去从事这种干扰时从不考虑其对环境的影响。由于新的科学知识和日益认识到以欠考虑和未减缓的速度从事这种干扰对人类——当代人及其后代——所带来的危险，在过去20年里，一大批文件制定了新的规范和标准。不仅在考虑新的活动时，而且在继续进行已开始的活动时，各国都必须考虑新规范并对新标准给予足够重视。可持续发展概念充分表达了将经济发展与环境保护相协调的需要……对本案而言，双方都应重新审视盖巴斯科夫电厂运行对环境的影响。尤其是，它们必须为多瑙河故道和该河两岸支流所释放的水量找到一个满意的解决办法。"[2]没有可持续发展这一原则，本案中的难题将难以解决。[3]可持续发展为两种已经确立的权利之间的冲突提供了重要的原则，它重申了在国际法领域中，经济发展和环境保护都要得到重视，任何一个都不可以被忽视。[4]由于可持续发展原则在本案中是一个具有决定性意义的因素，又由于它可能在未来的重大环境争端解决中起重要作用，它需要得到较为详细的考虑，而这次是它得到国际法院裁判程序注意的第一次机会。[5]该案要求在发展的需要和保护环境的必要之间选择一条中间路线，它就是可持续发展原则。可持续发展原则将在平衡关于发展和环境保护之间的竞争需求中发挥其重要作用。人们业已认识到对发展的追求不能对它所在地的环境造成实质损害，"发展不能以对环

---

〔1〕 林灿铃：《国际环境法》（修订版），人民出版社2011年版，第160~163页。

〔2〕 ［英］非利普·桑兹："国际法庭与可持续发展概念的应用"，王曦译，载王曦主编：《国际环境法与比较环境法评论》（第1卷），法律出版社2002年版，第18页。

〔3〕 See ICJ judgment on Case concerning The Gabcikovo-Nagymaros Project on 25 September 1997, p. 88. (Separate Opinion of Vice-president Weeramantry.)

〔4〕 ICJ judgment on Case concerning The Gabcikovo-Nagymaros Project on 25 September 1997, p. 95.

〔5〕 参见［英］非利普·桑兹："国际法庭与可持续发展概念的应用"，王曦译，载王曦主编：《国际环境法与比较环境法评论》（第1卷），法律出版社2002年版，第18~20页。

境带来实质损害为代价，发展只能与环境保护的合理需求相协调。考虑到对环境的影响，发展是否是可持续的只能在具体的情形中进行分析。不存在抽象意义的发展权，发展权总是同环境对它的容忍有关，是对发展权的正确阐述"。[1]

从本案国际法院援引"可持续发展"作为一个"概念"这一事实看，无疑国际法院承认了它在国际环境法中的地位，但国际法院并未探讨其具有什么样的国际环境法地位以及它的适用将带来什么结果。虽然它表明可持续发展的"概念"或"原则"在法律上已传播开来而且它的影响将广泛地被人们感觉到，但它尚未像尊重国家主权但不损害国外环境责任原则那样获得国际习惯法的法律效力和地位。本案关于可持续发展深奥而含糊的阐述虽然为其在国际法律秩序中可能处于何种地位提供了一些注释，但并未以任何程度的准确指出如何能更好地实现"可持续发展"的目标，这反映了国际法院运用其司法职能在衡量和平衡相互冲突的发展与环境保护的目标时所面临的困难。这在该案 1997 年 9 月的判决中有明显体现：国际法院认为匈牙利无权于 1989 年中止并在后来放弃拉基玛洛工程和盖巴斯科夫工程中它的那一部分；捷克斯洛伐克有权于 1991 年 11 月实施"临时解决办法"，但无权将该"临时解决办法"投入运营；匈牙利 1992 年 5 月 19 日关于《1977 年条约》和有关文件的通知不具有终止该条约和有关文件的法律效力，该条约至今仍然有效。

毋庸置疑，"可持续发展原则"无论是在国际法律文件中，还是在国家实践、国际司法实践中，都得到了承认与强调，可以肯定：如果说保护人类生存环境是国际环境法的出发点，那么，可持续发展原则就是国际环境法的立足点。[2]

本案的启示与意义

环境保护对实现人的健康和生命意义重大，所有族群都享有开发项目并从中获益的权利，但也负有不对环境造成重大损害的义务。经济发展与环境保护的权利可能会相互冲突，除非有一个国际法原则指出它们应该如何协调，

---

[1] See ICJ judgment on Case concerning The Gabcikovo-Nagymaros Project on 25 September 1997, p 88. (Separate Opinion of Vice-president Weeramantry, p. 92.)

[2] 林灿铃：《国际环境法》（修订版），人民出版社 2011 年版，第 158 页。

而这个原则就是国际环境法的基本原则——可持续发展原则。本案展现了可持续发展原则在国际司法实践中的重要性，丰富了可持续发展原则的内涵，对于推动国际环境法的发展具有深远的影响。

六、海虾-海龟案

基本案情

海龟是一种古老的迁徙性海洋动物，广泛分布于世界各大洋，大多数海龟分布于全球的热带或亚热带地区，在海上生活并于觅食地与筑巢地之间迁徙，但在陆地上繁殖。因此，无论是海上还是陆地，人类活动对海龟繁衍生息均产生重大的影响，由于受到人类活动的直接（捕获海龟以获取其肉、壳、蛋）或间接（如，渔业中偶然捕获、破坏其栖息地、污染海洋）的不利影响而导致海龟急剧减少。尤其是由于商业性捕捞以及用拖网渔船捕捞海虾时，也顺带地捕杀了习性上与海虾群居的海龟，导致海龟生存环境急剧恶化，已有濒临灭绝的危险。为此，在 1973 年签订的《濒危野生动植物物种国际贸易公约》（Convention on International Trade in Endangered Species，简称 CITES）中就将海龟列为最高级别保护物种，目前，所有海龟种类均列入了《濒危野生动植物种国际贸易公约》附录一。除澳大利亚平背龟以外的所有物种均列入 1979 年《保护野生动物迁栖物种公约》（Convention on Migratory Species of Wild Animals，简称 CMS）的附录一和附录二，并列入濒危或脆弱的自然保护联盟红色名录（IUCN Red List）。

一项研究结果表明，在美国东南部的墨西哥湾和大西洋拖网渔船偶然捕获和淹死海龟是导致其死亡的最重要原因。[1]因此，在猎獭的非法物种贸易得到严格而有效的控制之后，海龟保护的重心逐步转移到消除拖网在捕虾作业中因附带捕捞对其所造成的误杀之上。根据美国 1973 年《濒危物种法案》（Endangered Species Act，简称 ESA），所有在美国水域出现的海龟都被列为濒

---

[1] National Research Council, National Academy of Sciences, (1990), Decline of the Sea Turtles: Causes and Prevention, Washington D. C.

危或受威胁的物种。并且美国国家海洋渔业局（National Marine Fisheries Service，简称 NMFS）发明了旨在降低虾拖网海龟死亡率的海龟排除装置（Turtle Excluder Devices，简称 TED）。TED 指的是在拖网上安装栅栏，在捕捞时体积小的海虾通过栅栏进入渔网，而体积大的海龟由于栅栏的阻挡可以成功逃离渔网。使用 TED 装置后，海龟成功逃离渔网的概率是 97%，而捕虾作业的效率却因误捕率的降低而反有上升。可以说，TED 在保护海龟方面发挥了有效的作用。

鉴于海龟的全球分布性和广泛迁徙性，美国积极立法推广 TED。1989 年，继在国内初步推行 TED 成功之后，美国国会又通过修正《濒危物种法案》增加 609 条款[1]推动其他国家采用 TED，以相应提升海龟保护力度。该条款共包含两项基本政策要求：第一，该条款（a）段授权由美国国务卿开始同有关国家共同磋商关于海龟保护的国际条约，并定期就谈判情况向国会进行汇报；第二，该条款（b）段授权由美国国务院负责制定具体实施措施，禁止所有未符合 TED 装置使用要求和未达到美国海龟保护相应标准的国家或地区捕获的野生虾及虾类制品进入美国市场。该修正案通过之初，由于美国国务院只将第 609 条解释为授权其保护美国海域内的海龟，而在美国海域内出没的海龟的最远栖息地不超过大加勒比及西大西洋地区，因此，在美国国务院于 1991 年颁行的首版第 609 条实施指导细则中，仅将此限定于向上述两地区的 14 个虾类及虾产品出口国适用，并且这些国家还被授予 3 年的时间，以逐步同美国国内的海龟保护水平相协调。

1992 年，美国国内的一些民间环保组织在地球岛屿研究所的牵头下提起诉讼，认为美国国务院的上述解释歪曲了《濒危物种法案（修正案）》的立法目的，因为其第 609 条旨在保护所有海龟，而并非美国海域内的海龟。1995 年 12 月 29 日，美国国际贸易法院（CIT）通过审理正式确认，为了实现保护海龟这一物种的修正案宗旨，美国国务院应自不迟于 1996 年 5 月 1 日起将第 609 条全球适用。依据该判决，美国国务院于 1996 年 4 月 19 日修正并颁布了新版第 609 条实施指导细则，该新版细则将第 609 条款延伸适用至所有外国，将 TED 装置推广至全球，从此美国《濒危物种法案》将全球海域的海龟纳入保护范围，规定凡是捕虾作业中不使用 TED 的，将禁止进口原产地国家的海虾及海虾类的产品，包括将海虾运送至第三国罐装的罐头制品。因此，

---

[1] Section 609 of Public Law 101-102, codified at 16 United States Code (U.S.C.) § 1537.

美国禁止进口从马来西亚、印度、巴基斯坦和泰国出口的海虾及海虾产品，因为这些区域的渔民在捕虾作业时没有安装 TED 或者无法证明在捕虾作业中有效地保护了海龟。

由于印度、巴基斯坦、马来西亚与泰国对美出口的海虾受到禁止，1996年 10 月 8 日，印度、马来西亚、巴基斯坦和泰国联合向世贸组织争端解决机构提出磋商申请，请求 WTO（世界贸易组织，下同）设立专家组审理此案，从而正式揭开了本案帷幕。

印度、马来西亚、巴基斯坦和泰国四国认为美国的第 609 条违背了 WTO 有关协议的条款，违反了诸如最惠国待遇原则等 WTO 基本原则，构成了国际贸易的歧视。

但美国认为在 WTO 的协议中，明确指出其成员可采取相应的措施以"保障人民、动植物生命或健康""有效保护可能被耗尽的天然资源"。而 TED 的使用一方面是由于保障动植物生命安全的必要措施，另一方面也采用了平等适用于国内国际贸易的实施方式，因此为推广 TED 而采取相应的禁止进口海虾等贸易措施并不违反 WTO 协议的有关规定。

与此同时，美国的主张也得到了一些非政府组织的支持，不少国际性动植物及环保组织在本案审理期间纷纷向世贸组织上书，并提交了书面协助报告，表明其保护海龟、支持美国的态度和立场。

专家组审理后作出的裁决认为，美国第 609 条规定，违背了 WTO 自由贸易的规则，对多边贸易体制构成威胁，也不符合 GATT（关税与贸易总协定，下同）1994 第 20 条"一般例外"规定。并重申了金枪鱼案（1991 年）关于"不能允许美国为保护海龟等海洋生物而强迫别国采取某种政策"的裁定。专家组在结论中说："根据以上裁定，我们认为美国根据其《公法 101-102》第609 条实行的禁止海虾及其制品进口，是不符合 GATT1994 第 11 条第 1 款，按第 20 条也是不合法的。"

1998 年 7 月 13 日，美国提出上诉。上诉机关组成了以费里沙诺（菲律宾原最高法院院长）为首的三名成员组成的复审组，进行了复审。于 1998 年 10 月 12 日提出了"报告"。

诉讼请求

1. 印度要求专家组建议美国立即取消其禁运，以履行 GATT 规定的义务。

马来西亚、巴基斯坦和泰国要求专家组建议美国采取一切必要措施，使第 609 条及其实施措施符合 GATT 规定的义务。

2. 美国要求专家组审查并认定第 609 条及其实施措施属于 GATT1994 第 20 条（b）（g）款的范围。

裁决

1997 年 4 月 10 日，争端解决机构合并，印度、马来西亚、巴基斯坦和泰国请求成立专家组。1998 年 4 月 6 日，专家组在详细列举争端各方和第三方的各自观点，拒绝采信并驳回由世界野生动物基金等动物及环境保护组织提交的书面协助报告，总结由专家组自行选定的技术专家所作出的咨询意见之后，最终裁定美国的第 609 条有悖世界自由贸易规则，对多边贸易体制构成了威胁，并且不能依据 GATT1994 第 20 条规定的豁免得到成立。[1]

由于对专家组的裁决不服，美国于 1998 年 7 月 13 日正式通知争端解决机构提起上诉。1998 年 10 月 12 日，上诉机构经过审查作出终审报告。[2]与专家组初审报告相比，上诉机构报告并没有拘泥于 GATT1994 条文本身，在"单边环境措施是否将会对多边贸易体制构成威胁"这一问题上过多纠缠，而是通过详尽的事实分析方法验证第 609 条是否以不合理或者是武断的方式施行，并且上诉机构最终认定美国国务院作为执行机构在贯彻实施第 609 条过程中的以下七个方面存在失当和缺陷：

（1）第 609 条在实施过程中被歪曲为美国强加的一项政策要求，即要求虾及虾产品出口国采取同美国一致的捕捞和海龟保护政策，这对其他缔约方的立法自主决策过程产生了不合理的威胁效力。

（2）不分青红皂白地要求各出口国均装备使用 TED，而不考虑各地实际情况，美国无法确保其政策是适当的。

（3）依据美国国务院的实施方式，即便各出口商采用了规定方法进行捕捞，但其母国若并不要求使用 TED，则美国仍可能拒绝从该出口商处进口。这从另一方面也显示出美国实质上更关心的是逼迫其他出口国采用其所规定

---

[1] Panel Report on United States–Import Prohibition of Certain Shrimp and Shrimp Product s, WT/DS 58/R.

[2] Appellate Body Report on United States –Import Prohibit ion of Certain Shrimp and Shrimp Product s, WT/DS 58/AB/R.

的管理体系，而并非确保进入美国市场的海虾及虾制品实际上并不对海龟造成威胁。

（4）美国没有认真试图通过达成多边协议的方式解决争议。报告注意到，美国成功地推动了《美洲间海龟保护公约》[1]的签订，证明多边合作是可实现的和可行的，但美国同争端四国之间却从未有过通过签署多边协议寻求争议解决的类似努力。

（5）在实施第609条过程中，美国给予大加勒比及西大西洋地区的14个出口国3年的过渡期，却仅给予其他包括申请提出四国在内的出口缔约方4个多月的准备时间，这实际构成了对世贸组织不同缔约方之间的歧视。

（6）指责美国在TED技术转让过程中同样存在不公平的歧视。

（7）美国国务院作为第609条的实施机构在过往年度认证过程中无论接受或是拒绝进口与否均无书面的、结论经过论述的正式文件，并且也没有为被拒绝的出口国提供辩解、寻求继续救济的正式渠道。

上诉机构认为以上7条中的（1）至（6）条构成了美国在第609条实施过程中实行"不合理的差别待遇"的实证，第（7）条说明美国在实施过程中存在一定程度的武断性，因而认为美国的第609条虽然属于GATT 1994第20条（g）款项下的例外，但由于其在具体实施过程中违背了GATT的有关精神，无法满足第20条引言所规定的要求，因而不能得到最终支持。1998年11月6日，WTO争端解决机构正式通过上诉机构报告，责成美国尽快采取相应措施以同WTO的一般原则相适应。1998年11月25日，美国通知WTO，正式承诺贯彻上诉机构的这一判决，并表示愿意同四国尽早就贯彻问题进行磋商。

问题提炼

1. 一般例外条款的适用条件？
2. 贸易自由与环境保护的关系。

---

[1]《美洲间海龟保护公约》（Inter American Convent ion for the Protect ion and Conservation of Sea Turtles），该公约于1996年9月制定，目前已有巴西、哥斯达黎加、墨西哥、尼加拉瓜、委内瑞拉和美国六个缔约国。该公约就美洲国家间海龟保护政策的协调和TED技术在公约缔约国间的推广和转让等事宜作出了较为详尽的规定。

解析

（一）一般例外条款的适用需要满足条款的基本原则

美国在抗辩过程中，援引 GATT1994 第 20 条 "一般例外" 作为其施行第 609 条的主要依据：第 20 条导言及相关条款规定，"本协议的规定不得解释为禁止缔约国采用或加强以下措施，但对情况相同的各国实施的措施不得构成武断的或不合理的差别待遇，或构成对国际贸易的变相限制……（b）为保障人民、动植物生命或健康采取必要的措施……（g）与国内限制生产与消费的措施相结合，为有效保护可被耗竭的天然资源采取相关措施。" 美国认为（b）（g）款可作为其要求他国使用 TED 的理由，因为 TED 的使用既是出于保障动物生命的必要措施，又采用了平等适用于国际国内的实施方式，且海龟确是濒危物种。因此，美国认为推广 TED 这样被明确证明可有效保护海龟被误捕的工具所采取相应的禁虾等贸易措施，是符合 GATT 1994 第 20 条规定的。

然而，美国的行为虽然被认为是满足其援引的 GATT 1994 第 20 条（b）和（g）款的，但是其并不满足第 20 条引言的规定。因为其行为已构成对他国的不合理差别待遇，也是对国际贸易的变相制约。如上诉机构所作出的裁决明确指出，美国给予大加勒比及西大西洋地区的 14 个出口国 3 年的过渡期，却仅给予其他包括申请提出 4 国在内的出口缔约方 4 个多月的准备时间，这实际构成了对世贸组织不同缔约方之间的歧视。因此不能成功援引第 20 条。

（二）贸易自由与环境保护相辅相成

首先，WTO 通过本案裁决宣示了其对环境问题的关注。"海龟-海虾案" 最重要的意义在于，它是第一个由 WTO 作出的证明环境措施可以同贸易规则相调和的裁定。尤为引人注目的是上诉机构在其报告结尾所特别强调的："在得出本案结论之前，我们想指出在本案中所没有判定的几点：我们没有判决认定环境的防护和保卫对世贸组织的缔约方不重要，显然它很重要；我们没有认定主权国家作为世贸组织缔约方没有制定保护诸如海龟等濒危物种有效措施的权力，显然他们能够并且应该；我们也没有判决认定作为世贸组织成员的主权国家不能通过双边或多边行动，在世贸组织或者其他国际框架之内保护濒危物种或是保护环境，显然他们不仅应该并且应着手去做。"[1]出于对世贸组织在解决交叉议题的过程中所表现的贸易优先偏向的担忧，国际已提出多个对争端解决程序加强监督乃至另组全球性环境争端解决组织的动议。时任美国贸易代表夏琳·巴尔舍夫斯基（Charlene Barshefsky）认为贸易与环境并非是水火不相容的一道选择题，因而主张强化世贸组织贸易与环境分委员会的作用来协调矛盾；[2]而欧盟贸易专员列昂·布列坦爵士则声称，若世贸组织不能被证明保持公允的立场，欧盟将推动成立另行特别机构以专门协调环境与贸易之间的关系。[3]1998年11月初，法国时任总统雅克·希拉克和时任总理阿兰·朱佩在世界自然资源保护联盟（IUCN）成立50周年的纪念仪式上，不仅呼吁世贸组织应当认真考虑与贸易相关的环境问题，更直截了当地提议应由联合国环境规划署（UNEP）整合有关国际环境及资源保护公约，推动成立世界环境组织。[4]

在明确了环境保护对于缔约方的重要性之后，上诉机构同时确认了旨在保护环境、拯救濒危物种的第609条依据GATT第20条所取得的适法性。上诉机构以灵活的方式解释50年前制定的GATT第20条（g）款，认为所谓的"易被消耗的自然资源"应以进步的、发展的态度加以理解，而不应单纯拘泥于矿物或其他非生命资源，并确认所谓的"自然资源"应包含对有生命物种的保护。有鉴于"海虾-海龟案"先例的性质，这意味着在今后的相似案件中，只要符合普遍贸易原则并满足若干保障条件，世贸组织实际已授权缔约方可以在多边谈判解决环境争议未果的前提下，采取相应的单边环境措施以保护海龟、海豚等濒危物种，从而为世贸组织的原则体系同《濒危野生动植物物种国际贸易公约》（CITES）等国际环境公约的衔接提供法律依据。

其次，本案裁决成为增进争端解决机制乃至整个世贸组织透明度的新起点。通过正式确立专家组在争端解决审理过程中可以直接接受案外非政府组织提交的补充书面材料，WTO为公众团体的介入提供了渠道。从长远而言，"海龟-海虾案"的另一层重要意义体现在本案对于增强世贸组织透明度的贡

〔1〕 WT/DS 58/AB/R, at para. 185.

〔2〕 Charlene Barshefsky, "conservation, commerce can coexist", *Journal of Commerce*, April 28, 1998.

〔3〕 "WTO Shrimp Ruling Heightens Environment vs Trade Debate", *Journal of Commerce*, April 3, 1998.

〔4〕 Chirac, "champion du monde de la nature", *Liberation*, November 4, 1998.

献之上。非政府间组织，尤其是国际性环境保护组织，为呼吁 WTO 打开闭锁的黑箱已付出了长期努力。因为他们认为缔约方立足于各自国家或政府利益解决相互间的贸易争议将会忽视公众利益的保护。"海龟–海虾案"的判决最终给予了他们长久所盼望的东西。因为 WTO 终于认识到允许非政府间组织向争端解决专家组提交事实材料和相关法律意见并不会削弱 WTO 作为政府间国际经贸组织的属性，反而可以使 WTO 更具有可亲可信的公众形象。问题的症结在于世贸组织的争端解决毕竟不同于一般意义上商事性质的仲裁，其裁决最终会公开并反映到缔约方具体国内政策的调整上，确保整套机制有效运作以及适当公开并接受公众的监督还是十分有必要的。

本案的启示与意义

本案涉及的是美国为保护海龟而禁止从某些国家进口海虾的争端。1998年 WTO 上诉机关对"海龟–海虾案"的最终裁决，所涉及的不仅是用司法手段协调立法难以解决的 WTO 贸易体制与环境保护政策的关系，而且也给 WTO 司法机制的运作树立了一个成功的范例，从而成为国际贸易界、环境保护界以及国际司法方面讨论的一个经久不息的热点问题。本案的启示与意义在于使人们进一步了解并认识环境保护与贸易自由的实质关系。

七、Peter A.Allard诉巴巴多斯政府案

基本案情

该案原告为加拿大商人 Peter A. Allard，被告为巴巴多斯政府。原告就其在巴巴多斯一块生态旅游基地建设的取得和开发所作的投资，因被告未能通过相关机构和个人采取合理的和必要的环境保护措施，造成该生态旅游基地建设用地的污染，破坏了其投资价值，认为巴巴多斯政府违反了《加拿大政府与巴巴多斯政府关于相互促进和保护投资的决定》（简称《加拿大-巴巴多斯 BIT》），向国际常设仲裁庭（PCA）提起诉讼，国际常设仲裁庭根据《联合国国际贸易法委员会仲裁规则》于 2010 年 5 月开始至 2016 年仲裁终结。

Peter A. Allard 于 1994 年决定到巴巴多斯投资生态旅游基地建设，并于 1995 年注册 GHNSI 公司，取得了格雷姆走廊湿地 34.25 英亩的土地。该生态旅游基地中有一条水道，水道的终端很早前就建造了一座水闸。在 1995 年取得土地前，Peter A. Allard 将其开发设想与巴巴多斯政府进行了沟通。1995 年 7 月，巴巴多斯首席城市规划师 Mark Cummins 告知 Peter A. Allard，根据巴巴多斯《1986 年国家自然开发计划》，格雷姆走廊湿地规划为主要休闲区域和休憩用地，对此区域的开发必须提交附有环境影响综合评估报告的正式申请才可能获得批准。1996 年至 1998 年，巴巴多斯政府委派 ARA 咨询团撰写报告，描述了格雷姆走廊湿地的环境特征并在"国家自然土地旅游项目"部分提出了湿地利用建议。

1998 年，首席城市规划师向 Peter A. Allard 发放附条件的生态旅游基地开发许可证。取得该许可证的条件之一就是向其提交水闸在内的综合排水系统计划并获得批准。Peter A. Allard 于 1998 年 11 月提交了第一份环境管理计划（《EMP 第一》），因首席城市规划师认为该计划不符合要求，2000 年 4 月 Peter A. Allard 提交了修改后的计划（《EMP 第二》）。之后 Peter A. Allard 开

始生态旅游基地的修建，并于 2004 年春对游客开放。2005 年，巴巴多斯水务当局所有的南海岸污水处理厂发生事故，致使未处理的污水紧急排入格雷姆走廊湿地。2007 年，Peter A. Allard 尝试出售该生态基地。2008 年，巴巴多斯《2003 年国家自然开发计划》开始生效，改变了《1986 年国家自然开发计划》中对生态基地北面区域的用途，由娱乐和农业用途改为住宅区和城市通道区两个区域。2008 年 10 月，Peter A. Allard 宣布关闭其生态旅游基地，2009 年 3 月生态基地停止营业。

诉讼请求

1. 确认在《加拿大–巴巴多斯 BIT》规则下对 PeterA. Allard 的诉求具有管辖权。

2. 宣布巴巴多斯政府违反《加拿大–巴巴多斯 BIT》第 2 条第 2 款和第 8 条规定的义务。

3. 从 2012 年 11 月 30 日开始，命令巴巴多斯政府向 Peter A. Allard 支付 346 370 000 加元的赔偿及利息。

4. 承担 Peter A. Allard 本次的仲裁费用、法律代表和协助费用。

裁决

仲裁庭于 2014 年 6 月 13 日发布了第一份裁决，对双方争议的问题作出了回答。争议的问题有：第一，保护区是否被认为是一项投资。第二，原告根据巴巴多斯的法律是否拥有保护区。第三，管辖权问题。仲裁庭经过审理，对前两个问题作出了肯定的答复，认为保护区是一项投资，原告根据巴巴多斯的法律，拥有保护区。对于管辖权问题，仲裁庭认为在确定反对意见时，如果管辖权依赖于某些事实的存在，则必须在案情阶段证明。如果有争议的事实与案情问题混杂在一起，作为一个自由裁量权，有争议的司法管辖权异议的确定，可以被保留到案情阶段。

第二份裁决发布于 2016 年 6 月 7 日。仲裁庭对 Peter A. Allard 和巴巴多斯政府双方争议的事项进行了终局裁决。仲裁庭认为，首先，原告未能证明保护区在相关水质的恶化，无法认定是因为巴巴多斯政府的行为导致了保护区环境的恶化。其次，被告巴巴多斯政府并未违反《加拿大–巴巴多斯 BIT》第 2 条第 2 款规定的 FET（合理预期义务）。仲裁庭审议巴巴多斯《1986 年国家

自然开发计划》、首席城市规划师信函、两份 ARA 报告、《EMP 修订》等证据后认为，尽管 ARA 受国家的委托发表咨询报告，但该行为不可归因于国家，只有满足形式和内容的要件的陈述可构成巴巴多斯政府的承诺。同时，原告也未能证明巴巴多斯政府违反了"根据任何 FPS（完全的安保和保护）标准解释"的义务。

问题提炼

1. 个人是否可以作为国际环境法主体？
2. 湿地的国际环境法保护。

解析

（一）个人是否可以作为国际环境法主体？

关于个人（自然人和法人）是否具有国际人格，其在国际法上的地位如何，亦即个人是否为国际法主体的问题，学术界长期以来一直存在争论，没有统一的观点。

传统国际法认为只有国家是国际法的主体，个人不是国际法的主体。这一学说被称为"国家是国际法唯一主体说"，代表人物有意大利著名国际法学家安吉诺第[1]、英国的施瓦曾伯格[2]、意大利的斯佩尔杜蒂[3]、斯里兰

---

〔1〕 安吉诺第（Dionisio, Anzilotti, 1867~1960 年）：意大利法学家，曾任巴勒、波洛尼亚和罗马等大学教授，意大利外交部法律顾问，国际联盟副秘书长，国际常设法院法官、院长。其主要著作有《国际法讲义》（共 3 卷，1912 年至 1915 年）。

〔2〕 施瓦曾伯格（Schwarzenberger, Georg, 1908~1989 年）：英国国际法学者，曾任伦敦大学教授。其主要著作有：《权力政治：世界社会研究》（1940 年），《国际法与极权主义的法律虚无》（1943 年），《国际法院及法庭适用的国际法》（1957 年、1976 年），《国际法手册》（1947 年），《核武器的法律性》（1958 年），《国际法的领域》（1962 年），《国际法的归纳法》（1965 年），《外国投资与国际法》（1969 年），《国际法与国际秩序》（1971 年），《国际法的动态》（1976 年）。

〔3〕 斯佩尔杜蒂（Sperduti , Guiseppe, 1912 年-）：意大利国际私法学者，曾任意大利乌尔比诺大学、萨萨里大学、比萨大学国际法教授，欧洲人权委员会委员，比萨大学安奇洛蒂国际法学院院长，意大利《国际法杂志》两主编之一。其主要著作有：《海事争议中的领事管辖权》（1940 年），《关于司法管辖权规则和国际管辖之间的关系》（1940 年），《对于虚拟法律情况理论的贡献》（1944 年），《国际法上的个人》（1950 年）。

卡的平托〔1〕等。这个学说的学者均认为个人不是国际法的主体。然而，当谈到个人在国际法上的地位究竟应如何时，则没有一致的见解，有的主张个人不是主体而是客体，有的认为个人既不是主体也不是客体，是介乎二者之间的地位。总之，涉及个人在国际法上之地位时，并无一致的见解。之所以造成"个人不是国际法主体"这一理论的缘由，乃是因为当时个人在国际法上具有权利与诉讼程序能力或义务与责任的例子太少。因此，个人被认为不是或不应是国际法的主体。

与上述观点完全相反的另一个极端是主张"个人是国际法的唯一主体"。此种学说认为只有个人才是国际法的主体，国家不是国际法主体，因为国家的行为总是通过个人的行为表现出来的，所以国际法所调整的国家行为，实际上是以国家机关的代表身份活动的个人行为；国家的权利义务总是通过个人来承受的，所以国家的权利义务也只是组成国家的那些个人的权利和义务。这一派的学者认为实体的个人是法律的主体，司法实体（或称法人）不是法律的主体。最先提倡个人为国际法主体、国家不是国际法主体的是法国的狄骥〔2〕、希腊的波利蒂斯〔3〕和法国的塞尔。〔4〕

关于个人在国际法上的地位，上述两种截然不同的观点显然都是片面的。虽然，传统国际法认为个人在国际法上不负有责任，也不能直接在国际机构或国际法院前主张个人权利，但在某些情况下，个人在国际法上具有实质上的义务与权利。换言之，个人在特殊情况下可以被承认为国际法权利与义务的主体。正如奥本海所言：国家虽然是国际法的正常的主要的主体，但"国家可以将个人或其他人格者视为是直接被赋予国家权利和义务的，而且在这个限度内使他们成为国际法的主体"。〔5〕国际常设法院在"但泽法院管辖权

---

〔1〕 平托（Pintor, Moragodage Christopher, 1931年-）：斯里兰卡国际法学者，曾任联合国国际法委员会委员、主席。现为伊朗美国求偿法庭秘书长。其主要著作有：《发展中国家的问题及其对海洋法决定的影响》（1972年），《海底开矿，企业部的建立》（1976年），《国际社会与南极》（1978年）。

〔2〕 莱昂·狄骥（Léon Duguit, 1859~1928年）：法国法学家，社会连带主义法学派首创人。

〔3〕 尼古拉斯·波利蒂斯（Nicolas Politis, 1872~1942年）：希腊国际法学家，主要著作有《国际司法》（1924年）、《国际法的新趋势》（1927年）。

〔4〕 塞尔（Georges, Scelle, 1878~1961年）：法国国际法学者，主要著作有《国际联盟盟约及其与和平条约的联系》《国际法上执行职能的理论与实践》。

〔5〕 ［英］詹宁斯、瓦茨修订：《奥本海国际法》（第1卷第1分册），王铁崖译，中国大百科全书出版社1995年版，第10页。

问题"（1928 年）的咨询意见中明确承认：国家可以由条约明文规定给予个人以直接的权利；这种权利无需事先在国内法中加以规定，就可以有效地存在，并且是可以执行的。[1]一些国际法规则例外地直接决定了哪个人可以用自己的行为做或不做国际不法行为；有一些国际法规范，由于专对直接不法行为人或对国际法所个别和直接决定的另一自然人执行制裁，从而确立了个人在国际法上的责任，如禁止海盗行为。

国际环境法是 20 世纪 70 年代由于环境问题的发展而产生的一个国际法部门，它主要是调整国家在环境保护领域中行为关系的有拘束力的原则、规则和规章制度的总和，是国际法在新形势下发展起来的一个新领域。国际环境法的调整对象是基于环境资源的开发利用和保护、改善而产生的各种国际关系，包括：①国家与国家之间基于开发利用和保护改善环境而产生的国际关系。②环境领域中国际组织相互间及其与国家间的关系。③个人（自然人、法人）因开发利用环境而产生的国际环境关系。

国际环境法的目的是为了保护人类共同利益，而对所有个人基本权利和自由的普遍尊重早已在《世界人权宣言》中被明确宣布为人类共同利益的一部分。环境与人权之间的关系在联合国决议[2]和众多国际环境文件[3]中被反复重申。20 世纪 80 年代以来通过的大多数国际人权文件都承认环境权，个人在环境领域所享有的主体权利毋庸置疑。在国际环境法中，个人虽然没有签订环境保护协定、开展各种政府间环境保护合作的能力，却在与环境保护密切相关的国际经济交往中具有重要地位。

---

[1] 参见中国政法大学国际法教研室编：《国际公法案例评析》，中国政法大学出版社 1995 年版，第 59~61 页。

[2] 1989 年以来，联合国防止歧视和保护少数人委员会在这方面通过了几个决议。其中一个决议（1989 年 12 月）重申，有毒和危险产品的运输威胁着基本的人权，如生命权、在安全和健康环境中的居住权和健康权；决议呼吁联合国环境规划署对此寻求全面的解决办法。另一个决议（1990 年 7 月）则任命特别报告员研究环境与人权之间的关系，指出"人权与环境之间有着不可分割的联系"。联合国人权委员会于 1990 年通过决议（1990 年 4 月），强调保全维持生命的生态系统对于促进人权具有重要的意义。

[3]《斯德哥尔摩人类环境宣言》和《里约热内卢环境与发展宣言》都宣布，使人能够过尊严和福利的生活的环境是人享有的权利；为今人和后代保护和改善环境是人类的神圣职责。2002 年 9 月的《约翰内斯堡可持续发展宣言》第 3 条宣告："在本次首脑会议开始时，全世界的儿童用简单但明确的声音告诉我们，未来属于他们。这些话激励我们所有人通过行动确保他们继承的世界不再有因贫困、环境恶化和不可持续的发展方式造成的有失人类尊严和体面的现象。"

国际环境法是保护全人类（今世和后世）利益的公益性法律，是真正意义上的国际公法[1]或"行星家政管理法",[2]各类环境资源保护协定的动机、目的、内容都是直接为了保护和改善人类环境。非常清楚，国际环境法基于其公益性的特点，为所有人创设权利和义务。因此，每个人有权使其环境受到保护，同时也有义务为此付出努力。所以个人不再是消极的权利享受者，而要分担管理整个集体利益的责任。可见，在国际环境法上，个人不仅是权利的享有者，也是义务的承担者，亦即主体。而且，环境问题与个人两者之间的关系是十分密切的。这并非由于地球环境问题的特别，而是一个一个的人的活动所产生的影响超越了国界达到了影响全球的水平。反之，全球性的环境污染、自然破坏也直接对人们造成严重的损害。因此，要解决全球人类环境问题就必须提高人们对环境问题的认识，采取保护环境的行动。这是最基本的和不可或缺的。因此，不断提高人们对环境问题的认识和不断提高解决问题的能力，乃是势所必然的客观要求。我们必须认识到：每一个人的日常生活都是与地球息息相关的，且产生对将来世代及其生活的影响。所以，要求每一个人在日常生活中采取行动以保护自己赖以生存的地球。而且"该行动必须是自由的、有意义的主体行动"。[3]

（二）湿地的国际环境法保护

湿地可有广义和狭义两种。狭义定义一般是认为湿地是陆地与水域之间的过渡地带。广义定义则把地球上除海洋（水深 6 米以上）外的所有水体都当作湿地。1971 年关于湿地的国际重要性公约——《关于特别是作为水禽栖息地的国际重要湿地公约》（以下简称《湿地公约》）对湿地的定义采取的是广义的定义。该案中，格雷姆走廊湿地就属于典型的湿地范围，应当利用国际环境法加以保护。

《湿地公约》建立的湿地保护机制，主要是通过对保护的对象进行界定，由缔约国对合乎标准的湿地进行申请，建立"国际重要湿地名录"。在湿地的

---

[1] 对此，可以从国际环境法的文件通过和签署的情况得到证明：自联合国成立以来唯一通过的一个没有反对票、没有弃权票的法律文件是《里约热内卢环境与发展宣言》；所有的有关国际环境保护的会议也是世界各国最愿意出席的会议，1992 年联合国环境与发展大会之所以被称为"地球峰会"，就是因为它是出席会议的世界各国最高领导人最多的一次会议。

[2] Willian H. Rodgers, Jr., *Environmental Law*, West Publishing Co., U. S. A., 1977, p. 1.

[3] 转引自林灿铃：《国际环境法》，人民出版社 2004 年版，第 132 页。

主权方面，公约申明：将湿地列入国际重要湿地名录并不影响缔约国的专有主权。《湿地公约》的重要意义在于其颇具执行性，同时，公约的缔约方大会和公约执行局被赋予了实施公约和保护重要湿地的职责，为公约的有效履行提供了机制保障。公约不仅要求各缔约国承诺在本国境内对湿地进行管理，而且提供资助和监测，从而为湿地的保护建立起一个国际性框架。1980 年 11 月在意大利卡利亚里召开了第一届缔约国大会，规定了国际重要湿地标准。1984 年 5 月在荷兰格罗宁根召开了第二届缔约国大会，制定了公约实施框架。1988 年 7 月在瑞士蒙特勒市召开了第四届缔约国大会，再次修改国际重要湿地标准，决定建立蒙特勒档案，设立湿地保护基金。

《湿地公约》的宗旨，是为了"阻止湿地的被逐步侵占及丧失"，"确认湿地的基本生态作用及其经济、文化、科学和娱乐价值"。在本案中，巴巴多斯政府在《2003 年国家自然开发计划》中将格雷姆走廊湿地的部分区域用途改为住宅和通道，并不是对湿地的最佳利用方式，同时也并非对湿地保护最妥当的方式。本案原告投资的项目，从本质上讲是一个环保项目，不但不会对巴巴多斯环境造成破坏，还对巴巴多斯自然环境的维护甚至改善提出了较高的要求。

八、北大西洋海岸捕鱼仲裁案

基本案情

1783 年，英美两国就纽芬兰渔场的捕鱼问题签订了条约（The treaty of peace of 1783），据此，美国国民有权在北大西洋海岸的纽芬兰、拉布拉多及其他地方捕鱼。后来英国认为该条约已为英美 1812 年战争所废除（Abrogated），但美国认为该条约只是暂停（Suspended）。两国经谈判后，于 1818 年订立新约《美国-大不列颠渔业协定》（the Treaty of 1818，以下简称"1818 年条约"），其第 1 条规定美国国民有权在北大西洋海岸（现为加拿大的海岸）的某些海域捕鱼，并有权进入该海岸的海湾或海港修理渔船、避风和添补木柴、淡水等。

但由于上述权利的含义和范围不够明确，英美两国经常发生争执，1821 年至 1907 年间，拿捕渔船的事件也不时发生。因此，英美两国于 1909 年 1 月 27 日签订仲裁协定，把争端提交给由海牙常设仲裁法院（Permanent Court of Arbitration，PCA）组成的仲裁庭裁决。双方从仲裁法院的仲裁员名单中选派 H. Lammash（奥匈帝国法学家）、A. F. de Savornin Lohman（荷兰法学家）、G. Gray（美国法学家）、Luis M. Drago（阿根廷法学家）、Sir Charles Fitzpatrick（英国法学家）五名仲裁员组成仲裁法庭。仲裁法庭于 1910 年 7 月 1 日开始审理，1910 年 9 月 7 日作出裁决。这就是北大西洋海岸捕鱼仲裁案（North Atlantic Fisheries Case）。

仲裁请求

（一）英美两国提请仲裁法庭裁决

1. 英国是否可以不经美国同意而制定规章，对英美两国国民的捕鱼权利加以调整。

2. 美国国民在行使 1818 年条约赋予的权利时，可否雇用非美国国民担任船员。

3. 美国国民在行使上述权利时是否可以不受英国关于入港、报关、支付港务费及其他类似的要求和条件的约束。

4. 美国渔民在利用港湾进行避风、取柴、取水等活动时是否要支付港务费、报关及其他要求。

5. 1818 年条约规定美国国民有权在英国的美洲殖民地的任何海岸、海湾、河口、港口 3 海里内从事捕鱼、晒鱼等活动。问题是海湾地形区域如何划定 3 海里起算线？

6. 前项所指的海岸在哪里？是否在纽芬兰从雷岬（Cape Ray）到拉莫岛（Rameau Islands）之间的南岸，还是纽芬兰从雷岬到卡彭岛（Quirpon Islands）之间的西北岸和马格达伦岛（Magdalen Islands）海岸？

7. 美国国民拥有的船舶在上述海岸行使上述权利时是否享有商业优惠？

上述第 2、3、4、7 项是关于美国国民行使捕鱼权的细节问题；第 1 项是关于英国的管辖权限问题；第 5 项是请求法庭对海湾下定义；第 6 项是请求法庭界定北美洲海岸。

（二）英美两国就上述问题进行辩论

1. 关于第一个问题。英国认为它有权不经美国同意而是通过加拿大或纽芬兰直接或间接就①捕鱼的时间、日期和季节，②捕鱼的方法和工具，③与捕鱼有关的类似其他问题作出规定。美国则认为英国无此权力，因为国际地役（International servitude）的存在，导致英国主权的减损（A derogation from the sovereignty），除非此措施具备适当性（Appropriateness）、必要性（Nnecessity）、合理性（Reasonableness）和公平性（Fairness），且由美英两国共同协商确定。

2. 关于第二个问题。英国认为 1818 年条约给予美国国民的权利是专属性的，不能适用于非美国国民。美国认为条约并没有授予英国规定美国渔船船员国籍的权力。

3. 关于第三个问题。美国认为其国民未经美国同意，不受英国关于入港、报关和支付港务费用等要求的规章约束。美国声称其渔船入港时应作出通知和出示证件，但不应报关和承担本地渔船所没有的义务。

4. 关于第四个问题。英国认为美国船舶利用非 1818 年条约指定的港口时应视同一般情况，受英国有关规章制约。美国认为为了避风，船舶在任何港口都可以享受优惠待遇。

5. 关于第五个问题。英国认为美国既然宣称有权在所有海湾的 3 海里之内捕鱼，1818 年条约所指"海湾"（Bays）一词包含地理和领土两重意义，因此美国的权利就被排除在不是 1818 年条约称为"海湾"的水域之外了。但美国则坚持认为"海湾"一词是用在领土意义上的，而且是构成英国自治领部分的领湾，因此只限于湾口入口处不超过领海宽度两倍的海湾，在以 3 海里计算领海宽度的情况下，就是指封口线在 6 海里以下的海湾。

6. 关于第六个问题。美国认为其可以在纽芬兰从雷岬（Cape Ray）到拉莫岛（Rameau Islands）之间的南岸，从雷岬到卡彭岛（Quirpon Islands）之间的西北岸和马格达伦岛（Magdalen Islands）海岸捕鱼。英国则认为美国没有这个权利，且 1818 年条约所指的海岸不包括纽芬兰湾（Newfoundland bay），1818 年条约规定的"拉布拉多南海岸的乔利山（Mount Joly）"仅指纽芬兰与马格达伦岛的海岸。

7. 关于第七个问题。美国认为美国国民的船舶在利用 1818 年条约所指的海岸行使条约赋予的权利时应享受商业上的优惠。[1]

裁决

仲裁庭 1910 年 9 月 7 日裁决要点：

1. 英国的领土主权不受 1818 年条约影响，没有证据表明国际地役为人熟知，1818 年条约所赋予的捕鱼自由，不是主权权利，而是纯粹的经济权利。即使这些渔业自由构成了国际地役，其减损供役国主权也只发生在供役国主权的行使与需役国主权行使相抵触的情形下。因此，英国仍有权对 1818 年条约议定的水域内从事捕鱼活动的美国渔民制定规章，不必取得美国同意，但这些规章的制定必须出于善意（bona fide），并且不应违背 1818 年条约的规定。

2. 美国国民行使 1818 年条约所规定的权利时可受雇为渔船上的水手，非美国国民受雇时不能享受 1818 年条约规定的权利，只能享受雇主转移给他的

---

〔1〕 PCA, "The North Atlantic Coast Fisheries Case（Great Britain, United States）", *Reports of International Arbitral Awards*, 7 September 1910, Volume XI, pp. 167~226.

权利。

3. 要求美国人的船舶入港时办理报关手续并非不合理，但手续应简便，且行使捕鱼权利时不用办理纯属商业性的申报手续（Purely commercial formalities of report）或缴纳当地渔民不用缴纳的费用。

4. 所有文明国家都有义务对在其水域避难的外国船舶给予人道主义待遇，不应要求支付费用。1818 年条约允许美国渔民进入非条约指定的海岸的海湾进行维修及避风，但此种权利不应滥用。

5. 鉴于 1818 年条约对"海湾"一词没有加以定义，只能从一般的意义上对其加以解释——"海湾"应解释为地理上的海湾，3 海里应从不再具备海湾外形和特点的地方划出一条横越水域的直线量起；对于较特别的海湾，在最靠近海湾入口处宽度不逾 10 海里的第一个点画出横越湾口的直线，直线向海一面 3 海里的地方为排他线。

6. 美国国民有权在纽芬兰和马格达伦岛的海岸捕鱼。"海岸"（Coast）一词必然包括海湾（Bays）。

7. 美国国民有权享受 1818 年条约赋予的捕鱼权利和商业上的优惠权利。[1]

问题提炼

1. 如何理解国际地役？
2. 如何界定"海湾"与"历史性海湾"？
3. 海洋渔业资源养护的重大意义。

解析

（一）如何理解国际地役？

本案裁决否认了美国提出的 1818 年条约赋予美国国民捕鱼权利即意味着英国丧失部分主权而构成国际地役的主张。本案仲裁庭认为国际地役不是一个明确的概念，且无助于本案的解决。

理论上，国际地役是指一国根据条约承担的对其领土主权的特殊限制，

---

〔1〕 PCA, "The North Atlantic Coast Fisheries Case（Great Britain, United States）", *Reports of International Arbitral Awards*, 7 September 1910, Volume XI, pp. 167~226.

目的是满足别国的需要或者为别国的利益服务。国际地役的主体只能是国家，一国给予外国人或外国公司的土地使用权，不构成国际地役。虽然有学者认为现代国际法不需要国际地役的概念，但其所反映的实施情况在现代国际实践中依然大量存在；因而对国家领土主权的限制，只要是在国家平等基础上根据条约自愿承担的，都是符合现代国际法的。[1] 换言之，国际地役概念的存废，还有待于国际法实践的发展。

（二）如何界定"海湾"与"历史性海湾"？

本案裁决未能对"海湾"作出法律定义，但对于海湾的宽度问题给出了自己的理解。英美两国根据领海宽度"3海里说"认为海湾的宽度不应超过6海里，1882年《北海渔业公约》（North Sea Fisheries Convention）确立了10海里规则，本案裁决亦采纳10海里海湾宽度，这是海湾制度的重要发展。本案裁决所提出的湾口封闭线的划法，至今仍沿用，只不过10海里又发展为24海里。

1982年《联合国海洋法公约》（United Nations Convention on the Law of the Sea，UNCLOS）第10条就沿岸属于一国的海湾作出了较为明确的规定，首先是对海湾的描述性界定：海湾是明显的水曲，其凹入程度和曲口宽度的比例，使其有被陆地环抱的水域，而不仅为海岸的弯曲。但水曲除其面积等于或大于横越曲口所画的直线作为直径的半圆形的面积外，不应视为海湾。其次是湾口封闭线的划法：如果海湾天然入口两端的低潮标之间的距离不超过24海里，则可在这两个低潮标之间画出一条封口线，该线所包围的水域应视为内水；如果海湾天然入口两端的低潮标之间的距离超过24海里，24海里的直线基线应划在海湾内，以划入该长度的线所可能划入的最大水域。再者是强调上述规定不适用于所谓"历史性"海湾，也不适用于采用第7条所规定的直线基线法的任何情形。

早在《联合国海洋法公约》制定之前，1957年联合国秘书处发表了题为《历史性海湾》（Historic Bays）的备忘录，[2] 但该文件不是法律文件，不具有强制约束力。1958年《领海与毗连区公约》（Convention on the Territorial Sea

---

〔1〕 周忠海主编：《国际法》（第3版），中国政法大学出版社2017年版，第123~124页。

〔2〕 Historic Bays: Memorandum by the Secretariat of the United Nations. A/CONF. 13/1, 1957. United Nations Conference of the Law of the Sea. Official Records. Vol. 1: Preparatory Documents.

and the Contiguous Zone）首次以国际法律文件的形式确认了"历史性海湾"的存在。

1962 年，联合国秘书处发表《历史性水域，包括历史性海湾的法律制度》（Juridical Regime of Historic waters including historic bays），提出构成历史性所有权的主要因素是：①主张国对该海域行使权力（Authority）；②行使这种权力应有连续性（Continuity）；③这种权力的行使获得其他国家的默认（Acquiescence）。[1] 这相当于历史性所有权的建构性条件。

与此相对的，其他国家的反对则可能会影响历史性权利的成立。什么形式、多大规模、何时表达、持续多久的反对才是有效的？诚然，历史性权利形成之前反对必须有效表达，而历史性权利的形成更需要的是公开行使主权而不是外国国家对沿海国在某海域活动的获知。[2] 这相当于历史性所有权的解构性条件。

需要注意的是，历史性海湾虽然同历史性水域（Historic waters）、历史性权利（Historic rights）密切相关，却不等同。历史性海湾是历史性水域的一部分，后者是基于历史所有权（Histotic title）存在的水域，其法律地位等于内水。[3] 历史性所有权是历史性权利的核心，历史性权利在本质上是历史性主权；历史性权利侧重于法理基础，历史性海湾和历史性水域侧重于物理范围，前者是后两者的权利依据，后两者是前者的主要标的。[4] 但历史性海湾和历史性水域已经不仅仅是地理、历史上的概念，更是法律概念。

历史性海湾这一概念之所以受到支持，主要考虑的因素有：一是基于对国家领土完整的考虑，对于深入国家陆地的海湾的控制有助于国家的领土完整；二是从国防和经济利益考虑，深入国家陆地的海湾对于国家的国防安全和经济利益（包括沿海工业、商业、海洋事业）已经或将具有比一般开阔性平直海岸更为重要的意义；三是从历史角度考虑，沿岸国已经对该类海湾作为内海长期地实行了有效控制，并因此在沿岸国和海湾之间形成了紧密的、

---

〔1〕　UN SecretariaJuridica, 1 Regime of Historic waters including historic bays, Extract from the Yearbook of the International Law Commission, 1962, Vol. II, para. 80.

〔2〕　曲波："海洋法中历史性权利构成要件探究"，载《当代法学》2012 年第 4 期。

〔3〕　Anglo – Norwegian Fisheries Case, ICJ Reports of Judgments, Advisory Opinions and Orders, 1951, p. 20.

〔4〕　高志宏："'历史性权利'的文本解读及实践考察"，载《学术界》2018 年第 12 期。

重要的利益关系。[1]

(三) 海洋渔业资源养护的重大意义

本案争议还包括英国是否有权单方面就捕鱼的时间、日期和季节以及捕鱼的方法和工具等问题作出规定，这事实上涉及各国在海洋渔业资源养护上的协商与合作，在之后发展的国际环境法以及渔业管理的国际指导性文件中得到重视。

1982 年《联合国海洋法公约》特别对专属经济区以及公海生物资源的养护和管理作出规定，例如其第 61 条规定沿海国要确保专属经济区内生物资源的维持不受过度开发的危害，使捕捞鱼种的数量维持在或恢复到能够生产最高持续产量的水平，沿海国和各主管国际组织应为此目的进行合作。此外，该公约第 12 部分"海洋环境的保护和保全"则规定了各国有开发其自然资源的主权权利，但也有义务防止、减少和控制海洋环境污染，并就相关问题进行全球性和区域性合作。

1989 年《禁止在南太平洋长拖网捕鱼公约》(Convention for the Prohibition of Fishing with Long Drift-Nets in the South Pacific)，旨在限制和禁止在南太平洋区域使用拖网捕鱼，包括禁止使用拖网捕的鱼在缔约国上岸，或利用缔约国设施对其进行加工等。

1993 年《促进公海渔船遵守国际养护和管理措施的协定》(Agreement to promote compliance with international conservation and management measures by fishing vessels on the high seas)，旨在规范所有公海渔船捕捞活动，加强公海作业渔船船旗国的相关责任，其第 6 条呼吁缔约方在必要信息外，尽量向世界粮农组织（FAO）提供"捕捞方法类别"等额外信息。

世界粮农组织（FAO）1995 年《负责任渔业行为守则》(Code of Conduct for Responsible Fisheries) 第 8 条规定，各国应当劝阻使用会导致捕捞遗弃渔获物的渔具和捕捞方法，促进采用可增加逃脱捕捞的鱼类生存率的渔具和捕捞方法；各国应当在切实可行的范围内要求，渔具、捕捞方法和技术应当具有足够的选择性以尽量减少浪费、遗弃物、非目标物种的捕获量。

---

[1] 陈建民、张亚：《海洋法》，中国石油大学出版社 2009 年版，第 33 页。

本案的启示与意义

首先，国际仲裁已经发展成为当前国际环境争端解决的一个非常重要的途径，几乎主要的全球性环境条约中，仲裁都能够占有一席之地，其具有很强的灵活性，同时又不失强制性。[1] 海牙常设仲裁法院于 2000 年通过的《关于自然资源和/或环境争端的任择仲裁规则》（The PCA Optional Rules for Arbitration of Disputes Relating to the Environment and/or Natural Resources），在国际上首创环境纠纷的专门仲裁规则，进一步为解决国际环境纠纷创造了更为权威、便利的条件。其 2002 年通过的《关于自然资源和/或环境争端的任择调解规则》（The PCA Optional Rules for Conciliation of Disputes Relating to the Environment and/or Natural Resources）更是进一步丰富了环境争端解决程序规则体系。

其次，本案创造性地提出了"历史性海湾"（Historic Bays）这一概念，虽然本案裁决对海湾宽度的界定与现代海洋法的规定已大不相同，但可以从中窥得海湾法律制度的演变过程；其对湾口封闭线的划法以及历史性海湾的提法，更是对国际海洋法的发展做出了重要贡献。

最后，关于海洋渔业资源养护的规定，已经成为国际环境法的重要组成部分，国际环境法要求各国在开发利用海洋渔业资源的同时应当对其履行养护之义务。

---

〔1〕 林灿铃：《跨界损害的归责与赔偿研究》，中国政法大学出版社 2014 年版，第 325~326 页。

九、法国诉阿莫科·卡迪兹案

基本案情

阿莫科·卡迪兹号（The Amoco Cadiz）是一艘在利比里亚注册的为阿莫科运输公司（Transport）所有的油船，但实际上该邮轮由美国芝加哥的阿莫科国际石油公司（A. I. O. C.）全资管理，而阿莫科国际石油公司（A. I. O. C.）和阿莫科运输公司（Transport）是印第安纳州标准石油公司的全资子公司，其总部设在美国伊利诺伊州。在美国标准石油公司集团中，阿莫科运输公司（Transport）负责运输的组织和管理的是阿莫科国际石油公司，它负责具体指导和指挥阿莫科运输公司的运输业务。[1]

1978年3月15日，阿莫科·卡迪兹号油轮运输了223 000吨原油和4000吨船用燃料从波斯湾驶向鹿特丹，在接近西欧时遇到了严重的风暴。阿莫科·卡迪兹号的舵手报告称他们没有经历任何转向问题。然而，3月16日上午9点45分，油轮的舵机损坏，于布列塔尼海岸附近的Ushant西北约15公里处搁浅。船长命令发动机停下来，并向附近的船只通知了阿莫科·卡迪兹号的状况，同时工程人员无法修理转向。上午11点20分，船长要求拖船，由联邦德过公司Bugsier拥有和经营的拖船实施救助失败。晚上9点4分，阿莫科·卡迪兹号在布列塔尼海岸的Portsall Rocks搁浅。目击者在晚上10点注意到了水中的油。当船深入水中时，油从船中倾泻而出。3月17日凌晨，直升机从飞机残骸中救出了机组人员。

此后三个星期，该油轮运载的大约223 000吨原油和4000吨船用燃料流淌到海中。这些油类的大部分沉积在海底或聚集在法国的沿海地带。法国约

---

〔1〕 N. J. J. Gaskell, "The Amoco Cadiz: (I) Liability Issues", 3 J. Energy & Nat. Resources L., 169 (1985).

375 公里的海岸被石油污染，军队和志愿者共收集了约 20 000 吨石油。海洋和沿海地带共有30%的动物和5%的植物被摧毁，约 20 000 只鸟死亡，牡蛎养殖业损失重大，渔民丧失约 60 天左右捕鱼期。旅游业受到直接损失，其他各类活动也直接或间接受到影响。

由此产生的诉讼的众多当事方可以分为两个阵营：遭受石油泄漏损害的人，以及那些对此造成损害的人。一方面，遭受损害的索赔人包括承担了清理行动的费用的法国；个人、企业、市政当局和行政部门（法国索赔人）；石油保险公司 PIL 承担了货物的保险，由于偿付行为，成为货物损失索赔的代位求偿权，成为原告之一。另一方面，被告主要集中在上述三个邮轮的所有和运营人，美国标准石油公司和它的两个子公司——阿莫科国际石油公司（A. I. O. C.）、在利比里亚注册的阿莫科运输公司（Transport）。[1]

原告意识到法国的审判不会迫使阿莫科运输公司（Transport）赔偿，国家、地方当局和污染的受害者决定向船舶的最终所有者的住所地——美国伊利诺伊州北区地区法院起诉。一场巨大的法律斗争开始了。一方面是法国国家，两个"省"（法国行政区划），九十个村庄，数千人聚在一起，还有一些科学家和一些律师。另一方面，阿莫科公司聘请了数百名律师和专家，其中包括诺贝尔经济学奖获得者。美国伊利诺伊州北区地区法院受理了受害者提出的诉讼，经过长达 14 年的战斗，法院于 1984 年 4 月 18 日对法律责任问题作出判决；1988 年 1 月 12 日对赔偿数额问题作出了判决，并于 1992 年进一步上调，对损害赔偿和后期利率进行了重估，将总金额提高到 12.5 亿法郎。[2]

诉讼请求

1. 判定三被告的法律责任。
2. 确定赔偿数额。

---

[1]　Linda Rosenthal, "Carol Raper, Amoco Cadiz and Limitation of Liability for Oil Spill Pollution: Domestic and International Solutions", 5 Va. J. Nat. Resources L., 259 (1985).

[2]　See http://wwz. cedre. fr/en/Resources/Spills/Spills/Amoco - Cadiz/Fourteen - years - of - proceedings.

裁决

法院于 1984 年 4 月 18 日发布判决，对双方争议的第一个问题做出回答。判决主要内容：首先，根据美国法律，美国伊利诺伊州北区地区法院对此案拥有管辖权。其次，根据原告的请求，该案可以适用美国法。原告遭受的全部损害都发生在法国领海或法国沿海，法院认为，如果能证明法国法与美国法规定具有实质上的不同，才应适用法国法，但是，现有证据无法证明这一点。最后，判决认为，美国标准石油公司和它的两个子公司——阿莫科国际石油公司、在利比里亚注册的阿莫科运输公司负有共同的连带责任。对于法律责任，法院认为：

第一，美国标准石油公司作为母公司应当与两个子公司一起承担连带责任。

第二，阿莫科国际石油公司负责标准集团的运输的组织与管理工作，该公司有义务保养和维修阿莫科·卡迪兹号油轮并使之处于适航状态。但事实表明，该船的状态不适航，尤其是驾驶系统已损坏，这是造成油污损害的直接原因。经调查，在维修、使用和检查设备方面以及在修复驾驶系统方面，该船的船员也没有受过足够的培训。阿莫科国际石油公司的上述过失是造成该船搁浅以及由此导致污染损害的直接原因之一。

第三，阿莫科运输公司也有明显的过失，在船舶出航时，它没有为船舶配备必要的备用驾驶系统和在紧急情况下控制轮船方向的设备。

法院认为，由于上述被告对事故皆负有直接或间接的过失责任，应承担连带责任，且没有权利限制其损害赔偿责任。

法院于 1988 年 1 月 12 日发布判决，对双方争议的第二个问题做出回答。在法院 1988 年长达 435 页的判决中，McGarr 法官详细审查了法国政府、市镇、个人、牡蛎养殖者、渔民、环境保护协会提出的请求，对不同类型的损害作出判决。最后，法院判决三被告向受害者赔偿共计 8500 万美元，并另付利息。于 1992 年进一步上调，对损害赔偿和后期利率进行了重估，将总金额提高到 12.5 亿法郎。

问题提炼

1. 本案的法律适用问题。

2. 公域环境保护问题。

解析

（一）法律适用分析

本案中，原告由于国际法与国内法、各国国内法之立法差异而最终选择向美国的国内法院起诉，这不仅反映出国际法在国内层面的适用问题，同时也反映了油污损害的立法问题与发展之必要性。法院只适用美国法律，拒绝适用法国法律和 1969 年《国际油污损害民事责任公约》（CLC），而法院对此不充分的论证也饱受诟病。

1. 美国法律的适用

法院指出，由于此案中的所有损害赔偿均发生在法国，因此适用的法律通常是法国的法律。索赔人称美国法律应该得到适用。法院判定法国法律与美国法律没有区别，于是，法院根据美国法律裁定了所有索赔。但在后面对公约适用性的分析中，法院的措施自相矛盾。1969 年 CLC 是法国的法律，而不是美国的法律，因此 CLC 不适用于确定 A. I. O. C.。[1]按照法院的论证，法国的法律和美国的法律似乎又不是完全一致的。

2. 1969 年 CLC 的解释

Amoco 当事人辩称，1969 年 CLC 的适用是为了限制他们的责任。但是，法院认为，美国法律确定是否可以起诉被告的条件，而且由于美国没有签署 CLC，美国法律不包括其限制条款。尽管，没有使用 CLC，但法院还是对公约进行了解释。

McGarr 法官认为，本案中 CLC 必须根据其立法历史和法国法律进行解释：

（1）1969 年 CLC 并非打算给予公司营运人特权，而只是为了保护无法承担责任的财务费用的个人营运人，例如船只的船长和船员。

（2）A. I. O. C. 所主张的 A. I. O. C. 是阿莫科运输公司（Transport）的一部分是其代理人是不成立的，因为导致 Amoco Cadiz 基础的 A. I. O. C. 的行为和疏忽是实质性的行为，不是以代理人的身份进行的。

---

〔1〕 N. J. J. Gaskell, "The Amoco Cadiz: (I) Liability Issues", 3 J. Energy & Nat. Resources L., 169 (1985).

（3）A. I. O. C. 在设计和施工方面的疏忽不可能是 A. I. O. C. 按照阿莫科运输公司（Transport）要求的行为，因为设计和建设早于他们之间的协议。

（4）即使美国法律及其"代理人"的定义被用来解释 1969 年 CLC，阿莫科运输公司（Transport）也没有对 A. I. O. C. 的运作进行指导或控制，他们之间的协议也没有建立委托代理关系而是独立于业主的承包关系。[1]

总之，在判决中法官决定一步一步地论证，1969 年 CLC 不为大型船舶的拥有/运营的石油公司提供责任保护的任何限制。首先，McGarr 法官认为 CLC 不适用而适用美国法律是因为漏油发生在 1969 年 CLC 缔约国的领海，而缔约国的法律与美国法律在过失和赔偿责任规定上无差异。其次，即使 1969 年 CLC 确实适用，也不禁止对船舶经营的附属公司或注册船只的公司母公司采取惩治行动。最后，主要的大型石油公司不仅因为其自身的疏忽而且由于对它自己的传播所有和运营的附属机构的疏忽而承担赔偿责任，仅建立起控制或主导而无需证明滥用了这种控制与主导。[2]

3. 1969 年 CLC 的后续发展

原告到美国提起诉讼的原因之一也是因为 1969 年 CLC 的最高限额规定过低，以下公约自身的调整也体现了国际公约适应性的发展。

1969 年 CLC 第 5 条第 1 款规定的责任限额为，船舶所有人有权将他依本公约对任何一个事件的责任限定为按船舶吨位承担每吨 2000 金法郎的有限责任。而且，在任何情况下总量都不能超过 2.1 亿金法郎。

《修正 1969 年国际油污损害民事责任公约的 1976 年议定书》中的油污赔偿责任的限额由每一船舶吨位 2000 金法郎修改为每一船舶吨位 113 特别提款权，但赔偿总额不得超过 1400 万特别提款权。

《修正 1969 年国际油污损害民事责任公约的 1984 年议定书》大大提高了责任人的赔偿责任限额，规定：不超过 5000 吨位的船舶，赔偿的最高责任限额为 300 万特别提款权。超过 5000 吨位的船舶每增加一吨位，其赔偿限额按

---

〔1〕 1969 年 CLC，1984 年的协议扩大限制责任或排除责任的人员，包括：（a）拥有人或船员的仆人或代理人；（b）飞行员或任何其他人，而非船员，为该船舶提供服务；（c）任何承租人（无论如何描述，包括光船租船人），船舶的经理或经营人；（d）经业主同意或主管公共当局的指示进行打捞作业的任何人；（e）任何采取预防措施的人；（f）（c）、（d）及（e）节所述的所有仆人或代理人；除非发生损害或其个人作为或不作为，致使造成此类损害，或罔顾后果并且知道可能造成此类损害。

〔2〕 James W. III Bartlett, "In re Oil Spill by the Amoco Cadiz-Choice of Law and a Pierced Corporate Veil Defeat the 1969 Civil Liability Convention", 10 Mar. Law., 1 (1985).

420 个特别提款权计算，但赔偿总额在任何情况下都不得超过 5.97 亿特别提款权。

《1992 年国际油污损害民事责任公约议定书（2000 年修正案）》又将责任主体的责任限额进一步提高，并规定：对于不超过 5000 吨位的船舶，赔偿的责任限额为 451 万特别提款权；超过 5000 吨位但是又小于 14 000 吨位的船舶，责任限额在前项规定的金额基础上，每一额外吨位另加 631 个特别提款权；超过 14 000 吨位的船舶，责任限额为 8977 万特别提款权。

4. 最高限额适用的严格限制

本案中，三被告均不适用最高限额的限制保护。

根据美国法律，法院持有 A. I. O. C. 应承担赔偿责任。A. I. O. C. 行使在操作和维护上的完全控制，并且修复了邮轮和进行船员的培训和选择。同时，它监督并认可邮轮的设计和结构。因此，A. I. O. C. 有责任确保该船适航。法院认定，A. I. O. C. 疏忽履行其职责：第一，维护和修理船舶的舵机系统；第二，培训船员保证适航，对舵机进行适当的维护、操作、检查和维修；第三，确保阿莫科·卡迪兹号的设计和施工。此外，A. I. O. C. 不能够证明自己不知道船舶的舵机问题（without privity or knowledge），A. I. O. C. 的疏忽是此次灾难的重要原因，因此，法院认定 A. I. O. C. 承担无限制的赔偿责任。[1]

法院对阿莫科运输公司（Transport）的赔偿责任得出了类似的结论。作为 Amoco Cadiz 的名义所有者，该船只未获委托确保该船舶得到妥善维护和船员未获得适当的培训。阿莫科运输公司（Transport）未能证明对 A. I. O. C. 的疏忽表现完全不知情（without privity or knowledge）。因此，阿莫科运输公司（Transport）由于 A. I. O. C. 以上的疏忽行为承担不受限制的赔偿责任。法院最终为了否认甚至是运输工具注册所有者的阿莫科运输公司（Transport），根据美国《1851 年船舶所有人责任限制法案》获得的保护，通过三方面论证其不存在"不知"（without privity or knowledge）。第一，扩大知情的公司员工数量；第二，增加了船主的监督和检查程度；第三，认为船主有责任确保船舶的适航性是不可转让的。

法院认为，标准石油公司是一家在全球范围内从事石油产品的勘探、生

---

〔1〕　Linda Rosenthal，"Carol Raper, Amoco Cadiz and Limitation of Liability for Oil Spill Pollution：Domestic and International Solutions"，5 Va. J. Nat. Resources L. ，259（1985）.

产、精炼，运输和销售的子公司系统。标准石油公司发起和建造，运营和管理阿莫科·卡迪兹号。标准石油公司不仅为 A. I. O. C. 的疏忽承担责任，也为自己的疏忽承担责任。因此，标准石油公司承担无限制的赔偿责任。[1]

5. 美国油污立法之发展

1978 年阿莫科·卡迪兹号号油轮溢油事故发生后，美国政府意识到亟须制定一部专门的油污损害赔偿法律来抑制石油污染事故的损失，但由于种种原因始终未能制定和实施。直到 1989 年 3 月 24 日，"Exxon Valdez" 号超级油轮在阿拉斯加威廉王子湾附近触礁，泄漏近 1100 万加仑的原油，溢油面积近 8000 平方公里，污染了 1609 公里长的海岸线，在威廉王子湾形成一条极其巨大的浮油污染带。清污工作持续了两年多，共花费 20 亿美元，成为美国当时最严重的海上溢油污染事故。如果按《1851 年船舶所有人责任限制法案》或者当时国际公约规定的赔偿限额，受溢油事故影响的受害方将很难得到及时充分的赔偿。

受这一溢油事故的影响，美国开始探索建立新的国内溢油损害赔偿机制。"Exxon Valdez" 号这一美国当时最严重的油污事故直接导致了《1990 年油污法》的诞生，[2] 它也成为美国油污损害赔偿法律机制的基础，它与美国国内的其他联邦法律如《清洁水法》（The Clean Water Act）和各州制定的法律等共同构成了美国的油污损害赔偿责任法律体系的基本框架。[3] 美国在国内立法中建立的油污损害赔偿制度使其成为世界上规定船东责任限额最高、基金补充赔偿最充分的海上石油大国。[4]

（二）公域环境的保护

法院认为，生态损失的计算是非常复杂和难以估计的，而且这些损害都是所谓虽"无主物"的损害，任何组织和个人都无权对其提出要求。法院作出这样的结论是有问题的。此类问题实际上属于"公域环境"的保护问题。"公域环境"指国家管辖范围以外的区域，包括公海、公空、国家管辖范围以

---

〔1〕 Linda Rosenthal，"Carol Raper，Amoco Cadiz and Limitation of Liability for Oil Spill Pollution：Domestic and International Solutions"，5 Va. J. Nat. Resources L.，259（1985）.

〔2〕 袁林新："美国《1990 年油污法》评价"，载《中国海商法年刊》1991 年第 6 期。

〔3〕 刘玲："美国石油污染损害赔偿制度对我国的启示——以海洋石油开发为视角"，载《河北法学》2013 年第 7 期。

〔4〕 宋家慧："美国《1990 年油污法》及船舶油污损害赔偿机制概述"，载《交通环保》1999 年第 3 期。

外的海床和洋底及其底土、地球南北两极、外层空间等。公域环境是人类的共同继承财产，不属于任何个人，也不属于任何国家或团体，它们的开发、利用和保护关系到全人类的共同利益。[1]生态系统是一个不可分割具有物质上的联系的统一体，为各种生物包括人类提供所需的营养物质、空气、水及适宜的温度和一定的生存空间。基于全球环境的一体性，以及对"公域环境"损害缺乏制约机制，生态危机的超越国家和全局性日益凸显。[2]

本案的启示与意义

本案被称为"20世纪的海事案件"，其重要意义在于让我们理解法律适用及法律规定的基础上认识到海上油污对生态环境带来的潜在威胁，充分意识到油污防治立法的必要性与紧迫性。

---

〔1〕 林灿铃：《国际环境法》（修订版），人民出版社2011年版，第461页。

〔2〕 林灿铃等：《国际环境法的产生与发展》，人民法院出版社2006年版，第6页。

十、关于停止核军备竞赛和核裁军谈判义务案

基本案情

(一) 马绍尔群岛诉巴基斯坦

2014 年 4 月 24 日，马绍尔群岛向国际法院针对中国、朝鲜、法国、印度、以色列、巴基斯坦、俄罗斯、英国和美国这九个据称拥有核武器的国家提交请求书，认为这九国没有就尽早停止核军备竞赛和核裁军进行谈判，请求国际法院宣布这九国违反了《不扩散核武器条约》和一般国际法。马绍尔群岛提交请求书，对巴基斯坦伊斯兰共和国提起诉讼，指控该国未履行及早停止核军备竞赛和实行核裁军的有关义务。由于巴基斯坦曾按照《国际法院规约》第 36 条第 2 款发表过单方面声明，承认国际法院的管辖权。国际法院在收到马绍尔群岛的请求书后，将马绍尔群岛诉巴基斯坦关于停止核军备竞赛和核裁军谈判义务案列入国际法院的案件总表。马绍尔群岛宣称，"《不扩散核武器条约》第 6 条所载各项义务不仅仅是条约义务，这些义务也单独存在于习惯国际法中"并作为习惯国际法适用于所有国家，巴基斯坦违反了有关停止核军备竞赛和核裁军谈判的习惯国际法义务。还请求法院命令巴基斯坦从判决之日起一年内采取一切必要步骤，履行上述义务，包括必要时寻求真诚地开启谈判，以期缔结一项关于在严格有效的国际监督下实现全面核裁军的公约。为支持其起诉巴基斯坦的请求书，请求国援引《国际法院规约》第 36 条第 2 项作为法院管辖权的依据，并提及马绍尔群岛和巴基斯坦分别于 2013 年 4 月 24 日和 1960 年 9 月 13 日根据上述规定作出的接受国际法院强制管辖权的声明。

在 2014 年 7 月 9 日的一份普通照会中，巴基斯坦除其他表示外，该国"深思熟虑后认为，国际法院没有管辖权"，并"认为所涉请求书不可受理"。国际法院院长于 2014 年 7 月 10 日发布命令，决定书状应首先讨论法院管辖权

和请求书的可受理性问题，并设定 2015 年 1 月 12 日为马绍尔群岛提交诉状的时限，2015 年 7 月 17 日为巴基斯坦提出辩诉状的时限。

2016 年 3 月 8 日，国际法院举行了有关法院管辖权和请求书可受理性问题的公开审讯。在口述程序开始之前，巴基斯坦通知国际法院说，它将不参加审讯，因为它"不认为参与对已通过辩诉状提交的内容有任何补充"。因此，审讯期间仅由马绍尔群岛陈述论点。国际法院未举行第二轮口头辩论。

（二）马绍尔群岛诉联合王国

2014 年 4 月 24 日，马绍尔群岛提交请求书，对大不列颠及北爱尔兰联合王国（以下简称"联合王国"）提起诉讼，指控其未履行有关及早停止核军备竞赛和实行核裁军的义务。马绍尔群岛提出，联合王国违反《不扩散核武器条约》第 6 条，其中规定"每个缔约国承诺就及早停止核军备竞赛和核裁军方面的有效措施，以及就一项在严格和有效国际监督下的全面彻底裁军条约，真诚地进行谈判"。马绍尔群岛坚持认为，被告"未就及早停止核军备竞赛和核裁军方面的有效措施真诚地积极进行谈判，而是从事与这些具有法律约束力的承诺直接冲突的行为，从而违反并继续违反其真诚地履行《不扩散核武器条约》和习惯国际法规定的义务的法律义务"。此外，请求国际国请法院命令联合王国，从判决之日起一年之内采取一切必要步骤，遵守《不扩散核武器条约》第 6 条和习惯国际法规定的义务，包括真诚地进行谈判，必要时启动此种谈判，以达成一项有关在严格有效的国际监督下实现全面核裁军的公约。为支持其控告联合王国的请求，请求国援引《国际法院规约》第 36 条第 2 项作为国际法院管辖权的依据，同时提到马绍尔群岛于 2013 年 4 月 24 日和联合王国于 2004 年 7 月 5 日根据上述规定作出的接受国际法院强制管辖权的声明。国际法院于 2014 年 6 月 16 日发出命令，设定 2015 年 3 月 16 日为马绍尔群岛提出诉状的期限，2015 年 12 月 16 日为联合王国提出辩诉状的期限。马绍尔群岛的诉状已在设定的期限内提交。2015 年 6 月 15 日，联合王国援引《国际法院规约》第 79 条第 1 款，对本案提出了一些初步反对意见。按照同一条第 5 款，审理案情实质的程序随后暂时停止。根据该款，并考虑到程序指示五，国际法院院长在 2015 年 6 月 19 日的命令中设定 2015 年 10 月 15 日为马绍尔群岛就联合王国提出的初步反对意见提出书面意见陈述及有关材料的期限。马绍尔群岛的书面陈述已在设定的时限内提交。2016 年 3 月 9 日至 16 日，国际法院举行了关于联合王国提出的初步反对意见的公开审讯。

（三）马绍尔群岛诉印度

2014 年 4 月 24 日，马绍尔群岛共和国递交请求书，对印度共和国提起诉讼，指控印度没有履行及早停止核军备竞赛和实行核裁军的义务。尽管印度没有批准《不扩散核武器条约》，但 1995 年 1 月 30 日加入该条约的马绍尔群岛指出，"《不扩散核武器条约》第 6 条所载各项义务不仅仅是条约义务；这些义务还根据习惯国际法单独存在"并作为习惯国际法适用于所有国家。请求国辩称，"通过实施与及早实行核裁军和停止核军备竞赛的义务直接冲突的行为，印度已经违反并继续违反其秉持诚意履行习惯国际法所规定义务的法律责任"。请求国还请国际法院命令被告国在判决一年内采取一切必要措施履行上述义务，包括必要时真诚地进行谈判，以期达成一项关于在严格有效的国际监督下实行所有方面核裁军的公约。为支持其控告印度的请求，请求国援引《国际法院规约》第 36 条第 2 项作为国际法院管辖权的依据，并提及马绍尔群岛和印度分别于 2013 年 4 月 24 日和 1974 年 9 月 18 日根据上述规定作出的接受国际法院强制管辖权的声明。国际法院于 2014 年 6 月 16 日发出命令，裁定书状应首先讨论国际法院管辖权问题，并设定 2014 年 12 月 16 日为马绍尔群岛提出诉状的期限，2015 年 6 月 16 日为印度提出辩诉状的期限。马绍尔群岛的诉状已在设定的期限内提出。在 2015 年 5 月 5 日的信中，印度请求把提出有关管辖权问题的辩诉状期限在 2015 年 6 月 16 日后延长 3 个月。收到该信后，书记官长向马绍尔群岛转交了该信的副本。在 2015 年 5 月 8 日的信中，马绍尔群岛通知国际法院，它对印度的请求不持异议。在 2015 年 5 月 19 日的命令中，国际法院把印度提出辩诉状的期限 2015 年 6 月 16 日延长至 2015 年 9 月 16 日。该书状已在延长的时限内提交。2016 年 3 月 7 日至 16 日，举行了有关国际法院管辖权和请求书可受理性问题的公开审讯。

诉讼请求

1. 马绍尔群岛请求国际法院驳回巴基斯坦在其 2015 年 12 月 1 日辩诉状中提出的对国际法院管辖权和马绍尔群岛主张的可受理性的反对意见，裁定并宣告法院对马绍尔群岛在其 2014 年 4 月 24 日的请求书中提出的主张具有管辖权，裁定并宣告马绍尔群岛的主张可以受理。

2. 马绍尔群岛请求国际法院驳回大不列颠及北爱尔兰联合王国在其 2015 年 6 月 15 日初步反对意见中提出的对国际法院管辖权和马绍尔群岛主张的可

受理性的初步反对意见；裁定并宣告国际法院对马绍尔群岛在 2014 年 4 月 24 日请求书中提出的主张具有管辖权，裁定并宣告马绍尔群岛的主张可以受理。

3. 马绍尔群岛请求国际法院驳回印度在其 2015 年 9 月 16 日辩诉状中提出的关于国际法院对马绍尔群岛所提主张的管辖权的反对意见，裁定并宣告国际法院对马绍尔群岛在其 2014 年 4 月 24 日的请求书中提出的主张具有管辖权。

裁决

国际法院于 2016 年 10 月 5 日作出裁决：

（1）基于双方之间不存在争端，支持巴基斯坦、大不列颠及北爱尔兰联合王国、印度提出的对管辖权的反对意见。

（2）裁定国际法院不能进而审理案情实质问题。

（3）该案从国际法院案件总表中删除。

问题提炼

1. 判断是否存在国际环境争端的主体和时间。

2. 核战争与环境的关系。

解析

（一）判断是否存在国际环境争端的主体和时间

国际环境争端，指的是在国际环境领域由于各种人为的原因造成的污染和破坏而产生的冲突和纠纷。其具有以下特点：

（1）国际环境争端的主体不限于主权国家。

（2）国际环境争端往往涉及重大利益，比其他争端复杂和难以解决。

（3）国际环境争端的起因比较复杂，既有政治的因素，也有法律的因素。

（4）国际环境争端的解决往往受到国际关系力量对比的制约。

（5）国际环境争端的解决方法和程序是随着历史的发展变化而发展变化的。

是否存在国际环境争端，是任何国际法庭或国际仲裁机构确定是否行使管辖权的基本前提。《国际法院规约》第 38 条第 1 款规定："法院对于陈诉各项争端，应依国际法裁判之。"据此，国际法院裁判的对象是"争端"。只有存在"争端"时，国际法院才会行使诉讼管辖权。

在国际关系中，如果两国都认为彼此之间存在争端，那么两国就需要依据国际法和平解决它们之间的争端。如果一国认为与另一国之间存在争端，但另一国认为并不存在争端，那么需要由国际法院对两国之间是否存在争端以及争端的确切内容做出判断，并且只有国际法院才有权做出此种判断。《国际法院规约》第36条第6款明确规定，关于国际法院有无管辖权的争端，由国际法院裁决。这就是所谓"对管辖权的管辖权"原则。这项原则最早是由英美求偿庭在1872年"美国针对英国的阿拉巴马号求偿案"仲裁裁决中确立的。

就是否存在争端来说，在1950年"对保加利亚、匈牙利和罗马尼亚的合约的解释问题咨询意见案"中，国际法院指出，是否存在争端是一个可以由国际法院进行"客观判断"的问题。它不以任何一个当事方的主观意志为转移，只有一方声称存在争端是不够的，一方尤其是被告方声称不存在争端不能阻止国际法院客观判断是否存在争端。在两国依据特别协定同意将某一案件提交国际法院解决的情况下，通常不会产生对是否存在争端进行界定的问题。但按照国际法院的判例，即便是依据特别协定提交的案件，国际法院仍然有权客观确定当事国之间是否存在争端而不受当事方声明的约束。就争端的内容来说，按照《国际法院规约》第40条第1款的要求，当事国尤其是原告国应当在特别协定或申请书中"叙明争端事由"，即便如此，国际法院仍然有权主动在客观基础上，通过审查当事国双方的立场，并特别关注原告国所选择的对争端的表述，来裁判当事国之间的争端。

《国际法院规约》第38条第1款规定，国际法院的职能是"对于提交的各项争端，应依国际法裁判之"。由此可知，争端必须是当事国向国际法院提交申请书时已经存在的争端。如果当事国在提交申请书时并不存在争端，而是在提交申请书之后形成了争端，那么这种争端就是一种新的争端，此时国际法院不具有管辖权。在该案中，国际法院指出，如果国际法院对在提交申请书之后的新的争端具有管辖权，那么等于剥夺了被告国进行答辩的机会，也等于推翻了要求争端必须在提交申请书时已经存在这项原则。

（二）核战争与环境的关系

战争是对人类文明和地球环境的重大威胁，无论是世界战争还是局部战争，都不仅会给人民的生命和财产带来巨大损失，而且会带来巨大的环境破坏。战争中适用某些手段和方法会对环境造成可怕的影响，[1]如生化武器、核武器等。战争一直在折磨着人类，虽然早在 1928 年的《巴黎非战公约》就已经否定了战争作为国家推行对外政策的工具的合法性，《联合国宪章》更是明确禁止使用威胁或者武力，避免后世人再度遭遇惨不堪言的战祸。[2]然而，人类中的癫狂者却一直如同战争的魔鬼般使用着恶魔的手段。战争准备过程中积蓄着巨大的环境安全隐患。自第一次世界大战、第二次世界大战后，世界诸多国家纷纷研制、储备各种化学武器和核武器。战争和军备竞赛既是环境问题的原因，也是环境问题的结果。换言之，环境问题在许多地方已经成为战争和军备竞赛的根源。战争和军备竞赛反过来导致环境的更大破坏。随着在广岛和长崎发生骇人的大爆炸，我们的世界进入了核子时代。不久后，我们又陷入冷战，灭亡的威胁笼罩着整个人类。如今，那个危险的时代可能已经结束，但核威胁仍然存在。[3]

核武器的使用不仅剥夺了本代人的生存权利，也限制甚至剥夺了后代人的生存权利；核武器的使用带来的危害不仅仅及于人类本身生命的丧失，更是对整个生态系统毁灭性的破坏；不仅摧毁了当代人的生存环境，其破坏力已经超出了所有可预见的历史限度，对子孙后代遗患无穷。核爆炸的副产品之一钚 239 的半衰期在两万年以上。一次大规模核爆炸之后，需要几个这样的"半衰期"才能使残留物的放射性降到最低程度。[4]研究表明，即使是一场有限核战争，战争之后出现的寒冷黑暗的核冬天也可能摧毁植物和动物生态系统，留给幸存者的是与从前居住的完全不同的一个荒芜的星球。军备竞赛耗费各国大量的人才、资金、能源、原材料。这些资源如用在保护环境和改善人民生活质量上可产生巨大的环境和社会效益。《斯德哥尔摩人类环境宣言》申明："人类及其环境必须免受核武器和其他一切大规模毁灭性手段的影响。各国必须努力在有关的国际机构内就消除和彻底销毁这些武器迅速达成协议。"[5]战争与军备形成了恶性循环，因此，有必要确定一个一般框架，不仅可以减少武装冲突造成的痛苦和损害，而且可以制定新的规则，以尽可能

---

〔1〕　联合国大会第 47/37 号决议。
〔2〕　《联合国宪章》序言、第 2 条。
〔3〕　2005 年 2 月，联合国秘书长在《不扩散核武器条约》缔约国审议大会上的致辞。
〔4〕　Encyclopedia Britannica Micropaedia. 1992, 9：893.
〔5〕　《斯德哥尔摩人类环境宣言》第 26 条原则。

地保护环境。

为了限制核武器的研制、生产和使用，保障国际和平与安全，国际社会签订了一系列条约。1963 年《禁止在大气层、外层空间和水下进行核试验条约》（又称《部分禁止核试验条约》），是 1963 年 8 月 5 日签订于莫斯科的以限制苏美为主的核军备竞赛的产物。条约宗旨是依照联合国目标在严格的国际约定下，达成一项全面彻底的核裁军协定。为了防止核武器及其研制技术的扩散，1968 年《不扩散核武器条约》从两个方面进行了规定：一方面规定拥有核武器的国家不得向任何其他接受方直接地或间接地转让核武器、核爆炸装置，或对核武器或核装置的控制，不得帮助、鼓励或引导任何无核武器国家制造或获得核武器、核爆炸装置，或对核武器或核爆炸装置的控制；另一方面规定不拥有核武器国家不得直接或间接地接受任何核武器、核爆炸装置或对核武器或核爆炸效力的控制，不得制造或获得核武器或核爆炸装置，不得谋求核武器制造方面的援助。[1]1995 年 5 月 11 日，在联合国《不扩散核武器条约》的审议和延长大会上，179 个缔约国以协商一致方式决定无限期延长该条约。大会还通过了两个决议：核不扩散和裁军的原则和目标；加强条约审议机制。1996 年 9 月联合国大会通过了《全面禁止核试验条约》，所有拥有核武器国家签署了该条约。条约规定缔约国的两项基本义务为：①不进行任何核武器试验爆炸或任何其他核爆炸，并禁止和防止在其管辖或控制下的任何地方进行上述爆炸。②不得引起、鼓励或以任何方式参加前述爆炸。[2]由于不满足生效条件，《全面禁止核试验条约》尚未生效。一些无核武器国家为了保障国家安全和防止核武器扩散到其管辖区域，签订了一些建立无核区的区域性条约，如 1967 年《拉丁美洲禁止核武器条约》、1985 年《南太平洋无核武器区条约》和 1996 年《非洲无核武器区条约》等。[3]

对于核武器的使用这一牵涉国际人道法、军备和裁军、国家主权以及国际环境法等多种因素的问题，国际法院是无法回避的。国际法院受理了 5 件有关环境保护的案件，其中有 3 件有关核武器或核武器试验对环境的影响，另外 2 件是 1994 年联合国大会就"威胁或使用核武器的合法性"的咨询案和

---

〔1〕 《不扩散核武器条约》第 1~3 条。

〔2〕 《全面禁止核试验条约》第 1 条第 1、2 款。

〔3〕 http://www.un.org/chinese/peace/disarmament/nuclear.htm.

澳大利亚诉法国核试验案。1973年，国际法院审理了澳大利亚和新西兰诉法国核试验案件。但之后法国发表公开声明不再进行空中核试验，国际法院认为不必对本案作进一步裁决。1994年12月，继世界卫生组织之后，联合国大会依照程序也向国际法院提交了申请，请求国际法院就"威胁或使用核武器的合法性"这一问题发表意见。国际法院于1996年12月20日受理了该申请，并于1996年7月8日出具了咨询意见。在《联合国宪章》有关使用威胁或武力的条款中，有关于一般禁止使用威胁或武力的第2条第4款、[1]承认每个国家有权实行单独或集体自卫权的第51条和[2]授权安理会采取军事措施的第42条，[3]但国际法院称这些规定都没有提及特定的武器，它们适用于任何武器的使用，无论使用的是什么武器。《联合国宪章》并没有明确地禁止或允许任何特定武器的使用，包括核武器。在条约法上，法院认为并没有产生一项如禁止生物和化学武器那样的全面禁止条约，但缔结了专门处理核武器的取得、制造、拥有、部署和试验等限制的条约，如《不扩散核武器条约》《南极条约》《禁止在大气层、外层空间和水下进行核试验条约》。国际法院由此断定，这些条约因此可以被看作预示将来会有一项全面禁令禁止使用此种武器的，但它们本身并不构成这项禁令。国际法院进而审查国际习惯法，以确定禁止以核武器进行威胁或使用核武器本身是否以该法源为依据。但结论是找不到习惯法上的一项规则明确禁止以核武器进行威胁或使用核武器。国际法院经过分析最后得出的结论是虽然是无论根据条约国际法还是习惯国际法都没有特别允许也没有全面和普遍地禁止威胁或使用核武器。但是各国有义务一秉善意，缔结协议，促使核裁军，使核武器在各个方面处于国际控制之下。国际法院自身承认了"使用核武器是环境的大灾难"，因此，国际法院认为各国在评估谋求军事目标的必要性和适当性的时候必须考虑到环境。

冷战后国际形势一度缓和，核军控领域甚至出现了"核不扩散的春天"，然而好景不长。近年来，印巴相继核试验，美国拒绝批准《全面禁止核试验

---

〔1〕《联合国宪章》第2条第4款："各会员国在其国际关系上不得使用威胁或武力，或以与联合国宗旨不符之任何其他方法，侵害任何会员国或国家之领土完整或政治独立。"

〔2〕《联合国宪章》第51条："联合国任何会员国受武力攻击时，在安全理事会采取必要办法，以维持国际和平与安全以前，本宪章不得认为禁止行使单独或集体自卫之自然权利。"

〔3〕《联合国宪章》第42条："安全理事会……得采取必要之空海陆军行动，以维持或回复国际和平及安全。"

条约》，退出《限制反弹道导弹系统条约》，《禁止生产核武器用裂变材料条约》谈判难以启动，外层空间面临武器化的危险等，致使国际核不扩散前景黯淡。当前国际形势下，必须再一次强调缩减核军备、废弃核战争。正如中国发表的停止核试验的声明中强调的那样："实现无核武器的世界，确保各国共享和平、安全、稳定与繁荣，这是世界各国人民的强烈愿望。我们衷心希望，永远不发生核战争。我们深信，只要全世界一切爱好和平的国家和人民共同努力，核战争是可以避免的。"

十一、菲律宾儿童案

基本案情

1990 年，菲律宾的 45 名儿童在菲律宾生态网的代理下，宣称他们代表自己这一代以及尚未出生的后代人，向菲律宾马卡蒂地区审判法院起诉菲律宾环境与自然资源部。原告认为，经批准的森林采伐许可合同给菲律宾的生态环境造成了严重的损害，大量林木被砍伐，使得菲律宾的热带雨林面积迅速缩减，已由 25 年前占国土面积的 53% 降至当前的 2.8%。如果不加以控制，热带雨林将很快从菲律宾消失。显然，这是对菲律宾丰富的生物多样性的极大破坏，必然导致菲律宾陷入灾难性的生态危机之中。这些森林采伐许可合同也无疑会对原告这样的未成年人以及尚未出生的后代人的生存造成不利影响，他们将无法看到这一珍贵的资源，也将无法从中受益。原告进而认为，他们对于健康与平衡的生态环境显然是享有宪法性权利的，有权通过政府采取监管行动获得保护。而被告长期以来不断的许可行为构成了对为原告这样的未成年人以及尚未出生的后代人之利益而管理国家自然资源这一信托财产的滥用，有违菲律宾的宪法规定和环境政策，侵犯了原告的权利。

被告否认原告的诉求具有充分的理由，并得到了菲律宾马卡蒂地区审判法院的支持。原告不服判决，向菲律宾最高法院提起复审。经过审理，菲律宾最高法院于 1993 年 7 月 30 日作出判决。

诉讼请求

原告要求该被告取消国内所有的森林采伐许可合同，同时停止受理、审查和批准新的森林采伐许可合同。

裁决

该案的裁决历经两个阶段，分别由菲律宾马卡蒂地区审判法院和菲律宾最高法院作出判决。

在受理原告的起诉之后，菲律宾马卡蒂地区审判法院首先作出判决。在审理中，被告认为，原告的主张缺乏充分的理由，而且原告所提出的问题乃是一个由政府立法或执法部门来加以处理的政治性问题。该审判法院认可被告的动议，驳回了原告的诉讼请求。

原告不服判决，向菲律宾最高法院提起了要求复审的请求。最高法院法官戴维德指出，原告的诉讼请求有其法理基础即环境权。事实上，这一权利在菲律宾的环境政策与立法中是有迹可循的。首先，1987 年《菲律宾宪法》第 16 部分第 2 条明确规定："国家将保护和促进人民的与自然的节奏及和谐相一致的平衡健康的生态权。"其次，菲律宾总统 1987 年颁布的第 192 号执行命令第 3 部分做出了政策宣言，即"在此，如下内容被宣布为国家政策：确保国家的森林、矿产、土地、近海地区及其他自然资源的可持续利用、开发、管理、更新和保存，包括保存和提高环境质量、不同地方的人群有平等的机会去开发和利用国家的自然资源，不仅为了当代人，也为了后代人"。第 4 部分规定，环境与自然资源部"是负责保存、管理、开发与适当利用国家环境与自然资源的主要政府机构，尤其是森林和草原、矿产资源，包括那些处于保留地和分界地地区的资源、公共领域的土地以及为了当代和后代菲律宾人的福利并确保平等分享从中产生的利益而对所有自然资源进行的许可与调整"。此外，在 1987 年《菲律宾宪法》生效之前，一些环境法律和环境政策也曾不同程度地提及环境权的概念，要求国家在政策上注意维护人与自然的和谐，确保实现当代人以及后代人的需求。

环境权的存在具有自然法的性质，即使立法中没有明确提及，也不妨碍它的存在，原因就在于良好的环境是人类存续的不可或缺的物质基础，这是不言自明的事实。这说明，环境权是客观存在的权利。需要指出的是，环境权是如此重要，其指向的环境与资源存在着世代传递关系，以至于它不仅仅是当代人所享有的权利，更是尚未出生的后代人也同样享有的权利。所以，针对环境与资源这一特殊对象，原告当然可以代表后代人为后代人的利益而起诉，因此原告是具有适当的诉讼资格的。

尽管也有法官表达了不同意见，对环境权的客观存在和司法适用持谨慎态度。但是，菲律宾最高法院最终还是于 1993 年 7 月 30 日作出判决，肯定了原告的诉讼请求。

问题提炼

1. 如何理解后代人理论？
2. 如何理解环境权？
3. 如何理解环境权的可诉性？

解析

（一）后代人理论

环境遭到破坏后往往不能在短期内恢复原貌，其负面影响会持续很长的时间，因此从中受害的不仅有当代人，还有一度被忽视的后代人。尽管后代人尚未出生，但如果在法律上承认他们的权利主体地位，承认环境破坏会损害他们的利益，这无疑会增强环境保护的正当性与合法性，为公民呼吁政府采取制止破坏环境的行为提供了强有力的理论支持。

一般认为，美国哲学家约尔·范伯格在 1971 年发表的《动物与未来世代的权利》一文中首次提出了后代人也享有权利的主张。在他看来，当代人有义务向后代人传递一个好的世界，而他们也一定能够从当代人创造的清洁健康的世界里受益。这之后，随着全球环境保护的发展势头突飞猛进，越来越多的学者开始从当代人与后代人之间的关系入手不断完善后代人理论，以期为环境保护而采取行动提供说明。其中，影响最大的是美国国际法学者魏伊丝教授。她认为，在环境资源领域里，人类各代之间其实是一种"委托—受益"关系，即每一代人都有义务妥善保管从前代人手中留下的地球上的资源。这样一来，当代人之所以能够存续，就是因为前代人做出如此选择的结果。而当代人在利用地球资源的同时，也不能推脱继续履行前代人所履行的保管义务，而是应当同时作为前代人的委托人，为后代人的存续继续妥善保管地球上的资源。[1]魏伊丝教授指出，得出这一认识的依据在于，世界上有很多

---

[1] 参见 [美] 爱蒂丝·布朗·魏伊丝：《公平地对待未来人类：国际法、共同遗产与世代间衡平》，汪劲等译，法律出版社 2000 年版，第 16 页以下。

传统文化持有这样的主张，即当代人所采取的行动应当顾及和关爱后代人。从理论角度来看，承认后代人享有与当代人相同的权利，会有利于警示政府认识环境保护的重要性，扭转环境破坏日趋严重的趋势。概言之，后代人理论强调的是代际公平，即环境与资源的开发利用不仅涉及当代人内部的公平问题，还涉及当代人与后代人之间的公平问题。因此，在作出有关环境与资源的重大决策时，不但要考虑代内公平，而且还要考虑代际公平。如果政府能够按照后代人理论的要求行事，重视落实代际公平，就必然会导致现有的环境与资源开发利用格局发生根本性的转变，从而大为减少为获取短期利益而肆意破坏环境现象的产生，这显然也有利于实现可持续发展。

受上述理论的影响，一方面，在立法层面，一些国际环境法律文件也开始使用后代人这一用语。例如，在 1972 年《斯德哥尔摩人类环境宣言》、1982 年《世界自然宪章》、1992 年《里约热内卢环境与发展宣言》、1992 年《联合国气候变化框架公约》、1992 年《生物多样性公约》等重要文件中就可以看到后代人这一用语的出现。一些国家的国内法，如美国的《国家环境政策法》和环境保护组织推动的立法草案中也能看到后代人这一用语。另一方面，在司法实践中，同样可以发现后代人理论产生的影响。在国际法院的审判中，已经有法官在一些著名案例中阐述了后代人理论的价值，他们认为必须重视代际公平的重要性。例如，在 1993 年丹麦诉挪威海洋划界案、1995 年新西兰诉法国核试验案以及 1996 年关于使用或威胁使用核武器的合法性的咨询意见中，法官就强调，后代人的权利并非处于萌芽状态，而是已经通过一系列重要的条约、司法判决和一般法律原则将其精神内化于国际法之中。

（二）何谓环境权？

权利是法学的基本概念之一，从某种意义上讲，权利构成了法律制度建构的逻辑起点。在环境保护中，明确引入权利一词，进而发展出环境权的概念，这是最近几十年来所特有的现象，有着特殊的历史背景。长期以来，环境被认为缺乏内在价值，对于人类而言仅仅具有工具价值。因此，环境与一般的财产并无实质区别，只能在法律上作为客体而存在，是可以被任意开发利用的"物"。但是，第二次世界大战之后，随着科学技术的飞速发展，人类肆意对待环境的恶果越来越多地爆发出来，如何运用法律手段有效制止破坏环境的现象便正式地提上了议事日程。

为实现环境保护的目的而明确公民享有环境权，使得环境不受侵犯得到了强有力的辩护。要确立环境权，需要突破传统思维的桎梏，解决两个认识上的问题。一是，需要从环境伦理学的层面缓解人类与环境之间的紧张关系，重新审视环境在人类思想中的定位。二是，根据法学一般原理，公民无权对与自己无关的财产主张权利。如果坚持这一认识，则公民就无法主动地提出限制或取消某些开发利用环境的行为。

对于第一个问题，随着环境伦理学的发展，传统的人类中心主义（特别是强式人类中心主义）认识日渐式微，其弊端已经广为人知。概言之，那种将人类自身的需求和欲望推崇到无以复加之地步的思想被认为是造成环境破坏的认识根源。而在弱式人类中心主义、非人类中心主义看来，环境具有自己独特的内在价值，需要引起重视并得到尊重。环境不是可以随心所欲被处置的财产，人类不能为了满足一己之私而任意对待环境，不合理的开发利用行为首先要受到环境伦理的约束。

对于第二个问题，通说认为解决办法是从公共信托理论的角度重新诠释法律意义上人类与环境之间的关系。公共信托理论肇始于罗马法，一开始是为了解决信托财产委托人、受托人与受益人之间关系的法律创造。但该理论被引入环境保护之中的重大标志则是1970年密歇根大学的萨克斯教授所发表的《自然资源法中的公共信托原则：有效的司法干预》一文。在这篇论文中，萨克斯教授认为，对于人类存续至关重要的环境本质上属于全体公民为当代人及后代人之根本利益而委托政府代为保护和管理的公共财产。由此推展开来，那些对于人类生存所需必要之物质基础的环境（无论是要素还是整体）在受到威胁时都可以被视为萨克斯教授所说的环境信托财产，政府有责任排除对其造成威胁的那些行为。当然，对于环境所受之威胁也需要做广义的理解。除了经济价值，环境之于特定人类群体往往还具有十分重要的审美、文化价值，如果某些行为对这些价值所造成的威胁足以导致产生无法挽回的损失，政府同样有责任予以纠正。综上，由于维持一定水准的环境是人类存续的前提，因此公民天然地享有享受舒适和安全的环境之权利即环境权。从这个角度出发，我们可以将环境权界定为一种权利主体要求生活在良好环境、享有良好环境品质的权利。

受到上述理论研究的影响，在国际环境法上，环境权的概念首次被写入1972年《斯德哥尔摩人类环境宣言》之中，该宣言的第1条信念指出："人类有权在一种能够过尊严和福利的生活的环境中，享有自由、平等和充足的生活条件的基本权利，并且负有保护和改善这一代和将来的世世代代的环境的庄严责任。"随后，1992 年《里约热内卢环境与发展宣言》第 1 条原则指出："人类处在关注持续发展的中心。他们有权同大自然协调一致从事健康的、创造财富的生活。"尽管对于环境权在法律文件中的表述存在理解上的差异，但总体来看，环境权作为一个有力的术语迅速帮助环境保护者获得了超强优势的话语权，能够对那些破坏环境的实体与个人产生巨大的威慑力。

随着越来越多的国家认识到环境保护的重要性，将环境保护作为基本国策写入宪法之中，将环境权规定为一项公民的基本权利已经成为发展趋势。当然，环境权作为一种新型权利，各国对于权利的性质、主体、客体以及内容还存在不同理解，对于环境权与传统人权如生存权、发展权等权利的关系也持不同观点，但这并不能否认环境权已经存在这一事实。各国的环境问题各不相同，必须走出一条符合本国国情的环境保护之路，设计出一套符合本国实际的环境保护法律制度体系，因此，对于环境权的表现形式和内涵存在差异也是正常的。

（三）如何理解环境权的可诉性？

一项法律权利如果无法进入诉讼，得不到司法审判的支持，不但难以发挥预期的作用，而且其自身是否存在、其存在是否确有必要就会受到强烈的质疑。这一问题同样存在于对环境权可诉性的批评上。例如，一些学说认为环境权的内涵众说纷纭，存在多种理解。广义的环境权外延极其广泛，实际上和传统权利存在着高度的重叠，对于相关的诉讼只要利用传统权利的保护途径就可以实现，并无必要单独设置环境权诉讼。还有一些学说认为，环境权虽然名为权利，但更多地具有象征意义，在法律文件中主要是一种宣示性规定，意在彰显立法者对于环境保护的高度重视，而非确立一项能够进入诉讼的法律权利。

针对上述认识，应当指出，环境权作为一种新型权利，其产生历史还很短暂，诉讼方面的实践还不是很多。即便进入诉讼里，环境权还有大量技术性的问题尚未得到充分的解决。但是，不能因此就否认环境权的可诉性。对于这个问题的理解，需要从以下角度进行分析。

首先，从国际法的角度来看，环境权诉讼的成熟需要经历一个漫长的过程。自 20 世纪 90 年代以来，联合国经济、社会和文化权利委员会在对《经济、文化及社会权利国际公约》的解释中就曾指出，此类权利不应被置于法院的管辖之外。而 1998 年生效的《欧洲社会宪章》更是在其议定书中确立了集体申诉制度。这些突破意味着，传统上被认为缺乏可诉性的新型权利开始进入司法审判的视野之中。就目前的实践来看，有关环境保护的诉讼有很多是在人权保护的名义之下实施的。这是因为，对环境的破坏往往会危及人类的健康，这会对经济、文化和社会权利造成不可逆转的损害。因此，对环境的破坏几乎总是与对人权的侵犯有密切的联系。当前有关国际人权的保护机制已经比较成熟，通过落实人权保护能够直接或间接地补救对环境造成的损害。有学说认为，公民的各项基本人权划分更多是理论意义上的，而在现实中它们彼此难以截然区分开来，它们其实是相互包容的。权利的一体化意味着，通过人权诉讼能够为环境权的实现提供救济，因此环境权在事实上可以在诉讼中占有一席之地，可以在具体的诉讼过程中被提出。当然，这样的实践离独立的、纯粹的环境权诉讼还有一定差距。但是，环境保护是如此重要，以至于其已经成为当今时代发展的主题之一，[1] 未来确有必要发展出专门适用于环境权诉讼的法律程序和实体制度。事实上，这一趋势已经初现端倪。2018 年联合国开启了《世界环境公约》的谈判进程，该公约第 1 条规定："所有人都有权生活在一个有利于其健康、幸福、尊严、文化和自我发展的健康生态环境中。"第 11 条规定："各缔约方确保，当政府部门或私人主体出现违反环境法的疏忽或其他行为时，任何人皆有权在考虑到本公约内容的情况下，获得有效且费用合理的司法保障，通过司法和行政程序提出反对。"显然，要通过并落实这一未来整合及统领国际环境保护相关法律文件的公约，客观上就要努力建构一套环境权诉讼的国际法机制以便更好地保护环境。

其次，受国际环境法的影响，很多国家的国内法，特别是宪法，已经明确规定了环境权，因此开展有关环境权的诉讼是可以找到实证法依据的。例如，观察联合国 193 个会员国以及梵蒂冈、巴勒斯坦两个联合国观察员国的宪法，有 90 个国家现在或者曾经在宪法中有明确的环境权条款。在排除已经不复存在的国家以及后来因故取消规定的情形之后，目前共有 87 个国家在本国宪法中有明文规定的环境权条款。[2] 虽然这些条款针对的具体问题各不相

---

[1] 林灿铃："国际环境法之立法理念"，载高鸿钧、王明远主编：《清华法治论衡》（第 13 辑），清华大学出版社 2010 年版，第 200 页。

[2] 吴卫星：《环境权理论的新展开》，北京大学出版社 2018 年版，第 57 页。

同，在诉讼流程上也缺乏统一的标准，但各国法院已经逐渐认可环境权的存在并进而受理案件是不争的事实。一般来讲，环境权所保护的是具有公共属性的环境要素和环境整体，因此更适合通过环境公益诉讼的制度设计来保护环境。

本案的启示与意义

本案的意义在于理解后代人理论、环境权的概念及环境权可诉性的基本原理，在此基础上进一步掌握国际环境法的发展趋势。

十二、关于国家担保个人或企业从事国际海底活动承担何种责任与义务的咨询意见

事件概况

国际海底区域（以下简称"区域"）蕴藏着丰富的矿产资源，为保证各国公平分享"区域"矿产资源所衍生的利益，《联合国海洋法公约》（以下简称《公约》）规定"区域"矿产资源的开发采用平行开发制，即由国际海底管理局企业部单独开发和由缔约国及其自然人和法人与管理局以协作的方式共同开发。鉴于"区域"矿产资源开发所涉问题的重要性，《公约》规定除管理局企业部和缔约国外，其他承包者欲参与"区域"矿产资源的勘探和开发需取得所属公约缔约国的担保。《公约》以及《关于执行 1982 年 12 月 10 日〈联合国海洋法公约〉第十一部分的协定》（以下简称《协定》）对担保国的责任与义务作了相应规定，但这些规定不够具体和明确。随着"区域"矿产资源勘探和开发活动日趋频繁，进一步明晰公约及相关法律文书对担保国责任与义务的规定就成为国际社会关注和亟待解决的问题。

2008 年，瑙鲁海洋资源公司和汤加近海采矿有限公司向国际海底管理局提交请求核准在克拉里昂-克利伯顿中央太平洋断裂带多金属结核保留区内开展勘探多金属结核工作计划的申请书，瑙鲁和汤加作为担保国。2009 年 5 月 5 日，瑙鲁海洋资源公司和汤加近海采矿有限公司表示，决定请求推迟考虑其勘探多金属结核工作计划的申请。2010 年，瑙鲁代表团向国际海底管理局提交了《就担保国的责任和赔偿责任问题请国际海洋法法庭海底争端分庭提供咨询意见的提议》（以下简称《提议》）。《提议》认为，瑙鲁同其他许多发展中国家一样，不具备在"区域"进行海底采矿的技术能力和经济实力，为有效参与"区域"内活动，这些缔约国需发动全球私营部门实体参与。如果发展中国家因"区域"内活动而被追究责任，则有些国家可能无力承担与此

相关的法律风险，因此产生的赔偿责任或费用在某些情况下可能远远超过诸如瑙鲁这样的发展中国家的经济实力。虽然《公约》中有相关条款涉及担保国的责任和义务问题，但仍有必要进一步明晰。[1]

咨询请求

2010 年，瑙鲁代表团向管理局提交了《提议》请求。2010 年 5 月 6 日，国际海底管理局理事会通过第 ISBA/16/C/13 号决定，请求国际海洋法法庭海底争端分庭（以下简称"分庭"）就如下问题发表"咨询意见"：

1. 《公约》缔约国在依照《公约》特别是依照第十一部分以及 1994 年《协定》担保"区域"内的活动方面有哪些法律责任和义务？

2. 如果缔约国依照《公约》第 153 条第 2（b）款担保的实体没有遵守《公约》特别是第十一部分以及 1994 年《协定》的规定，该缔约国应担负何种程度的赔偿责任？

3. 担保国必须采取何种适当措施来履行《公约》特别是第 139 条和附件三以及 1994 年《协定》为其规定的义务？

咨询意见

2011 年 2 月，分庭应国际海底管理局理事会的请求，就担保国责任与义务所涉及的三个具体的法律问题（担保国的法律责任和义务、担保国赔偿责任的范围、担保国的履约措施）出具了《国际海洋法法庭第 17 号咨询意见》，即《国家担保个人和实体在区域内活动的责任和义务的咨询意见》（以下简称《咨询意见》）。[2]《咨询意见》审查了关于国家管辖范围以外的担保国在"区域"内活动所应承担的责任和义务问题。[3]

分庭认为，缔约国根据《公约》有责任确保其国籍下的自然人或者法人依照《公约》开展"区域"内活动，并对此活动提供担保。担保国应确保被

---

〔1〕 Responsibilities and Obligations of States Sponsoring Persons and Entities with Respect to Activities in the Area, Advisory Opinion, List of Cases no. 17, Advisory Opinion, 1 February 2011.

〔2〕 Responsibilities and Obligations of States Sponsoring Persons and Entities with Respect to Activities in the Area, Advisory Opinion, List of Cases no. 17, Advisory Opinion, 1 February 2011.

〔3〕 Art. 1, para. 1（1）of the UN Convention on the Law of the Sea, 1833 *UNTS* p. 3. Entered into force 16 November 1994.

担保的承包者遵守合同条款和《公约》及相关法律文书中所规定的义务，这是一种"尽职"的义务。对承包者因没有履行《公约》规定的义务而造成的损害，担保国负有赔偿责任。但如果担保国已经采取了国内立法、规章和行政措施等"一切必要和适当的措施"，以确保被担保的承包者有效履行其合同义务，防止减少资源开发对环境的损害，则可免除担保国的法律和赔偿责任。相反，如担保国未能履行其通过国内立法、规章和行政措施对承包者有效管控的义务，担保国则应对承包者不法行为所造成的损害承担法律和赔偿责任。此外，担保国最重要的直接义务还包括：《公约》第 153 条第 4 款规定的协助管理局的义务、采取预防性措施的义务、采用"最佳环境做法"的义务，在管理局为保护海洋环境发布紧急命令的情形下，有采取措施确保履行担保条款的义务以及提供追索赔偿的义务。

问题提炼

1. "区域"资源开发的担保国需要履行哪些法律责任？
2. 发展中国家担保国在"区域"活动方面是否享有优惠待遇？
3. "咨询案件"对可持续开发海底资源有何重要意义？

解析

（一）担保国的法律责任

担保国的责任分为两种：第一，担保国有义务确保受资助承包商遵守合同条款和《公约》及相关文书规定的义务，此为"尽职调查"的义务。担保国必须"尽最大努力"确保接受担保的承包商遵守规定的义务。尽职调查标准可能随时间而变化，取决于风险等级和所涉及的活动。这种"尽职调查"义务要求担保国在其法律制度内采取措施。这些措施必须包括法律法规和行政措施，且适用的标准是措施必须"合理适当"。第二，担保国必须遵守直接义务，无论其是否有义务确保赞助承包商的某种行为。同时，分庭认为，上述两种义务同样适用于发达国家和发展中国家，除非在适用条款中另有具体规定。应有效执行考虑到发展中国家特殊利益和需要的《公约》条款，以使发展中国家可与发达国家平等地参与深海海底采矿活动。[1]

总体来说，《咨询意见》详细解释了《公约》及相关法律文书涉及担保国责任与义务的相关条款，明确了担保国义务的内容，澄清了担保国承担责任的条件及其赔偿的范围和方式，界定了担保国应采取的必要和适当措施的标准，为《公约》各缔约国担保本国承包者在"区域"内活动提供了具体而清晰的法律框架。确认担保国的法律责任有助于担保国对其潜在的赔偿责任进行评估，通过采取有效措施来预防和避免这种责任的产生，从而有助于各担保国监督本国承包者对"区域"矿产资源进行有序开发。

（二）担保国的"尽职调查"义务

"尽职调查"义务要求提案国在其法律制度范围内采取措施，而且这些措施必须是"合理适当的"。担保国为履行《公约》规定的责任而必须采取的"必要和适当"措施的内容凸显了担保国的双重角色：其既是开发海底资源承包商的担保国，又有保护《公约》所保护的海底资源的广泛利益。分庭认为，担保国仅仅依靠合同条款履行义务并采取必要和适当的措施的做法不仅"缺乏透明度"，[2]还会阻止承包商以外的实体对国家援引法律义务。[3]分庭进一步指出，海底局仅要求担保国向管理局提供赞助证书，而非正式的担保协议，国家甚至没有责任和义务签订赞助合同。[4]各国必须采取行政措施，以确保承包商遵守海底制度，其中可能包括对主办承包商的活动进行积极监督的执行机制……[和]担保国与管理局各项活动之间的协调。[5]必须在"区域"内开展的任何活动的整个期间保证这些措施，并且必须对其进行审查以确保适用现行标准，以确保承包商有效履行其义务而不损害人类的共同遗

---

〔1〕 *Advisory Opinion* (International Tribunal of the Law of the Sea, Seabed Disputes Chamber, Case No 17, 1 February 2011) [242] Finding 3.

〔2〕 *Advisory Opinion* (International Tribunal of the Law of the Sea, Seabed Disputes Chamber, Case No 17, 1 February 2011) [242] Finding 3. p. 225.

〔3〕 *Advisory Opinion* (International Tribunal of the Law of the Sea, Seabed Disputes Chamber, Case No 17, 1 February 2011) [242] Finding 3. p. 224.

〔4〕 *Advisory Opinion* (International Tribunal of the Law of the Sea, Seabed Disputes Chamber, Case No 17, 1 February 2011) [242] Finding 3. p. 225.

〔5〕 *Advisory Opinion* (International Tribunal of the Law of the Sea, Seabed Disputes Chamber, Case No 17, 1 February 2011) [242] Finding 3. p. 218.

产。[1]

有关这些措施的内容，分庭阐明了在制订有关措施时应考虑到的一系列问题。[2]这种措施必须是"合乎理性的，而非武断的"，以确保在其管辖下的行为人遵守海底相关制度。[3]所做措施必须适用于国家"自身法律制度"的"特殊性"，[4]并且必须协助承包商履行其对国际海底管理局的合同义务。[5]此外，措施不得低于国际海底区域制度说要求的标准。[6]此外，分庭认为，"预防原则"是担保国尽职尽责义务的一个重要组成部分。然而，分庭对国际法如何将"预防原则"和"适当注意的义务"结合起来还没有明确的标准和判断。

(三)担保国的直接义务

关于担保国的直接义务主要包括以下几个方面：①根据《公约》第153条第4款所规定的协助管理局的义务；②采用《里约热内卢环境与发展宣言》第15条原则、《"区域"内多金属结核探矿和勘探规章》以及《硫化物规章》中规定的预防措施的义务；该义务也应被视为担保国"尽职调查"义务的组成部分；③有义务采用《硫化物规章》中规定的"最佳环境做法"，同样适用于《"区域"内多金属结核探矿和勘探规章》；④有责任采取措施，确保在管理局发出紧急命令以保护海洋环境时提供担保；⑤提供追索赔偿的义务。这些义务已载于有关恢复"区域"活动的文书中。《咨询意见》对"直接义务"内容的规定也通过监察和法律责任等强制手段在一定程度上满足了确保遵守义务的要求。

分庭对有关担保国的直接义务作出了更明确的规定，并指出该义务涉及

---

[1] *Advisory Opinion* (International Tribunal of the Law of the Sea, Seabed Disputes Chamber, Case No 17, 1 February 2011) [242] Finding 3. p. 222.

[2] *Advisory Opinion* (International Tribunal of the Law of the Sea, Seabed Disputes Chamber, Case No 17, 1 February 2011) [242] Finding 3. p. 227.

[3] *Advisory Opinion* (International Tribunal of the Law of the Sea, Seabed Disputes Chamber, Case No 17, 1 February 2011) [242] Finding 3. p. 228.

[4] *Advisory Opinion* (International Tribunal of the Law of the Sea, Seabed Disputes Chamber, Case No 17, 1 February 2011) [242] Finding 3. p. 229.

[5] *Advisory Opinion* (International Tribunal of the Law of the Sea, Seabed Disputes Chamber, Case No 17, 1 February 2011) [242] Finding 3. p. 228.

[6] *Advisory Opinion* (International Tribunal of the Law of the Sea, Seabed Disputes Chamber, Case No 17, 1 February 2011) [242] Finding 3. pp. 231~233.

一系列技术、监管和环境义务。其中一些义务，特别是采用预防性方法的习惯法义务和进行环境影响评估的义务，已被国际判决和仲裁裁决所承认。关于"预防原则"，分庭强调例如《"区域"内多金属结核探矿和勘探规章》和《硫化物规章》均明确提到了《里约热内卢环境与发展宣言》第15条原则，即要求各国"根据其能力"采取预防措施。[1] 此外，《公约》第206条和习惯国际法也要求各国履行环境影响评估的义务。[2] 分庭还援引了纸浆厂案（Pulp Mills Case）中关于进行影响评估的习惯法义务，[3] 此外，分庭还指出，国际法院在跨界环境损害的情景下的推理也可能适用于对国家管辖范围以外地区的环境产生影响的活动；国际法院对"共享资源"的提及也可能适用于作为人类共同遗产的资源。因此，根据国际法院提到的习惯规则，可认为环境影响评估应纳入《公约》第142条关于"国家管辖范围外区域的资源"的协商制度和事先通知事项中。[4] 因此，分庭得出结论认为，承包者和担保国有关环境影响评估的义务适用于国家管辖范围以外的区域。[5]

此外，分庭还在国家的直接义务和尽职调查义务之间建立了联系，表明"遵守直接义务也可以被视为履行尽职调查"确保义务的相关因素。[6] 尤其体现在《公约》第153（4）条有关担保国有义务协助管理局控制"区域"内的活动，以确保遵守《公约》第十一部分和相关文书的有关规定。[7]

（四）责任分担及免责问题

在注意到"确保责任"的尽职调查性质不能强加严格的赔偿责任制度之后，分庭明确表示，现有制度没有规定在有担保国的情况下分摊赔偿责任。

---

〔1〕 *Rio Declaration*, UN Doc A/CONF. 151/26（Vol I）（12 August 1992）annex I Principle 15.

〔2〕 *Advisory Opinion*（International Tribunal of the Law of the Sea, Seabed Disputes Chamber, Case No 17, 1 February 2011），pp. 142~148.

〔3〕 *Advisory Opinion*（International Tribunal of the Law of the Sea, Seabed Disputes Chamber, Case No 17, 1 February 2011），pp. 147~148.

〔4〕 *Advisory Opinion*（International Tribunal of the Law of the Sea, Seabed Disputes Chamber, Case No 17, 1 February 2011），p. 147.

〔5〕 *Advisory Opinion*（International Tribunal of the Law of the Sea, Seabed Disputes Chamber, Case No 17, 1 February 2011），p. 50.

〔6〕 *Advisory Opinion*（International Tribunal of the Law of the Sea, Seabed Disputes Chamber, Case No 17, 1 February 2011），p. 123.

〔7〕 *Advisory Opinion*（International Tribunal of the Law of the Sea, Seabed Disputes Chamber, Case No 17, 1 February 2011），p. 124.

因此，多个担保国将对持有一个以上国籍或由多个国家控制的承包商承担连带责任。[1]分庭还注意到承包商和担保国的相应责任。他们的尽职调查义务并非连带责任，即如承包商无法履行其责任，各国对其担保的承包商不承担任何剩余责任。[2]

关于免责问题，第139（2）条包含附件三第4（4）条中所载的类似但更具体的豁免。该条款还规定，如担保已采取"一切必要和适当措施"，则不对损害承担责任。值得注意的是，一国遵守其尽职调查义务并不一定能保证完全适用免责条款。分庭注意到"担保国有义务尽职调查以确保被担保的承包商的义务可以强制执行"，[3]这是履行尽职调查义务的必要条件。但有关尽职调查和豁免要求之间的关系，分庭只是指出"必要和适当措施"的概念，即确保承包商遵守以及提供责任豁免。[4]

（五）强调担保国对环境保护的重要性

《咨询意见》还注重对"区域"环境及其生物资源的保护。"区域"孕育的极其丰富的生物资源的独特的生理和结构使得该资源在医疗开发、工业利用、环境保护等方面具有极高的经济价值和科研价值。为保护"区域"生物资源，《咨询意见》要求担保国应尽最大努力履行其确保义务，保证所担保的承包者按照合同条款和《公约》及相关法律文书的规定进行"区域"矿产资源的勘探和开发活动。此外，《咨询意见》还要求担保国承担采取预先防范办法、最佳环境做法以及进行环境影响评估等与"区域"环境及其生物资源的保护有关的直接义务。《咨询意见》的上述解释有利于促使各国在"区域"矿产资源开发与"区域"环境及其生物资源的保护中寻求平衡。同时，分庭认为，有关保护公海和"区域"环境的义务是普遍的义务。如一个国家违反了这些普遍的义务，未受直接伤害的国家也有权要求负责任的国家赔偿、停止和保证不再发生错误行为。

---

[1] *Advisory Opinion* (International Tribunal of the Law of the Sea, Seabed Disputes Chamber, Case No 17, 1 February 2011), pp. 190~192.

[2] *Advisory Opinion* (International Tribunal of the Law of the Sea, Seabed Disputes Chamber, Case No 17, 1 February 2011), pp. 202~204.

[3] *Advisory Opinion* (International Tribunal of the Law of the Sea, Seabed Disputes Chamber, Case No 17, 1 February 2011), p. 239.

[4] *Advisory Opinion* (International Tribunal of the Law of the Sea, Seabed Disputes Chamber, Case No 17, 1 February 2011), p. 217.

（六）《咨询意见》的局限性

第一，《咨询意见》阐释担保国直接义务的法律依据略显欠缺。《咨询意见》认为担保国在担保本国承包者进行"区域"内活动时应当承担采取预先防范办法、采取最佳环境做法、确保承包者在管理局为保护海洋环境发布紧急命令情形下遵守等直接义务。这些义务仅源自《里约热内卢环境与发展宣言》《"区域"内多金属结核探矿和勘探规章》和《硫化物规章》。然而，由于前者不具有法律约束力，后两者是管理局制定的法律文件，约束主体为参与"区域"活动的承包者，其并不能为《公约》缔约国的担保国创设义务。

第二，现有协议多数与国有企业签订并由政府官员或组织负责人签署。随着新的私有企业越来越多地加入深海海底采矿领域，应对国际海底局（International Seabed Authority）与不同类型主题（包括私人与国有企业）的协议性质是否不同的问题进行深入探讨和了解。

第三，国际海底局与潜在承包商之间的纠纷属于分庭的管辖范围[1]，然而，环境损害的受害者也可能是沿海国家的当地土著社区或环境非政府组织，而这些主体无法援引分庭的管辖权直接向私人承包商甚至赞助国寻求追索权。如何保障受环境损害的第三方寻求赔偿责任问题也值得我们在未来的研究中做进一步思考。

本案的启示与意义

"区域"内活动的《咨询意见》是《公约》生效以来国际海洋法法庭海底争端分庭受理的首例案件，也是其第一次行使咨询管辖权。该《咨询意见》有利于"区域"矿产资源的有序开发以及"区域"环境及其生物资源的保护，有利于"区域"制度的完善。此外，随着科学与技术的发展以及深海探测提取能力的提高，"区域"矿产资源的勘探和开发活动会更加频繁，"区域"制度将接受实践的检验，《咨询意见》是许多国家加速制定、修改相关国内法的动因之一，对国际海底管理局的工作以及未来"区域"法律规则的制定亦发挥重要的指导作用。

---

[1] United Nations Convention on the Law of the Sea, Dec. 10, 1982, 1833 U. N. T. S. 397, *avail-able at* http://www.un.org/depts/los/convention_ agreements/texts/unclos/UNCLOS- TOC.htm, art. 187（d）.

十三、关于专属经济区内捕鱼的限度咨询案

基本案情

分区域渔业委员会（Sub-Regional Fisheries Commission，SRFC）于 2013 年 3 月根据《国际海洋法法庭规约》第 16 条和 21 条，以及《国际海洋法法庭的法庭规则》第 138 条向国际海洋法法庭（以下简称"法庭"）征询咨询意见。根据上述规则，相关主体依据"与公约目的有关的国际协议的特别规定"可以请求法庭发表咨询意见。本案涉及的公约是《关于在分区域渔业委员会成员国管辖海域内最低限度利用和开发海洋资源的决议公约》（以下简称《MCA 公约》），[1] 其中第 33 条明确规定可向法庭请求发表咨询意见。

SRFC 咨询的具体法律问题是请求对有关非法、无报告及不受规范（IUU）捕鱼问题进行解释。即：《MCA 公约》成员国（即 SRFC 成员国）的专属经济区（EEZ）内有悬挂非成员国旗帜的船舶进行捕鱼活动，这些船舶以及其捕鱼活动没有遵守沿海国的相关法律法规，那么，船旗国应承担什么义务，是否对船舶的行为负责等问题尚不明确。此外，共享鱼群在多个 EEZ 内或 EEZ 和其他海域中洄游，而相关的沿海国在可持续管理共享鱼群的立法方面并没有进行合作，因此，沿海国对于共享鱼群的权利与义务尚不明确。法庭于 2015 年 4 月 2 日就此问题发表了咨询意见。

咨询请求

1. 船旗国对其所属渔船在第三国的专属经济区内从事 IUU 捕鱼活动有什

---

〔1〕 Convention on the Determination of the Minimal Conditions for Access and Exploitation of Marine Resources within the Maritime Areas under Jurisdiction of the Member States of the Sub-Regional Fisheries Commission.

么义务？

2. 船旗国应对悬挂其旗帜的渔船从事 IUU 捕鱼活动负何种程度的责任？

3. 经船旗国或国际机构依国际规约核发渔业许可证的渔船，如果违反沿海国渔业法规，船旗国或国际机构是否应对该违反行为负责任？

4. 在确保可持续性管理共享鱼群方面，特别是对小型表层鱼群及金枪鱼的可持续性管理，沿海国的权利义务是什么？

咨询意见

法庭于 2015 年 4 月 2 日发布了咨询意见，分别针对这四个法律问题进行了法律解释。

关于第一个问题，法庭一致认为，根据《联合国海洋法公约》（以下简称《公约》），船旗国有义务采取必要措施，包括执行措施，来确保悬挂其旗帜的船舶遵守 SRFC 成员国的关于养护和管理其专属经济区内的海洋生物资源的法律法规，并在 SRFC 成员国的专属经济区内没有从事 IUU 捕鱼活动。具体而言，船旗国具有"尽责义务"（due diligence），即船旗国为了实现其对船舶在行政方面具有的有效管辖的责任，有义务采取必要的行政措施来确保船舶所进行的活动并不影响船旗国的义务和责任，包括根据《公约》所负有的养护和管理海洋生物资源的义务。如果船舶从事了这样的活动，船旗国在接到通知后，有义务进行调查并采取相应的必要措施，并将该措施告知 SRFC 成员国。

关于第二个问题，法庭的回复是 18 票对 2 票。船旗国的"责任"（liability），并不来源于悬挂其旗帜的船舶违反 SRFC 成员国在专属经济区的法律法规，因为船舶的违法行为并不归因于船旗国。船旗国的责任来源于船舶在 SRFC 成员国的专属经济区内进行 IUU 捕鱼活动，船旗国没有履行其"尽责义务"。因此，如果船旗国已经采取了一切必要和适当的措施来履行其尽责义务来确保船舶在 SRFC 成员国的专属经济区内没有进行 IUU 捕鱼活动，则船旗国不承担任何责任。

关于第三个问题，法庭发表一致意见。第三个问题涉及的国际组织和其成员国是《公约》的成员国，这些成员国将渔业的事项管辖权授权给了该国际组织。目前该问题所涉及的国际组织仅仅是欧盟。如果该国际组织行使渔业事务的专属权，与 SRFC 成员国签订渔业协定从而使得悬挂国际组织的成员国旗帜的船舶进入该 SRFC 成员国的专属经济区内活动，该船旗国的义务即成为该国际组织的义务。该国际组织作为与 SRFC 成员国签订渔业协定的缔约方，必须确保悬挂该国际组织的成员国旗帜的船舶遵守 SRFC 成员国法规且不在其专属经济区内从事 IUU 捕鱼活动。据此，违反渔业协定中的义务的，只能是该国际组织，而并非该国际组织的成员国。因此，如果该国际组织不履行其"尽责义务"，该 SRFC 成员国有权根据签订的渔业协定，当悬挂该国际组织成员国旗帜的船舶在 SRFC 成员国的专属经济区内的捕捞活动违反 SRFC 成员国的渔业法规时，要求该国际组织对此负责。SFRC 成员国可以要求涉案的国际组织和其成员国提供相应的信息，阐明关于特定的事项由谁管辖并承担责任。如果国际组织或者其成员国没有在合理期限内提供相应的信息或者提供不正确的信息，该国际组织和涉案的成员国将承担共同连带责任。

关于第四个问题，法庭以 19 票对 1 票发表意见。关于权利，SRFC 成员国有权设法，直接或通过区域或次区域组织与鱼群在其专属经济区出现的其他 SRFC 成员国，就必需的合作措施以及确保该等鱼群的养护和管理措施达成协议。

关于义务，SRFC 成员国有义务确保其专属经济区内共享鱼群的可持续管理，因此负有以下义务：①合作义务，即根据需要适当地与有资格的国际组织合作，不论是区域、次区域或是全球性的国际组织，通过海洋资源养护与管理措施，确保其专属经济区内共享鱼群不会因为超捕而面临濒危；②在两个或以上的 SRFC 成员国专属经济区内出现的物种，成员国有义务设法，就必需的合作措施以及确保该等鱼群的养护和管理措施达成协议；③有关金枪鱼，成员国负有合作义务直接或通过 SRFC 确保在专属经济区内该类鱼种的养护及促进其最大利用的目的。依此项义务所采取的措施应与适当的区域性组织，如大西洋金枪鱼国际保育委员会（ICCAT）所采取的措施相一致并相互兼容，涵盖整个区域，包括 SRFC 成员国专属经济区内外的区域。

SRFC 成员国为遵守该等义务须确保：①通过养护与管理措施维持共享鱼群不会因过度开发而濒危；②养护与管理措施的根据是 SRFC 成员国获得最佳科学证据，以及当该等证据不足时，须依《MCA 公约》第 2 条第 2 款适用预防性措施；③养护与管理措施拟订为维持或复原鱼群在可生产最高持续产量的水平，比如需要依据相关环境与经济因素，包括沿海渔民的经济需求及 SRFC 成员国的特殊需求，并考虑到捕鱼方式、相互依存的鱼群以及任何一般建议性的国际最低标准，无论这些标准是区域、次区域或全球性的。

此类措施应：①考虑到采捕物种对相关或相互依赖的其他物种的影响，旨在使相关或相互依赖的其他物种的繁殖能维持或复原在一定的基准之上，该基准是受严重威胁的水平；②通过有资质的国际组织，定期交换与共享鱼群养护有关的可获得的科学资料、获鱼量及捕捞努力量的统计和其他数据；③相关缔约国负有善意地互相磋商的"尽责义务"。磋商应是有意义的，由所有相关国家付出实质性的努力旨在通过必要措施以协调及确保共享鱼群的养护与开发。SRFC 成员国专属经济区内共享鱼群的养护和开发需要该国采取有效措施，防止该类鱼群的过度捕捞以至于可能破坏可持续开采以及相邻国的利益。

问题提炼

1. 对于 IUU 捕捞之公约第三方船旗国的义务。
2. 区域性国际组织在国际环境保护中的作用及责任是什么？

解析

（一）对于 IUU 捕捞之公约第三方船旗国的义务

根据《MCA 公约》第 2 条第 4.3 段，《MCA 公约》的沿海国必须对其专属经济区采取养护和管理生物的措施。此外，《公约》第 61 条第 2 段规定，公约的沿海国必须通过适当的养护和管理生物措施来确保专属经济区内的生物不会被过度捕捞所威胁。《MCA 公约》第 9 条规定，SRFC 成员国必须有国内措施和政策是关于渔业资源的养护和管理的。根据《公约》第 73 条第 1 款的规定，为了确保这些措施和法律在专属经济区被遵守和执行，沿海国可以采取措施，包括登临、检查、逮捕和进行司法程序等。

在 M/V "Virginia G" 案件中，法庭再次确认了沿海国的主权——对其专属经济区内的生物资源进行探索、捕捞、护养和管理，沿海国具有以下权利——采取措施规制外国渔船进入其专属经济区，包括非成员国的渔船。根据《公约》第 3 条第 1 段，非成员国的渔船可以在沿海国（成员国）的专属经济区进行捕捞的剩余可捕量（即根据可持续原则，沿海国的专属经济区内的具体捕鱼量为可捕量，当沿海国自己没有能力完全捕捞所有的可捕量时，剩余的数量称为剩余可捕量），须由该沿海国通过协议或者其他安排进行授

权。在上述案件中，法庭认为，沿海国能够进行规制的活动必须与捕鱼有直接的联系。

在专属经济区内，关于采取措施以防止、制止、消灭 IUU 捕鱼活动的义务，主要是由沿海国承担。根据《公约》第 25 条，SRFC 成员国都负有采取必要措施以防止、制止、消灭 IUU 捕鱼活动的义务，并且为此而加强合作来打击 IUU 捕鱼活动。沿海国承担主要义务和责任，并不代表其他国家因此没有此方面的任何义务。

法庭进而转向船旗国对 SRFC 成员国的专属经济区关于生物资源的义务，主要从两个方面进行论述。一是公约中关于养护和管理海洋生物资源的一般性义务（体现在《公约》第 91、92、94、192、193 条）；二是船旗国在沿海国的专属经济区所负有的特定具体性义务（体现在《公约》第 58 条第 3 段和第 62 条第 4 段）。这些义务也进一步体现在沿海国和船旗国签订的渔业协议中。《MCA 公约》规定了进入和捕捞属于 SRFC 成员国管辖的海域区域内的海洋资源的门槛条件。《MCA 公约》也规定了非成员国的渔船须遵守沿海国的法规和要求，比如每次进入沿海国的海域时，需要向沿海国报告等。相似的义务也规定在沿海国和船旗国签订的渔业协议中。

一方面，根据《公约》第 92 条，在公海中，船旗国对其船舶享有排他性的管辖权，除非是本公约或者其他国际条约规定的极为例外的情况。根据《公约》第 58 条，只要不与《公约》第 5 部分相冲突，在专属经济区中，船旗国对其船舶也享有排他性的管辖权。关于管辖权的具体内容，根据《公约》第 94 条第 1 段，船旗国有义务在行政、技术、社会事项方面对其船舶进行有效管辖和控制。根据《公约》第 94 条第 2 段（a）、第 3 段、第 4 段，此有效管辖和控制包括确保某些事项所必要的措施，如尤其是船舶的注册，采取必要措施确保航行的安全、符合资质的船员和船长。

法庭认为，《公约》第 94 条第 2 段中的词"尤其是"（in particular），表明该条款中所列的具体措施并不是穷尽的，即船旗国为了实现在行政、技术和社会事项方面对其船舶进行管辖和控制，其所能采取的措施并不仅限于条款中列出的。此外，根据《公约》第 94 条第 6 段，如果一个国家有理由相信某个船舶并没有被恰当地管辖和控制，那么，其可以将该事实通知给船旗国。而船旗国在收到此通知后，有义务调查该事项，并采取适当必要措施来管辖并控制该船舶。法庭认为，船旗国有义务向通知国告知其所采取的措施。

因此，根据《公约》第 94 条，船旗国为了实现其对船舶在行政方面具有的有效管辖的责任，有义务采取必要的行政措施来确保船舶所进行的活动并不影响船旗国的义务和责任，包括根据《公约》所负有的养护和管理海洋生物资源的义务。如果船舶从事了这样的活动，船旗国在接到通知后，有义务进行调查并采取相应的必要措施。

另一方面，《公约》第 192 条规定，所有成员国有义务保护海洋环境。第 193 条规定，国家有权根据其环境政策来开发自然资源，但需要遵守其负有的保护海洋环境的义务。根据 Southern Bluefin Tuna 案件，海洋环境的保护包括养护海洋中的生物资源。而第 192 条适用于所有的海域，包括专属经济区。因此，船旗国有义务确保其船舶遵守沿海国有关养护海洋生物的措施。

至于船旗国在沿海国的专属经济区的具体义务，体现在《公约》第 58 条第 3 段。其规定，在行使权利和履行义务过程中，在专属经济区，国家对于沿海国的权利和义务负有"尽责义务"（due regard to），并遵守沿海国的法律法规。

根据《公约》第 62 条第 4 段，其他国家的国民在专属经济区捕鱼，应遵守沿海国的养护措施以及相应的法律法规。法庭认为该条以课于国家义务来确保其国民在沿海国的专属经济区进行渔业活动时，遵守沿海国的养护措施以及相应的法律法规。

因此，结合《公约》第 58 条第 3 段、第 62 条第 4 段以及第 192 条，在沿海国的专属经济区，船旗国有义务采取必要措施确保其国民和悬挂其旗帜的船舶没有 IUU 捕鱼活动。因此，该义务是属于"确保责任"（responsibility to ensure）。

关于"确保责任"的含义，法庭借用海底争端法庭在其关于资助者和实体的义务责任的咨询意见，认为船旗国负有"确保责任"，即确保船舶遵守沿海国关于养护的措施和法律法规，包括确保悬挂其旗帜的船舶没有 IUU 捕鱼活动。为实现"确保责任"，船旗国必须采取相应措施并有效管辖控制船舶的行政等事务。该义务是一个行为型义务（obligation of a conduct），即采取充分必要措施，尽最大的可能和努力，来防止其船舶进行 IUU 捕鱼活动。行为型义务是一个尽责义务，而不是一个结果型义务（obligation of a result）。该义务并不要求最终结果是：在每个案件中，船旗国的任何船舶都没有进行 IUU 捕鱼活动。该义务是：船旗国负有尽责义务（due diligence obligation），采取所

有必要的措施来确保其船舶遵守沿海国的法规并不进行 IUU 捕鱼活动。

关于船旗国在此处的尽责义务的内容，国际海底争端分庭曾引用过国际法院在 Pulp Mills on the River Uruguay 案中的陈述，认为结合《公约》第 58 条第 3 段、第 62 条第 4 段，船旗国有义务采取必要措施，包括执行措施，来确保船舶遵守 SRFC 成员国沿海国的法律法规，并禁止其船舶在 SFRC 成员国专属经济区内的捕鱼活动，除非得到 SFRC 成员国的授权。根据《公约》第 192 条、第 193 条，船旗国有义务采取必要措施确保船舶遵守 SFRC 成员国关于保护海洋环境的措施。根据《公约》第 94 条第 1 段和第 2 段，船旗国有义务对其船舶的行政事务进行有效管辖和控制。尽管船旗国采取的法律法规和措施的具体内容是由每个船旗国自己决定的，但船旗国有义务采取执行机制来监督和确保这些法律法规的执行，包括对 IUU 捕鱼活动的惩罚必须足够充分严重以至于能够有效地防止违法行为，剥夺 IUU 捕鱼活动的任何利润。根据《公约》第 94 条第 6 段，当船舶被怀疑从事 IUU 捕鱼活动时，船旗国在接到这样的通知报告后，有义务进行调查并采取相应措施来解决此问题，并告知通知国采取的措施。在 IUU 捕鱼活动案件中，船旗国和沿海国具有合作义务。

关于船旗国应对悬挂其旗帜渔船从事 IUU 捕鱼活动负何种程度的责任，鉴于《公约》和《MCA 公约》都没有关于此问题的具体答案。法庭根据《公约》第 293 条，将适用国际法上关于国家不法行为责任的规则，即《国际法委员会的国家责任草案》。该草案第 1 条、第 2 条和第 31 条规定，国际不法行为必须是在国际法上可归因于国家的，且该国家违反了其国际义务。因此，该国家需要对不法行为引起的损害进行赔偿。法庭认为，此问题中的船旗国的"责任"（liability），并不来源于船舶违反 SRFC 成员国在专属经济区的法律法规，因为船舶的违法行为并不归因于船旗国。船旗国的责任来源于，关于船舶在 SRFC 成员国的专属经济区进行 IUU 捕鱼活动，船旗国没有履行其"尽责义务"。因此，船旗国仅在该程度上负有责任。如果船旗国已经采取了一切必要和适当的措施履行其尽责义务来确保船舶在 SRFC 成员国的专属经济区内没有进行 IUU 捕鱼活动，则船旗国不承担任何责任。此外，如果船旗国与 SFRC 成员国签订了渔业协议，船旗国核发了渔业许可证给其船舶，该船舶违反了 SRFC 成员国的专属经济区的法律法规，则船旗国的义务责任同上。

（二）区域性国际组织在国际环境保护中的作用及责任

当国际组织同 SFRC 成员国签订了渔业协议，该国际组织核发了渔业许可证给船舶，若该船舶违反了 SRFC 成员国的专属经济区的法律法规，则该国际组织应承担怎样的义务责任？是否应对该船舶的违法行为负责？法庭指出，这里所说的国际组织，其成员国也是本公约缔约国，这些缔约国已经将有关渔业的管辖权授权给该国际组织。根据《公约》第 305 条第 1（f）段和第 306 条以及附件 9，国际组织也可以加入到公约中。迄今为止，加入到公约中的国际组织是欧盟。

根据《公约》附件 9 中的第 4 条第 1、2、3 段，国际组织加入到公约中，对其被授权的事项，必须承担同其他缔约国一样的权利义务。当该国际组织的成员已经将某些事项授权给了该国际组织，则该国际组织的成员国不能再行使管辖权，而是由该国际组织来行使管辖权。欧盟在此方面作出了特定的宣言声明。该申明强调，有关海洋渔业资源的养护和管理事项，包括国家渔业管辖领域的海域和公海，欧盟享有排他性管辖权。关于船舶的注册、旗帜、对船舶管辖的措施，以及执行措施和惩罚措施，欧盟成员国享有管辖权，同时欧盟的法律也应该被尊重，包括其中有关行政惩罚的规定。关于渔业资源的其他方面，比如科研、技术发展、合作等，由欧盟与其成员国共同享有管辖权。在本案中，因为涉及海洋渔业资源的养护和管理，因此该事项属于欧盟的排他性管辖。本案的问题仅仅涉及悬挂了欧盟成员国的旗帜的船舶（根据欧盟的渔业政策，"欧盟船舶"是指悬挂其成员国的旗帜，但在欧盟注册的船舶）。而且是欧盟同沿海国签订渔业协议。根据欧盟的陈述，这些渔业协议是欧盟法的组成部分，由成员国来具体执行，如果成员国没有履行渔业协议中的规定，欧盟在国际法上承担责任。另外，根据《公约》附件 9 第 6 条第 1 段，国际组织在某事项上被其成员国授权，因此负有国际法上的义务，该项义务需要成员国来执行，如果成员国没有遵守或履行义务，则因该国际组织没有履行其尽责义务（due diligence）而负责任。

因此，法庭认为，关于"国际组织同 SFRC 成员国签订了渔业协议，该国际组织核发了渔业许可证给船舶，该船舶悬挂该国际组织的成员国的旗帜，若该船舶违反了 SRFC 成员国的专属经济区的法律法规，则该国际组织应承担怎样的义务责任"的问题，如果国际组织与沿海国签订的渔业协议中规定了具体的义务责任，则按照渔业协定的规定；如果渔业协定没有关于此的特定的规定，则有关国际法的国家责任规则适用于此。因此，国际组织的义务和责任类同于国家（船旗国）在此情形中的义务和责任，即有义务确保悬挂其成员国旗帜的船舶在 SRFC 成员沿海国的专属经济区从事捕鱼活动时，遵守 SRFC 成员沿海国的法律法规，以及没有 IUU 捕鱼活动。因此是国际组织承担尽责义务，而非其成员国。不过，SFRC 成员国可以要求涉案的国际组织和其成员国提供相应的信息，阐明关于特定的事项是由谁承担责任。如果国际组织或者其成员国没有在合理期限内提供相应的信息或者提供不正确的信息，该国际组织和涉案的成员国将承担共同连带责任。

十四、荷尔蒙牛肉案

基本案情

荷尔蒙是一种激素，用含有荷尔蒙的饲料喂养动物，可以促使其快速生长，但这类肉食对人体健康可能有副作用如引发某些疾病，甚至具有致癌性可能导致神经系统紊乱等，这会危及消费者的健康。20 世纪 70 年代，法国曾在生产小牛肉的过程中非法使用激素，意大利使用激素生产的牛肉被一些婴儿食用后出现了明显的异性特征，这两件事引发了欧洲消费者对荷尔蒙的恐惧。1981 年欧共体（1993 年在欧共体基础上成立欧盟，本文按时间采用当时名称，下同）理事会通过 81/602 指令，要求成员国禁止对农场牲畜使用含有荷尔蒙作用的物质，并禁止销售或出口使用荷尔蒙添加剂生产的本地或进口的牛肉、牛肉制品。这使得来自美国与加拿大的以 6 种荷尔蒙促进生长的牛肉，被欧共体禁止进口，这样含有激素的美国牛肉自 1989 年后一直未能进入欧盟国家。美国与加拿大认为其牛肉中荷尔蒙含量极低，不至于造成健康危害；并认为欧盟的禁令缺乏科学依据，诉诸当时的 GATT，但经多年的缠讼，问题未能解决。1996 年 1 月 26 日，美国根据《关于争端解决规则和程序的谅解》（DSU）第 4 条（磋商）、《实施动植物卫生检疫措施协议》（《SPS 协议》）第 11 条（磋商和争端解决）、《技术性贸易壁垒协议》《TBT 协议》第14 条（磋商和争端解决）、GATT 第 22 条（磋商）和《农业协议》第 19 条（磋商和争端解决）等提出与欧盟磋商。经协商未果后，美国于 1996 年 4 月请求 WTO 争端解决机构（Dispute Settlement Body，DSB）成立专家组（Panel）进行裁决。加拿大也在与欧盟磋商未能达成一致意见后，根据同样的法律依据提出成立专家组的请求。由于两案的诉讼标的相同，争端解决机构成立了由相同的 3 名专家组成的专家组对美国和加拿大的申诉进行审理，并于 1997 年 8 月 18 日同时分发了两份专家组报告。两份报告，其内容基本相

同，只有一些非实质性的区别。随后，欧盟、美国和加拿大分别对专家组的报告提出上诉。1998 年 1 月 16 日，上诉机构（Appellate Body）作出裁决。

诉讼请求

1. 要求与欧共体磋商，解决欧共体禁止使用荷尔蒙添加剂饲养的牛肉进口的问题。

2. 欧共体禁止进口使用荷尔蒙生产的牛肉，违反了《SPS 协议》（第 3 条、第 5 条），《TBT 协议》和 GATT（第 1 条、第 3 条）。

裁决

专家组报告认为，本案中欧盟以保护消费者健康为由禁止进口荷尔蒙牛肉，其目的是被 WTO 允许的。但欧盟的做法违背了《SPS 协议》的某些规定，因而裁定欧盟对牛肉及牛肉制品的进口限制欠缺科学根据，且未进行风险评估，违反《SPS 协议》第 3 条第 1 款、第 5 条第 1、5 款的规定。

随后，欧盟、美国和加拿大分别对专家组报告提出上诉。1998 年 1 月 16 日，上诉机构（Appellate Body）作出裁决，维持了专家组的欧盟措施违反了《SPS 协议》的第 3 条第 3 款、第 5 条第 1 款和第 2 款的规定，但推翻了专家组在举证责任、涉及个别词语的解释与欧盟违反协议第 3 条第 1 款、第 5 条第 5 款等几个方面的裁定，修改了专家组报告的一些内容。1998 年 2 月 13 日，争端解决机构通过了上诉机构报告和经修改的专家组报告，并要求欧盟修改其被上诉机构和专家组确认的违反协议的措施以使其符合欧盟根据协议所应承担的义务。欧盟败诉后，DSB 裁定欧盟执委会最迟于 1999 年 5 月 13 日取消相关的禁令。但是，欧盟明确表示不能按照要求更改禁令，并拒绝执行这一裁决。美国和加拿大要求 DSB 授权进行报复，停止对欧盟的关税减让。经争讼后的仲裁结果为，由 DSB 授权美国报复额度为 1.168 亿美元，加拿大为 1130 万加元。1999 年 7 月开始，美加就仲裁确定的受损额对欧盟产品暂停关税减让。

问题提炼

1. 各成员方是否有权采取措施设定标准？

2. 何谓绿色贸易壁垒？

3. 风险评估与科学依据的确定性问题。

解析

(一) 各成员方是否有权采取措施设定标准

《SPS 协议》第 3 条第 1 款要求成员方协调拟采取的卫生与植物检疫措施，以国际标准、指南或建议为依据制定，除非协议另有规定。本案中欧盟所采取的措施涉及六类荷尔蒙，其中五个类别存在国际标准，另外一种（MGA）没有国际标准。对于欧盟的措施是否以国际标准为依据，焦点集中在如何理解"依据"（base on）一词的含义上。专家组将《SPS 协议》第 3 条第 1 款与第 3 条的第 2 款、第 3 款进行比较，认为第 1 款中的"依据"（based on）与第 2 款中的"符合"（conform to）含义相同，将"依据"国际标准制定措施与"符合"国际标准的措施视为同一个意思，即成员方的卫生与植物检疫措施必须"符合"国际标准。依照第 3 款的规定表明，比国际标准更高的卫生或植物检疫保护程度的措施是属于例外情况的，即原则上各成员方应达到相同的卫生或植物检疫保护水平，这个水平就是国际标准。从这个角度出发，专家组主张，第 3 条第 1 款所要求的以国际标准为依据，是指该措施应当反映出与国际标准相同的保护水平。如果一项卫生与植物检疫措施规定了不同于国际标准的保护水平，那么这个措施就不能视为是"依据"国际标准制定的措施。这意味着无论是高于这个国际标准，还是低于这个国际标准，其实都是不行的。显然，将欧盟实施的卫生与植物检疫措施所达到的保护水平与食品法典委员会所确定的保护水平进行比较，欧盟实施的措施所达到的保护水平是要高于食品法典委员会所确定的保护水平的。专家组的结论就这样得出：欧盟没有依据现有的国际标准、指南或建议制定卫生与植物检疫措施，这与第 3 条第 1 款的规定不符。欧盟对此提出上诉。

上诉机构推翻了专家组对"依据"和"符合"的解释，认为"依据"不等同于"符合"。首先，词语含义不同。"符合"的范围小于"依据"的范围，某项措施可能不"符合"标准，但却可以是"依据"标准而制定的；协议的制定者和起草者的用词不是随意的。在同一条的不同款项中使用了两个不同的词汇，其表达的含义是不同的。其次，从条文的目的出发。《SPS 协议》第 3 条命名为"协调性"，意在协调各成员方所采取的卫生和植物检疫措施，如果各国都是一样的保护水平，都是同样的国际标准、指南或建议，那么就不需要协调了。实际上，第3条第3款明确规定了，成员方可以根据相关国际标准、指导原则或推荐技术标准所采取的措施自行设定和采取更高卫生或植物检疫保护程度的标准和措施，也就是可以采取比国际标准更高的标准。只是这需要满足前提条件：①具有科学依据；②成员方断定根据第5条第1至8款有关规定该保护程度是适当的；③该措施不得与本协议的任何其他条款相冲突。并且，《SPS协议》序言也明确规定，不得阻止任何成员方采取或加强为保护人类、动植物的生命或健康所必需的措施，不要求各成员方对其适当的人类、动物或植物生命或健康的保护水准加以改动，这就表明成员方享有自行确定其保护水平的权利。各成员方有权采取卫生和动植物检疫措施，但应以人类、动物和植物的生命或健康为限，且不应违反非歧视原则。

（二）绿色贸易壁垒

上诉机构在审查了欧共体采取禁令的立法基础和目的之后，认定欧共体采取禁令的真实目的在于保护人类健康，不存在对国内生产进行保护的意图，也不曾对情形相同的出口商予以歧视，因而不构成"歧视或对贸易的变相限制"。是否构成歧视或者对贸易的变相限制，主要考虑的因素是各成员方应当避免在不同情况下，任意地或不合理地实施它所认为的适当的不同的保护水平。不合法、不合理的环境措施可能演变成新的非关税壁垒。环境保护与贸易问题由于发达国家和发展中国家之间的差距和分歧以及贸易保护因素的介入变得更加复杂。发展中国家对发达国家的环境保护动机深表怀疑，发达国家将环保法规用作阻挠发展中国家的产品进入其市场的工具。有些贸易强国利用自身优势，已经和正在把保护环境的措施作为一种新的贸易保护措施加以利用，形成"绿色贸易壁垒"。这就限制了外国产品特别是发展中国家产品进入本国市场，使一些发展中国家蒙受巨大经济损失。这不仅脱离了包括非歧视原则、公平贸易原则、一般禁止数量限制原则、透明度原则等贸易基本原则，而且与环境保护的宗旨相违背。同时，发达国家已经完成工业化发展，环境公害的严重性，公众环境意识的提高等都迫使发达国家逐步完善环境法律法规，这也使得他们在产品加工、运输、销售等各个环节都有相应的环境标准和环境措施。在发达国家看来，发展中国家过低的环境保护水平就等于构成了环境倾销或补贴，这些倾销或补贴对发达国家的产品竞争力构成了严重威胁，因而需要协调甚至统一国际环境标准。在国际贸易实践中，由于国家利益的冲突和环境保护自身特点等因素，也造成了在环境与贸易之间存在很多不协调。

（三）风险评估与科学依据的确定性

"荷尔蒙牛肉案"作为 WTO 成立后第一起审结的涉及《SPS 协议》的案件，专家组和上诉机构对风险评估的许多解释对后来的适用有很大影响。根据《SPS 协议》第 5 条前两款的规定，成员方采取检疫措施须基于风险评估。风险评估是采取措施的重要基础与依据。本案中"风险评估"问题是双方争论的焦点，事实上从争端解决机制涉及《SPS 协议》的多数案件来看，风险评估都是争讼的重点。在案件发生当时，科学界已经有很多实验表明使用荷尔蒙来促进牛肉生产是安全的，但这些证据是在假设生产商适当使用荷尔蒙的前提下取得的。欧共体因此提出，如果有部分美国农场滥用荷尔蒙来增加牛肉生产，则欧共体消费者即可能面临健康危害风险。上诉机构在其报告中没有接受欧共体的这一主张。其主要原因在于欧共体并没有提供美国生产者可能滥用荷尔蒙的风险评估报告。也就是说，欧共体要使其主张成立，必须就美国牛肉生产者可能滥用荷尔蒙的风险进行评估。只有进行了这项风险评估，才能支持欧共体采取的检疫措施。这就意味着，欧共体采取了相关的检疫措施，但没有提供能够支撑这些措施的相对应的风险评估。上诉机构的解释是检疫措施与风险评估之间要有合理客观的关联，风险评估须充分且合理地支持该检疫措施。

从《SPS 协议》本身来看，并没有也不可能对"风险评估"的内涵与外延作具体的阐述。这也表明，符合《SPS 协议》的风险评估并不一定必须是"量化的"，即一项风险评估既可以是对风险进行量化的评估，也可以是对风险的性质进行评估。风险评估没有"风险的最小值"的统一标准，一个成员方可以自己决定其可以接受的风险水平是多高，也许有的成员方允许某一最低程度的风险水平，而有的成员方只接受没有任何风险或所谓的"零风险"的风险水平。美国和加拿大主张欧共体禁止使用六种生长性荷尔蒙生产的牛肉进口是一项不合理的贸易限制，目的在于保护欧洲牛肉生产者，因而这不是一项合法的《SPS 协议》的措施；欧共体则主张选择零风险的风险水平是其权利，选择这样的风险水平是基于风险预防原则所赋予的权利。专家组和上诉机构都认为，每个国家都有权决定自己可接受的风险水平，但《SPS 协议》要求为达到这种风险水平所实施的任何措施都必须依据科学证据。

那么，风险评估所评估的风险是否需是已经确定的风险，对某种风险在理论上存在不确定性能不能作为免除风险评估要求的理由，或者说，这种风险是否是已经被当时的科学证明的了。无论是上诉机构还是专家组，只是认定该风险评估报告内容并不能合理支持欧共体对美国和加拿大牛肉所采取的禁止进口措施，对于欧盟的风险评估是否不当未做评论。专家组指出，风险预防原则不能优先于《SPS 协议》第 5.1 条与第 5.2 条的明确用语；上诉机构持相同观点，并进一步指出，该原则并没有被写进《SPS 协议》，作为使与协议其他规定不符的措施可以合法化的依据。这就围绕风险预防原则与协议的关系、与协议中其他条款的关系，以及能否援引风险预防原则来解释协议中的有关条款展开争论。欧盟主张其根据风险预防原则而采取的措施符合《SPS 协议》，专家组和上诉机构认为风险预防原则无法取代或优先适用于《SPS 协议》关于风险评估的规定，成为独立抗辩的理由。但是鉴于风险预防原则的特殊性，对于其在法律体系中的地位问题，专家组和上诉机构也没有给出明确的结论和权威性的解释，专家组和上诉机构拒绝就该原则是否已成为国际习惯做出评论。虽然在当时，风险预防原则没有被视为一项国际法的基本原则予以适用，不能将风险预防原则直接用作解释依照《SPS 协议》所采取的措施的合理性依据，但是专家组和上诉机构也都承认《SPS 协议》的某些条款体现了风险预防原则。《SPS 协议》第 5 条第 7 款就明确规定，在成员方一时找不到足够充分的科学依据以判断所采取的保护措施的必要程度时，可以在可得到有关资料的基础上临时性地采取卫生或植物检疫措施。

十五、Urgenda诉荷兰政府案

基本案情

"Urgenda"的名字由"Urgent"和"Agenda"两个词组成，寓意为"紧迫的议程"，是一个创建于2008年，仅有15名工作人员并致力于环境保护的非政府组织。2015年4月，Urgenda与886名荷兰公民依据其国内人权法和侵权法，集体提起诉讼，起诉荷兰政府在控制气候变化方面作为不够。2015年5月，案件举行了第一次公开听证。2015年6月，海牙地方法院初审裁定Urgenda胜诉。

该案上诉后，2018年10月9日，海牙上诉法院对案件进行终审并维持了2015年初审判决，判决指出荷兰政府的行为不合法，违反了其对人民应尽的义务，要求荷兰政府在2020年之前将温室气体排放量比1990年水平减少25%。此案被誉为全球首例关于气候变化的环境诉讼，具有里程碑意义。

诉讼请求

1. 全球变暖是对人权的侵犯，荷兰政府必须做出更多努力予以阻止。
2. 要求荷兰政府承担Urgenda的法律诉讼费用。

裁决

2015年6月24日，荷兰一所位于海牙的地方法院宣判，要求荷兰政府显著加强其在应对气候变化中的作为，判决到2020年，荷兰必须使二氧化碳排放量比1990年的水平从目前政策的17%减少到25%。该法院认为，荷兰政府提出的荷兰不可能单凭自身就实现如此大规模的减排目标、荷兰的温室气体排放量不足全球排放量的0.5%等理由不合理，不予支持。因为审判并非是针对科学本身，法院认定缺乏应对气候变化的科学专业知识不影响判决。此案审理过程中，荷兰政府并未就气候变化方面的国际科学共识进行争议和辩解。法院审理中大量引用了联合国政府间气候变化专门委员会（IPCC）和其他国际组织的科学研究结论，采信了国际气候治理中已形成的共识，即显著减少二氧化碳排放对于阻止全球温度升高不超过 2℃ 十分必要。初审法院判定 Urgenda 胜诉，要求荷兰政府：一是必须采取积极应对气候变化的措施，到 2020 年必须使荷兰的二氧化碳排放量比 1990 年的水平减少 25%，但未具体规定政府实现这一应对气候变化目标必须采取的措施。二是支付 Urgenda 的法律诉讼费用 13 522 欧元。

2018 年 10 月 9 日，荷兰海牙法庭对案件的上诉进行了裁决。法庭裁定支持 Urgenda 的一审胜诉判决结果，维持 2015 年的初审判决，要求荷兰政府加大减排力度，到 2020 年荷兰的二氧化碳排放量比 1990 年的水平减少 25%。

问题提炼

1. 应对气候变化的国际环境法律依据是什么？
2. 针对应对气候变化问题，欧盟的国家责任分担机制是什么？
3. 荷兰政府为什么会因减排目标问题而被进行追责？

解析

（一）气候变化的科学性和全球性

气候变化作为非传统国家安全威胁，其科学性已被 IPCC 为代表的国际组织予以证明。2018 年 10 月，IPCC 第 48 次全会在韩国仁川终审通过了《IPCC 全球升温 1.5℃ 特别报告》，结论显示，相对于工业革命前水平，估计人类活动已造成全球温升约 1.0℃，如果按照目前每十年平均约 0.2℃ 的温升趋势，全球温升很可能在 2030 年至 2052 年间达到 1.5℃。将温升控制在 1.5℃ 将大幅降低 2℃ 目标下的极端天气事件、影响分布和全球总体影响和数以亿计地减少气候影响而致贫的人数。例如，2℃ 温升下珊瑚礁将消失殆尽，温升 1.5℃ 损失将在 70% 到 90%。将温升控制在 1.5℃ 能避免至少 150 万平方公里至 250 万平方公里的永久冻土解冻。该报告的决策者摘要指出，《巴黎协定》缔约方现有的减排力度，不足以支撑实现 1.5℃ 温控目标。要实现 2℃ 温控目标，全球 2030 年排放相对于 2010 年要减少约 20%、2075 年左右实现近零排放。1.5℃ 温控目标下减排力度要在此基础上大大提高。

气候变化问题具有显著的全球性，必须全球积极应对，推动和引导建立公平合理、合作共赢的全球气候治理体系。2018 年 11 月，波兰卡托维兹气候大会如期完成了《巴黎协定》实施细则谈判，推动人类朝着实现《巴黎协定》所展现的气候雄心前进。目前《巴黎协定》已经进入实质性实施阶段，要求各国采取切实措施积极应对气候变化，担负全球气候治理责任，构建人类命运共同体。

（二）应对气候变化的国际环境立法

法者，治之端也。面对持续蔓延的气候变化等非传统安全威胁，通过国际环境立法实现全球共同应对气候变化目标是目前国际气候治理的主要途径。1992 年《联合国应对气候变化框架公约》通过国际环境立法确定了应对气候变化的原则、资金机制、减缓目标和机制安排，开启了全球气候治理新篇章。1997 年《京都议定书》为附件一国家设定了量化减排义务，并建立了三大减排机制[1]来增加缔约方实现减排目标的灵活性。

《巴黎协定》是在《联合国气候变化框架公约》框架下，继《京都议定书》之后第二个具有国际法律效力的气候条约，是全球气候治理史上的里程碑。《巴黎协定》采取了"自下而上"的模式，要求所有缔约方积极落实其国家自主贡献目标，保证在减缓、适应、资金、技术开发和转让、能力建设和透明度方面进行有力度的努力并逐步提高力度。《巴黎协定》提出的全球长期减缓目标为"把全球平均气温升幅控制在工业化前水平以上低于 2℃之内，努力将气温升幅限制在工业化前水平以上 1.5℃之内，认识到这将大大减少气候变化的风险和影响"；适应气候变化的目标为"提高适应气候变化不利影响的能力，以不威胁粮食生产的方式增强气候抗御力和温室气体低排放发展"；资金方面目标为"使资金流动符合温室气体低排放和气候适应型发展的路径"。同时，《巴黎协定》针对各缔约方提出的自主贡献目标，要求各方应根据不同的国情，逐步增加当前的自主贡献，反映其足够大的力度，反映共同但有区别的责任和各自能力。

《巴黎协定》的"自主贡献"充分体现了"尊重主权、遵循非侵入性、非惩罚性、促进性、提高减排力度"的评价原则。为了督促这种"自下而上"

---

[1] 三大减排机制分别为清洁发展机制（CDM）、联合履约机制（JI）、国际排放贸易机制（ET）。

的国家目标责任的完成，《巴黎协定》建立了"全球盘点"机制。基于《京都议定书》实施受挫的教训，《巴黎协定》明确要求从2023年开始，全球每五年进行一次盘点或总结，以评估实现协定宗旨和长期目标的集体进展，帮助各国提高力度和透明度，并明确要求建立一个委员会，以促进协定的履行和遵守。

目前《联合国气候变化框架公约》下已经有197个缔约方。根据《维也纳条约法公约》，任何缔约方必须承担除保留条款之外的一切缔约方义务。《巴黎协定》生效后，包括本案中的荷兰政府在内的各缔约方进入了实质性履约阶段，要求其必须在国内依靠国家机器的强制力为政府、企业和公众确定减排责任，努力实现国家减排目标，履行其在《巴黎协定》下的国家义务。在《巴黎协定》履约过程中面临的主要问题有：一方面各缔约方提交的国家自主贡献尚不能满足2℃的长期目标要求，需进一步提升国家自主贡献力度来弥补差距；另一方面协定对完成国家自主贡献的要求定位在于"自愿"层面，缺乏足够力度的惩罚措施，一国兑现自主贡献承诺主要依靠国家的自愿减排力度。

（三）欧盟气候法律框架

欧盟立法的"三驾马车"分别是欧盟委员会、欧盟理事会和欧盟议会。欧盟委员会是欧盟的执行机构，负责贯彻执行欧盟理事会和欧盟议会的决策，拥有立法草案的建议权，同时也负责作出行政层面的决定。欧盟委员会由各成员国每国派一名成员组成，委员们效力于整个欧盟而不是各自的成员国。欧盟理事会是欧盟的最高决策机构，负责审批立法草案，实行轮值主席国制，每个国家任期半年。欧盟理事会由各成员国正式的部长组成。欧盟议会由各成员国选的立法代表组成，设有专业委员会。"三驾马车"各自形成对法律草案的意见，通过磋商讨价还价，最后形成欧盟法案。欧盟各成员国对欧盟法案对自己国家的影响进行立法影响评价，供三个机构参考。同时，在欧盟立法过程中还包括公众参与环节，各大企业、行业组织会通过游说来影响立法结果和立法进程，例如EU-ETS的出台时间是两年。

欧盟于2007年通过的《里斯本条约》成为欧盟宪法性立法，经其修改后的《欧洲联盟运行条约》中对气候变化问题作出了原则性规定，成为欧盟基础性立法中关于应对气候变化的立法依据。2009年，欧盟通过了《能源与气候的一揽子计划》，包括六项指令层级的欧盟法律，分别是《欧盟温室气体交易机制修订指令》《非 ETS 部门减排分担指令》《促进可再生能源指令》《碳捕集和封存指令》《交通燃料质量指令》和《减少新产客车二氧化碳排放法》。一揽子计划提出了"到 2020 年与 1990 年相比减排 20%、可再生能源比例占能源消耗总量的 20%、通过提高能效降低 20% 的初级能源消耗"的"20-20-20"核心减排目标。

欧盟各成员国国内的气候立法，具有代表性的是 1999 年瑞士的《二氧化碳减排法》、2015 年法国的《绿色增长能源转型法》，以及北威州、巴登符腾堡州四个州的地方应对气候变化立法，构建了整个欧盟的气候法律体系。

（四）欧盟成员国之间的减排责任分担

欧盟气候法规对成员国的影响力主要体现在减排目标分解落实方面。欧盟提出了到 2020 年与 1990 年相比减排 20% 的减排目标，具体向各成员国分解了不同的目标。欧盟实现其在国际环境法下的减排目标的最主要机制是"欧盟碳排放权交易"（EU-ETS），其基本规则是：根据减排目标先确定碳排放权交易的总量（以下简称"Cap"），然后再进行碳分配和交易（以下简称"Trade"）。包括企业和工业设施运营者在内的碳排放主体负责报告碳排放情况，由独立的第三方机构负责审核，报告给碳管理部门负责综合评价，每吨超额排放将被惩罚 100 欧元。对排放主体来说，可以在"提高能效、节能改造以减少排放""购买碳权"和"接受惩罚"三者之间进行选择。欧盟碳排放权交易的基本规则不需要落实到成员国的国内立法，直接就有法律效力。

在交易的具体规则上，欧盟碳排放权交易第一期和第二期的规则制定得比较灵活，各成员国需要制定国内的细则以便在国内具体落实。而到 2013 年第三期后，欧盟的交易规则变得更加刚性，各国在具体规则上几乎没有调整的余地。各成员国在执行 EU-ETS 的过程中可以将遇到的问题提交给国家气候主管部门，主管部门负责收集相关要求并反馈给欧盟。

在碳排放权交易的 Cap 确定和分配方面，欧盟把各国提出的减排总量相加，若相加结果超过预期总额则乘以一个加权系数，然后压给各国，各国不需要自己确定减排总额。欧盟直接规定了欧盟的碳排放总额、免费发放部分和拍卖比例，并按照基准线方法分配到各国。

在碳排放权交易的 Trade 方面，欧盟有一个配额拍卖平台，很多成员国还建有自己的碳排放权拍卖平台，但要按照欧盟要求统一使用。欧盟将配额拍卖所得按比例分配给各成员国，对于发展阶段不同的国家，配额分配的标准是一样的，但在配额拍卖所得的分配上有所不同，穷国可以多给点钱。各成员国可以调剂自己排放配额的分配并有权决定如何使用配额拍卖所得。

在第三方核证核查方面，EU-ETS 的第三方核证核查标准和规则不需要落到国内法，对各成员国百分之百有效。各成员国的气候认证部门之间开展互查，以保证各国间的认证标准一致。各成员国的气候认证部门负责审批本国核查机构的核查资质。任何成员国的核查机构一旦获得了核查资质，就可以在全欧盟范围内工作。

在 EU-ETS 的监管方面，欧盟自己有一个注册登记系统，直接对各成员国的国家气候主管机构开放。欧盟对 EU-ETS 按照普通金融机构的标准进行监管，在 EU-ETS 的相关惩罚力度上全欧盟一致，但各成员国可以在此基础上加码。同时 EU-ETS 还接受公众监督，欧盟专门开放一个网络，任何法人、企业、非政府组织等相关方都可以发表意见，并被请到欧盟总部进行交流。征求来的公众意见将在今后的规则修改中逐一落实。

当前 EU-ETS 的运营情况并不乐观。为了刺激碳价恢复，欧盟成立了一个"碳排放稳定基金"，不久会实际运行。当前欧盟气候工作的重点是处理英国脱欧对 EU-ETS 的影响和 2030 年计划的修订。

（五）应对气候变化的国家法律归责和公民法律追责

从前述国际环境法中关于应对气候变化的国际环境公约和议定书的目标和目标分解中可以看出，各缔约方具有积极应对气候变化的国家责任。在气候变化这一全球性的环境问题上，势单力薄的私权力主体没有能力减缓气候变化可能导致的损害结果的发生。而各国政府作为公权力主体，有能力采取节能、发展可再生能源、降低能耗、发展碳汇等减缓气候变化措施，降低人类活动导致的气候影响。尽管本案中荷兰政府提出其国家排放总量很小，单靠一个国家的行动难以扭转全球气候变暖局势。但通过公约、议定书等国际环境立法，就有可能理性预估全球的可承受的温升空间和碳排放预算空间，通过国际气候谈判，赋予各缔约方应对气候变化的国际法律义务，最终合力解决全球变暖问题。

环境保护是最普遍的民生福祉，荷兰作为一个低地国家，气候变暖引起的海平面上涨，最直接受到威胁的自然是普通民众。荷兰政府在气候变化应对上的不积极作为，视同放任了气候变化问题的加剧，对民众的生命权和财产权造成威胁和潜在侵犯。本案中，Urgenda 与近 900 名荷兰公民正是基于人权和侵权的诉由，对荷兰政府的不作为提起诉讼，要求政府承担其国际法上的国家责任，保护公众的生命权和财产权不受气候变化的危害。本案的被告代表了公权力主体——国家负有积极应对气候变化的国家责任；本案的原告代表了私权力主体——公民享有不受气候变化影响侵害的法律追责权；本案的司法审判过程，代表了通过缔约方国内司法审判权保障公民的环境权，是推动解决全球环境问题的一种崭新尝试。

本案的启示与意义

本案的启示与意义在于使人们理解气候变化作为一种非传统安全威胁对全球环境的危害，同时明确，依据国际环境法各国需要积极承担应对气候变化的责任，并真正领悟加快构建全球气候法治的意义。

十六、核燃料工厂案

基本案情

核燃料混合氧化物（Mixed Oxide，MOX）即铀与钚的氧化混合剂，此种混合剂产生于已使用过的乏燃料（又称辐照核燃料，是经受过辐射照射、使用过的核燃料，通常由核电站的核反应堆产生），现今可作为核反应堆或核电站的再生燃料，从而再循环使用，以生产更多能源，使铀资源得到更为充分的利用并最终减少浓缩需求。狭义上而言，MOX 核燃料工厂案，是指欧洲共同体（欧共体）委员会指控爱尔兰未履行《欧共体条约》义务的第 C-459/03 号案，欧洲法院于 2006 年 5 月 30 日就该案作出了判决。广义上，MOX 核燃料工厂案包含了该案一系列的案件情况与争端诉求，涵盖了《联合国海洋法公约》（United Nations Convention on the Law of the Sea，UNCLOS）仲裁机构（以下简称"UNCLOS 仲裁庭"）、《保护东北大西洋海洋环境公约》（Convention for the Protection of the Marine Environment of the North-East Atlantic，OSPAR）仲裁机构（以下简称"OSPAR 仲裁庭"）以及欧洲法院（Court of Justice）的相关裁判。

MOX 工厂是位于英格兰南约克郡谢菲尔德市并连接爱尔兰海的一家核燃料厂。该厂的主要功能是将使用过的氧化钚和氧化铀混合进而生产为新型核燃料——混合氧化物（MOX），以供国外核电厂使用。爱尔兰政府担心该厂的营运将会污染爱尔兰海，强调将核燃料运入和运出该厂的行为所涉及的潜在风险，并称英国未向其披露相关信息。爱尔兰政府声称，英国政府未能确保周遭的海洋环境免于该核燃料工厂制造的辐射污染，爱尔兰相信 MOX 工厂的废弃物会污染它的水域。2001 年，当 MOX 工厂预计的开始营运时间迫近，爱尔兰同时向多个国际性机构提出一系列的争端解决诉求。首先，爱尔兰单方面启动了 1992 年《保护东北大西洋海洋环境公约》所规定的仲裁程序。爱尔兰声称英国违反该公约第9条第（2）项之规定：缔约国在沿海国的海域采取了对此海域带来或可能带来不利影响的活动或措施，应当向沿海国提供相关信息或让沿海国有相应通道获得相关信息。[1] 其次，爱尔兰指控英国违反了《联合国海洋法公约》中有关保护海洋环境，包括对海洋环境所造成的影响进行评估在内的基本义务。2001年11月9日，爱尔兰单方面要求国际海洋法庭依照《联合国海洋法公约》附件七成立仲裁庭，并在仲裁庭组成之前且距离MOX工厂预定试运转日期一个月之前，要求国际海洋法庭采取临时措施，终止MOX工厂的许可证或要求暂时中止该厂的运作或中止与该厂相关的放射性物质的跨国运输。[2] 与此同时，欧共体委员会也密切关注事态发展，因为英、爱两国除了是有关海洋法公约的缔约国，也是欧共体的成员国。委员会首先指控爱尔兰违反《欧共体条约》第292条和《欧洲原子能共同体条约》第193条之规定，因为爱尔兰将有关争端提交国际海洋法庭并要求依照附件七进行仲裁，该行为违反了有关欧洲法院在欧共体法的解释与适用方面拥有专属管辖权的规定。其次，委员会认为爱尔兰违反了《欧共体条约》第10条和《欧洲原子能共同体条约》第192条，因为爱尔兰在启动有关仲裁程序前没有与委员会进行商议，委员会认为事前无商议的行为一定程度上阻碍了欧共体有关任务的完成并危害到《欧共体条约》有关目标的实现。作为《欧共体条约》和《欧洲原子能共同体条约》的缔约国，当委员会向欧洲法院提出有关成员国违反条约之诉时，英、爱双方均须接受欧洲法院的管辖。

仲裁请求

1. 爱尔兰：英国违反《保护东北大西洋海洋环境公约》第9条第（2）项规定的披露相关信息之义务，要求英国提供相关信息。英国违反《联合国海洋法公约》中有关保护海洋环境之义务，要求UNCLOS仲裁庭采取临时措施，终止MOX工厂的许可证或要求暂时中止该厂的运作或中止与该厂相关的放射性物质的跨国运输。

2. 欧共体委员会：爱尔兰违反《欧共体条约》第10条、第292条和《欧洲原子能共同体条约》第192条、第193条之规定，违反了欧洲法院对该案

---

〔1〕 参见《保护东北大西洋海洋环境公约》第9条。

〔2〕 ITLOS, MOX Plant, Request for Provisional Measures.

享有的强制管辖权。

裁决

OSPAR 仲裁庭根据 OSPAR 公约第 20 条第（3）项 a 的规定指出应适用国际法，特别是 OSPAR 公约。仲裁庭认为 OSPAR 公约确认其本身是一个"自足的争端解决机制"，它在行使管辖权时只能考虑 OSPAR 公约且并不具备根据其他国际法作出裁决的权限。在此案中，OSPAR 仲裁庭对实体问题进行了裁决，认定英国并未违反 OSPAR 公约所规定的信息通知义务。[1]

国际海洋法庭肯定了海洋法庭具备初步管辖权，并要求英国和爱尔兰双方互相合作、进行磋商，就 MOX 工厂运转对爱尔兰海所带来的风险和影响交换意见，并防止该厂的运行对海洋环境造成污染。[2]其后，根据《联合国海洋法公约》附件七组成特别仲裁庭审理此案。UNCLOS 仲裁庭认为，欧共体是《联合国海洋法公约》的缔约方，故需先行确定争端事项是否属于欧洲法院的专属管辖事项，再确定仲裁庭对该案是否具有实体管辖权。至于依据 OSPAR 公约组建的 OSPAR 仲裁庭，UNCLOS 仲裁庭认为 OSPAR 仲裁庭不属于《联合国海洋法公约》第 282 条规定的享有强制管辖权的特别法庭，故 OSPAR 仲裁庭对争端事项的审理与本案无关。[3]

欧洲法院在裁决中指出，欧洲法院作为欧共体法律秩序的最后守护者（Gatekeeper），其专属管辖权是关键。[4]欧共体的成员国与欧共体均是《联合国海洋法公约》的缔约方，从而该公约在共同体法律秩序内被视为"混合协定"（Mixed Agreement）。欧洲法院进一步认为爱尔兰所援用的《联合国海洋法公约》的相关条款已经由欧共体法进行规范，是欧共体法的一部分，而对欧共体法的解释与适用则属于欧洲法院专属管辖的权限范围。欧洲法院的专属管辖权是基于保证欧共体法的一致性（《欧共体条约》第 292 条）和欧共体法律体制的自治性（《欧共体条约》第 220 条），但是成员国寻求其他国际法庭解决争端的途径会对欧共体法律体制的自治造成负面影响并威胁欧共体

---

〔1〕 OSPAR arbitral tribunal, MOX Plant, final award.

〔2〕 ITLOS, MOX Plant, Request for Provisional Measures.

〔3〕 UNCLOS arbitral tribunal, MOX Plant, Suspension of Proceedings on Jurisdiction and Merits and Request for further Provisional Measures.

〔4〕 Case C-459/03, Commission v. Ireland (European Court of Justice May 30, 2006).

法的一致性。根据《欧共体条约》第 10 条规定的合作原则，成员国有义务在向其他国际法庭提交争议之前与"欧共体机构"进行协商，该条款表明成员国寻求国际法庭或仲裁庭解决的权利是被欧共体机构所限制的。因此，成员国无权单方面决定是否向国际法庭提出诉讼。

问题提炼

什么是国际环境法的"环境影响评价制度"？

解析

"环境影响评价"是指用于评价拟议活动可能对环境产生的影响的国家程序。[1]简而言之，环评是对具有潜在环境危害的规划和建设项目的环境影响进行全面分析、预测和评估，以免造成重大环境损害的技术与方法。环境影响评价制度（Environmental Impact Assessment System）则是国际环境法预防原则的一个重要的现实体现，是指把环境影响评价工作以法律规范的形式确定下来从而形成必须遵守的制度。

一般认为，环境影响评价制度始于国内法。1969 年，美国《国家环境政策法案》（National Environmental Policy Act）首次规定了环境影响评价义务。该法案第 4332 条第 3 款规定："所有联邦政府的机关均应当遵守，对人类环境质量具有重大影响的各项提案或法律草案、建议报告以及其他重大联邦行为，均应当由负责经办的官员提供一份包括五种事项（拟议行为对环境的影响、提案行为付诸实施对环境产生的不可避免的不良影响、提案行为的替代方案、对人类环境的区域性短期使用与维持和加强长期生命力之间的关系、提案行为付诸实施时可能产生的无法恢复和无法补救的资源耗损）的详细说明，而在制作详细说明之前，联邦政府负责经办的官员应当与依法享有管辖权或者具有专门知识的任何联邦机关进行磋商，并取得他们对可能引起的任何环境影响所做的评价。"[2]该法案在国际社会产生重大影响，此后各国逐渐制定并建立本国的环境影响评价制度。值得一提的是，《中华人民共和国环境影响评价法》于 2002 年正式通过。

---

〔1〕 参见《关于跨界背景下环境影响评价的埃斯波公约》第 1 条"定义"。
〔2〕 参见美国《国家环境政策法案》（1969 年）第 4332 条第 3 款。

在国际法层面，1972 年斯德哥尔摩联合国人类环境会议召开，并通过《斯德哥尔摩人类环境宣言》，其中第 14、15 条原则分别规定：合理的计划是协调发展的需要和保护与改善环境的需要相一致的；人的定居和城市化工作必须加以规划，以避免对环境的不良影响，并为大家取得社会、经济和环境三方面的最大利益。[1]虽然宣言并未直接规定环境影响评价问题，但是第14、15 条原则强调了需要合理规划来避免对环境的不良影响，以达到社会、经济和环境的协调发展，这可以被解读为宣言隐含了实施环境影响评价的法理依据。[2]此后，越来越多的国际法律文件将环境影响评价条款纳入到条约中，从而不断推动这一机制被赋予更加明确和具体的内容。

1972 年《防止倾倒废物及其他物质污染海洋公约》对环境影响评价已有所涉及。根据该公约第 4 条第 2 款之规定，在发放任何许可证之前，必须慎重考虑附件三中所列举的所有因素，并进行事先研究。该公约附件三规定，签发倾倒许可证时，各缔约国必须考虑到是否具备充分的科学依据，以便按照本附件的规定评价这种倾倒的后果，同时还要考虑到季节的变化。[3]有"海洋法宪章"之称的 1982 年《联合国海洋法公约》第 206 条规定："各国如有合理根据认为在其管辖或控制下的计划中的活动可能对海洋环境造成重大污染或重大和有害的变化，应在实际可行范围内就这种活动对海洋环境的可能影响作出评价，并应依照第 205 条规定的方式提送这些评价结果的报告。"虽然公约对缔约国环评义务的规定较为简短和笼统——各缔约国应对各种活动的可能环境影响作出评价，但该条款从国际法上坚定明确了缔约国的环境影响评价义务，从而赋予环境影响评价在国际法上的地位和制度价值。除了海洋保护领域的公约，1992 年《生物多样性公约》规定了更加具体、详细的环境影响评价条款。该公约第 14 条规定："每一缔约国应尽可能并酌情：（a）采取适当程序，要求就其可能对生物多样性产生严重不利影响的拟议项目进行环境影响评估，以期避免或尽量减轻这种影响，并酌情允许公众参加此种程序；（b）采取适当安排，以确保其可能对生物多样性产生严重不利影响的方案和政策的环境后果得到适当考虑；（c）在互惠基础上，就其管辖或

---

〔1〕 参见《斯德哥尔摩人类环境宣言》第 14、15 条原则。

〔2〕 Astrid Epiney, "Environmental Impact Assessment", in *The Max Planck Encyclopaedia of Public International Law*, vol. 3, Oxford University Press, 2012, p. 581.

〔3〕 参见《防止倾倒废物及其他物质污染海洋公约》（1972 年）第 4 条、附件三。

控制范围内对其他国家或国家管辖范围以外地区生物多样性可能产生严重不利影响的活动促进通报、信息交流和磋商，其办法是为此鼓励酌情订立双边、区域或多边安排；（d）如遇其管辖或控制下起源的危险即将或严重危及或损害其他国家管辖的地区内或国家管辖地区范围以外的生物多样性的情况，应立即将此种危险或损害通知可能受影响的国家，并采取行动预防或尽量减轻这种危险或损害；（e）促进做出国家紧急应变安排，以处理大自然或其他原因引起即将严重危及生物多样性的活动或事件，鼓励旨在补充这种国家努力的国际合作，并酌情在有关国家或区域经济一体化组织同意的情况下制订联合应急计划。"[1] 较之《联合国海洋法公约》，《生物多样性公约》中的环境影响评价条款规定得更加详细，其内容不仅包含一般的环境影响评价义务，还对减少对环境的不利影响进行强调，同时鼓励加强国际合作并制定应急计划。除了海洋保护、生物多样性等领域的公约，有关两极地区的国际条约也对环境影响评价作出规定。极具代表性的是 1991 年签订于马德里的《关于环境保护的南极条约议定书》，该议定书对保护南极环境作了全面的规定。该议定书第 8 条规定："本条第 2 款所涉及的拟议中的活动应在依照附件一所确定的就该活动对南极环境或依附于它的或与其相关的生态系统的影响进行预先评价的程序并根据此类活动是否确定为具有下列几种影响来进行：（a）小于轻微或短暂的影响，或（b）轻微或短暂的影响，或（c）大于轻微或短暂的影响；各缔约国应保证在规划阶段实行附件一所确定的评价程序，以便根据南极条约第 7 条第 5 款需事先通知的并且就依据科学研究计划在南极条约地区所从事的任何活动；在南极条约地区的旅游及一切其他政府性和非政府性活动，包括与此相关的后勤支援活动作出决定；附件一确定的评价程序应适用于一项活动的任何变化而不论该变化是起因于现有活动强度的增加或减少还是起因于活动的增加，设施的拆除或者其他方面的原因；凡活动是由一个以上缔约国共同规划的，有关缔约国应提名其中一国来协调执行附件一确定的环境影响评价程序。"[2] 这一议定书不仅包含对各缔约国环评义务的一般要求，而且对拟议活动的范围进行界定，即包括一切政府性和非政府性活动。当拟议活动牵涉两个以上规划国家时，该议定书第 8 条第 4 款又对活动的环

---

〔1〕 参见《生物多样性公约》（1992 年）第 14 条。
〔2〕 参见《关于环境保护的南极条约议定书》（1991 年）第 8 条。

评执行主体进行具体规定，"有关缔约国应提名其中一国来协调执行附件一确定的环境影响评价程序"的规定对于防止国家各自推诿或者产生结论不同的环评报告有着重大意义，反映了国际社会对落实环境影响评价制度的深远考虑。还值得一提的是，作为联合国经营国际金融业务的专门机构，世界银行于1998年发布的《污染预防和削减手册》对于环境评估的具体流程以及环境评价报告所应包含的主要内容做了界定，并提供了40个行业当时最新的可量化的削减污染目标及排放标准，该手册属于较早的环境评估指导手册。1999年，世界银行通过《环境评估：OP4.01》将环境影响评价纳入贷款政策：环境影响评估应由借款方完成，如果世界银行认为某一项目有可能产生非常严重的危害后果，那么可以拒绝贷款。[1]另外，目前较新且运用广泛的是世界银行集团《环境、健康与安全通用指南》（2007年），以及林业、基础设施、农业及食品、化学、采矿、电力、油气、一般制造业共计8个大类62个行业专门的环境健康与安全指南。[2]由此可见，环境影响评估条款从环境保护这一专门领域延伸至国际金融领域，体现经济与环境协调发展之需要，反映出在可持续发展语境下的经济、社会、环境三者之间的微妙关系。

除了国际条约，1991年《关于跨界背景下环境影响评价的埃斯波公约》（Convention On Environmental Impact Assessment In A Transboundary Context）（以下简称《埃斯波公约》）是最早对环境影响评价制度作出规定的专门性条约，也是对环境影响评价制度规定得最为详尽的条约。该公约最初是在欧洲经济委员会的框架下成立的，故只接纳欧洲经济委员成员。从1997年生效至今，公约又接纳了欧盟成员。随着2014年8月26日公约第一修正案生效，《埃斯波公约》向联合国所有成员国开放。[3]此后，公约成为欧盟法律体系的一部分。《埃斯波公约》内容全面、具体，一共包含1个前言、20个条款和7个附件，公约目的在于，缔约方采取所有适当、有效的措施，以预防、减少和控制拟议活动造成的显著不利跨界环境影响。[4]公约对哪些拟建项目必须实施

---

〔1〕 Astrid Epiney，"Environmental Impact Assessment"，in *The Max Planck Encyclopaedia of Public International Law*，vol. 3，Oxford University Press，2012，pp. 582~583.

〔2〕 World Bank Group，*Environmental，Health and Safety Guidelines*（2007）.

〔3〕 UNECE press release，*UNECE Espoo Convention on Environmental Impact Assessment Becomes a Global Instrument*（2001）.

〔4〕 参见《埃斯波公约》第2条第1款。

环境影响评价、在哪些情况下有可能承担实施环境影响评价的义务，以及实施环境影响评价的程序性事项都进行了规定和指引。[1]《埃斯波公约》虽然是专门性条约，但在一定程度上，对于国际法上的环境影响评价制度专门性条约真空的局面起到了填补作用，对于环境影响评价制度的发展有着重要作用。除了正式的专门性条约，欧盟《关于环境影响评价的指令》在推动环境影响评价制度的发展中也起到了极为重要的作用。这一指令只适用于欧盟成员国，从1985年的最初版本开始（Directive 85/337/EC），经历了1997年（Directive 97/11/EC）、2003年（Directive 2003/35/EC）和2009年（Directive 2009/31/EC）三次修订，在2011年被合订（Directive 2011/92/EU），并在此基础上于2014年进一步修改（Directive 2014/52/EU），如今《关于环境影响评价的指令》的发展愈发成熟。虽然指令在法律效力位阶上属于欧盟法律体系中的二级立法，在国际法上的效力不如《埃斯波公约》，但是其内容完整、程序细化，俨然成为欧盟法院重要的判案依据，而这统一、不断的法律实践，推动着国际环境法的环境影响评价制度不断前进。

---

〔1〕 参见《埃斯波公约》第2条、第3条、第4条、第5条、第6条、第7条。

十七、核武器咨询案

基本案情

1996 年 7 月 8 日，国际法院发布了关于"以核武器进行威胁或使用核武器的合法性"的咨询意见，该咨询意见具有理论和实践的双重意义和价值。关于该咨询意见的请求是于 1994 年 12 月 15 日由联合国大会根据《联合国宪章》第 96 条第 1 款的规定以第 49/75 K 号决议向国际法院所提交的。

在第 49/75 K 号决议当中，联合国大会深知核武器的继续存在和发展对人类构成的严重危胁，铭记根据《联合国宪章》各国有义务不针对任何国家的领土完整或政治独立进行武力威胁或使用武力，深信彻底消除核武器是解除核战争威胁的唯一保障，决定向国际法院提交对核武器使用的咨询意见的请求。

在同一时间，国际法院拒绝了世界卫生组织向其提出的内容相似的请求，理由是该问题在本质上不属于世界卫生组织的职能范围之内，世界卫生组织的职责是协调国家之间的卫生工作、在紧急情况下提供医疗救济等，因而世界卫生组织无权就该问题向国际法院提出咨询意见请求。

咨询请求

国际法是否允许在任何情况下以核武器进行威胁或使用核武器？

咨询意见

国际法院首先根据《联合国宪章》第 96 条第 1 款和《国际法院规约》第 65 条第 1 款等相关规定的内容，认定其具有管辖权并且没有令人信服的理由拒绝行使该管辖权。而后，国际法院针对联合国大会的咨询请求，作出如下的咨询意见：

1. 习惯国际法或协定国际法中没有任何明确规定允许以核武器进行威胁或使用核武器。

2. 习惯国际法或协定国际法中没有任何全面和普遍的禁令禁止以核武器进行威胁或使用核武器。

3. 违反《联合国宪章》第2条第4项而且不符合第51条各项条件以核武器进行武力威胁或使用武力的行为均为非法。

4. 以核武器进行威胁或者使用核武器也应符合武装冲突中适用国际法的规定，尤其是国际人道法的原则和规则的规定，并且符合具体的条约义务和与核武器明确有关的其他承诺。

5. 根据上述规定，以核武器进行威胁或使用核武器一般都违反武装冲突中适用的国际法规则的，特别是人道主义法的原则和规则。然而，鉴于国际法的现状及本院所掌握的种种事实，本院无法确切断定，一个国家在生死存亡关头实行自卫的极端情况下以核武器进行威胁或使用核武器，究竟合法还是非法。

6. 各国有义务真诚地进行并完成谈判，并在严格和有效的国际监督下实行所有方面的核裁军。

问题提炼

1. 如何理解环境保护与军事活动？
2. 如何理解与在军事活动中保护环境有关的国际条约？
3. 如何从国际环境法的角度分析以核武器进行威胁或使用核武器？

解析

（一）环境保护与军事活动

我们本来可以在蓝天白云、风和日丽、景色秀美的环境中，吸着清新的空气，饮着甘洌的泉水，听着鸟语闻着花香，健康惬意地安详生活。这本就是大自然的赐予。然而，各种各样对环境的损害和破坏，已经严重威胁着我们的生活环境，尤其是包括战争在内的军事行为。战争对自然界从来都是破坏性的，对敌人环境的破坏已经成为现代战争中一种阻碍敌人军队前进的策略和方法。此外，武器的制造、试验和销毁以及军事演习也都会对环境造成严重损害。

战争一直在折磨着人类。战争给环境造成的灾难性后果主要来自两个方面：一是使用现代武器引发的副作用，如使用核武器、生化武器致使生态系统遭受不可恢复的破坏；二是为战争目的蓄意利用自然现象，如通过人为地震、海啸等方法致害对方的同时导致对平民和自然环境的严重损害。虽然早在1928年国际社会就已经否定了战争作为国家推行对外政策的工具的合法性，然而，人类中的癫狂者却一直如同战争恶魔般使用着恶魔的手段。日本在侵华战争中，灭绝人性地使用细菌战、病毒战的恶果尤其是其所导致的鼠疫、烂脚病至今仍然困扰着人们；美国在科索沃、伊拉克战争中大量使用贫铀弹，造成诸如畸生儿、白血病等贫铀弹症，且贫铀弹的半衰期达45亿年，可见其残忍与后果的不可思议；1948年由于美国的比基尼岛核试验导致原居民迁居柯里岛，有家难回；1990年至1991年海湾战争期间，伊拉克故意把95亿升石油倾倒在沙漠地区，估计有15亿升的石油流入了海湾，科威特600多眼油井被点燃；2011年"9·11"事件以及使用炭疽菌等恐怖事件……这一切使遭受摧残的环境不再适宜人类的生存，这些对环境所造成的无以复加的严重后果是不可逆转的。为此，必须再一次强调缩减军备、废弃战争，以停止破坏和拯救我们的生存环境。

由此可见，战争是对人类文明和地球环境的最大威胁，无论是世界战争还是局部战争，都不仅会对人民的生命和财产带来巨大的损失，而且会带来巨大的环境破坏。现代战争尤其核战争对环境的破坏，更是超过了其他任何形式或媒介的破坏。武器的作用应当是使敌对方的战斗员丧失战斗力。如果超越这个程度而使受害者受到极度痛苦甚至不可避免的死亡，此武器就属于极度残酷的武器。例如，核武器就是这样一种对人类和自然界以及其他生物及生存环境具有大规模毁灭性和致命性的武器，而使用核武器所产生的巨大的热量、能量和辐射足以影响到人口和环境。不仅如此，使用核武器不仅会对当代的人口和环境造成难以逆转的伤害，还会严重威胁到人类的后代，造成严重的遗传性缺陷和疾病，并对环境的稳态运行造成难以修复的损害。随着高科技的迅猛发展，生物武器、化学武器等大规模毁灭性武器以及空间武器技术和环境控制技术（如人为地震和人为洪水）也对人类社会和人类环境造成了巨大的危害。[1]因此，远离战争、珍爱和平是人类社会不懈的追求。

---

〔1〕 林灿铃：《国际环境法》（修订版），人民出版社2011年版，第532~533页。

（二）在军事活动中保护环境的相关国际法

为了遏制战争带来的灾难并限制战争，国际社会早在 19 世纪就开始研讨有关战争的法规，召开了一系列国际会议，如 1856 年的巴黎会议，1864 年的日内瓦会议，1868 年的圣彼得堡会议和 1899 年以及 1907 年的两次海牙会议，以后又有 1929 年、1949 年和 1977 年的三次日内瓦会议，缔结了一系列国际条约，把历史上存在的战争法习惯规则编纂成为条约法规则并创设了大量的新的规则，形成战争法的条约体系。

在这些国际条约中涉及环境的主要有 1925 年《禁止在战争中使用窒息性、毒性或其他气体和细菌作战方法的议定书》、1961 年《禁止使用核及热核武器宣言》、1963 年《禁止在大气层、外层空间和水下进行核试验条约》、1968 年《不扩散核武器条约》、1972 年《禁止细菌（生物）及毒素武器的发展、生产及储存以及销毁这类武器的公约》、1977 年《禁止为军事或任何其他敌对目的使用改变环境的技术公约》、1977 年《1949 年 8 月 12 日日内瓦四公约关于保护国际性武装冲突受难者的附加议定书》、1992 年《关于禁止发展、生产、储存和使用化学武器以及销毁此种武器的公约》、1996 年《全面禁止核试验条约》等。[1]

不仅如此，《禁止为军事或任何其他敌对目的使用改变环境的技术公约》第 1 条明确将为军事或任何其他敌对目的而使用改变环境技术的行为视为非法行为，并鼓励缔约国确保其他国家或者组织不再进行此类活动；[2]《1949 年 8 月 12 日日内瓦四公约关于保护国际性武装冲突受难者的附加议定书》第 35 条第 3 款规定了禁止在战争当中使用对自然环境造成广泛、长期和严重损害的作战方法和手段的基本原则。[3]在此基础之上，第 55 条进一步规定了禁止使用因对环境造成严重破坏而损及居民健康和生存的作战方法和手段以及

---

〔1〕 林灿铃：《国际环境法》（修订版），人民出版社 2011 年版，第 533~537 页。

〔2〕 Article 1 of Convention on the Prohibition of Military or Any Other Hostile Use of Environmental Modification Techniques："…not to engage in military or any other hostile use of environmental modification techniques having widespread, long-lasting or severe effects as the means of destruction, damage or injury to any other State Party."

〔3〕 Article 35 of Protocol Additional to the Geneva Convention of 12 August 1949 and relating to the Protection of Victims of International Armed Conflict："It is prohibited to employ methods or means of warfare which are intended, or may be expected, to cause widespread, long-time and severe damage to the natural environment."

禁止以报复的名义攻击自然环境的内容；[1] 1998 年 7 月 17 日的《国际刑事法院罗马规约》第 8 条第（2）款（b）项（iv）规定，在武装冲突当中从事环境破坏行为的人可能构成战争罪，进而需要承担国际刑事责任。[2]

尤其值得注意的是，2011 年，联合国国际法委员会还首次决定将"与武装冲突有关的环境保护"列入其长期工作方案当中。2013 年，委员会决定将"与武装冲突有关的环境保护"专题列入其工作方案当中，并为此任命了专题特别报告员。迄今为止，委员会一共收到并审议了三份特别报告员提交的报告。时至 2018 年，委员会发布的年度报告中依然继续讨论了与武装冲突有关环境保护的内容，还设立了新的专题工作组，该工作组侧重于审议有关本专题今后的前进方向，随后委员会任命了新的专题报告员。

在特别报告员的报告基础之上，委员会暂时通过了《有关武装冲突时期的环境保护原则草案》（以下简称《草案》）中的部分条款。《草案》具体规定了其适用范围是武装冲突之前、期间和之后的环境保护问题，宗旨是预防武装冲突造成的环境损害、减少武装冲突期间对环境的损害以及进行造成损害之后的环境修复和补救工作，规定了国家在武装冲突中具有保护环境的义务，国家应当采取一切有效的措施，例如采取环境影响评估、划定保护区等的形式，以避免自然环境受到广泛、长期和严重的损害。《草案》对于武装冲突之前的环境保护侧重于准备和预防，对于武装冲突期间的环境保护侧重于限制军事手段和武器装备的使用，对于武装冲突之后的环境保护则侧重于赔偿、重建和恢复。

简言之，国际社会通过这些在军事活动中保护环境有关的国际条约，已经构建起一个较为完备的国际条约体系，对于保护受到武装冲突威胁的环境具有重要的意义。除此之外，2001 年，联合国大会将每年 11 月 6 日确定为"防止环境在战争和武装冲突中遭到破坏国际日"；2016 年 5 月，联合国环境大会通过了《关于保护受武装冲突影响地区环境的决议》，强调在任何时候都

---

〔1〕 Article 55 of Protocol Additional to the Geneva Convention of 12 August 1949 and relating to the Protection of Victims of International Armed Conflict, Protection of the natural environment：1. Care shall be taken in warfare to protect the natural environment against widespread, long-time and severe damage. This protection includes a prohibition of the use of methods or means of warfare which are intended or may be expected to cause such damage to the natural environment and thereby to prejudice the health or survival of the population.

〔2〕《国际刑事法院罗马规约》第 8 条第 2 款（b）项（iv）。

应当保护环境，尤其是在武装冲突当中。大会还呼吁全体会员国尊重和遵守在武装冲突中保护环境的国际法律规范，并采取一切措施确保这些国际法律规范能够被实现；2016 年 8 月，联合国环境规划署再次呼吁各国应当加强武装冲突中的环境保护工作，并表示将继续向受武装冲突影响国家和处于冲突后局势国家提供更多的援助。这些工作已经体现了国际社会对于良好生活环境的美好向往和积极追求，必将有助于实现人类社会的可持续发展。

（三）从国际环境法的角度分析以核武器进行威胁或使用核武器

众所周知，禁止以武力相威胁或使用武力是国际法的一项基本原则。《联合国宪章》第 2 条第 4 款也规定："各会员国在其国际关系上不得使用威胁或武力，或以与联合国宗旨不符之任何其他办法，侵害任何会员国或国家之领土完整或政治独立。"禁止以武力相威胁或使用武力原则是国家主权平等原则的直接引申，也是国家主权平等原则的切实保障。这项原则是《联合国宪章》规定的一项国际法基本原则，与和平共处五项原则中的"不侵犯原则"含义相近，旨在保护国家主权、领土完整和政治独立以及维护国际和平与安全。[1]

无论是以常规武器还是核武器进行威胁或者使用这些武器的行为都属于以武力相威胁或使用武力的行为。因此，从这个角度来看，以核武器进行威胁或使用核武器的行为是违反禁止以武力相威胁或使用武力的国际法基本原则的。目前，国际法主要从限制的角度对核武器的使用进行规定，在这方面的国际条约主要有 1963 年《禁止在大气层、外层空间和水下进行核试验条约》、1968 年《不扩散核武器条约》、1971 年《禁止在海床、洋底及其底土安置核武器和其他大规模毁灭性武器条约》和 1996 年《全面禁止核试验条约》等以及旨在使核材料和核装置只用于和平目的并保障国家安全和防止核武器扩散而签订的一些建立无核区的区域性条约，主要有 1967 年《拉丁美洲禁止核武器条约》、1985 年《南太平洋无核武器区条约》、1995 年《东南亚无核武器区条约》和 1996 年《非洲无核武器区条约》。这些国际条约从禁止核试验、禁止核武器扩散的角度对核武器的使用进行规定，是在当前一些国家已经拥有核武器的情况下防止核武器的使用和扩大将产生的深重灾难。

---

〔1〕 周忠海主编：《国际法》（第 3 版），中国政法大学出版社 2017 年版，第 45~46 页。

不仅如此，国际环境法指的是关于国际环境问题的原则、规则和制度的总和，是主要调整国家在国际环境领域的具有法律拘束力的规章制度，是保护环境和自然资源、防治污染和制裁公害的国际法律规范，是建立在"地球一体"概念上的国际法新领域。而作为国际法的新领域，国际环境法具有公益性、边缘综合性和很强的科学技术性。[1]核武器是一种能量来源于原子聚变和裂变的爆炸性武器，由于其具有巨大的热量、能量和强烈的辐射，其所造成的损害要远远大于常规性武器，具有毁灭整个生态系统的可能性。而从国际环境法的角度来看，以核武器进行威胁和实际使用核武器是两个不同的问题。这是因为，仅仅威胁使用核武器并不会对环境造成任何影响，因而不是国际环境法关注的内容。威胁使用核武器主要关系到国际法上能否以核武器作为武力威胁的手段的问题。但是，毫无疑问实际使用核武器却必然会对环境造成严重的影响，破坏自然环境和损害生态平衡。从保护环境的角度来说，应当禁止使用核武器。

而从国际环境法的角度具体分析使用核武器的行为：首先，从与使用核武器有关的现有国际环境条约来看，无论是《禁止为军事或任何其他敌对目的使用改变环境的技术公约》《1949年8月12日日内瓦四公约关于保护国际性武装冲突受难者的附加议定书》还是其他的相关国际环境条约，虽然都没有明确禁止使用核武器的行为，但是显而易见使用核武器的行为一定会对环境产生严重的破坏和污染，造成原生态环境的改变，因此在这些国际环境条约所规定的情况之下，主要是在发生战争与武装冲突时，使用核武器是违反国际环境法的。其次，从环境保护的国际习惯来看，各国有责任保证在它们管辖或控制之内的活动，不致损害其他国家的或在国家管辖范围以外地区的环境。因此，一旦国家在使用核武器的活动当中，损害了别国的或者在国家管辖范围以外地区的环境，就是违反国际环境法的。最后，从环境问题的国际宣言与决议来看，从《斯德哥尔摩人类环境宣言》第26条原则、《里约热内卢环境与发展宣言》第24条原则当中可以发现，[2]这些宣言和决议虽然并

---

〔1〕 林灿铃、吴汶燕主编：《国际环境法》，科学出版社2018年版，第7~9页。

〔2〕《斯德哥尔摩人类环境宣言》第26条原则："人类及其环境必须免受核武器和其他一切大规模毁灭性手段的影响。各国必须努力在有关的国际机构内就消除和彻底销毁这种武器迅速达成协议。"《里约热内卢环境与发展宣言》第24条原则："战争必然破坏持久发展。因此各国应遵守国际法关于武装冲突期间保护环境的规定，并按必要情况合作促进其进一步发展。"

没有明确规定使用核武器是违反国际环境法的，但是由应当倡议避免在武装冲突当中使用破坏环境的技术来分析，使用核武器的行为就是违反国际环境法的。简言之，从国际环境法的角度来看，在一般情况下，使用核武器是违反国际环境法的。

另外应当注意的是，使用核武器不仅仅是国际环境法关注的问题，还是国际人道法等其他国际法分支学科所关注的内容，这就意味着，不能仅仅从国际环境法的角度分析这个问题，还要结合其他具体的国际法内容进行分析。例如，国际人道法指的是出于人道原因而限制武装冲突之影响的一系列规则。它保护那些未参与或不再参与敌对行为的人，并限制战争手段和方法。国际人道法通过区分原则、避免不必要痛苦原则以及比例原则等对作战的手段和方法进行限制。[1]使用核武器显然无法区分军事目标和民用物体，也无法区分战斗人员和非战斗人员，还会对所有人造成严重的痛苦甚至难以恢复的伤害，更会对环境造成严重的污染或者破坏。因此，使用核武器的行为在一般情况下也是违反国际人道法的。

但是，现实当中存在的一种特殊的情况也应当引起足够的重视，那就是国家在行使自卫权的情况下使用核武器的问题。众所周知，《联合国宪章》第51条规定，国家在遭受武力攻击时可以行使自卫权，并且《联合国宪章》没有对国家行使自卫权的具体手段进行限制，只是规定需要向联合国安全理事会报告。这就意味着，当一个国家在遭受武力攻击时，使用核武器进行自卫的行为并不违反《联合国宪章》。包括国际环境条约、国际环境习惯以及其他国际环境法的渊源在内，现有的国际法体系也没有对国家在行使自卫权的过程中应当以使用何种武器和方式为限进行规定，更没有对能否使用核武器进行规定，这就使得在国际法上使用核武器的行为变得十分复杂。

总而言之，以核武器进行威胁或使用核武器违反了禁止以武力相威胁或使用武力的国际法原则，因而在一般情况下是违反国际法的。不仅如此，使用核武器的行为还会对环境造成严重的破坏或者污染，因而这种行为也属于国际环境法所禁止的行为。但是，当以核武器进行威胁或使用核武器的行为与《联合国宪章》第51条所规定的国家的自卫权等内容产生冲突的时候，尤

---

〔1〕 周忠海主编：《国际法》（第3版），中国政法大学出版社2017年版，第389~397页。

其是当国家在生死存亡之际能否以核武器进行威胁或使用核武器就变得十分复杂。在当前国际法背景之下，尚不能对这个问题做出完美的解答。目前能够做到的是保证不扩散核武器以及在通常情况下不以核武器进行威胁或使用核武器，积极推动核裁军，以实现人类社会的可持续发展。

十八、加勒比海主权权利和海洋空间受侵犯的指控

基本案情

由于历史的原因，尼加拉瓜和哥伦比亚在独立之前是西班牙的殖民地。1821 年，尼加拉瓜从西班牙的殖民统治中独立，1823 年加入中美洲国家联盟，后于 1839 年再度独立。而在 1821 年，大哥伦比亚也摆脱西班牙的殖民统治独立出来，1830 年委内瑞拉和厄瓜多尔从大哥伦比亚分离，1903 年巴拿马独立，最终形成了今天的哥伦比亚共和国。由于殖民遗留问题，尼加拉瓜与哥伦比亚在领土和海洋权利上争端不断。2001 年 12 月 6 日，尼加拉瓜向国际法院提交诉请书，就其与哥伦比亚两国在西加勒比海地区的"与领土所有权和海洋划界有关的一系列相关法律问题"的争端，对哥伦比亚提起诉讼。2013 年 9 月 16 日，尼加拉瓜向国际法院提交请求划分与哥伦比亚之间 200 海里外大陆架的重叠权利区域。2013 年 11 月 26 日，尼加拉瓜向国际法院递交请求书，对哥伦比亚提起诉讼，涉及"法院 2012 年 11 月 19 日"关于领土和海洋争端（尼加拉瓜诉哥伦比亚）案〔1〕"判决中宣告的尼加拉瓜主权权利和海区受到侵犯以及哥伦比亚威胁使用武力以实施这些侵犯行为引起的争

---

〔1〕 2012 年 11 月 19 日，国际法院公开开庭作出判决。①法院一致裁决：哥伦比亚共和国对阿尔布开克、新低地、东南—东礁群、基塔苏埃尼奥、龙卡多尔、塞拉纳、塞拉尼亚拥有主权；②法院以 14 票对 1 票裁定：尼加拉瓜的第一条第三项的主张是可采信的，主张内容为"考虑到尼加拉瓜和哥伦比亚之间海岸的地理和法律因素，最合适的大陆架划界应公平地分开双方大陆架重叠部分"；③法院一致裁决：驳回尼加拉瓜最终的第一条第三项的申请，不能支持按照尼加拉瓜所提出的海洋边界的 9 个坐标进行划界；④法院一致裁决：决定尼加拉瓜和哥伦比亚大陆架和专属经济区之间的划线采取单一海洋划界，并指出测量的坐标；⑤法院一致裁决：基塔苏埃尼奥和塞拉纳及其附属部分的领海边界应按照 QS32 和低潮线沿着周围 12 海里定界；⑥法院一致裁决：驳回尼加拉瓜要求哥伦比亚对违反国际法义务和妨害本国获取西经 82 度以东自然资源赔偿的诉求。

端"。尼加拉瓜以《波哥大公约》第 31 条作为国际法院管辖权的依据。此外，尼加拉瓜声称，"此外并且作为替代方式，法院管辖权的依据是法院具有固有权力，可对其判决所要求的行动作出宣判"。国际法院于 2014 年 2 月 3 日发布命令，设定 2014 年 10 月 3 日为尼加拉瓜提交诉状的时限，2015 年 6 月 3 日为哥伦比亚提交辩诉状的时限。尼加拉瓜在设定的时限内提交了诉状。2014 年 12 月 19 日，哥伦比亚参照《国际法院规约》第 79 条，对国际法院管辖权提出某些初步反对意见（见 A/71/4）。按照同一条第 5 款，审理案情实质的程序随即暂停。法院在 2016 年 3 月 17 日就上述初步反对意见作出判决，认定根据《波哥大公约》第 31 条，国际法院具有管辖权。国际法院于 2016 年 3 月 17 日发布命令，设定 2016 年 11 月 17 日为哥伦比亚提交辩诉状的新时限。该诉状已在设定时限内提交，其中包含四项反诉（内容详见诉讼请求部分）。双方当事国在国际法院设定的时限内提交了关于这些主张是否具有可受理性的书面意见。2017 年 11 月 15 日，国际法院发布命令认定反诉请求的可受理性。国际法院在同一命令中指示尼加拉瓜提交与当前诉讼中双方权利主张有关的辩诉状。

诉讼请求

（一）尼加拉瓜请国际法院裁定并宣告哥伦比亚

1. 违反了《联合国宪章》第 2 条第 4 项和国际习惯法规定的不使用或威胁使用武力的义务。

2. 违反了不侵犯国际法院 2012 年 11 月 19 日判决书第 251 段中划定的尼加拉瓜海区以及尼加拉瓜在这些海区的主权权利和管辖权的义务。

3. 违反了不侵犯《联合国海洋法公约》（1982 年）第五部分和第六部分所示习惯国际法规定的尼加拉瓜权利的义务。

4. 哥伦比亚有义务遵守 2012 年 11 月 19 日的判决，消除其国际不法行为的法律后果和实质后果，并对这种行为造成的损害作出充分赔偿。

（二）哥伦比亚的四项反诉请求

1. 尼加拉瓜违反了保护和养护西南加勒比海海洋环境的应尽义务。

2. 尼加拉瓜违反了其应尽义务，未能保护圣安德烈斯群岛居民从健康、健全和可持续环境中受益的权利。

3. 尼加拉瓜侵犯圣安德烈斯群岛当地居民出入并利用其传统渔场的习惯

手工捕鱼权。

4. 尼加拉瓜通过的 2013 年 8 月 19 日第 33-2013 号法令，哥伦比亚认为，该法令规定了直线基线，产生的效力是将尼加拉瓜的内部水域和海区延伸到国际法允许的范围之外。

裁决

1. 关于管辖权。2016 年 3 月 17 日，国际法院就哥伦比亚的初步反对意见[1]作出判决，认定根据《波哥大公约》第 31 条[2]，国际法院具有管辖权，可以裁定哥伦比亚被控侵犯尼加拉瓜海区权利的争端，尼加拉瓜声称国际法院在其 2012 年判决中已宣告这些海区属于尼加拉瓜（见 A/71/4）。[3]

2. 反诉的可受理性。2017 年 11 月 15 日法院发布命令，认定哥伦比亚提交的第一项和第二项反诉不可受理，不构成当前诉讼的一部分。并认定哥伦比亚提交的第三项和第四项反诉可以受理，构成当前诉讼的组成部分。

问题提炼

1. 船旗国保护和养护海洋环境的应尽义务。

---

〔1〕 根据第一项反对意见，国际法院在《波哥大公约》下缺乏属时管辖权，因为在 2012 年 11 月 27 日哥伦比亚通知退出该公约后，尼加拉瓜于 2013 年 11 月 26 日提起诉讼。根据第二项反对意见，即使国际法院没有维护第一项反对意见，国际法院仍然没有根据《波哥大公约》拥有管辖权，因为截至 2013 年 11 月 26 日，即提出申请的日期，双方之间没有任何争议。根据第三项反对意见，即使国际法院不支持第一项反对意见，国际法院仍然根据《波哥大公约》没有管辖权，因为在提交申请时，缔约方并不认为所谓的争议"通过通常的外交途径直接谈判来解决"，这一点在哥伦比亚认为，《波哥大公约》第 2 条在诉诸协定的争议解决程序之前是必要的。根据第四项反对意见，哥伦比亚反对尼加拉瓜的主张，即国际法院有一个"固有的管辖权"，使它能够就所谓的不遵守先前判决的行为发表意见。根据第五项反对意见，法院对遵守先前判决没有管辖权。

〔2〕《波哥大公约》第 31 条规定，根据"《国际法院规约》第 36 条第 2 款，缔约国宣布，就任何其他美洲国家而言，它们认为法院的管辖权是强制性的，只要本条约生效，无需任何特别协议，包括其中涉及的所有司法性质的争议：（a）他对条约的解释；（b）国际法问题；（c）存在任何事实，如果确立，将构成违反国际义务；（d）为违约行为所作的赔偿的性质或程度国际义务"。

〔3〕 驳回哥伦比亚共和国提出的第一项初步反对意见；驳回哥伦比亚共和国所提关于是否存在有关哥伦比亚涉嫌侵犯尼加拉瓜海区权利的争端的第二项初步反对意见。尼加拉瓜称，国际法院在其 2012 年判决中宣布这些海区属于尼加拉瓜；支持哥伦比亚共和国所提关于是否存在有关哥伦比亚涉嫌违反其不得使用武力或威胁使用武力的义务的争端的第二项初步反对意见；驳回哥伦比亚共和国提出的第三项初步反对意见；认定没有理由就哥伦比亚共和国提出的第四项初步反对意见作出裁决；驳回哥伦比亚共和国提出的第五项初步反对意见。

2. 群岛的可持续发展。

解析

（一）船旗国保护和养护海洋环境的应尽义务

船旗国通常是指船舶注册国，需要向相应的船舶登记国政府相关管理机构进行手续办理，而后为船舶获取国籍，也就是船籍，同时，船旗国政府需要颁发相应的船舶国证书。[1]

《联合国海洋法公约》（以下简称《公约》）在"海洋的保护和保全"部分规定了各国的普遍环保义务，并对船旗国的环保权限与义务作了规定。

第一，制定法律和规章的权利。《公约》第211条第2款规定，各国应制定法律和规章，以防止、减少和控制悬挂其旗帜或在其国内登记的船只对海洋环境的污染。这种法律和规章至少应具有与通过主管国际组织或一般外交会议制订的一般接受的国际规则和标准相同的效力。同时，《公约》第4款规定了船旗国在"区域"内的立法权。在本节有关规定的限制下，各国应制定法律和规章，以防止、减少和控制由悬挂其旗帜或在其国内登记或在其权力下经营的船只、设施、结构和其他装置所进行的"区域"内活动造成对海洋环境的污染。这种法律和规章要求的效力应不低于第1款所指的国际规则、规章和程序。

第二，执法权。《公约》第217条第1款规定，各国应确保悬挂其旗帜或在其国内登记的船只，遵守为防止、减少和控制来自船只的海洋环境污染而通过主管国际组织或一般外交会议制订的可适用的国际规则和标准以及各该国按照本公约制定的法律和规章，并应为此制定法律和规章和采取其他必要措施，以实施这种规则、标准、法律和规章。船旗国应作出规定使这种规则、标准、法律和规章得到有效执行，不论违反行为在何处发生。第2、3款的规定是对第1款中制定的规则与标准的落实。

第三，司法权。《公约》第217条第4款 规定，如果船只违反通过主管国际组织或一般外交会议制订的规则和标准，船旗国在不妨害第218条、第220条和第228条的情形下，应设法立即进行调查，并在适当情形下应对被指控的违反行为提起司法程序，不论违反行为在何处发生，也不论这种违反行

---

[1] 刘哲："海洋环境保护之船旗国管辖制度"，载《法学博览》2017年第4期。

为所造成的污染在何处发生或发现。第 271 条第 5 款规定，船旗国调查违反行为时，可向提供合作能有助于澄清案件情况的任何其他国家请求协助。各国应尽力满足船旗国的适当请示。《公约》第 217 条第 6 款也规定，各国经任何国家的请求，应对悬挂其旗帜的船只被指控所犯的任何违反行为进行调查。船旗国如认为有充分证据可对被指控的违反行为提起司法程序，应毫不迟延地按照其法律提起这种程序。

第四，倾倒的执行。《公约》第 216 条第 1 款规定："为了防止、减少和控制倾倒对海洋环境的污染而按照本公约制定的法律和规章，以及通过主管国际组织或外交会议制订的可适用的国际规则和标准，应依下列规定执行：（a）对于在沿海国领海或其专属经济区内或在其大陆架上的倾倒，应由该沿海国执行；（b）对于悬挂旗籍国旗帜的船只或在其国内登记的船只和飞机，应由该旗籍国执行；（c）对于在任何国家领土内或在其岸外设施装载废料或其他物质的行为，应由该国执行。"

第五，通知义务。《公约》第 217 条第 7 款规定，船旗国应将所采取行动及其结果迅速通知请求国和主管国际组织。所有国家应能得到这种情报。

第六，情报提供义务。公约第 220 条第 4 款规定，各国应制定法律和规章，并采取其他措施，以使悬挂其旗帜的船只遵从依据第 3 款〔1〕提供情报的要求。

此外，《公约》第七部分的第二节"公海上捕鱼的权利"中，也具体提及有条件的捕鱼自由；国家应在养护公海生物资源上相互合作；为了保护公海生物资源，国家应当采取必要措施。《公约》并未规定船旗国应对在公海上活动的本国渔船采取何种具体措施，只规定了国家应当考虑鱼类种群的相互依赖性和为了保护种群而适用最大可持续产量原则。这里的国家当然涵盖本案中哥伦比亚主张的尼加拉瓜的船旗国的法律地位。〔2〕

（二）群岛的可持续发展

1978 年，环境与发展委员会在其报告《我们共同的未来》中第一次阐述

---

〔1〕 如有明显根据认为在一国专属经济区或领海内航行的船只，在专属经济区内违反关于防止、减少和控制来自船只的污染的可适用的国际规则和标准或符合这种国际规则和标准并使其有效的该国的法律和规章，该国可要求该船提供关于该船的识别标志、登记港口、上次停泊和下次停泊的港口，以及其他必要的有关情报，以确定是否已有违反行为发生。

〔2〕 王静："船旗国养护与管理公海渔业资源义务问题研究"，海南大学 2015 年硕士学位论文。

了可持续发展的概念，根据该报告闻述，"可持续发展"指的是既满足当代人的需要，又不对后代人满足其需要的能力构成危害的发展。一个以贫穷为特点的世界将永远摆脱不了生态的和其他的灾难。[1] 可持续发展原则的要求主要有以下四点：第一，代际公平，即本代人的发展不能以损害后代人的发展能力为代价，至少要留下比前辈留下的更多的自然财富，以满足后代人能进一步发展的环境资源等自然条件。第二，代内平等，即代内的所有人，无论其国籍、种族、性别、经济发展水平和文化方面的差异，对于利用自然资源和享受清洁、良好的环境享有平等的权利。第三，可持续利用，即采用可持续利用的方式利用自然资源。对于再生资源，可持续利用指的是在保持它的最佳再生能力前提下的利用。对于不可再生资源，可持续利用指的是保存和不以使其耗尽的方式的利用。可持续利用的核心是利用的"度"。第四，环境与发展一体化，即环境与发展一体化一方面要求在制定经济和其他发展计划时切实考虑保护环境的需要，一方面要求在追求保护环境目标时充分考虑发展的需要。这就是说，它要求环境与发展两方面互相结合，协调统一，不能以保护环境否定发展，也不能以发展牺牲环境。[2]

基于群岛的特殊地理环境，在这些小岛屿国家贯彻可持续发展原则尤为重要。例如，2011 年 9 月，帕劳总统托里比翁在联合国峰会呼吁联合国大会向国际法院寻求咨询意见，以明确各国的温室气体排放行为对像帕劳这样的小岛屿国家所应当承担的法律责任。

---

〔1〕 世界环境与发展委员会编：《我们共同的未来》，王之佳、柯金良译，吉林大学出版社 1997 年版，第 10、11 页。

〔2〕 参见林灿铃：《国际环境法》（修订版），人民出版社 2011 年版，第 160~163 页。

十九、加拿大与法国石棉进口限制案

基本案情

石棉纤维柔软，具备绝缘、绝热、耐高温等特性，因而在全世界范围内广泛使用。但石棉纤维可以分裂成细小的纤维，释放以后可长时间浮游于空气中，而后被吸入人体内。被吸入的石棉纤维可多年积聚在人身体内，附着并沉积在肺部，造成肺部疾病。加拿大是世界第二大温石棉生产国，并且是温石棉的最大出口国。1996 年之前，加拿大对法国出口石棉达到 2 万吨至 4 万吨，超过法国总进口量的 2/3。1996 年 12 月 24 日，法国政府通过了《第96-1133 号法令》，该法令于 1997 年 1 月 1 日生效，其主要内容是禁止生产、加工、进口、销售、运输石棉产品，而不管石棉纤维是否植入有关材料、产品或设备中。同时，对缺乏可替代品，但能够证明有安全技术保障的含有石棉的材料、产品、设备作出了例外规定。法国此举影响了其他一些欧盟国家，由此给世界第二大温石棉生产国加拿大的石棉出口造成压力。加拿大认为法国的石棉禁令违背了 WTO 项下《实际动植物卫生检疫措施协议》（《SPS 协议》）第 2 条及第 5 条、《技术贸易壁垒协议》（《TBT 协议》）第 2 条和1994 年 GATT 第 3 条、第 11 条的规定，同时认为它的利益受到了损失或损害。在与欧盟协商未果的情况下，加拿大将该争端提交 WTO 争端解决机构裁决。1998 年 11 月 25 日，争端解决机构成立专家组调查此案。巴西和美国等保留了第三方的权利。专家组于 2000 年 7 月 25 日提交了最终报告。经过上诉，2001 年 4 月 5 日，争端解决机构通过了上诉机构报告和修改后的专家组报告。

诉讼请求

1. 加拿大请求专家组对于法令规定的措施是否制造了不必要的贸易障碍和其是否违反最惠国待遇和国民待遇原则等进行调查。

2. 欧共体则指出其并未违反相关条款，并请求专家组裁定 1994 年 GATT 第 20 条（b）适用于该法令，即该法令规定的措施是为保护人类的健康或生命所必需的。

裁决

专家组裁定：法令的禁止部分不属于《TBT 协议》范畴；温石棉纤维和其他替代纤维属于同类产品；法令违反 GATT 1994 第 3 条第 4 款，但由于 GATT 1994 第 20 条（b）的适用，可以合理规避对第 3 条第 4 款的违反；加拿大没有足够证据证明法国违反 GATT 1994 第 23 条第 1 款（b）。

上诉机构意见：上诉机构判定加拿大没能提供足够证据证明温石棉纤维与替代纤维是同类产品，并维持专家组关于 GATT 1994 第 20 条（b）的裁定。

具体观点如下：

专家组认为，本案的争议法令中禁止石棉产品进入市场的规定不构成《TBT 协议》附件 1 第 1 条所定义的"技术法规"。至于法令第 2 至 4 条的例外规定，专家组认为第 2 条第 2 款以穷尽式列举的方式规定了有关产品、服务的认定，说明有关产品从例外规定中获得了利益。此外，第 2 条还设定了产品的市场标准。据此，专家组认为法令的例外规定部分属于技术法规。上诉机构认为，加拿大是将《第 96－1133 号法令》作为一个整体进行投诉的，该法令包括了禁令和例外部分，两者不可分开来理解，例外部分如果脱离开禁止部分的规定就失去了自己独立的法律特征。因此，上诉机构推翻了专家组将该法令分为两部分进行审理的结论。根据上诉机构的分析，法令实质是对含有石棉纤维的产品进行管制，其通过否定方式对所有产品施加了一定的客观特征、品质或特性，即法令要求所有产品必须不含有石棉纤维。法令适用对象是可确认的，即它涉及的产品是"包含石棉纤维的产品"，同时也规定了对这些产品的禁令是强制性的。据此上诉机构认为，争议法令属于"技术法规"。但由于专家组未对加拿大就《TBT 协议》第 2 条的具体投诉进行审理，即没有确认有关的事实，上诉机构根据《关于争端解决规则和程序的谅解》（DSU）第 17 条第 6 款的规定，认为自己无权对加拿大的投诉进行审理。

专家组认为，争议措施属于 GATT 第 3 条第 4 款约束双方并无异议。同时根据 GATT 第 3 条注释的规定，GATT 第 3 条第 4 款适用于对进口石棉产品的禁令。同时专家组认为没有必要审查加拿大关于 GATT 第 11 条第 1 款的主张。

专家组参照 1970 年边境税收调整工作组报告中的建议，结合对本案涉及产品的物理特性、产品分类、最终用途、消费者爱好等几方面情况的分析，认为：温石棉纤维和聚乙烯醇纤维、纤维素、玻璃纤维（后三者统称 PCG 纤维）具有相同的属性和品质、相同的最终用途，因此属于 GATT 第 3 条第 4 款所说的同类产品。上诉机构则认为，从字典的解释看，"同类产品"是指具有一些同样或相似的特征或品质的产品。为了保证公平竞争条件的实现，GATT 第 3 条的一般原则寻求阻止各成员在市场中对国内竞争产品和涉及的进口产品适用影响竞争关系的国内税收和规章来保护国内产品。该条第 4 款所规定的"同类产品"一词应解释为与产品之间的竞争关系有关，与该条第 2 款中的同类产品所指不同。上诉机构据此对专家组的结论进行分析，认为专家组将石棉纤维和 PCG 纤维视为同类产品是错误的。

专家组认为援引 GATT 第 20 条的例外规定，应首先证明争议措施符合 GATT 第 20 条（b）的规定，其后还应证明该措施符合 GATT 第 20 条前言部分的规定。关于争议条款是否符合 GATT 第 20 条（b）：专家组认为有控制使用不能成为禁止使用的有效的替代措施。加拿大提出的对接触石棉的工人的国际保护标准，专家组认为其提供的保护程度小于法国采取的措施提供的保护，不能达到法国的保护目标。专家组得出结论：除禁令外，不存在可选择的其他方法，因此认定争议措施符合 GATT 第 20 条（b）的要求。上诉机构认为，判断与 WTO 相符的替代措施是否合理可得，要根据替代措施对最终目的的实现所产生的效果的程度，即所选择的措施能达成的效果要与所选择的希望达成的目标具有相称性。争议措施所追求的保护人类生命健康的目标具有最高程度的关键性和重要性。而控制使用这一措施效果有待验证，尤其对于建筑工业和喜欢自己动手的人其效果更是值得怀疑。由此，控制使用不是可以实现法国所追求目标的可替代措施。据此认定了争议措施的必要性。因此，上诉机构决定维持专家组对这一问题所做出的结论。关于争议法令是否符合 GATT 第 20 条前言：专家组分析认为争议法令的规定不存在对不同产品的歧视，因此没有必要再审查是否存在任意的、无端的歧视。至于是否存在"对国际贸易的变相限制"，专家组对此的解释是：该词没有被清楚地定义，专家组认为理解该词的重点不在于"限制"而在于"变相的"。根据字典的解释，"变相的"一词意为"隐蔽的、伪装的、欺骗的、掩饰的"。专家组通过对争议法令的分析，认为进口禁令没有使法国替代纤维工业从中获得利益，也没有损害第三国生产者的利益，因此认为它不构成对国际贸易的变相限制。

综上所述，专家组认为争议法令符合 GATT 第 20 条（b）的规定。因此该法令对 GATT 第 3 条第 4 款的违反因符合 GATT 第 20 条（b）的规定而获得豁免。上诉机构维持了这一结论。

GATT 第 23 条是关于"利益的丧失或减损"的规定，专家组对 GATT 第 23 条第 1 款（b）的解释是：投诉方能证明在协定订立时它有理由期望对方不采取现在争议中的措施。专家组分析后指出在乌拉圭回合的后期，法国就已经禁止石棉产品的使用了，因此加拿大不能证明自己当时有理由期望法国不采取禁止措施。因此，专家组认为加拿大不能证明 GATT 第 23 条第 1 款（b）意义上的利益丧失或减损的存在。

问题提炼

1. 如何理解技术法规？
2. 如何界定同类产品？
3. 一般例外条款如何适用？

解析

（一）技术法规

技术法规是《TBT 协议》所规范的重要贸易技术壁垒之一。协议使用的术语"技术法规"适用于强制性实施的标准。本案裁定对技术法规专门做出解释，为我们在实践中正确理解和应用技术法规提供了依据。对本案中的争议措施是否属于"技术法规"的问题，上诉机构采取了比专家组更为宽泛的解释，扩大了技术法规的适用范围。首先，上诉机构强调产品只要可确认就行，是向专家组说明技术法规适用于"给定"的产品；其次，关于"产品特性"，上诉机构认为其不仅包括产品内在的本质特征，也包括外在的特征，既可以用肯定形式表示，也可以用否定形式规定，只要一项措施对产品施加了具有约束力的特性，即使是一般禁止，也是技术法规。由于 WTO 有关裁定具有实质意义上的"先例"作用，本案技术法规的解释启示我们，一国采取有关产品的一般禁令，也有可能落入"技术法规"的范畴，需要遵守《TBT 协议》关于技术法规的一系列专门纪律。这就要求我们在基于保护人类健康安全、保护环境等的需要而对相关产品采取一般禁令时应给予高度关注。

（二）同类产品

"同类产品"一词在 GATT 多个条款中出现，在 WTO 反补贴协议，反倾销协议，保障措施协议等协议中也是很关键的概念。GATT 与 WTO 争端解决程序共有 20 多个案例涉及这一概念的理解，但上诉机构仍然是第一次审查第 3 条第 4 款中的这一概念。美国汽油标准案中专家组曾审查了缔约方全体在 GATT 项下的做法，注意到以前的专家组在确定第 3 条的同类产品时使用了多种标准。1970 年边境税调整工作组报告认为，产生于该词解释中的问题应据个案审查。这允许在每一案件中对构成"同类"或"类似"产品的不同因素进行公正的评估。而实际上过去也一直是这样做的。世界贸易组织依然遵循总协定的做法，根据个案来审查，在个案的基础上使用某些标准确定产品是否相似：既定市场中的产品的最终用途；各国间不同的消费者的喜好和习惯；产品的特征、性质和质量等。比同类产品这一概念范围更广的概念是直接竞争或替代产品。其适用范围的确定也需根据个案基础进行。不属于同类产品的产品可能落入直接竞争或替代产品的范围。此时不仅可以考虑物理特征、通常的最终用途、关税分类，还可以考虑在市场中的位置。本案的争议主要涉及对 GATT 第 3 条第 4 款中"同类产品"的界定，在个案基础上参照上述标准进行审查的做法得到了很好的体现。

（三）一般例外条款的适用

GATT 第 20 条的例外条款允许成员出于维护公共道德、保护人类及动物的生命健康、保护可枯竭的自然资源等原因违背 GATT 以及《服务贸易总协定》（GATS）的一切规定采取限制措施。这使一般例外条款在 GATT/WTO 所有例外中的地位显得特别突出。但该条款行文比较晦涩难懂，内容也比较笼统概括，并且没有补偿、批准甚至通知要求，这使它在实践中更可能被成员滥用，也使得因援用本条款而引起的争端解决难以进行。在 GATT/WTO 历史上，援引一般例外条款的案例数量并不少。从目前通过争端解决报告来看，由于对例外条款本身的适用趋向于严格的限制，最终援引成功的只有 GATT 时期的美国汽车弹簧配件进口案和本案。本案对 GATT 第 20 条（b）的分析适用很好地体现了争端解决机构对于 GATT 第 20 条一般例外条款适用的一般规则。首先，例外条款的设计理念，在于为违反协定义务的成员方另外开辟一条合法的免责途径。因此，成员方援引该条款的基础必须是违反了其他的协定义务，如果本着其他条款成员方就可以获得正当性，那么就没有援引一般例外条款的必要。本案中专家组也是先论证争议措施违反 GATT 第 3 条第 4 款，然后再进行第 20 条适用的审查。其次，第 20 条包括两部分，适用于整个条款的前言部分主要规定了贸易措施的适用方式，第二部分具体规定了贸易措施的各项政策性目标（内容），一项违反了其他条款义务的措施，只有满足了这两部分的内容，才可获得正当性。在分析次序上，遵循内容到前言依次审查，即先分析有关措施是否符合第 20 条各单项例外的要求，如果符合就获得临时正当性，然后根据前言部分进行审查，如果完全符合，才可获得最终正当性。最后，各项例外是否适用须满足相应的限定性条件。如本案中专家组在分析第 20 条（b）时，就依此对两个必须满足的条件进行了审查。

本案的启示与意义

随着国际环境保护浪潮的兴起，WTO 对贸易中的环境措施也日益重视。贸易与环境存在一定的关联，但由于以环境为由的贸易措施会影响市场准入问题以及不同国家的利益，所以贸易与环境之间会出现争端和矛盾，环境措施是否构成变相的保护主义这一问题也被提上了议程。石棉案可以说是一个先例，在公共健康和贸易自由的权衡中，WTO 的天平开始偏向必需的环境措施。

环境例外条款允许成员方为环保目的而暂停履行 WTO 义务，援用该条款可以说是"低成本"甚至是"无成本"的，因而很可能为贸易保护主义滥用。发达国家的环境标准普遍高于发展中国家，其有关环境措施的出发点可能是多方面的，也可能是单纯去保护生态环境及人民身体健康，因此我国应该加强对环境例外条款的研究，以便更好地识别贸易保护主义。另外，我国应该建立起预警机制，不仅要了解国际环境保护的最新动态，还应建立起绿色贸易壁垒数据库，并及时将信息反馈给有关部门和企业，从而能够快速应对贸易壁垒，规避风险。

我国在为了保护人类、动植物的生命和健康而制定相关环境保护措施时，应当注意符合最低贸易限制的要求，尤其需要特别注意环境例外条款的适用条件，力求使贸易限制措施在实施前就符合该条款。当然，从本案中可以看出，要符合该条款最重要的就是要保证有关措施是必需的，而且所行措施与所追求的目标要保持高度一致，切不可以环境保护为名而行贸易保护之实。

二十、金枪鱼-海豚案

基本案情

在东太平洋热带海域（Eastern Tropical Pacific Ocean，以下简称"ETP"），海豚通常在金枪鱼群上方水体活动。因为海豚的这一活动特点，在运用大型围网捕捞金枪鱼作业时会将海豚卷入拖网中，这可能造成海豚的意外损伤或者死亡。在本案中，美国根据其1972年的《海洋哺乳动物保护法》（Marine Mammal Protection Act，MMPA），对因商业性捕鱼技术对海洋哺乳动物造成意外死亡和伤害，而且死亡比率超过美国国内法律允许的死亡标准的捕鱼方法捕获的海鱼及其制品实施禁止进口的措施。由于海豚属于MMPA禁止捕捞和进口的海洋哺乳动物，又基于金枪鱼和海豚在水体中活动的特性，因此美国严格禁止进口通过大型围网捕捞的金枪鱼及其制品。此举严重影响到墨西哥作为金枪鱼出口大国的利益。1990年11月5日，墨西哥要求与美国实施的金枪鱼及其制品进口禁令进行磋商，然而，12月19日开始举行的双边磋商并未解决争端。1991年1月25日，墨西哥请求GATT缔约国大会成立专家组，2月6日专家组成立。1991年9月3日，专家组报告向GATT全体成员散发。

诉讼请求

（一）墨西哥请求专家组认定

1. 关于美国根据MMPA对墨西哥黄鳍金枪鱼及其制品实施进口禁令的措施：

（1）MMPA第101（a）（2）条中的禁运规定以及相关规定违反了《1947年关税及贸易总协定》（General Agreement on Tariffs and Trade，以下简称GATT1947）第11条关于取消进口数量限制的规定；第101（a）（2）（B）条以及相关规定违反了GATT1947第13条数量限制的非歧视管理的规定。

（2）一旦美国措施是否符合第 11 条和第 13 条的问题得到澄清（即产品可以进口后），美国黄鳍金枪鱼相关法规与 MMPA 规定的其他国家的黄鳍金枪鱼的比较条件违反了 GATT1947 第 3 条关于国民待遇的规定。

（3）根据 MMPA 第 101（a）（2）（D）条、《渔民保护法》（Pelly 修正案）第 8 节和有关执行条例的规定将进口禁令扩大到"所有渔业产品"，违反了 GATT1947 第 11 条。

2. 关于从其他缔约方向美国进口此类金枪鱼及其制品的"中间国禁运"，墨西哥要求专家组裁定 MMPA 第 101（a）（2）（C）条和相关规定违反了 GATT1947 第 11 条。并且，根据 MMPA 第 101（a）（2）（D）条、Pelly 修正案及其他相关的规定，可能将进口禁令延伸至"中间国家"的"所有渔业产品"违反了 GATT1947 第 11 条。

3. 关于美国《海豚保护消费者信息法》（Dolphin Protection Consumer Information Act，DPCIA），由于它为特定地理区域制定了歧视性和不利条件，墨西哥请求专家组认定这与 GATT1947 第 9 条关于原产地标记和第 1 条关于最惠国待遇的规定不一致。

4. 请求专家组认定美国第 1 至 3 段所述措施均不合理。

5. 建议专家组建议缔约国大会要求美国修改其进口管制措施，并使其符合美国在 GATT 下的国际义务。[1]

（二）美国请求专家组认定

1. 关于美国根据 MMPA 对墨西哥黄鳍金枪鱼及其制品实施进口禁令的措施：

（1）进口禁令是影响产品国内销售和购买的国内法规，符合 GATT1947 第 3 条的规定。

（2）即使不符合 GATT1947 第 3 条的规定，GATT1947 第 20 条（b）款和（g）款规定的例外情况也涵盖了该措施。

2. 关于从其他缔约方向美国进口此类金枪鱼及其制品的"中间国禁运"：

（1）符合 GATT1947 第 3 条的规定。

（2）即使不符合 GATT1947 第 3 条的规定，GATT1947 第 20 条（b）款和（g）款规定的例外情况也涵盖了该措施。

---

〔1〕 United States-Restrictions on Imports of Tuna, Report of the Panel, DS21/R, at paras. 3.1~3.5.

3. 美国进一步请求专家小组就 DPCIA 发现：

（1）这些措施不受 GATT1947 第 9 条的约束，而是第 1 条和第 3 条。

（2）由于 DPCIA 是根据捕获金枪鱼的水域而非金枪鱼的来源进行区分的，因此符合第 1 条和第 3 条的要求。

4. 美国请求专家组驳回墨西哥的诉讼请求。[1]

裁决

专家组查明，美国根据 MMPA 严格禁止进口墨西哥在 ETP 内通过大型围网捕获的金枪鱼及其制品。并且，对于第三国通过使用大型围网捕捞方法的国家进口金枪鱼及其制品，并对其进行再加工后出口到美国的情况，也受到了严格禁止。[2]此外，根据 DPCIA 的规定，当在美国出口或出售的金枪鱼及其制品是以对海豚无害的方式捕捞时，可以获得"海豚安全"标签。而从事漂网捕鱼的船只在公海捕获的金枪鱼，或使用大型围网的船只在 ETP 捕获的金枪鱼，除非附有文件证据表明围网不是故意包围海豚，否则将不能获得"海豚安全"标签。

专家组决定先后审查：美国禁止从墨西哥进口某些黄鳍金枪鱼和某些黄鳍金枪鱼制品的规定及其所依据的 MMPA 的规定；"第三方禁运"情况下，禁止进口某些黄鳍金枪鱼及某些黄鳍金枪鱼制品，及其所依据的 MMPA 的规定；可能将这些进口禁令延伸至墨西哥和"中间国家"的所有鱼产品所依据的 MMPA 和《渔民保护法》（Pelly 修正案）第 8 节相关规定；以及 DPCIA 标签规定对墨西哥金枪鱼和金枪鱼产品的适用情况。[3]

另外，关于禁止从墨西哥进口黄鳍金枪鱼及其制品，如何认定一国国内法规定的效力（GATT1947 第 3 条）和数量限制规定（GATT1947 第 11 条）问题。GATT1947 第 3 条第 1 款是指对"影响产品的国内销售的法律、法规和规定"以及"要求混合、加工或使用的特定数量或比例的内国数量法规"的进口或国内产品的适用，第 3 条第 4 款仅涉及影响产品国内销售等的法律、

---

〔1〕 United States-Restrictions on Imports of Tuna, Report of the Panel, DS21/R, at paras. 3.6-3.9.

〔2〕 对使用大型围网捕捞方法的国家实行的进口禁令称为"初级禁令"；如果第三国从"初级禁令国"进口了金枪鱼，对其加工后再出口到美国，美国同样禁止进口此类的金枪鱼产品，这类情况被称为"第三方禁运"。

〔3〕 United States-Restrictions on Imports of Tuna, Report of the Panel, DS21/R, at paras. 5.1-5.7.

法规和规定。专家组认为,这表明第 3 条仅涵盖影响产品本身的措施。专家组指出,MMPA 旨在规范国内对黄鳍金枪鱼的捕捞方法,从而减少对海豚的意外捕捞带来的损害,但是这些规定不能被视为适用于金枪鱼产品本身,因为它们不会直接管制金枪鱼的销售,也不可能对金枪鱼作为一种产品产生影响。专家组注意到,第 11 条关于取消进口数量限制的规定"任何缔约方不得对任何其他缔约方领土产品的进口或向任何其他缔约方领土出口或销售供出口的产品设立或维持除关税、国内税或其他费用外的禁止或限制,无论此类禁止或限制通过配额、进出口许可证或其他措施实施……"因此,专家组认为,对墨西哥某些黄鳍金枪鱼和某些黄鳍金枪鱼制品的直接进口禁令以及实施该措施的 MMPA 规定与第 11 条第 1 款不一致。美国没有向专家组就第 11 条提出不同法律结论的论据。专家组指出,墨西哥认为对墨西哥某些黄鳍金枪鱼和某些黄鳍金枪鱼制品的直接进口禁令与第 13 条不一致,鉴于该措施与第 11 条第 1 款不一致的结论,小组认为没有必要就是否与第 13 条不一致的问题作出裁定。

关于《渔民保护法》(Pelly 修正案)第 8 节,专家组回顾称,墨西哥认为美国根据 MMPA 第 101(a)(2)(D)条和 Pelly 修正案第 8 节,可能将进口禁令扩大到墨西哥的"所有渔业产品",这违反了 GATT1947 第 11 条。专家组认为,尽管 Pelly 修正案批准了禁令,但美国当局酌情决定不采取任何贸易措施,因此这种禁令现在尚未生效。专家组指出,这里应当提出的问题是,授权但不要求采取与 GATT 不一致的措施的立法本身是否构成与 GATT 相冲突的措施。对此,专家组认为,强制要求缔约方的行政当局采取与 GATT 不一致的立法可能被认为与该缔约方在 GATT 下的义务不一致,但另一方面,仅仅赋予这些行政机关不一致地执行 GATT 的权力的立法本身并不违反 GATT。由于 Pelly 修正案不要求采取贸易措施,因此与 GATT 并不矛盾。

关于 GATT1947 第 20 条,专家组指出,美国认为根据 GATT1947 第 20 条(b)款或第 20 条(g)款,其根据 MMPA 对墨西哥的金枪鱼及其制品采取的直接禁运措施可能是合理的。专家组注意到第 20 条的规定:"在遵守关于此类措施的实施加工不在情形相同的国家之间构成任意或不合理歧视的手段或构成对国际贸易的变相限制的要求前提下,本协定的任何规定不得解释为阻止任何缔约方采取或实施以下措施:……(b)为保护人类、动物或植物的生命或健康所必需的措施;(g)与保护可用尽的自然资源有关的措施,如此类措施与限制国内生产或消费一同实施……" 专家组指出，美国没有向其证明它已经用尽所有合理可用的选择。专家组认为，通过谈判来实现海豚保护目标的国际合作似乎是可取的。即使假设进口禁令是美国合理可用的唯一手段，美国选择的具体措施在专家组看来不被认为是第 20 条（b）款所必需的。美国将墨西哥为了能够向美国出口金枪鱼而必须在一个特定时期内达到的最大附带海豚捕捞率同美国渔民在同一时期实际记录的捕捞率联系起来，而墨西哥无法知道在特定的时间点其政策是否符合美国的海豚保护标准。因此，专家组认为，这种不可预测的条件限制不能被视为保护海豚健康或生命所必需的。同时，专家组注意到，第 20 条（g）款要求采取与保护可用尽的自然资源的有关措施应与对国内生产或消费的限制相结合，只有生产或消费在其管辖范围内，一个国家才能对可用尽自然资源的生产或消费有效控制。这表明第 20 条（g）款允许缔约方采取旨在对其管辖范围内的生产或消费实行有效限制的贸易措施。所采取的措施必须与保护可用尽的自然资源有关，并且它们不构成任意或不合理歧视的手段，或对国际贸易的变相限制。专家组回顾到，美国将墨西哥为了能够向美国出口金枪鱼而必须在一个特定时期内达到的最大附带海豚捕捞率同美国渔民在同一时期实际记录的捕捞率联系起来，而墨西哥无法知道在特定的时间点其政策是否符合美国的海豚保护标准。专家组认为，基于这种不可预测的条件限制贸易不能被视为符合 GATT1947 第 20 条（g）款。[1]

关于禁止从第三国转运进口的黄鳍金枪鱼及其制品，专家组注意到，墨西哥声称 "第三方禁运" 不符合 GATT1947 第 11 条和第 13 条，美国则认为，这些措施属于 GATT1947 第 3 条的范围。专家组认为，由于美国国内关于捕捞金枪鱼的规定不适用于金枪鱼产品，"第三方禁运" 不属于第 3 条的范围，而应当是第 11 条规定的数量限制。专家组进一步指出，美国根据 MMPA 禁止从 "初级禁令国" 进口黄鳍金枪鱼和黄鳍金枪鱼产品，该规定与 GATT1947 第 11 条第 1 款不一致。美国没有向专家组就第 11 条提出不同法律结论的论据。专家组回顾了上文关于 Pelly 修正案的调查结果，因为 Pelly 修正案不要求采取贸易措施，该条款与美国在 GATT 下的义务并不矛盾。专家组认为，这一结论在 "第三方禁运" 的情况下同样有效。专家组认为上文关于 GATT1947 第

---

〔1〕 United States-Restrictions on Imports of Tuna, Report of the Panel, DS21/R, at paras. 5. 8-5. 34.

20 条（b）款和第 20 条（g）款的调查结果，导致专家组拒绝美国在该案件中援引这些条款的考虑也适用于"第三方禁运"。专家组随后审查"第三方禁运"与美国援引的 GATT1947 第 20 条（d）款的一致性。第 20 条（d）款的有关部分内容如下："在遵守关于此类措施的实施加工不在情形相同的国家之间构成任意或不合理歧视的手段或构成对国际贸易的变相限制的要求前提下，本协定的任何规定不得解释为阻止任何缔约方采取或实施以下措施：……（d）为保证与本协定规定不相抵触的法律或法规得到遵守所必需的措施……"专家组注意到，第 20 条（d）款要求获得遵守的"法律或法规"本身与"协定""不相抵触"。专家组指出，美国认为，"第三方禁运"对于支持直接禁运是必要的，因为出口受到这种禁运的国家不应间接出口到美国来取消禁运的效果。对此，专家组认为，鉴于其认定直接禁运与 GATT 不一致，"第三方禁运"和实施该禁运的 MMPA 规定不符合 GATT1947 第 20 条（d）款。[1]

关于 DPCIA，专家组认为，DPCIA 中"海豚安全"标签并没有限制金枪鱼及其制品的销售，即使没有"海豚安全"标签，金枪鱼及其制品也可以自由销售。原因在于环境标签所带来的竞争优势依赖于消费者的偏好，而非依赖于美国政府提供的好处。并且，"海豚安全"标签制度是根据 ETP 海域的特殊性质作出的，所有在 ETP 海域内捕鱼的国家和渔船都适用相同的规定，并不区分源自墨西哥的产品和来自其他国家的产品。因此，专家组认为，DPCIA 中"海豚安全"标签规定与美国根据 GATT 第 1 条第 1 款承担的义务并不矛盾。[2]

专家组最终的结论是：美国禁止进口墨西哥的某些黄鳍金枪鱼和某些黄鳍金枪鱼制品以及其根据 MMPA 实施的相关条款违反了 GATT1947 第 11 条第 1 款，并且不符合 GATT1947 第 20 条（b）款和第 20 条（g）款；美国实施的"第三方禁运"以及其根据 MMPA 实施的相关条款违反了 GATT1947 第 11 条第 1 款，并且不符合 GATT1947 第 20 条（b）款和第 20 条（g）款；建议缔约方要求美国使上述措施符合 GATT 规定的义务；《渔民保护法》（Pelly 修正案）第 8 条的规定与美国在 GATT 下的义务并不矛盾；DPCIA 中关于在 ETP 捕获的金枪鱼及其制品的标签规定与美国根据 GATT1947 第 1 条第 1 款规定的

---

[1] United States-Restrictions on Imports of Tuna, Report of the Panel, DS21/R, at paras. 5. 35-5. 40.

[2] United States-Restrictions on Imports of Tuna, Report of the Panel, DS21/R, at paras. 5. 41-5. 44.

义务并不矛盾。[1]

问题提炼

1. 美国基于 MMPA 而采取的贸易限制措施能否进行域外适用？

2. 美国能否以墨西哥黄鳍金枪鱼及其制品的生产方法和过程不利于环境保护为由实施进口禁令？

解析

（一）美国基于 MMPA 而采取的贸易限制措施能否进行域外适用？

本案中，无论是对墨西哥黄鳍金枪鱼及其制品的直接进口禁令，还是"第三方禁运"，都是美国要求其他国家遵守其国内法规 MMPA 而采取的贸易限制措施。MMPA 是美国的国内立法，仅在美国国内有效。而墨西哥在 ETP 的金枪鱼捕捞行为实际上并没有违反当时国际社会关于海洋生物保护的相关国际公约，美国仅仅依据 MMPA 对此并无域外管辖权。

尽管美国声称其贸易限制措施系基于海洋生物的保护而采取的，但专家组已经论证了由于其将导致不合理的歧视，因此并不在 GATT1947 第 20 条（b）款、（d）款、（g）款的一般例外情况之限。综上所述，美国基于其国内法 MMPA 而采取的贸易限制措施不能进行域外适用。

（二）美国能否以墨西哥黄鳍金枪鱼及其制品的生产方法和过程不利于环境保护为由实施进口禁令？

本案中，美国认为其依据 MMPA 所实施的直接进口禁令以及"第三方禁运"均符合 GATT1947 第 3 条，即使不符合第 3 条，也属于第 20 条（b）款、（d）款、（g）款的一般例外情况之限。

关于 GATT1947 第 3 条，专家组指出，该条所指的国内规章仅限于"影响产品国内销售等的法律、法规和规定"，并不是有关生产方法或过程的法律、法规和规定。

关于 GATT1947 第 20 条所规定的一般例外，专家组认为适用这些例外应当是有条件的。例如，GATT1947 第 20 条（g）款似乎允许成员方政府出于保护可用尽的自然资源而采取贸易限制措施，但这一条款本身又受到很多的限

---

[1] United States-Restrictions on Imports of Tuna, Report of the Panel, DS21/R, at paras. 7.1-7.3.

制。首先，该贸易限制措施不得构成任意或不合理的歧视；其次，其不应当构成变相限制；最后，其要求在采取限制进口的同时应当与限制国内生产或消费一同实施。在本案中，美国禁止的不是黄鳍金枪鱼及其制品本身，而是用一种特定生产方法和过程生产出来的黄鳍金枪鱼及其制品，这就构成了不合理的歧视，不属于一般例外的情况。

因此，美国不能仅仅以墨西哥关于黄鳍金枪鱼及其制品的生产方法和过程没有满足美国国内法规所提出的要求为由禁止墨西哥的黄鳍金枪鱼及其制品的进口。

本案的启示与意义

本案昭示了单边贸易限制措施的实施是不能得到认同的，尽管美国和墨西哥都没有通过专家组报告，但专家组对单边贸易限制措施的否定，明确表明多边合作机制才是解决冲突的有效方法。

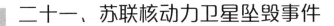

二十一、苏联核动力卫星坠毁事件

事件概况

1978 年 1 月 24 日，苏联的核动力卫星宇宙—954 号坠毁在加拿大境内，加拿大于约一年后（1979 年 1 月 23 日和同年 3 月 15 日共两次）根据有关国际协定，特别是《外空物体所造成损害的国际责任公约》（以下简称《外空损害赔偿公约》）和国际法的一般规则，向苏联提出合计核动力卫星残骸的搜索、回收等费用，业已能够判明的损害总额 604 万加拿大元的赔偿请求。经过两国交涉，最后于 1980 年 11 月 2 日达成临时协议，苏联向加拿大支付了大约求偿额一半的 300 万加拿大元。

事件的经过有如上述，最后，苏联能够根据前述协定而同意支付损害赔偿，是非常值得注意的。由于没有公开发表有关资料，特别是关于《外空损害赔偿公约》的有关规定对本案的适用的可否，两个当事国就此到底是如何进行解释的，至今尚不得而知。

争论焦点

1. 加拿大以苏联卫星如未侵入加拿大境内则不会发生如此严重事态的推理而采取紧急行动所需经费为基准提出了上述赔偿请求额。作为其法律依据，加拿大认为：

（1）从核动力卫星的有害的放射性碎片大范围地散落并堆积于加拿大境内的事实，以及由此造成该领域的一部分由于环境遭受严重破坏而无法继续适当使用等，这与《外空损害赔偿公约》所规定的所谓"财产的损害"相当，因此，苏联对此应承担严格责任。亦即，由于载着原子炉的卫星侵入加拿大领空并在其领空上爆炸，给位于加拿大境内的人身、财产造成明显而且紧迫的危险。不仅如此，苏联在对于核动力卫星的进入不仅没有进行事前通报更无事后的妥善回答，在对将卫星侵入所造成危害限于最小范围的努力上有极大的疏忽。如此导致加拿大不得不基于国际法的一般原则的义务而采取卫星碎片的搜索、回收、排除、检查以及净化被污染地域的紧急行动。所以，这些活动所需要的费用，全部都是由于苏联卫星的侵入和放射性碎片的堆积而造成的直接的、明显的损害所致，参照《外空损害赔偿公约》所规定的恢复原状的要件（12 条），充分且公平的赔偿、作为确定赔偿额准则的国际法与"公平合理"原则，是完全可以明确地予以确定的。此外，依照《关于各国探索和利用包括月球和其他天体在内外层空间活动的原则条约》（以下简称《外空条约》）第 7 条的规定，苏联也具有对这些损害结果承担赔偿的义务。[1]

（2）根据国际法的一般原则，苏联的核动力卫星的侵入和放射性碎片的堆积，也构成对加拿大主权的侵害。外空活动，特别是包含核动力使用的外空活动，适用严格赔偿责任的基准不仅限于条约上的规定，也是今后国际法的一般原则。

综上所述，加拿大主张用于卫星碎片之搜索、排除所需的费用乃属于"因由空间实体所产生的损害"（与空间实体的坠落之间具有相当因果关系），基于《外空损害赔偿公约》和国际法的一般原则，对此赔偿，苏联须承担严格责任。

2. 对于加拿大的主张，苏联认为：

（1）在没有苏联专家的参与下进行卫星碎片的搜索和排除，苏联表示遗憾。

（2）苏联表示对于卫星碎片的返还并不关心，可由加拿大任意地加以处理（1978 年 2 月 20 日公文）。

（3）关于加拿大所提出的赔偿请求，苏联主张对《外空损害赔偿公约》的规定需做严格解释（1978 年 3 月 21 日公文）。

（4）苏联还认为用于该卫星原子炉的铍元素即使散落到地上，在长期间内如果不直接去触及它也不会对人的生命、环境造成有害影响，并强调该卫

---

　〔1〕《外空条约》第 7 条：凡进行发射或促成把实体射入外层空间（包括月球和其他天体）的缔约国，及为发射实体提供领土或设备的缔约国，对该实体及其组成部分在地球、天空或外层空间（包括月球和其他天体）使另一缔约国或其自然人或法人受到损害，应负国际上的责任。

星并未装载其他核物质（1978 年 5 月 31 日公文）等，表现出对加拿大所提出的赔偿请求之根据进行论争的姿态。

问题提炼

1. 空间实体所造成的第三者损害责任。

2. 加拿大是否可向苏联提出"因由空间实体所产生的损害"的赔偿请求？

3. 外层空间活动与环境保护法律体系的完善构想。

事件解析

（一）空间实体所造成的第三者损害责任

当今，由于对社会有益而其实施得到允许，但却具有"潜在的高度危险性"的活动不在少数。基于空间活动所具有的"潜在的高度危险性"和这些活动所造成之损害性后果的重大性，就其对第三者所造成的损害，应采用严格责任。严格责任（Strict Responsibility）是指一国不论有无过失均对其行为所引起的损害担负赔偿的责任，即指并无过失的因素而以国家的国际行为的结果为依据的国家责任。[1]也就是说，行为主体是否应担负责任，只看有无客观的损害后果而不看行为主体有无过失，只要有损害结果，行为主体就要承担损害赔偿责任。严格责任由于其不同的着重点而有各种名称：无过失责任、绝对责任、结果责任、危险责任、客观责任等。从加害者一方的过失要件被排除的意义上讲，为"无过失责任"；从重视其对国际社会造成的客观危险和对其后果予以补救而言，也称为"危险责任""后果责任"。[2]从在实体国际法上关于"潜在的高度危险性"活动及其设施的经营所产生的第三者损害而适用的责任原则而言，"严格责任"乃是一个"国际责任客观化"的最彻底的表现方式。[3]

严格责任原则，毋庸赘言，乃是随着现代科学技术的迅猛发展及其内在的复杂性，为了应对起因于特定活动所造成的大规模的损害而成为国家责任

---

[1] 王铁崖主编：《中华法学大辞典——国际法学卷》，中国检察出版社 1996 年版，第 620 页。

[2] ［日］日本国际法学会编：《国际法辞典》（日文本），世界知识出版社 1985 年版，第 41 页。

[3] ［日］山本草二：《国际法上的危险责任主义》（日文本），东京大学出版会 1982 年版，第 143 页。

的新法则。的确，国际法，特别是国家责任领域在引入严格责任原则之际，或着眼于"具有潜在高度危险性"活动的"性质"（原子能的利用、空间活动等领域），或侧重于因活动过程所产生之事故所造成损害的"规模"（海洋的油污领域）等，其判断的基准虽然并不同一。然而，从对被害者（或求偿国）的举证责任的明显减轻或免除而体现出来的严格责任制度的基本点，却都有着十分了然的共通性。在空间实体所造成的第三者损害领域，对国际法的主要主体——国家率先直接适用了严格责任。这是特别值得关注的。1971年11月28日联合国通过的《外空损害赔偿公约》规定，空间实体的"发射国"，[1]对其空间实体在地球表面或飞行中的航空器造成人身损害、健康障碍、财产灭失或损坏等的损害，应承担绝对的赔偿责任。[2]本公约的中心是：不论外空活动的实施主体是政府机关还是民间团体，都将被视为发射国的"国家行为"，[3]对该空间实体所造成的第三者损害，直接课以"发射国"严格的赔偿责任。换言之，一切从事外空活动的实际行为主体，不论其在国内法上处于何种地位，其外空活动都一概被视为国家本身所从事的活动，损害责任皆归结于国家。空间实体的发射，与其他活动不同，是利用国家行使专属管辖的发射设施、装置，是经国家批准许可并在国家实施持续之监督下而实施的活动，在人类社会发展的当前阶段，外空活动尤其是"具有潜在危险性"和一旦造成损害则其规模和程度都必将是"重大的"。这就是对国家直接适用"严格责任"（绝对责任）的现实基础。

（二）加拿大是否可以向苏联提出"因由空间实体所产生的损害"的赔偿请求

对于空间实体的搜索、回收所需要的经费，一般地，可以由要求将其返

---

〔1〕 "发射国"指：①发射或促使发射空间实体的国家；②从其领土或设施发射空间实体的国家。参见王铁崖、田如萱编：《国际法资料选编》，法律出版社1995年版，第620页。

〔2〕 王铁崖、田如萱编：《国际法资料选编》，法律出版社1995年版，第620页。《空间实体造成损失的国际责任公约》第2条规定：发射国对其空间实体在地球表面，或给飞行中的飞机造成损害，应负有赔偿的绝对责任。

〔3〕 王铁崖、田如萱编：《国际法资料选编》，法律出版社1995年版，第606页。《外空条约》第6条规定：各缔约国对其（不论是政府部门，还是非政府的团体组织）在外层空间（包括月球和其他天体）所从事的活动，要承担国际责任，并应负责保证本国活动的实施，符合本条约的规定。非政府团体在外层空间（包括月球和天体）的活动，应由有关的缔约国批准，并连续加以监督。保证国际组织遵照本条约之规定在外层空间（包括月球和其他天体）进行活动的责任，应由该国际组织及参加该国组织的本条约缔约国共同承担。

还的发射国承担[1][《关于营救宇宙航行员、送回宇宙航行员和返还发射到外层空间的物体的协定》，以下简称（《外空救助返还协定》）第 5 条第 5 款]。然而，于本案而言，如上所述，由于苏联明确表示放弃卫星碎片而不要求返还，所以，加拿大是否可以向苏联提出这些费用的支付请求呢？

在此关系到损害的性质（有形损害与间接损害）问题。如果对《外空损害赔偿公约》进行严格解释的话，是否适用于本案则也是值得怀疑的。苏联的核动力卫星的坠毁，并不像《外空损害赔偿公约》所揭示的那样，产生了对人身、财产的直接且现实的损害，加拿大所进行的对卫星碎片的搜索、回收活动也不过是为了预防并减轻潜在的损害的措施而已。

的确，关于《外空损害赔偿公约》所谓的"因空间实体所产生的损害"（第 2 条）的表述，在其确定过程中各国已经有过不同的观点，尚留有在具体的争端中作个别解释和认定的余地。所以，如果从有利于发射国的严格解释出发的话，限于空间实体的物理性的冲撞而直接产生的损害，方可适用《外空损害赔偿公约》，本案的请求当然被排除。与此相对，如果做广义解释的话，无论有无直接性，只要能够认定空间实体的坠落事故与所发生损害之间有着"相当的"因果关系，即可适用于所有的损害，当然也就包含因为事故所产生的为了减轻核损害所采取的措施所需要的费用。

然而，在本案中加拿大所采取的对卫星碎片进行搜索、回收的行动，并不是针对现实的损害而采取的行为，而是关于损害发生的合理性的推理（潜在的损害）所采取的预防措施。因此，即使是采用上述的后一观点，究竟能否成为《外空损害赔偿公约》的适用对象，也依然是令人怀疑的。

（三）外层空间活动与环境保护法律体系的完善构想

以苏联核动力卫星事故为契机，联合国外层空间和平利用委员会法律小

---

[1]《外空救助返还协定》第 5 条规定："1. 每个缔约国获悉或发现空间实体或其组成部分返回地球，并落在它所管辖的区域内、公海或不属任何国家管辖的其他任何地方时，应通知发射当局和联合国秘书长。2. 每个缔约国若在它管辖的区域内发现空间实体或其组成部分时，应根据发射当局的要求，并如有请求，在该当局的协助下，采取它认为是切实可行的措施，来保护该空间实体或其组成部分。3. 射入外层空间的实体或其组成部分若在发射当局管辖的区域外发现，应在发射当局的要求下归还给该发射当局的代表，或交给这些代表支配。如经请求，这些代表应在实体或其组成部分归还前，提出证明资料。4. 尽管本条第二款和第三款有规定，但如果缔约国有理由认为在其管辖的区域内发现的或在其他地方保护着的空间实体或其组成部分，就其性质来说，是危险的和有害的时候，则可通知发射当局在该缔约国的领导和监督下，立即采取有效措施，消除可能造成危害的危险。5. 按照本条第二款和第三款的规定，履行保护和归还空间实体或其组成部分义务所花费的费用，应由发射当局支付。"

组委员会于 1980 年第 19 届会议将与外层空间的核能利用相关联的现行国际法原则的再探讨列入了正式议题。特别是加拿大，认为与其他领域相比较外层空间的核能利用尚缺乏国际性的行动准则和基准，因而提出了关于核动力设施的国际法规的修订案。即，关于核动力源使用的情报的提供；进入之际的事前通报；给处于紧急状态的国家的支援以及设定放射能的被曝限度。[1]并进一步提出，关于因由核动力源而产生的损害赔偿责任，对现行诸条约的规定也需进行再探讨，为修正、完善这些条约应立即着手新规定的研究和起草。

对此，苏联则认为现行的国际法规已经充分而且非常适当地规范着核动力卫星的所有方面，对其进行修正是不必要的，并认为将核动力卫星与其他的空间实体并列而无需作任何其他区别地依据有关条约的使用是正当的，并且列举了核动力卫星的正常使用已有拘束（《外空公约》第 1、3、9、11 条，《关于登记射入外层空间物体的公约》第 4 条）；关于因为核动力源的使用而产生的损害，《外空损害赔偿公约》已经作了对所有问题的适当的规定；关于因为对核动力卫星的操作失误而造成的事故，可根据具体情况作个别处理等，认为预先制定好一般的救济方法乃是不可能的。因此，明确地提出了反对意见。[2]

然而，随着人类外空活动的与日俱增，空间事故、空间碎片业已成为公域环境遭受污染、损害且对地球对人类造成严重损害的困扰人们的不可回避的新的挑战。有鉴于此，人类外层空间活动与环境保护法律体系亟待进一步完善。

1. 订立专门性的保护外空资源与环境的国际条约

随着航天技术的不断发展，人类对外层空间的探索和利用活动也更加多样化，同时在实践中也产生了大量的问题，需要法律加以调整，但目前还没有专门的关于外层空间环境保护的条约，外层空间的国际立法还远远落后于空间活动的发展，外空资源的利用与环境保护方面更是如此。《各国探索和利用外层空间活动的法律原则宣言》以及《外空条约》规定了人类探索、开发和利用外空资源必须遵守的原则，如全人类共同利益原则、不得据为己有原

---

〔1〕 U. N. Doc. A/AC. 105/271, Annex Ⅲ, pp. 1~22.

〔2〕 U. N. Doc. A/AC. 105/271, pp. 10~12.

则等，在强调和重申这些原则外，基于当前的现实，更需要强调国际环境法的"可持续发展原则"，并以此为指导思想尽快出台保护外空资源与环境的专门性国际条约。同时，针对现有国际条约缺乏具体的执行制度问题，专门性国际条约应对缔约国违反条约义务的行为及其后果作全面而细致的规定，确保条约得到有效实施。此外，应充分发挥和平利用外层空间委员会的法律小组的作用，于专门性国际条约对以往的一些模糊性概念予以明确。

2. 成立外空环境损害赔偿基金组织

考虑到外空活动对空间环境的各部分所造成污染和危害情况的不同，在采取多方面的措施时，必须以其中危害最大并将日趋严重的如空间碎片问题作为重点，这样才能更有效地使整个空间环境受到保护，以促进外空的探索、利用和开发事业的发展。针对空间碎片对环境的巨大破坏后果，于国际环境损害领域建立健全国际环境损害赔偿基金机制，当是国际环境立法发展的必然趋势。

3. 建立外层空间环境损害的保险制度

关于外层空间环境损害的归责问题，的确极其复杂。且鉴于单独承担空间环境损害责任能力有限，可以考虑建立一个具有良好声誉和相当规模的国际性保险制度，由进行外层空间活动的国家事先缴纳保险费，并根据目前各国在外层空间活动中的市场份额来确定责任份额。如此，一旦发生外层空间环境损害，则可使该保险制度发挥作用，在保险范围内承担责任，从而有效及时地给予受害方救济。

本案例的启示与意义

自1957年苏联把第一颗人造卫星送上天，至今近60多年的时间，人类的空间活动制造了数以亿计的空间碎片（也叫"太空垃圾"）。苏联核动力卫星坠毁事件就是外层空间活动对地球造成损害和污染的最典型的一个案例。虽然关于本事件损害赔偿的法律根据及其赔偿额的确定基准等详细情况未予公开而无从知晓，但关于《外空损害赔偿公约》的解释、适用等，从两国不同的主张而能取得这样的最终处理结果来看，是值得十分注意和警醒的，特别是针对今后事态发展的趋势，作为先例是十分重要的。

二十二、拉努湖仲裁案

基本案情

拉努湖（Lake Lanoux）位于法国境内，是比利牛斯山上最大的湖泊，湖水流入下游国西班牙境内的卡罗河。出于利用湖水发电的目的，法国政府在同西班牙政府交换意见后，于 1956 年决定拦截拉努湖经卡洛河流往西班牙的河水以增加拉努湖的贮水量。同时，法国将亚里埃奇河水引入卡洛河作为补偿。西班牙反对法国这项工程，指责法国违反两国在 1866 年签订的《贝约纳条约》。1957 年，两国决定将此争议交付国际仲裁庭仲裁。

诉讼请求

法国未经西班牙同意而建造拉努湖工程是否违反 1866 年的《贝约纳条约》？

裁决

国际仲裁庭的裁决驳回了西班牙关于法国的工程要求两国政府事先达成同意的论点。仲裁庭认为这种事先同意是对一国主权的重要限制，但在国际法中找不到这种限制的根据。仲裁庭同时指出，按照 1866 年《贝约纳条约》附件的有关条款，法国虽有义务通知西班牙当局，与之磋商并考虑下游国家的利益，但它有权就其选择的计划作出最终决定。仲裁庭认为"法国有权行使其权利，但它不能无视西班牙的利益；西班牙有权要求它的权利得到尊重和它的利益得到考虑"。

问题提炼

1. 何谓"尊重国家主权和不损害国外环境原则"？

2. 和平解决国际环境争端。

3. 国际环境法的"灵活履约机制"。

解析

（一）何谓"尊重国家主权和不损害国外环境原则"？

"尊重国家主权和不损害国外环境原则"是国际环境法的基本原则之一，在众多的著名国际环境会议和文件中不断得到强调和确认。1972年的《斯德哥尔摩人类环境宣言》第21条规定："根据联合国宪章和国际法的原则，各国享有根据它们自己的环境政策开发资源的主权权利，各国也有义务使其管辖范围内或控制下的活动不对其他国家的环境和任何国家管辖范围以外的地区造成损害。"1992年的《里约热内卢环境与发展宣言》原则2规定："根据联合国宪章和国际法的原则，各国拥有按照其本国的环境与发展政策开发本国自然资源的主权权利，并负有确保在其管辖范围内或在其控制下的活动不致损害其他国家或在各国管辖范围以外地区的环境的责任。"该原则是在以往有关跨界污染的国际判例基础上总结提炼出来的。该原则不仅肯定了国家的主权，也为国家承担由于跨界污染造成的损害责任奠定了习惯法基础。《里约热内卢环境与发展宣言》声明其目标"是在各国、在社会各个关键性阶层和在人民之间开辟新的合作层面，从而建立一种新的、公平的全球伙伴关系"。[1]

"尊重国家主权和不损害国外环境原则"的基本含义是指在环境保护领域，每个国家不论大小，都拥有对本国自然资源的永久主权，拥有自己的环境主权；在处理环境保护关系中每一国都必须尊重别国的主权，同时必须承担不损害国外环境的义务。

尊重国家主权和不损害国外环境原则包含互相关联的两个方面：一方面是"各国拥有按照本国的环境与发展政策开发本国自然资源的主权权利"，即国家资源开发主权权利；另一方面是国家"负有确保在其管辖范围内或在其控制下的活动不致损害其他国家或在各国管辖范围以外地区的环境的责任"，即国家不损害国外环境的责任。这项原则的前一方面承认国家关于环境的主权权利，后一方面规定国家关于环境的义务。

---

[1] 参见《里约热内卢环境与发展宣言》之"序言"。

在国际环境法的发展过程中，1938 年和 1941 年的特雷尔冶炼厂案首次确认了"国家环境主权和不损害国外环境责任原则"。案由是位于加拿大不列颠哥伦比亚省的一家冶炼厂排放的二氧化硫烟雾对美国华盛顿州造成了损害，仲裁庭裁定加拿大对给美国造成的损失进行赔偿，并声明："任何国家无权如此使用或允许如此使用其领土，以致其烟雾在他国领土或对他国领土或其领土上的财产和生命造成损害，如果这种情况产生的后果严重且其损害被确凿的证据所证实。"此案是历史上第一起跨界大气污染案件，此后的 1949 年"科孚海峡案"和 1974 年"核试验案"等都体现了不损害国外环境原则，国际法院 1996 年《关于威胁使用或使用核武器的合法性的咨询意见》也对此原则给予了认可。这一原则被后来很多国际环境文件所采纳，成为一项公认的国际环境法基本原则。1972 年，联合国人类环境会议通过的《斯德哥尔摩人类环境宣言》的原则 21 和原则 22 首次在国际环境法律文件中确立了这一原则："按照联合国宪章和国际法原则，各国有按自己的环境政策开发自己资源的主权；并且有责任保证在他们管辖或控制之内的活动，不致损害其他国家的或在国家管辖范围以外地区的环境。""各国应进行合作，以进一步发展有关他们管辖或控制之内的活动对他们管辖以外的环境造成的污染和其他环境损害的受害者承担责任和赔偿问题的国际法。"1992 年，联合国环境与发展大会通过的《里约热内卢环境与发展宣言》的原则 2 和原则 13 也对此进行了重申。

如前所述，国际河流的利用直接关系到沿岸国眼前和长远的利益，形成既有一致又有对立的利害关系。在处理国际河流水资源的冲突时必须清醒地认识到，强硬的对抗方式是无法根本解决利益冲突的，只有根据国家资源开发主权权利和不损害国外环境责任原则，在相互平等、相互尊重主权的基础上，互谅互让，协商与合作，才能真正实现跨界河流的公平合理利用。随着区域经济合作的加强与资源竞争利用的不断加剧，运用国际法的原则协调和约束相关流域国家间的水资源开发目标和行为已成为实现国际河流共享水资源公平合理利用的关键之一。

（二）和平解决国际环境争端

国际环境争端是指在国际环境领域由于各种人为的原因造成的污染和破坏而产生的冲突和纠纷。国际环境争端的主体不仅仅是国家，根据《联合国海洋法公约》规定，不仅国家，自然人和法人也都可以平等地进入国际海洋法法庭。[1]这与联合国国际法院显然不同，国际法院的诉讼当事者限于国家。

按照国际法的传统分类，国际争端一般分为两种：法律性质的国际争端与政治性质的国际争端。国际环境争端是国际争端的一种。虽然国际环境争端的性质、内容和产生的原因是极其错综复杂的，但也可以分为法律性的国际环境争端和政治性的国际环境争端两类：法律性质的国际环境争端，按当事国各自的要求与论据，依国际法的基本原则和国际环境法所规定的内容为根据，通过仲裁与司法程序来解决；而政治性质的国际环境争端则采取政治方法也就是外交方法来处理。

和平解决国际环境争端的法律方法包括国际仲裁和国际司法两种方式。法律方法适用于法律争端和混合型争端的解决，其依据是法律规则，有相对比较完善的组织机构和相对比较固定的程序规则，并且仲裁裁决和司法判决对争端各当事国有拘束力，争端当事国有义务诚实地执行裁决或判决。仲裁，又称公断，具有"自愿管辖"的性质，由争端各当事国自愿把争端提交仲裁解决，并自行选择仲裁人，而当事国表示同意把争端提交仲裁采取的方式一般是订立仲裁条约或协定、订立并接受条约或国际公约中的争端解决条款或仲裁条款。

仲裁是环境条约常常规定的一种争端解决方式，是指争端当事方一致同意把它们之间的争端交给它们自行选任的仲裁人裁判并承诺服从其裁决的解决争端的方法。1985年《保护臭氧层维也纳公约》、1992年《联合国气候变化框架公约》和《生物多样性公约》等都规定了仲裁条款。

本案所采取的法律方法就是被称为公断的仲裁，它指的是争端当事方根据协议，约定把争端交给它们所选择的仲裁员处理并接受和遵守仲裁员作出的关于争端解决方式的裁决。许多重要的国际环境公约都规定了用仲裁这一方式处理国际环境争端。当然，仲裁法庭审理国际环境争端案件，在程序上没有完全统一的规则，其程序往往由仲裁协定规定，一般情况下仲裁法庭应确定其自己的程序以保证争端每一方由陈述意见和提出其主张的充分机会，

---

〔1〕《联合国海洋法公约》第187条"海底争端分庭的管辖权"规定："海底争端分庭根据本部分及其有关的附件，对以下各类有关'区域'内活动的争端应有管辖权：……（C）第一五三条第2款（b）项内所指的，作为合同当事各方的缔约国、管理局或企业部、国营企业以及自然人或法人之间关于下列事项的争端：（1）对有关合同或工作计划的解释或适用；或（2）合同当事一方在"区域"内活动方面针对另一方或直接影响其合法利益的行为或不行为……"

仲裁员也可以决定在仲裁过程中出现的程序问题。一般来说，仲裁程序可以分为四个阶段：

第一，仲裁诉讼的提出。仲裁诉讼的提出有两种情况，一是由双方签订仲裁协定设立仲裁法庭；二是根据事前签订的一般协定中的仲裁条款将争端交付仲裁解决。

第二，书面阶段。仲裁的书面阶段，由提出仲裁协定开始，在由单方面依仲裁条约提出诉讼要求时，以请求国提出诉讼要求开始，紧接着是交换辩诉状，必要时还有复辩状，也就是说，书面程序指由各方代理人，将争端、反诉争端的书状以及必要的答辩状送达仲裁法庭和对方。

第三，口头诉讼程序。在仲裁诉讼中，口头诉讼程序由庭长（仲裁员）主持，诉讼次序由仲裁协定规定或按争端当事方名字的字母次序确定。

第四，评议和裁判。当口头辩论结束后，便可以进行评议，评议是秘密进行的。仲裁裁决由多数票通过，仲裁员不同意裁决的结论时，可以提出异议，不同意裁决所依据的推论时，可以提出个别意见。裁决必须说明它所根据的理由，并当庭宣布，宣读后立即将裁决副本送达双方。裁决只有在通知双方时方有效。

仲裁裁决对争端当事方具有约束力并且是终局性的，一经正式宣布并通知争端当事国或代理人后，即开始生效，不得上诉，对提交仲裁的争端各当事国具有法律拘束力，各争端当事国应善意地诚实遵守和执行仲裁裁决，但裁决的执行主要依赖于各当事国自身的道义心和责任感，双方必须诚意执行。特殊情况下，可以要求对裁决进行修改，如发现对裁决有决定性影响的新事实等。

（三）国际环境法的"灵活履约机制"

灵活履约机制源于国际环境法中对全球气候的保护制度，是《联合国气候变化框架公约》和《京都议定书》的重要内容。《联合国气候变化框架公约》是1992年里约热内卢联合国环境与发展大会的重要成果之一，是第一个全面控制导致全球气候变暖的二氧化碳等温室气体排放、以便应对全球气候变暖给人类经济和社会带来不利影响的国际公约。《京都议定书》是《联合国气候变化框架公约》第三次缔约方大会上通过的量化减排文件，为了促进缔约国早日实现减排目标，文件中分别在第6条、第12条、第16条规定了三种灵活的减排机制：联合履约机制（Joint Implementation）、清洁发展机制

（Clean Development Mechanism）和排放交易机制（Emissions Trading）。灵活履约机制根据各国经济发展程度和减排目标的不同引入相应的减排方式，其最终目的是实现经济可持续发展和环境可持续发展的"双赢"。

在拉努湖仲裁案中，法国为了实现利用拉努湖发电的目的，采取了一种"灵活履约机制"，[1]即在不违反与西班牙签订的《贝约纳条约》的前提下，利用"补水"的方式为下游西班牙境内的卡罗河补充水量，以保证卡罗河不会因上游的法国拦截拉努湖而水量减少，法国的"灵活履约"既实现了本国的经济利益，又防止了下游国的经济利益遭到损害。

本案的启示与意义

本案中，争端当事国法国和西班牙自愿把有关拉努湖截流的问题提交国际仲裁庭予以仲裁。虽然水污染问题并没有被提出来，仲裁裁决只是从侧面讨论了跨界污染问题；但是，国际仲裁庭根据国际环境法的基本原则（即尊重国家主权和不损害国外环境原则）和相应的国际环境法规则，认为"法国有权行使其权利，但不得无视西班牙的利益；西班牙有权要求它的权利得到尊重和它的利益得到考虑"，从而成功解决了这一争端。毋庸置疑，国际仲裁已经成为国际环境法的一个十分重要的和平解决国际环境争端的方法。

---

〔1〕 徐昊、张忠潮："从拉努湖仲裁案看陕西省水权制度的优化"，载《山西农业大学学报（社会科学版）》2015年第2期。

二十三、空中喷洒除草剂案

基本案情

厄瓜多尔与哥伦比亚为邻国。据厄瓜多尔反映，自 2000 年以来，哥伦比亚每年利用飞机大面积空中喷洒广谱性除草剂，以消除生长在边境地区的古柯和罂粟。空中喷洒的除草剂会飘散到厄瓜多尔境内，甚至飞机有时未经许可就直接进入厄瓜多尔领空，将除草剂喷洒在厄瓜多尔领土上。厄瓜多尔认为，哥伦比亚空中喷洒的行为给厄瓜多尔的民众、庄稼、动植物以及生态环境等造成了严重影响。

2008 年 3 月 31 日，厄瓜多尔向国际法院提交请求书，对哥伦比亚"在靠近、位于和跨越哥伦比亚与厄瓜多尔之间边界的若干地点，从空中喷洒有毒除草剂"的有关争端提起诉讼。

厄瓜多尔宣称："喷洒除草剂已对厄瓜多尔一侧边境的居民、作物、动物和自然环境造成了严重损害，而且在今后很可能造成进一步损害。"厄瓜多尔还指出，其"一再持续努力通过谈判结束喷药活动"，但"这些谈判都没有取得成功"。[1]

厄瓜多尔援引《波哥大公约》第 31 条[2]作为国际法院管辖权的依据，两国都是该《公约》缔约国。厄瓜多尔还依据了 1988 年《联合国禁止非法贩

---

〔1〕 *General Assembly Official Records Sixty-ninth Session Supplement No. 4*，A/69/4（Report of the International Court of Justice，1 August 2013-31 July 2014），paras. 98~99.

〔2〕 美洲 21 个国家于 1948 年 4 月 30 日在哥伦比亚首都波哥大签订了《波哥大公约》（又称《美洲和平解决条约》），这一公约第 31 条赋予了国际法院的管辖权，规定了缔约国必须遵守国际法院的裁决来和平解决缔约国之间的争端问题。

运麻醉药品和精神药物公约》第32条。[1]厄瓜多尔在请求书中重申，厄瓜多尔反对"非法麻醉品的输出和使用"，但强调指出，厄瓜多尔向国际法院提出的问题"只涉及哥伦比亚进行铲除古柯和罂粟非法种植场行动的方法和地点，以及这种行动在厄瓜多尔境内造成的有害影响"。[2]这意味着厄瓜多尔愿意遵守《联合国禁止非法贩运麻醉药品和精神药物公约》，该公约的宗旨是促进缔约国之间的合作，使它们可以更有效地对付国际范围的非法贩运麻醉药品和精神药物的各个方面。厄瓜多尔只是针对哥伦比亚空中喷洒除草剂的行为，导致在其境内的有害影响而提起诉讼。

哥伦比亚认为厄瓜多尔既没有证明存在重大损害，也没有证明任何此类损害是由空中喷洒行为造成的，同时，哥伦比亚在防止越境损害方面已尽了适当谨慎义务。[3]

诉讼请求

1. 厄瓜多尔请求国际法院裁定并宣告：

（1）哥伦比亚违背国际法义务，造成或允许有毒除草剂沉降到厄瓜多尔境内，对人的健康、财产和环境造成了损害。

（2）哥伦比亚应为其国际非法行为——即使用除草剂，包括空中喷洒——对厄瓜多尔造成的损失或损害作出赔偿。

（3）哥伦比亚应：①尊重厄瓜多尔的主权和领土完整；②立即采取一切必要步骤，制止在其境内任何地方以有可能沉降到厄瓜多尔境内的方式使用任何有毒除草剂；③禁止在厄瓜多尔境内或在任何位于或靠近其与厄瓜多尔之间边界的地方以空中散播的方式使用此类除草剂。

2. 哥伦比亚则要求国际法院裁定并宣布，驳回厄瓜多尔所提交的请求。

---

〔1〕《联合国禁止非法贩运麻醉药品和精神药物公约》第32条（争端的解决）第1款和第2款规定："1. 如有两个或两个以上缔约对本公约之解释或适用发生争执，这些缔约应彼此协商，以期通过谈判、调查、调停、和解、仲裁、诉诸区域机构、司法程序或其自行选择的其他和平方式解决争端。2. 任何此种争端如不能以第1款所规定之方式解决者，则应在发生争端的任何一个缔约国提出要求时提交国际法院裁决。"

〔2〕 *General Assembly Official Records Sixty-ninth Session Supplement No. 4*，A/69/4（Report of the International Court of Justice，1 August 2013-31 July 2014），paras. 101~102.

〔3〕 *Counter-Memorial of the Republic of Colombia*，Case Concerning Aerial Herbicide Spraying（Ecuador v. Colombia），29 March 2010，para. 10. 12（p. 512）.

案件结果

当事方达成协议及法院命令停止诉讼程序。

厄瓜多尔代理人在 2013 年 9 月 12 日的函件中提及《国际法院规约》第 89 条[1]和各方之间于 2013 年 9 月 9 日达成的"全面最终解决厄瓜多尔在案件中对哥伦比亚的所有权利主张"的一项协议,并通知国际法院说,厄瓜多尔政府希望终止这一案件的诉讼程序。该函件副本被立即送达哥伦比亚政府,哥伦比亚政府同日致函通知国际法院,按照《国际法院规约》第 89 条第 2 款,根据厄瓜多尔提出的请求,哥伦比亚不反对终止案件。双方感谢国际法院为促进友好解决争端所作的贡献。

各当事方来函称,根据 2013 年 9 月 9 日的协议还设立了一个哥伦比亚不进行空中喷洒作业的禁区,建立了一个联合委员会,以确保在该区域外的喷洒作业不会造成除草剂漂入厄瓜多尔。该协议还规定,只要除草剂没有飘入厄瓜多尔,就逐步缩减所述区域范围。这些函件称,该协议为哥伦比亚的喷洒方案规定了作业范围,记录了两国政府持续交流这方面信息的商定意见,并建立了一个争端解决机制。2013 年 9 月 13 日,根据《国际法院规约》第 89 条第 2 款和第 3 款的规定,国际法院院长命令将厄瓜多尔停止诉讼程序一事记录在案,并指示将该案从国际法院案件总表中注销。[2]

问题提炼

1. 如何理解国际法院的停止诉讼?
2. 本案如何体现尊重国家主权但不损害国外环境原则?

---

[1]《国际法院规约》第 89 条规定:"1. 如果在以请求书提起的诉讼中,请求国以书面通知法院该国不再继续诉讼,而且如果在书记处收到该项通知之日,被告国对诉讼尚未采取任何步骤,法院应当发布命令,正式纪录诉讼的停止,并指示将该案从案件总表中注销。该项命令的副本一份应由书记官长送交被告国。2. 如果在接到停止的通知时被告国对诉讼已经采取某些步骤,法院应确定期限,在这期限内,被告国得说明是否反对诉讼的停止。如果在期限届满以前,对停止未提出反对意见,则将推定为默认,并由法院发出命令,正式纪录诉讼的停止,并指示将该案件从案件总表中注销。如果提出反对意见,诉讼应继续进行。3. 在法院不开庭时,本条规定的法院权力得由院长行使。"

[2] *General Assembly Official Records Sixty-ninth Session Supplement No. 4*, A/69/4(Report of the International Court of Justice, 1 August 2013–31 July 2014), paras. 104~106.

解析

（一）国际法院的停止诉讼

《国际法院规约》第三章"诉讼案件程序"D 节"附带程序"第 6 分节"停止"[1]的两个条款（第 88 条、第 89 条）规定了国际法院的停止诉讼程序。

第 88 条规定："1. 如果在对实质问题的终局判决前的任何时间各当事国共同或分别以书面通知法院它们已达成协议停止诉讼，法院应发出命令，记录停止诉讼，并指示将案件从案件总表中注销。2. 如果各当事国由于已达成争端的解决而停止诉讼，而且如果各当事国愿意如此，法院应此事记录在责成将该案件从案件总表中注销的命令中，或在该命令中指明解决条件，或将解决条件作为该命令的附件。2. 如果法院不开庭，依据本条颁发的任何命令得由院长颁发。"第 88 条整体上规定了停止诉讼的大体程序，即不区分当事方共同提起诉讼还是一方提起诉讼，也不区分诉讼哪一阶段的停止诉讼。而第 89 条专门规定一方提起诉讼的情形以及区别规定诉讼进程两个阶段的停止诉讼。第 89 条规定："1. 如果在以请求书提起的诉讼中，请求国以书面通知法院该国不再继续诉讼，而且如果在书记处收到该项通知之日，被告国对诉讼尚未采取任何步骤，法院应当发布命令，正式纪录诉讼的停止，并指示将该案从案件总表中注销。该项命令的副本一份应由书记官长送交被告国。2. 如果在接到停止的通知时被告国对诉讼已经采取某些步骤，法院应确定期限，在这期限内，被告国得说明是否反对诉讼的停止。如果在期限届满以前，对停止未提出反对意见，则将推定为默认，并由法院发出命令，正式纪录诉讼的停止，并指示将该案件从案件总表中注销。如果提出反对意见，诉讼应继续进行。3. 在法院不开庭时，本条规定的法院权力得由院长行使。"

本案属于第 89 条规定的一方提起诉讼的情形，即厄瓜多尔作为原告单方面起诉哥伦比亚。哥伦比亚作为被告应诉并提交了辩诉状和复辩状，在两轮书状后，国际法院已经准备于 2013 年 9 月 30 日星期一开始案件的口述程序。

---

[1]《国际法院规约》中文正式版本将"Discontinuance"在此处翻译为"停止"，根据英文含义以及第 6 分节条款的内容，将其译为"停止诉讼"或"撤销诉讼"或许更准确全面。为了术语的统一，本书尽量沿用《国际法院规约》中文正式版本的术语。

即，本案进入了第 89 条第 2 款规定的"在接到停止的通知时被告国对诉讼已经采取某些步骤"的阶段，因此，该案的停止需要满足"法院应确定期限，在这期限内，被告国得说明是否反对诉讼的停止。如果在期限届满以前，对停止未提出反对意见，则将推定为默认"的条件。厄瓜多尔代理人在 2013 年 9 月 12 日的函件中希望终止这一案件的诉讼程序，该函件副本被立即送达哥伦比亚政府，哥伦比亚政府也同日致函通知国际法院。本案由于双方达成协议同日均同意停止诉讼，国际法院就无需确定等待被告国意见的期限。

纵观国际法院成立至今（2019 年 5 月），停止诉讼案件（包括本案）共计 28 件，[1] 争端当事国将诉诸国际法院的争端最终以"停止诉讼"的方式结案并非罕见。据国际法院 2013 年统计，从提起诉讼至国际法院到最终宣告判决，平均持续时间为四年。[2] 本案从 2008 年 3 月提起诉讼到 2013 年 9 月，诉讼阶段还未进入口述程序就已耗时 5 年有余，当事国为了支持各自的主张，提交了大量的诉讼材料，厄瓜多尔诉状的一附件集（Memorial of Ecuafor Volume Iv Annexes）就多达 1023 页，[3] 这些书状及书面资料极为冗长，相当程度影响了诉讼效率。在何时宣告判决不明朗的情形之下，通过"停止诉讼"的方式结案，并且两国达成"全面最终解决厄瓜多尔在案件中对哥伦比亚的所有权利主张"的一项协议，对于本案可谓是圆满结局。

"停止诉讼"至少在本案中具有以下几点积极意义：①当事国对案件投入极大的人力、物力成本而受益甚微时，通过"庭外和解"节省了争端解决成本。即使法院最终宣告厄瓜多尔胜诉，实际赔偿很有可能遥遥无期。"在尼加拉瓜境内危害尼加拉瓜的军事活动和准军事活动（尼加拉瓜诉美国）"案中，国际法院经过两年的审理，于 1986 年 6 月判决宣告美国败诉并要求美国为其违反国际法的义务而给尼加拉瓜造成的一切损害提供赔偿，国际法院还裁定，"如果当事双方不能达成协议，则这一赔偿的形式和数目将由法院决定"，为此保留以后提起诉讼的程序。此后两国未能达成赔偿协议，国际法院继续处理案件，直到 1991 年 9 月尼加拉瓜决定放弃所有根据该案采取行动的进一步

---

〔1〕 根据国际法院官方网站（https://www.icj-cij.org/en/cases-by-phase.2019 年 6 月 4 日访问）公布的资料做了统计。

〔2〕 The International Court of Justice: *Hanbook*, 2013, p.50.

〔3〕 https://www.icj-cij.org/files/case-related/138/17546.pdf.2019 年 6 月 4 日访问。

权利，根据《国际法院规约》第 89 条规定通过停止诉讼的方式结束了此案。[1] 相比之下，本案在实质问题审理还未结束之前，通过"停止诉讼"结案而大大提高了争端解决的效率。②停止诉讼的方式有利于当事国履行双方达成协议。通过诉讼结案，胜诉分明（包括一方部分胜诉、部分败诉），败诉一方往往不愿意主动承担法院判决的国际责任。如果有义务的一方拒绝执行判决，另一方则有权采取符合一般国际法的报复措施。此外，当事国也可按照《联合国宪章》第 94 条第 2 款的规定，向安全理事会申诉。安全理事会如认为必要时，可以作成建议或决定应采办法，以执行判决。无论是单方制裁还是执行安理会决议，一是经历复杂长期的各种法定阶段，二是不利于当事国之间保持和平友好关系。本案中双方自愿达成全面解决争端的协议，并设立了确保协议履行的联合委员会，同时建立了一个争端解决机制，这些均有利于双方切实解决争端。③停止诉讼的争端解决方式并不简单地等同于协商谈判解决。厄瓜多尔提起诉讼时已经指出，其"一再持续努力通过谈判结束喷药活动"，但"这些谈判都没有取得成功"。国际法院在本案中作为独立司法机构的第三方，在书面审理中至少发挥了斡旋的作用，而双方通过交换诉状、辩诉状、答辩状以及复辩状，以法律专业的角度理性地分析和回应了对方的诉求和事实证据。可以说，双方在充分了解彼此的国际法依据和理清事实的基础上，容易达成互谅互让、友好合作的协议。在严格明确的国际法院诉讼程序制约之下，双方达成一致解决争端除了具有协商谈判的主要性质以外，还兼具斡旋、调停、调查、和解的各种因素，其中国际法院起了非常重要的作用。正因为如此，双方感谢"法院为促进友好解决争端所做的贡献"。

（二）本案如何体现尊重国家主权和不损害国外环境原则？

国家主权原则是整个国际法的基础，它当然也是国际环境法的基础和核心，它在国际环境法上的表现形式就是尊重国家主权和不损害国外环境原则，这是在国家主权原则基础上发展起来的一项国际环境法的基本原则。[2] 该原则除在 1972 年《斯德哥尔摩人类环境宣言》、1992 年《里约热内卢环境与发展宣言》等国际文件以及此后的国际条约中得到确认和发展以外，长期的国

---

[1] *General Assembly Official Records Forty-seventh Session Supplement No. 4*，A/47/4（Report of the International Court of Justice，1 August 1991–31 July 1992），paras. 24~32.

[2] 林灿铃：《国际环境法》（修订版），人民出版社 2011 年版，第 157 页。

际争端法律解决实践中也得到了反复具体适用。

早在 1941 年裁决的特雷尔冶炼厂案中，仲裁庭就指出："根据国际法原则以及美国法律，没有一个国家在使用其领土或允许他人使用其领土时，有权以烟雾对另一国领土或其中的财产及人员造成损害，如果这种损害导致严重后果且损害被明确而令人信服的证据所证明的话。"国际法院在 1949 年的科孚海峡案判决中进一步认为："每个缔约国都有义务阻止故意使其领土被用于违反另一国权利的行为。"〔1〕因此，一国必须运用其掌握的一切手段，以避免在其领土上，或在其管辖下的任何地方发生的活动对另一国的环境造成严重损害。国际法院已经将这一义务确定为"有关国际环境法的主体组成部分"。〔2〕

本案中，哥伦比亚为了消除生长在本国一侧边境地区的古柯和罂粟，利用飞机大面积空中喷洒除草剂，这是哥伦比亚为消除这种植物用于可卡因生产所做斗争的一部分，也是国际法上行使主权的具体行为，应当受到国际社会的尊重。但是，哥伦比亚有义务运用其掌握的一切手段，以避免在其领土上喷洒除草剂的活动对其邻国厄瓜多尔的环境造成严重损害。厄瓜多尔认为，哥伦比亚空中喷洒的行为给厄瓜多尔的民众、庄稼、动植物以及生态环境等造成了严重影响，哥伦比亚甚至跨越两国之间边界从空中喷洒有毒除草剂。如前所述，由于尊重国家主权和不损害国外环境原则已经确立，厄瓜多尔的主张被明确而令人信服的证据所证明的话，其国际法根据是充分的。本案的主要争论点在于，如何证明是否存在厄瓜多尔遭受严重损害的事实以及该损害是否由哥伦比亚的喷洒行为导致。哥伦比亚认为厄瓜多尔既没有证明存在重大损害，也没有证明任何此类损害是由空中喷洒行为造成的，同时，哥伦比亚主张在防止越境损害方面已尽了适当谨慎义务。

2006 年乌拉圭河纸浆厂案中，国际法院坚持了"举证责任在于原告"这一既定原则适用于该案原告和被告所认定的事实（但这并不意味着被告不应配合提供其可能掌握的有助于国际法院解决争端的证据）。国际法院认为，虽然风险预防方法在解释和适用相关规约的条款方面具有合理性，但该方法的

〔1〕 *Corfu Channel* (*United Kingdom v. Albania*), Merits, Judgment, I. C. J. Reports 1949, p. 22.

〔2〕 *Legality of the Threat or Use of Nuclear Weapons*, Advisory Opinion, I. C. J. Reports 1996 (I), p. 242 (para. 29).

使用并非举证责任倒置，国际法院也否定了当事双方负有平等举证的责任。以国际法院对过去举证责任的态度来判断，本案的举证责任依然由原告厄瓜多尔承担（虽然哥伦比亚也应配合提供其可能掌握的有助于国际法院解决争端的证据），同时根据国际法院的历来案件来看，对于环境损害以及因果关系的主张和证据很难被国际法院认可。

在这种背景之下，当事双方自愿达成"全面最终解决厄瓜多尔在案件中对哥伦比亚的所有权利主张"的协议体现了尊重国家主权和不损害国外环境原则。该协议设立了一个哥伦比亚不进行空中喷洒作业的禁区，以确保在该区域外的喷洒作业不会造成除草剂漂入厄瓜多尔。该协议还规定，只要除草剂没有飘入厄瓜多尔，就逐步缩减所述区域范围。该规定也充分体现了尊重国家主权的国际法基本原则。通过协议，两国建立了保障协议切实履行的一个联合委员会和争端解决机制。这些措施都是尊重国家主权但不损害国外环境这一国际环境法基本原则的具体适用。

二十四、莱茵河氯化物污染治理费用核算仲裁案

基本案情

莱茵河是欧洲的重要航道及沿岸国家的供水水源，对欧洲社会、政治、经济发展起着重要作用。19 世纪下半叶以来，随着工业复苏和城市重建，莱茵河流域工业化加速，莱茵河周边建起密集的工业区，以化学工业和冶金工业为主。伴随着一个多世纪的工业化进程，莱茵河流域先后出现了严重的环境污染和生态退化问题，其中河水中氯化物浓度过高就是需要治理的重点领域之一。在这样的背景下，荷兰和法国因氯化物减排中的成本核算及费用返还问题产生了纠纷。

荷兰诉法国的莱茵河氯化物污染治理费用核算仲裁案 [The Rhine Chlorides Arbitration concerning the Auditing of Accounts (The Netherlands/France)] 是海牙常设仲裁法院 (Permanent Court of Arbitration，PCA，也称海牙仲裁法院) 裁决的案例（案例号 2000-02），1999 年 10 月 21 日受理，2004 年 3 月 12 日裁决，历时四年有余。本案是关于缔约国根据 1976 年《莱茵河氯化物污染防治公约》的 1991 年《附加议定书》的规定，在财务责任方面产生的争端。

1976 年法国、荷兰、卢森堡、德国和瑞士通过了《莱茵河氯化物污染防治公约》（1985 年 1 月 5 日生效），其目的是要求降低莱茵河中的氯化物含量，而法国、德国和荷兰要对氯化物的排放负主要责任。但是法国与德国、荷兰不同的地方是，法国氯化物的来源非常单一且明确——阿尔萨斯钾矿。因此，该《公约》直接要求法国降低钾矿排放的氯化物，并且设立了一个资金机制来分担法国的减排成本：法国承担 30%，德国承担 30%，荷兰承担 34%，瑞士承担 6%。该《公约》目标是要将排放到莱茵河中的氯化物降到 60

千克/秒以下。[1]第一阶段，法国应当在阿尔萨斯钾矿地下建立一处设施，其处理氯化物能力至少能达到 20 千克/秒。第二阶段，法国再改进钾矿的生产工艺，进一步降低排放。但是法国在实施第一阶段的义务时就遇到不少现实困难。因此，1991 年《附加议定书》取消了法国第二阶段的义务，而是引入了一种新的计量方式：当莱茵河位于德国-荷兰边界这一段的水体中氯化物的浓度连续 24 小时超过 200 毫克/升时，法国就要减少氯化物排放并且暂时将氯化物存放在陆地上，直到莱茵河水中氯化物浓度降低到上述浓度以下。此外，荷兰也需要在国内采取措施限制莱茵河支流艾瑟尔河（Ijsselmeer）中的氯化物浓度。

《附加议定书》基于污染者负担原则确立了分配治理费用的机制：德国（30%）、法国（30%）、荷兰（34%）、瑞士（6%）。此外，在 1991 年至 1998 年间还建立了最高 4 亿法郎和 3237 万荷兰盾的资金，让法国和荷兰减少污染物。《附加议定书》的附件三规定了资金的支付和计算办法，如果法国和荷兰治理费用超过此上限，则免除其治理责任；如果没有超过此资金量，截至 1998 年 12 月 31 日，法国和荷兰则需要将剩余费用返还。实际上，法国氯化物的储存量远低于缔约方制定的上限，因此法国需要返还部分费用。返还费用的计算方法引发了本案争议。这一案件的争议焦点在于根据《附加议定书》的附件三，治理成本应当如何核算？返还费用到底是多少？由于法国存储的氯化物量不多，远低于预期值，因此每一吨的存储费用都比预算的费用高。荷兰主张存储成本应当按照《附加议定书》中阐明的每吨费用进行计算。而法国认为应当按照每吨氯化物的实际存储成本来核算应当返还的费用。

仲裁庭在 2000 年由三人组成（荷兰指定一名，法国指定一名，第三名仲裁员由前两位指定）。仲裁庭于 2004 年 3 月 12 日发布了裁决。

---

[1] BOISSON DE CHAZOURNES, Laurence, *The Rhine Chlorides Arbitration Concerning the Auditing of Accounts（Netherlands - France）- Its contribution to international law*, Available at http://archive - ouverte. unige. ch/unige：42021.

诉讼请求

根据《维也纳条约法公约》第 31 条[1]和 32 条[2]的规定，在条约解释一般规则的各个要素中，何者更为重要以及第 31 条和第 32 条的关系等问题上，争议双方存在很大分歧。荷兰认为，条约解释的决定性要素在于条款的本来意思；而法国认为，条款本身只是出发点，其他因素也应当予以考虑，例如善意、上下文、条约目的及宗旨。关于《维也纳条约法公约》第 31 条和 32 条的关系，荷兰认为只有当第 31 条导致含义不清或者缺失或者带来不合理结果时，才能参考第 32 条的解释办法。而法国认为第 32 条不应当与条约解释的一般规则相分离。基于解释方法的不同，荷兰认为应当将法国存储和移除的氯化物吨数乘以议定书中载明的 61.5 法郎/吨，再加上设施建造成本。而法国主张议定书中规定的 61.5 法郎/吨的价格仅仅是用来计算治污费用的上限的，由于实际处理的氯化物量少，处理的价格比预期高，因此应当用实际的存储和移除氯化物的成本数。基于这两种方法的差异，如果按照荷兰方案计算，法国要返还约 1 亿法郎资金，如果按法国方案，则只需返还 5000 万左右法郎资金。

裁决

仲裁庭认为《维也纳条约法公约》第 31 条所确立的各个因素应当被视为一个整体，并且第 32 条规定的补充资料可用于确认第 31 条的含义，也可在适用第 31 条导致语义模糊不清时适用第 32 条进行补充。基于对《附加议定书》条款、其上下文、目的和宗旨、条约谈判记录以及缔约方后续行为的检

---

　　[1]《维也纳条约法公约》第 31 条 解释之通则：一、条约应依其用语按其上下文并参照条约之目的及宗旨所具有之通常意义，善意解释之。二、就解释条约而言，上下文除指连同弁言及附件在内之约文外，并应包括：（甲）全体当事国间因缔结条约所订与条约有关之任何协定；（乙）一个以上当事国因缔结条约所订并经其他当事国接受为条约有关文书之任何文书。三、应与上下文一并考虑者尚有：（甲）当事国嗣后所订关于条约之解释或其规定之适用之任何协定；（乙）嗣后在条约适用方面确定各当事国对条约解释之协定之任何惯例。（丙）适用于当事国间关系之任何有关国际法规则。四、倘经确定当事国有此原意，条约用语应使其具有特殊意义。
　　[2]《维也纳条约法公约》第 32 条 解释之补充资料：为证实由适用第 31 条所得之意义起见，或遇依第 31 条作解释而：（甲）意义仍属不明或难解；或（乙）所获结果显属荒谬或不合理时，为确定其意义起见，得使用解释之补充资料，包括条约之准备工作及缔约之情况在内。

视，仲裁庭认为《附加议定书》中确定的 61.5 法郎/吨的价格属于包干费的性质，无需考虑后来存储量的变化。仲裁庭计算了法国应返还的资金（1.189亿法郎）以及法国应偿还的利息（1000 万法郎）。[1]

问题提炼

1. 跨界河流治理的途径。
2. 条约解释的要素和规则是什么？

解析

（一）跨界河流治理的途径

在跨界河流治理历程中，多国合作的起步阶段是最困难的，需要达成共识、确定问题在哪里。

莱茵河流域治理可追溯至 20 世纪中叶，1950 年 7 月，由荷兰提议成立莱茵河保护国际委员会（ICPR），早期成员有荷兰、德国、卢森堡、法国和瑞士，共同应对莱茵河污染问题。ICPR 成立初期走过不少弯路，经过 60 多年不断改进，该组织已发展成较为成功的合作机构。它不仅设有政府组织和非政府组织参加的监督各国计划实施的观察员小组，而且设有许多技术和专业协调工作组，包括水质、生态、排放、防洪、可持续发展规划等工作小组，将治理、环保、防洪和发展融为一体，形成了统筹兼顾、综合治理的科学理念和整体战略。

首先，莱茵河沿岸国树立了一体化系统生态修复理念。在欧洲工业化进程中，莱茵河沿岸各国都对其进行了大规模的开发，采取了大量的工程措施，如筑坝、河道疏浚，以及裁弯取直、截断小支流等，河流空间因此遭到蚕食，引发许多不良结果。当沿岸国意识到过多的人为作用对河流自然发展规律的破坏，莱茵河流域治理开始探索河流的动态和一体化治理，即注重工程和非工程措施的结合，以及源头控制、分散治理。

其次，针对当时莱茵河面临的污染问题，沿岸国把建立检测机构并兴建污水处理设备，确定为优先解决的问题，这不仅体现了以科学方法和实事求是为原则，而且找准了问题的突破口，达成了共识的基础。ICPR 最初确定为

---

[1] https://pca-cpa.org/en/cases/31/.

对莱茵河污染进行调查研究，并对氯化物污染源进行调查。调查结果显示，法国钾矿排放物占据氯化物污染源之首（占总排放量的1/3），德国位居第二。与此同时，ICPR成员国意识到，在处理莱茵河污染问题上需要专门的组织进行协调并提供建议。1976年，各成员国签署了《控制化学污染公约》《控制氯化物污染公约》，要求各成员国建立监测系统和水质预警系统，控制化学物质的排放标准。

再次，建立量化指标体系和各种生态修复模式。为了确保水体保护与治理的有效性，保护莱茵河委员会在莱茵河及其支流建立了水质监测站，从瑞士至荷兰共设有57个监测站点，通过最先进的方法和技术手段对莱茵河进行监控，形成监测网络。每个监测站还设有水质预警系统，通过连续生物监测和水质实时在线监测，能及时对短期和突发性的环境污染事故进行预警。ICPR和莱茵河水文组织（CHR）于1990年共同开发了"莱茵河预警模型"，对莱茵河水质进行实时监测，防止突发性污染事故。

最后，还建立了流域信息互通平台。ICPR致力于推动行动计划的有力实施，同时注重各国间的密切合作与协调。其所建立的"国际警报方案"是莱茵河沿岸各国的信息互通平台，当发现污染物时，在瑞士、法国、德国和荷兰设置的7个警报中心能够及时沟通，迅速确认污染物来源，并发布警报。

（二）国际条约解释规则

仲裁庭认为《维也纳条约法公约》第31条构成了一个不可分割的整体，其要素为解释缔约方的合意和条约目的提供了基础。条约文本并不仅仅限于其字句的原始含义，还需要综合善意原则、上下文、条约的宗旨和目的等。此外，为了解释条约，其文本也仅仅是组成条约上下文的要素之一。条约的用语不是孤立的，它总是出现在特定条约的特定条款的具体位置，有其特定的语境。相应地，条约用语的通常意义也不是抽象的，它必须在具体所处的上下文中得以识别、确定，而且必须把条约当作一个整体来看待。在这一整体中，在上下文中确定每个具体用语的通常意义，而绝不能把它从其所处的具体上下文中割裂开来孤立地解释。

此外，关于《维也纳条约法公约》第31条和第32条的关系问题，仲裁庭综合了以往的裁判经验，认为即使无需参考第32条提供的条约解释方法，而仅仅适用第31条就可以获得清楚的结果，也不能排除仲裁庭运用第32条来证实其推理的合理性。因此，仲裁庭还参考了议定书谈判时的记录文件和当时的谈判背景，来确定条约含义。

法国和荷兰争议的焦点在于二者对《附加议定书》附件三的第 4.2.1 条中出现的"comparaison［comparison］"的表述含义认定不同。第 4.2.1 条规定为了进行最后的核算，可在以下两项中进行比较：①附件三第 2 条的费用上限；②投入费用（dépenses engagées）。从法国角度看，"比较"一词和附件三第 3.2.3 条中"différence"一词是有所区别的，这意味着实际存储成本和费用上限之间可以区别对待。这也是附件三确立的两种计算方法的证据。从荷兰的角度看这一现象与法国正相反，"différence"一词仅指当实际存储费用低于费用上限时的情况。也就是荷兰认为只有当法国的治理费用低于议定书确定的数额时才有"比较"的必要性，法国也就有义务对多余费用予以返还。

仲裁庭认为"comparaison"一词在法语中的通常含义，在数学差异上与"différence marhématique"是同义词，指的是能够用数字表示的两个数量。法国也无法说明缔约方有意要将"comparaison"一词用于计算实际成本的一种方式。此外，"dépenses engages"和"dépenses effectuées"也是同义词，相当于"支出"或者"付出"的开支。并且"dépenses effectuées"（支出）这一用词不仅仅出现在附件三的第 4.2.1 条，还出现在第 1.2.6 条中。第 1.2.6 条款明确规定了每年氯化物存储的"dépenses effectuées"（支出）单价以 61.5 法郎/吨计算。因此，法国的主张在《附加议定书》附件三的第 1.2.6 条和第 4.2.1 条中是矛盾的。

为了对条约做出准确的解释，仲裁庭按照《维也纳条约法公约》第 32 条查阅了 1987 年至 1991 年间的一系列材料，包括某一缔约方提出的草案和建议、科学报告、提交给工作组用以拟定《附加议定书》草案的文件、为保护莱茵河召开的国际会议的备忘录等。仲裁庭查阅了以上所有文件，才得出 61.5 法郎/吨的价格是固定的包干费性质，而不问实际成本，这也是体现在文件中的缔约方的真实意图。

本案例的启示与意义

本案强调了跨界河流进行环境保护的经济要素，其中针对某种特定污染物或者污染行为开展治理的成本分配机制是关键要素，也是跨界河流治理的难点。本案例同时揭示了在国际合作治理跨界河流污染时，需要考虑到资金筹集、分配和返还机制，并考虑其机制的灵活性以应对难以预期的变数。

二十五、麦塔克勒德公司诉墨西哥政府案

基本案情

麦塔克勒德（Metalclad）是一家根据美国特拉华州法律设立的公司（以下简称"麦氏公司"），其业务是进行危险废弃物的填埋处理，通过其全资子公司 Eco-Metalclad Corporation，持有一家墨西哥公司 Ecosistemas Nacionales, S. A. de C. V. （以下简称"ECONSA 公司"）100%的股份。1993 年 ECONSA 公司购买了一家墨西哥公司 Confinamiento Tecnico de Residuos Industriales, S. A. de C. V. （以下简称"COTERIN 公司"），以取得和运营 COTERIN 公司设在墨西哥的圣路易斯波托西州（San Louis Potosi，以下简称"圣路易斯州"）瓜达卡扎市（Guadalcazar）的 La Pedrera 山谷里的危险废弃物转换站和填埋处理厂。COTERIN 公司是垃圾处理厂许可文件上记录的所有权人，在 1990 年时，墨西哥联邦政府就授权 COTERIN 在瓜达卡扎市建设和运营一家危险废物转换站。1993 年 4 月 23 日，麦氏公司与 COTERIN 公司签订了合同，约定麦氏公司有权购买 COTERIN 公司及其建设该危险废物处理厂特许权。COTERIN 公司分别获得了墨西哥国家生态机构授予的联邦许可和圣路易斯州政府授予的州土地使用权许可 1993 年 8 月 10 日，墨西哥国家生态机构授予了麦氏公司联邦运营许可。

1993 年 9 月 10 日，麦氏公司依照其与 COTERIN 公司的合同，购买了 COTERIN 公司以及 COTERIN 公司处理厂土地和各种许可。1994 年 5 月，在获得了墨西哥国家生态机构授予的联邦建设许可之后，麦氏公司开始公开建设危险废弃物处理厂，在此期间并未受到干扰。然而，在麦氏公司并购了 COTERIN 公司后不久，圣路易斯州长就着手进行了一系列阻挠该废弃物处理厂运营的活动，包括公众运动、行政行动、司法以及立法活动。1994 年 10 月 26 日，市政府要求中断项目活动，理由是未获得市政府的建设许可。1994 年

11 月 15 日，麦氏公司向瓜达卡扎市提出了许可申请，并且公开地在继续其投资活动，麦氏公司的申请在瓜达卡扎市的城镇地方议会的会议上被拒绝，并且麦氏公司并未收到任何通知或者邀请，亦未被给予机会出席会议。1995 年 12 月 5 日，瓜达卡扎市政府正式拒绝了麦氏公司的建设许可申请，这份拒绝通知正好是在工厂完工后，并且恰好是在 1995 年 11 月 25 日，麦氏公司和墨西哥政府签订允许垃圾填埋处理厂的运营的合同之后。

1996 年 10 月 2 日，麦氏公司根据《北美自由贸易协定》（North American Free Trade Agreement，NAFTA）第 1119 条〔1〕致函通知墨西哥政府，表明根据 NAFTA 第 1117 条〔2〕，代表其全资子公司 COTERIN 公司提起一项仲裁。1996 年 12 月 30 日，根据 NAFTA 第 1121.2（a）和（b）条，〔3〕麦氏公司向墨西哥政府交付了一份书面同意书和弃权声明，即麦氏公司和 COTERIN 公司都同意按照 NAFTA 的规定进行仲裁，并且放弃依照国内法救济的途径。1997 年 1 月 2 日，根据 NAFTA 第 1120 条，〔4〕麦氏公司向国际投资争端解决中心（International Centre for Settlement of Investment Disputes，ICSID）提交了仲裁申请，请求 ICSID 批准和登记麦氏公司的仲裁申请，并请求适用 ICSID 的《附加便利规则》（ICSID Additional Facility Rules），〔5〕Clyde C. Pearce 作为仲裁申请方麦氏公司的案件代理人。本案的被申请方是墨西哥国家政府，Lic. Hugo Perezcano Diaz 作为墨西哥的案件代理人。1997 年 1 月 13 日，ICSID 总秘书通知各方，批准麦氏公司申请适用《附加便利规则》，并于当天发布了案件受理登记凭证。1997 年 5 月 19 日，ICSID 总秘书通知各方仲裁庭组建，由 Sir Elihu

---

〔1〕 参见 NAFTA 第 1119 条 "Notice of Intent to Submit a Claim to Arbitration"。

〔2〕 参见 NAFTA 第 1117 条 "Claim by an Investor of a Party on Behalf of an Enterprise"。

〔3〕 NAFTA 第 1121.2 条：A disputing investor may submit a claim under Article 1117 to arbitration only if both the investor and the enterprise: (a) consent to arbitration in accordance with the procedures set out in this Agreement; and (b) waive their right to initiate or continue before any administrative tribunal or court under the law of any Party, or other dispute settlement procedures, any proceedings with respect to the measure of the disputing Party that is alleged to be a breach referred to in Article 1117, except for proceedings for injunctive, declaratory or other extraordinary relief, not involving the payment of damages, before an administrative tribunal or court under the law of the disputing Party.

〔4〕 参见 NAFTA 第 1120 条 "Submission of a Claim to Arbitration"。

〔5〕 根据 NAFTA 第 1120.1（b）条，争议方的投资者可根据 ICSID《附加便利规则》提交其仲裁请求，前提是被指控为违反 NAFTA 第 1117 条的争议当事国（本案即墨西哥）和投资者母国（本案即美国），二者中有且仅有一方是《解决国家与他国国民间投资争端公约》（ICSID）的缔约国。美国是 ICSID 的缔约国，而墨西哥不是。因此，ICSID 的《附加便利规则》可适当地管辖这类仲裁程序。

Lauterpacht，Benjamin R. Civiletti 和 Jose' Luis Siqueiros 担任仲裁员，由 Alejandro A. Escobar 担任仲裁庭的秘书，仲裁程序正式开始。经各方同意，1997 年 7 月 15 日在美国华盛顿举行了仲裁庭第一次会议，根据《附加便利规则》第 21 条，[1] 仲裁庭决定仲裁地选定在加拿大不列颠哥伦比亚省温哥华市，各方接受了仲裁庭这一决定。本案适用的法律主要是 NAFTA 和其他可适用的国际法规则。之后，当事方相互多次请求对方提交有关材料文件。1997 年 10 月 14 日开始，麦氏公司提交案件具体内容的申请状，此后，双方开始进入案件具体内容的申请状与答辩状的提交，并在此期间申请一系列的延期，以及提交了对对方书状的答辩、反驳、申请排除等，同时申请对方提交新的文件等。经各方同意，1999 年 8 月 30 日，在美国华盛顿举行了一次听证会，双方都有证人出庭。本案最终于 2000 年 8 月作出裁决，并于当月 30 日向当事方送达了裁决书。

仲裁请求

1. 裁决墨西哥违反了 NAFTA 第 1105 条[2]的规定，未能给予麦氏公司符合国际法的待遇，并且应当赔偿麦氏公司的损失。——NAFTA 的每一个缔约国应"给予其他缔约国的投资者的投资符合国际法的待遇，包括公正和公平待遇以及充分保护和安全"。

2. 裁决墨西哥违反了 NAFTA 第 1110 条[3]的规定，裁定其征收行为不合法，并针对其征收行为给麦氏公司造成的损害进行补偿。

裁决

仲裁庭于 2000 年 8 月作出裁决，墨西哥国家对于其州政府和市政府的行为在国际法上负有责任，因而墨西哥对地方政府的行为承担国家责任。仲裁庭认为墨西哥违反了 NAFTA 第 1105 条要求对麦氏公司提供公平与公正待遇以及 NAFTA 第 1110 条关于征收的规定，仲裁庭裁定，墨西哥应在自本裁决作出之日起 45 天内向麦氏公司支付 16 685 000 美元。在此期限之后，未付的

---

[1] 参见 ICSID《附加便利规则》第 21 条。

[2] 参见 NAFTA 第 1105 条 "Minimum Standard of Treatment".

[3] 参见 NAFTA 第 1110 条 "Expropriation and Compensation".

裁决赔偿金或任何因此产生的未付金钱，将按月 6% 的复合利率计算。关于仲裁所产生的费用，仲裁庭裁定由各方承担各自的花费，预付给 ICSID 的仲裁费也由当事方各承担一半。

问题提炼

1. 墨西哥国家对州政府和市政府的行为是否承担国家责任？
2. 墨西哥为何违反了公平与公正待遇？
3. 如何平衡东道国的环境保护与投资者利益保护？

解析

（一）国家对本国地方政府的行为负有责任

国家对本国地方政府的行为应当承担责任，在地方政府的行为具有涉外性质时，国家则可能对地方政府的行为在国际法上负有国家责任。1975 年，联合国国际法委员会《关于国家责任的条款草案》第 10 条已经阐明了这一点，虽然并未正式生效，但可以认为是对当时的国际法规则的陈述："一个国家领土上的政府实体的机关，或者一个被授权行使政府权力要素的实体的行为，这个实体以这种资格做出的行为，在国际法中应被视为该国家的行为，即使在特定情况下，该机关根据其国内法超出其权限或者违反关于其活动的指令。"[1] 根据 2001 年国际法委员会第五十三届会议的工作报告，《国家对国际不法行为的责任草案》中第二章第 4 条、第 5 条中陈述的行为，都可以归于国家，包括一国内机关的行为，无论该机关行使何种职能，也无论其是该国中央政府机关或领土组成上的其他机关，即使不是第 4 条所指的国家机关，只要经该国法律授权而行使政府权力要素的实体的有关行为也视为国家行为。[2] 相关的国家责任草案虽然尚未生效，但是已经在国际实践中得到了广泛的援引和认可，如乌拉圭河纸浆厂案、哥斯达黎加与尼加拉瓜的圣胡安河案等案例中也都援引了有关草案。[3]

---

〔1〕 *Yearbook of the International Law Commission*, 1975, Vol. II, p. 61.

〔2〕 *Yearbook of the International Law Commission*, 2001, Vol. II, p. 26.

〔3〕 1949 年 4 月举行了联合国国际法委员会第一届会议，确定国际法委员会的工作任务是"拟订国际法的新规则，并致力于更明确地表述和系统地整理现有的国际习惯法"。参见联合国新闻部编：《联合国手册》（第 10 版），张家珠等译，中国对外翻译出版公司 1988 年版，第 412 页。

在本案中，墨西哥承认其地方政府的行为受 NAFTA 约束，墨西哥过去和现在都认可国家责任的一般规则的适用，也就是说，墨西哥可以对其各级政府的国家机关的行为在国际法上负责。NAFTA 第 105 条[1]规定：各缔约国必须"确保州政府和省政府已经采取所有必需的措施以使本协定的规定有效，以及遵守本协定的规定，除非本协定另有规定"。根据 NAFTA 第 201.2 条[2]的规定，对州或省的规定的内容，包括该州或省的地方政府。NAFTA 第 1108.1 条规定的对第 1105 条和第 1110 条要求的免除不适用于州政府或地方政府。[3]因此，墨西哥对其州政府和市政府违反 NAFTA 的行为，在国际法上承担国家责任。

（二）公平与公正待遇标准

公平与公正待遇是国际投资法的一个重要的待遇标准，是指东道国对外国投资者的投资及其与投资有关的活动应当给予公平与公正的待遇。公平与公正待遇在绝大多数的投资条约中都有出现，但在不同的投资条约中，该待遇的标准叙述并不一致，有的投资条约中将这种标准与国际法相联系，要求不得低于国际法的要求，也有的投资条约独立地予以规定，投资者应享有公平与公正待遇。

目前的投资仲裁实践中，大多数案件中对于投资条约中的公平与公正待遇的含义主要包括：①正当程序义务，东道国不得拒绝司法，禁止程序不当、判决不公等；②适当注意和保护义务；③善意诚信原则；④透明度要求，东道国对外国投资者的法律法规应当透明，使外国投资者能够有稳定的、可预见的投资环境。[4]但是对于公平与公正待遇的准确标准，以及与国际法要求的联系是没有明确的结论的，例如 NAFTA 第 1105.1 条[5]所要求的，根据国际法要求的公平公正待遇就是有争议的。

（三）对 NAFTA 等投资条约中"根据国际法要求的公平公正待遇"的解释方法

2001 年，NAFTA 的缔约国发布了关于 NAFTA 第 11 章的解释，对于

---

〔1〕 参见 NAFTA 第 105 条 "Extent of Obligations".
〔2〕 参见 NAFTA 第 201.2 条 "Definitions of General Application".
〔3〕 参见 NAFTA 第 1108 条 "Reservations and Exceptions".
〔4〕 韦经建、王彦志主编：《国际经济法案例教程》（第 2 版），科学出版社 2011 年版，第 168 页。
〔5〕 参见 NAFTA 第 1105 条 "Minimum Standard of Treatment".

NAFTA 第 1105.1 条依据国际法的最低待遇标准的解释为：首先，根据第
1105.1 条，国际习惯法的外国人最低待遇标准，就是提供给其他缔约方投资
者的最低待遇标准，这样的解释表明 NAFTA 缔约方认为第 1105 条中的国际
法是指国际习惯法；其次，公平公正待遇和全面保护与安全的概念不要求给
予国际习惯法关于外国人最低待遇标准之外的待遇；最后，如果违反了
NAFTA 的其他规定或者其他独立的国际协定，并不能当然认为也就违反了
NAFTA 第 1105.1 条。缔约国对此做出的解释，使其仅限于国际习惯法，之后
的美国、加拿大的双边投资协定的文本都使用了类似的解释，2004 年《美国
双边投资条约范本》和 2012 年《美国双边投资条约范本》第 5.2 条均规定
"公平与公正待遇指的是国际习惯法的最低待遇标准，没有要求更优惠的或者
附加的待遇"。[1]

　　将 NAFTA 第 1105.1 条中的国际法直接解释为国际习惯法是不正确的，[2]依
照 NAFTA 的条文表述，以及其他的一些投资协定中直接使用的"国际法"的
表述，并不能直接解释为"国际习惯法"，因为这二者完全不同，最明显的就
是解释为"国际习惯法"直接排除了国际条约，各国在不同的国际法领域缔
结了不同的国际条约，而国家的一个行为同时可能涉及多个国际条约的履行，
如果解释为"国际习惯法"那么就不包括国际条约，而排除国际条约的规定
是在减轻国家的履约义务，但是可能会造成国际条约订立的目的和宗旨受到
损害，难以实现。其次，对于国际习惯法的解释和适用也存在难题，国际习
惯法是在不断地变化和发展的，例如公海自由原则是一项国际习惯法，但是
其含义也在发生变化。从 1958 年《日内瓦公海公约》第 2 条和 1982 年《联
合国海洋法公约》第 87 条的规定就能反映出各国对公海自由的理解发生了变
化，《日内瓦公海公约》第 2 条规定了航行自由、捕鱼自由、铺设海底电缆和
管道的自由、飞行自由，[3]而《联合国海洋法公约》第 87 条规定的"公海
自由"则包括航行自由、飞越自由、铺设海底电缆和管道的自由、建造国际
法所容许的人工岛屿和其他设施的自由、捕鱼自由、科学研究自由，[4]可见，

---

〔1〕　Rudolf Dolzer, Christoph Schreuer, *Principles of International Investment Law*, 2012, pp. 136~137.

〔2〕　当然，基于关于条约缔结和修改的理论，以及根据《维也纳条约法公约》第 40 条"多边条约之修正"，NAFTA 的各缔约方有权一致地修正其中的条款。

〔3〕　参见《日内瓦公海公约》第 2 条。

〔4〕　参见《联合国海洋法公约》第 87 条。

在 1982 年以后，大多数国家认可的公海自由增加了两项——建造国际法所容许的人工岛屿和其他设施的自由、科学研究自由。这可以证明各国的法律确信，同时也对公海上的国家实践产生了影响，说明国际习惯法规则是在变化发展的。随着国际法的发展，社会的变革，公平与公正待遇的国际习惯的标准也在发生改变，那么一个国际投资协定中如果约定了"国际习惯法的标准"应当如何解释呢，是应当按照投资协定签订时的国际习惯法的标准，抑或是按照案件发生时或者争端解决的时候的国际习惯法标准来解释？

《维也纳条约法公约》关于条约的解释规则，被普遍认为是对国际习惯法的编纂，因而《维也纳条约法公约》关于条约解释的条文也被当作习惯法规则在使用，被国际司法机构和仲裁机构广泛使用。例如，在美国汽油标准案〔1〕和日本酒精饮料税案〔2〕中，WTO 上诉机构明确指出，《维也纳条约法公约》第 31、32 条是国际习惯法规则。关于《维也纳条约法公约》第 31、32 条的解释规则的内容，要求在善意解释的前提下，首先考虑条约的用语本身通常的意思，其次按照在上下文〔3〕中的概念解释，最后参照条约的目的和宗旨，〔4〕并且这项规则并不包含法律上的上下等级关系。〔5〕此外，还需要考虑科技发展、国际关系、国际政治经济等问题对条约履行的影响，对条约内容予以恰当的解释。在解释一个投资协定中的公平与公正待遇与国际习惯法的关系时，在文本字面文义解释基础上，应当参照上下文，以及与上下文一并考虑的适用于当事国间关系的任何有关国际法规则，这使得在解释和适用投资协定这一条款时，必须考虑缔约时和现在的国际法规则，自然就包括缔约时的国际习惯法和现在的国际习惯法。而通常案件的法律适用问题，首先看所争议的行为是否持续至今，如果持续至今，可能适用现在的国际习惯法的规则，而如果是对过去已经中断的行为的争议，一般适用当时的国际法，即

---

〔1〕 United States-Standards for Reformulated and Conventional Gasoline, WT/DS2/AB/R.

〔2〕 Japan-Taxes on Alcoholic Beverages, WT/DS31/AB/R.

〔3〕 根据《维也纳条约法公约》第 31 条第 2 款和第 3 款的规定，"上下文"一词还包括"全体当事国间因缔结条约所订与条约有关之任何协定；一个以上当事国因缔结条约所订并经其他当事国接受为条约有关文书之任何文书"。并且与"上下文"一同被考虑的还包括：当事国嗣后所订关于条约之解释或其规定之适用之任何协定；嗣后在条约适用方面确定各当事国对条约解释之协定之任何惯例；适用于当事国间关系之任何有关国际法规则。

〔4〕 参见《维也纳条约法公约》第 31 条。

〔5〕 李浩培：《条约法概论》，法律出版社 2003 年版，第 351、352 页。

不能以现在的法律要求来调整过去事件的权利义务。但在解释时，应特别注意要使投资协定的目的和宗旨得到实现，如果缔约时的国际习惯和争端解决时的国际习惯不同，在选择适用的国际习惯法对于公平与公正待遇标准时，应当适用最能平衡投资者与东道国利益的标准来裁决。

（四）本案中墨西哥违反了公平与公正待遇

在本案中，仲裁庭对于墨西哥是否违反公平与公正待遇，采取的是条约解释的办法，通过对 NAFTA 的上下文和目的宗旨的考量，将透明度作为衡量公平与公正待遇的一个标准。透明度是规定在 NAFTA 第 1 章第 102 条 "目的" 中的，以及在第 18 章中以一般形式的义务进行了规定。本案中麦氏公司的诉求是基于第 11 章的公平与公正待遇和征收问题的，仲裁庭援引 NAFTA 其他部分的规定来判断公平与公正待遇属于条约解释规则的范畴，尤其是当没有明确的标准判断第 1105.1 条公平与公正待遇的标准时，仲裁庭援引第 102 条 "目的"，将透明度作为了一项原则，认为所有与为发起、完成和成功运营既有投资或拟议投资的目的有关的法律要求都能够容易被所有受影响的其他缔约国的投资者所知晓，而不应存有怀疑或者不确定性，并且一旦缔约的东道国中央政府意识到存在被误解或疑惑的可能性，就有义务立即采取正确的行动，明确自己的立场，作出清晰的陈述，使得投资者可以确信自己是在依据所有有关的法律，合理地迅速地行事，并且明确表达了 NAFTA 促进跨境投资，消除障碍的目的。本案中，恰好墨西哥和地方政府的行为没有为麦氏公司的投资提供便利，消除障碍，但是在麦氏公司依照谨慎的注意义务行事时，即麦氏公司并没有大的过错，墨西哥国内没有明确的法律制度，以及地方政府超越职权做出行政行为，破坏了 NAFTA 促进跨境投资的一个目的和宗旨。

（五）东道国管理环境与保护投资者利益的协调

本案的裁决几乎完全忽视了墨西哥对于环境保护管理的国家主权，片面强调了保护投资者的商业利益，将墨西哥的环境管理措施视为违反公平与公正待遇原则和构成间接征收，忽视了东道国的环境保护的利益：①裁决没有提到 NAFTA 序言[1]中提到的，各缔约方应当保证贸易或者投资活动要以与环境保护相一致的方式进行规定，NAFTA 被称为 "最绿色" 的自由贸易协

---

[1] 参见 NAFTA 序言。

定，其序言具有非常大的指引性，但是非常遗憾，仲裁庭的裁决完全忽略了这个地方，在对条约进行解释时，也忽略了序言部分对于条约目的宗旨的表达，最终直接认为墨西哥必须被裁定为构成间接征收。[1]②裁决没有考虑到墨西哥环境管理的公益性，仲裁庭否认了墨西哥关于环境保护提出的抗辩。墨西哥圣路易斯州政府颁布的《生态法令》，结合了当地的环境实际，要求在进行项目许可时，应当考虑废弃物的填埋对于当地仙人掌、土壤等环境的影响，虽然鉴于《生态法令》颁布的时间，确实有故意针对麦氏公司项目的嫌疑，但是仲裁庭武断地裁定《生态法令》对案件结论没有必然影响，亦认为无需裁定或考虑颁布《生态法令》的动机或意图。[2]③裁决对于 NAFTA 第11 章投资部分的"公平与公正待遇"标准的界定，援引了第 1 章规定的透明度原则，虽然根据《维也纳条约法公约》第 31 条[3]的解释规则，在解释条约的术语时，应当参考上下文和条约的目的宗旨，但是这样的解释颇具任意性，仲裁庭也未对援引透明度原则的理由做出详细的论述，难以使人信服。

麦氏公司虽然谨慎地在遵守墨西哥的国内法，多次向联邦和州政府官员询问，并且多次提交项目进展报告，而墨西哥由于自己本身的立法和执法问题，在违反国际法的同时，地方政府也违反了本国的国内法。但是，墨西哥地方政府出于环境保护的公益目的，应当是值得鼓励的，并且墨西哥的环境权利必须得到尊重。

在事件过程中，墨西哥各级政府对于麦氏公司项目许可力依据的法律问题，涉及东道国国内法的问题，东道国对外国投资者在其境内的投资行为当然具有管辖权，东道国也有依照本国法管理事务的权力，但是本案反映的问题是墨西哥国内的立法和执行过程中出现的问题。在本案中，根据墨西哥国内法，根据对危险废弃物处理环境影响的考量，做决定的权力是属于联邦政府的，而市政府无权对此进行环境影响的考量，地方政府超越职权做出的决定，也导致了墨西哥在本案中败诉，但是地方政府本来是出于环境保护的目

---

〔1〕 See Metalclad Corp. v. United Mexican States, Final Award, 2000, para. 104. 仲裁庭在论述了墨西哥政府的行为后，在裁决书中直接表述结论："Mexico must be held to have taken a measure tantamount to expropriation in violation of NAFTA Article 1110 (1)."

〔2〕 See Metalclad Corp. v. United Mexican States, Final Award, 2000, paras. 109~111.

〔3〕 参见《维也纳条约法公约》第 31 条。

的，此时环境保护与投资保护难免发生冲突，地方政府为了保护环境，本来是基于一个正确的出发点，但却因为法律制度的原因败诉，最终以承担金钱赔偿责任的替代方式保护了环境利益。

二十六、美国诉泰国香烟案

基本案情

1966 年，泰国政府开始禁止进口烟草，并在国内对香烟征收高税，即根据 1966 年《烟草法案》第 27 条，泰国政府不允许进口香烟、其他香烟配料（1966 年《烟草法案》第 27 条的主要内容是对香烟进口实施许可证管理，并课以若干税费），但允许在国内销售国产香烟，而且对香烟征收消费税、营业税、地方税等各种税费。1989 年，美国根据《关税及贸易总协定》（以下简称 GATT）投诉泰国规定。美国提出，泰国政府限制香烟进口的措施与 GATT 第 11 条第 1 款规定的条款内容相违背，同时根据 GATT 第 20 条（b）款和 GATT 第 11 条第 2 款第 3 项证明其合理性也缺乏依据。在与泰国磋商没有结果之后，美国向专家组提出请求，认定泰国政府采取的限制进口措施违背了 GATT 第 3 条（2）款。而泰国则声称，根据 GATT 第 20 条（b）款中的"为保护人类的生命或健康"的相关规定，其采取进口限制措施是合理合法的，它的解释是要使本国政府采取的控制吸烟的措施发生效果，只有通过禁止进口香烟的手段。并且，泰国政府认为进口烟草包括多种化学添加剂、对人体不安全，尤其是美国香烟含有更多的有害物质。专家组认为，虽然进口烟草包括多种添加剂，但没有证据显示这些添加剂对人体有害，因而认为泰国进口限制违反 GATT。同时，专家组支持泰国在国内流通环节对香烟征收高税的做法，因为该规定适用于所有产品。

诉讼请求

1. 美国诉称泰国香烟进口限制违反了 GATT 第 11 条之规定，且并不能根据 GATT 第 20 条（b）款获得正当性。

2. 泰国主张其香烟进口限制基于 GATT 第 20 条（b）款而具有正当性。

裁决

专家组裁决：泰国政府对香烟实施的相关国内税收措施符合 GATT 第 3 条第 2 款，然而，依据 GATT 第 11 条第 1 款，其采取的限制香烟进口措施是错误的；并且根据第 11 条第 2 款第 3 项证明其采取措施的合理性也缺乏理由。专家组还根据第 20 条（b）款，论证了泰国政府采取的相关措施是否正当。世界卫生组织的专家意见也被专家组采纳了。吸烟严重威胁人类的健康，在这一点上，专家组和争端当事方以及 WHO 的专家都是持赞同态度的。所以，采取相关措施来减少对于香烟的消费是符合第 20 条（b）款规定的。例如，专家组支持泰国在国内流通环节对香烟征收高税的做法，因为该规定适用于所有产品。但是专家组也裁定：泰国政府允许本国香烟的生产和出售，但却不允许香烟进口限制的措施，这样的措施与 GATT 第 20 条（b）款"所必需的"的规定不相符合。对于香烟进口限制，需要符合两个方面的因素才能被认定为是第 20 条（b）款下所"必需的"：一是可合理地期望援用方能保证其达到健康政策要求；二是需采取的替代措施与规定的基本义务是相一致的，或没有在程度上对基本义务违反较少的措施。基于这一逻辑，专家组认为，虽然进口烟草包括多种添加剂，但没有证据显示这些添加剂对人体有害，因而认为泰国进口限制违反 GATT，其最终报告指出，泰国政府采取的相关措施不符合 GATT 第 11 条第 1 款，且以第 20 条（b）款证明其正当性也缺乏依据。

专家组最终裁定争议措施违反了 GATT 第 11 条，不属于 GATT 第 20 条（b）款的例外。在该案裁决报告中，专家组对"必需性"的审查借鉴了"美国 337 案"专家组对于 GATT 第 20 条（d）款中"必需性"的认定标准。该案的专家组认为，在诸多可合理采用的措施中，如果存在与 GATT 其他条款不相抵触的措施，就必须适用这样的措施；即使不存在上述措施，如果可能，也必须选择比争议措施"不符程度"更低的替代性措施。"泰国香烟案"专家组认为，有很多可供泰国采用的，既符合 GATT 规定又符合"保护人类……生命或健康"这一目的的替代性措施，例如采取严格标记和充分披露香烟成分的方法以控制香烟的质量，禁止香烟广告、维持烟草专卖或提高香烟的价格可以控制香烟的销售量等。泰国并未选择替代性措施，其对进口香烟的数量限制措施并非"必需"。从法律解释方法上说，专家组主要通过文义解释把握"必需"的含义。只不过，专家组换了一个角度，解释争议措施为什么不是必需的。这种解释在一些学者看来过于严格了。在解释"必要性"的含义时，专家组采用了一种以贸易自由化为考察起点的"反推方法"。或者说，专家组没有正面解释何为"必要性"，而是从何为不必要的角度出发，提出只有在"不存在援引方可被合理地期望去采取的既能实现其健康政策目标，又与GATT基本义务相一致的替代措施，或不存在对GATT基本义务的违反程度更低的措施"时，援引方的有关措施才能符合"所必需的"要求。在大多数情形下，专家组都能设想出一种既与GATT相符或"不一致程度更少"的、又能达到相关目标的替代措施，而援引方要提出令人信服的证据，推翻专家组的上述推论是具有相当大的难度的。

问题提炼

1. 何为公共健康的国际合作？
2. 如何理解GATT第20条（b）款中的"必需的"？
3. GATT第20条（b）款的适用条件？

解析

（一）公共健康的国际合作

人体以新陈代谢的方式同自然环境不断进行着物质交换，通过吸入氧气、呼出二氧化碳，摄入清洁的水与丰富的食物，维持生长、发育和遗传。无论是刀耕火种的年代还是技术革新的今天，自然环境永远是人类生存、繁衍的物质基础。大气圈、水圈、岩石圈与生物圈在太阳能作用下进行的物质循环和能量流动始终同人类的生死存亡休戚相关。然而，18世纪以来技术推动的革命催生人类对发展的盲目信仰，普遍的技术化、工业化和城市化在造福世界的同时也加速了资源的消耗和环境的污染。当淡水危机、土地退化、气候变暖、大气污染等环境因素的异化超出了生态和机体所承受的限度，生态失衡及机体生理功能破坏在很大程度威胁着人类的健康。据世界卫生组织估计，每年有1300万人因患上与环境相关的疾病而死亡，在大气污染严重的城市，呼吸道疾病感染率和死亡率显著上升，仅二氧化碳的排放量就致使世界6.25亿人健康受损。[1]触目惊心的数据正是自然界向人类发出的最严重的警告：

---

[1] http://www.people.com.cn/GB/huanbao/35525/3045862.html.

公共健康的指标直接影响着人类的生存状况，公共健康危机就是人类的生存危机。

公共健康的保护，不仅仅是疾病防治的问题，还涉及环境保护、贸易自由、国内法律政策执行与国际条约履行等领域。全球化时代公共健康问题的解决一方面迫切要求各国政府强化法律约束机制，促进公民的健康状况、改善社会的卫生事业；另一方面也亟须国际合作，在国际层面建立起一个有效分配各国权利义务的国际法律框架，以规范化形式促进各国采取合理、有预见性的措施。

健康是人类生命的物化，是个人生存与发展的前提。公共健康是衡量一个社会文明程度的标准，是社会可持续发展的基石。人类自诞生之日起就没有停止过对健康的追求。联合国大会于1966年12月16日通过的《经济、社会及文化权利国际公约》第12条即规定了"人人有权享有能达到的最高的身心健康的标准"。但另一方面，公共健康是一个棘手的问题，一方面联结着我们在当代最推崇的价值：普遍人权；另一方面也牵动着社会发展的主要动力——经济利益。在国际贸易迅速增长的时代背景下，各国必须重新考虑公共健康全球化问题，妥善处理经济增长失控导致的环境危机同公共健康之间的关系。

（二）如何理解GATT第20条第（b）款中的"必需的"？

GATT第20条（b）款规定在出于保护人类、动物或植物的生命或健康的目的而采取必需措施时，可获得"一般例外"的保护。在这一条款的实际适用中，最核心的争议就在于界定何为"必需"的措施。在GATT时期，专家组判断一个措施是否为"必需"时，主要标准为"合理替代标准"，即考察在相关问题上是否存在一个符合GATT规定，或最低程度违反GATT规定的替代措施，若答案是肯定的，那么该措施就不是"必需"的。美国诉泰国香烟案是应用这一标准的一个典型案例。在该案中对于泰国政府颁布的香烟及其他烟草配制品进口禁令，专家组认为，从吸烟危害健康的角度出发，减少吸烟人群和香烟消费的措施属于第20条（b）款"一般例外"的范畴，但泰国政府这一禁令由于存在"合理替代措施"因而不能基于该条款而合法。在专家组看来，要求烟草商注明香烟成分、标注"吸烟有害健康"字样，实施烟草广告禁令等措施即可达到实施香烟进口禁令的目标，因此泰国应对进口香烟给予国民待遇。

从字面上讲，"必需的"与"必要性"相比，存在着一定的差别。GATT第20条（b）款中规定的"所必需的"更具有"不可缺少"的含义。以"所必需的"标准来衡量第20条（d）款中的"法律和规章"，其主要目的是对"共同价值或共同利益"的保护。共同价值或利益愈重要，相关措施愈容易被采纳是"所必需的"。同时，相关措施对于目标实现的程度的帮助还要加以考察。帮助程度越大，被接受为"所必需的"的可能性就越大。采取相关措施对于限制国际商业进口产品的作用还要加以考察。相关措施对于限制产品进口作用愈低，"所必需的"措施愈容易被接受。在具体案件中，确定一项措施是否是"所必需的"，需综合考虑以上因素进行权衡和审查。

（三）GATT第20条（b）款的援用条件

要援用GATT第20条（b）款，以下三个条件需要同时符合，缺一不可。一是符合前言的要求；二是有关措施的目的是为了保护人类的生命或健康；三是为了实现上述政策目标，该措施是"所必需"的。具体而言，在符合前言要求的基础上，对于该措施的援用，援用方首先要提出初步证据，以证明确实存在着健康方面的风险。被援用方如果有足够的理由对这一初步证据进行抗辩，另外也有专家的意见鉴定其存在着健康方面的风险，争端解决机制就极有可能确定该措施是符合其目的的。另外，在认定相关产品的健康风险时，专家组和上诉机构可能会采纳一些专门性的国际组织或非政府组织的意见和观点。在美国诉泰国香烟案中，专家组就采纳了"吸烟威胁公共健康"的结论。另外，要构成正确适用GATT第20条（b）款，一方面，有关措施的目的是为了保护人类生命或健康；另一方面，有关措施是为了正确适用相关措施所必需的。在对GATT第20条（b）款进行论证时，专家组的观点是，政策目标的必要性是无需进行审查的，只需审查其相关措施即可。假如存在着与GATT相一致或更少不一致的措施，对被起诉方来说，关于必要性的条件就不能符合了。

本案的启示与意义

国际贸易中许多进出口限制都是根据这个例外设立的，例如一国设立的技术标准法规和检验检疫措施规范，使外国产品无法进口，其法律依据就是GATT第20条（b）款，为了保障人类动植物健康和生命的措施，后来促成了乌拉圭回合TBT协议和SPS协议的达成。关于本案的启示与意义，可以有如下几点：

一是形成了此类案件的分析方法。判断一个措施是否符合 GATT 第 20 条（b）款的例外，在审查为保障人类和动植物生命或健康采取的措施是否满足第 20 条前言的要求前，首先要判断争议措施是否是为了保障人类、动植物生命或健康，然后判断争议措施是否是为了完成上述目标所必要的，分两步进行分析。这个裁决为分析个别例外是否符合第 20 条提供了一般的分析方法，即先分析措施本身的性质，然后分析措施的实施方式。如果本身就不符合规定，就没有必要分析实施方式是否符合前言的规定。

二是构成了对"必需性"的权威解释。"必需的"是措施本身的关键要求，也是争端较多的方面。"泰国香烟案"的专家组第一次解释了"必要性"的含义，认为一个缔约方可以被合理地期待使用其他替代措施，而且该替代措施不违反 GATT 的其他规定时，如果该缔约方采用了违反 GATT 的措施，则不认为这是必要的措施。同样，如果缔约方在合理情况下，没有符合 GATT 其他规定的措施可以采取，也应该采用违反 GATT 程度最低的措施。可见，GATT 要求成员方尽量使用符合 GATT 的合法措施，或者与 GATT 违反程度最小的措施（如价格限制、提高关税等），来保障人类和动植物的生命或健康以及实现其他政策目标，只有这样的不违法或最低程度违法的措施都不存在时，才允许使用数量限制等严重违反 GATT 义务的措施。这个解释构成了对必需性的权威解释，以后的案例中，专家组和上诉机构经常引用这个解释，来判断争议的措施是否是必要的。

三是结合了世界卫生组织《烟草控制框架公约》的思考。2005 年，世界第一个全球性控制烟草文件《烟草控制框架公约》正式生效。《烟草控制框架公约》生效以来，已经成为保护公众健康最有力的预防工具，成为支持人类卫生事业发展的典范，特别是在预防心脏病、癌症、糖尿病和慢性呼吸道疾病等多种非传染性疾病方面，公约发挥了重要作用。

二十七、默兹河分流案

基本案情

默兹河（Meuse River）发源于法国，流经比利时东部和荷兰南部，最终流入北海。比荷两国长时间以来未能就默兹河相关利用问题达成共识，1863年5月12日，比利时与荷兰签订了一项条约，建立管理默兹河水流改道系统以便让水注入航行运河和灌溉运河，解决从马斯特里赫特（Maestricht）到波斯勒杜克（Bois-le-Duc）的南威廉斯瓦特运河（Zuid Willemsvarrrt Canal）的水流过速问题。条约确立的解决方法是：提高该运河的水位，在马斯特里赫特处开一条新的入水口，规定须降低的水量，扩大默兹河汇合部分的工程规划。进入20世纪后，随着社会的发展，默兹河原有的利用方式已不适用于两国商业发展之所需，于是，两国于1925年签订一项新条约，拟解决由于兴建新工程而引起的争端，但这项条约并未获得荷兰的批准。之后，双方各自在本国境内的河段兴建大规模水利工程，比利时在列日（Liege）和安特卫普（Antwerp）之间建造阿尔伯特运河（Albert Canal）、蒙新大坝（Monsin Barrage）和尼尔哈伦水闸（Neerhaeren Lock），荷兰在马斯特里赫特和马斯布拉赫特（Maasbracht）之间建造朱利安娜运河（Juliana Canal）、博格哈伦大坝（Borgharen Barrage）和波斯卓维尔德水闸（Bosscheveld Lock）。两国互相指责，认为对方利用默兹河的水兴建的新运河和水利工程违反了1863年条约的规定。

因比利时和荷兰均已声明接受国际常设法院的强制管辖，1936年8月1日，荷兰向国际常设法院递交诉状，状告比利时所兴建的工程违反1863年条约规定的义务。国际常设法院受理该案后，对案情进行审理，并在1937年6月28日作出判决。

诉讼请求

（一）荷兰请求法院裁定

1. 比利时在马斯特里赫特下游开凿一条利用默兹河河水灌注的运河违反 1863 年条约的规定。

2. 比利时利用尼尔哈伦水闸把默兹河的水而不是马斯特里赫特河的水引入南威廉姆瓦特的比利时段的行为违反了 1863 年条约的规定。

3. 比利时从马斯特里赫特以外的默兹河取水供应哈塞尔特（Hasselt）运河的项目违反了 1863 年条约的规定。

4. 比利时从马斯特里赫特以外的默兹河取水供应南威廉姆瓦特至谢尔特（Scheldt）段违反了 1863 年条约的规定。

（二）荷兰请求法院

1. 命令比利时终止前述第 1 项所提到的项目，并将所有违反 1863 年条约的项目恢复原状。

2. 中止违反 1863 年条约的供应行为，并避免任何形式的再供应。

裁决

国际常设法院于 1937 年 6 月 28 日作出判决，驳回了双方所提出的各项主张。针对荷兰的诉求，法院认为：

1. 荷兰在诉状中所提出的观点会改变 1863 年条约的性质，扩大条约中用语的适用范围。该条约是两国之间自由缔结的协议，旨在调和其实际利益和改善现状，从条约中无法得出有授予荷兰默兹河控制权的意图，也未赋予不建造新运河与进水口的义务于比利时。

2. 法院根据提交的证据，无法认定通过尼尔哈伦水闸排放的水造成南威廉姆瓦特运河水流过大或默兹河水量不足，没有理由认为该水闸比荷兰波斯卓维尔德水闸更不受欢迎。

3. 比利时和荷兰两国都有权对在其境内的运河加以修建、扩大、改造和修补，甚至利用新水源增加该运河的水量，但前提是维持南威廉斯瓦特运河的水位和流量。无论从何处获得旧的哈塞尔特运河的水，不禁止比利时使用其认为合适的运河，荷兰政府的主张因其在实践中会导致单一结果而无效。

4. 条约设想的系统所包括的运河供水的水源与比利时或荷兰的权利无关，

当它们完全位于自己的领土内时，可以在维持南威廉斯瓦特运河的水位和流量的基础上用它们认为适合的方式使用这些运河。

综上，法院认为荷兰针对比利时所提出的诉讼请求缺乏理由，最终以 10∶3 驳回了荷兰的诉讼请求。

问题提炼

1. 国际环境争端的解决方式有哪些？
2. 何谓"尊重国家主权和不损害国外环境原则"？
3. 何谓"国际合作原则"？

解析

（一）国际环境争端的解决方式有哪些？

国际争端，是指国家或其他国际法主体之间在法律或事实上的意见分歧及在权利或利益上的相互冲突。[1]国际环境争端是国际争端的一种。国际环境争端，是指在国际环境领域由于各种人为的原因造成的污染和破坏而产生的冲突和纠纷。[2]环境问题是复杂且重要的，国际环境争端关系到区域、国家乃至全人类的利益，虽然国际环境争端的性质、内容和产生的原因是极其错综复杂的，但也可以分为法律性的国际环境争端和政治性的国际环境争端两类。法律性质的国际环境争端，按当事国各自的要求与论据，依国际法的基本原则和国际环境法所规定的内容为根据，通过仲裁与司法程序来解决；而政治性质的国际环境争端则采取政治方法也就是外交方法来处理。[3]

传统国际法认为解决国际争端存在强制性方法和非强制性方法。强制性方法可分为反报、报复、平时封锁和干涉。非强制性方法可分为政治解决方法和法律解决方法。政治解决方法，主要有谈判、斡旋、调停、和解及国际调查等。法律方法有国际仲裁和国际司法。在本案中，荷兰与比利时两国将案件提交给国际常设法院，是国际司法的体现。

国际环境争端中的司法解决，是指争议双方在共同同意的基础上，把争

---

[1] 王铁崖主编：《中华法学大辞典——国际法学卷》，中国检察出版社 1996 年版，第 234 页。
[2] 林灿铃：《国际环境法》（修订版），人民出版社 2011 年版，第 223 页。
[3] 林灿铃：《国际环境法》（修订版），人民出版社 2011 年版，第 224 页。

端交给一个业已存在的国际法院，通过国际法院或法庭适用法律规则，以判决来解决国际争端。[1]国际社会建立真正国际常设的司法机关的计划是在第一次世界大战以后随着国际联盟的创立得以实现的。1922 年 2 月 15 日，国际常设法院在海牙正式成立。1940 年夏季德国军队占领海牙，法院迁至日内瓦，实际上已停止活动。1946 年 1 月 1 日，国际常设法院以全体法官提出辞职的方式宣告解散。在当前国际环境保护领域，主要由联合国国际法院和国际海洋法庭受理国际环境诉讼。

国际法院是第二次世界大战以后成立的，由 15 名独立的法官组成，其职权包括诉讼管辖权和咨询管辖权。其中，诉讼管辖权包括两方面内容，第一，依据《国际法院规约》第 34 条的规定，国际法院的诉讼当事人限于国家。第二，可以受理的案件包括三类，分别是：当事国自愿提交的一切案件；当事国根据现行条约有义务提交法院解决的争端；依《国际法院规约》第 36 条发表声明，就该条规定的四种法律争端接受法院的强制管辖。在本案中，国际常设法院拥有对该案管辖权的依据，是基于荷兰和比利时都已声明接受国际常设法院的管辖。

按照《国际法院规约》第 38 条的规定，国际法院在对国际争端进行裁判时，应依照国际法，而且明文规定它所适用的法律有：国际条约、国际习惯、一般法律原则和"作为确定法律原则之补充资料"的司法判例及各国权威最高之公法学家学说和"公允及善良"原则。在国际环境保护领域，实际上是适用国际环境法的渊源，也就是说，国际法院在解决国际环境争端时所适用的是国际环境法。在本案中，法院根据两国于 1863 年签订的条约的内容，对两国的行为进行认定并在此基础上作出裁判，充分体现了国际条约在国际环境争端中所发挥的作用。

（二）何谓"尊重国家主权和不损害国外环境原则"？

1972 年《斯德哥尔摩人类环境宣言》第 21 条规定，根据《联合国宪章》和国际法原则，各国享有根据它们自己的环境政策开发其资源的主权权利，各国也有义务使其管辖范围内或控制下的活动不对其他国家的环境和任何国家管辖范围以外的地区造成损害。这是对"尊重国家主权和不损害国外环境原则"的表述。1992 年《里约热内卢环境与发展宣言》第 2 条原则再次强

---

〔1〕 林灿铃：《国际环境法》（修订版），人民出版社 2011 年版，第 233 页。

调：根据《联合国宪章》和国际法原则，各国拥有按照其本国的环境与发展政策开发本国自然资源的主权权利，并负有确保在其管辖范围内或在其控制下的活动不致损害其他国家或在各国管辖范围以外地区的环境的责任。"尊重国家主权和不损害国外环境原则"作为国际环境法的一项基本原则，是指在环境保护领域，每个国家不论大小，都拥有对本国自然资源的永久主权，拥有自己的环境主权，有权根据本国情况决定自己的环境政策和战略，有权根据本国的需要合理开发、利用和保护其自然资源，对于本国管辖范围内的环境保护问题具有最高的处理权和对外独立性，有权自行处理经济社会发展与环境保护的关系；任何国家、组织和个人不得以保护环境为借口，干涉别国内政；为保护全球环境进行国际合作和实施各种必要的措施，但必须在互相尊重国家主权独立的基础上进行；在处理环境保护关系中每一国都必须尊重别国的主权，同时必须承担不损害国外环境的义务。

国际环境法以保护全球环境为宗旨，其基本原则必须以环境保护的客观要求为出发点，在充分赋予各国享有环境与资源开发主权权利的同时，更强调了国家应承担的环境保护的义务。正如罗马法格言所讲："使用自己的财产不应损及他人。"在本案中，荷兰与比利时于 1863 年签订条约，确立两国所享有的权利和承担的义务，确保双方在使用默兹河河水时不会损害到对方的利益，是对该原则的体现。随着社会的发展，由于条约的历史局限性阻碍了两国的发展，虽然两国曾尝试签订新的条约，但是未能如愿，之后双方因工程项目互相指责并诉诸法院，法院在审理后驳回了双方的诉讼请求，也是基于双方在各自建造工程使用默兹河河水时并未损害对方的环境，即适用了"尊重国家主权和不损害国外环境原则"。

（三）何谓"国际合作原则"？

对于环境的保护影响着每一个国家、每一个民族和每一个人，对于环境的保护只有通过广泛而有效的国际合作才能完成。国际合作，是现代国际法的一项基本原则，也是国际环境法的一项基本原则，于国际环境保护事业而言，国际合作原则是指在国际环境领域，各国进行广泛密切的合作，通过合作采取共同的环境资源保护措施，实现保护国际环境的目的。[1]国际合作原则反映到国际环境保护领域，体现为国际社会对环境保护的各种决议、宣言、

---

〔1〕 林灿铃：《国际环境法》（修订版），人民出版社 2011 年版，第 173 页。

条约重要性的反复强调。《联合国海洋法公约》第 12 部分专门规定了国际合作原则，其第 197 条规定："各国在为保护和保全海洋环境而拟定和制订符合本公约的国际规则、标准和建议的办法及程序时，应在全球性的基础上或在区域性的基础上，直接或通过主管国际组织进行合作。"

国际合作原则包括以下几方面内容。

第一，兼顾各国利益和优先考虑发展中国家。国际环境保护合作和其他领域的国际合作一样，必须顾及合作各方面的利益，必须公平合理。在兼顾各国利益的同时，必须优先考虑发展中国家的特殊情况和需要，这是国际社会的现实和保护全球环境的要求所决定的。由于各国所处的发展阶段不同，广大发展中国家面临发展经济与保护环境的双重挑战，因此，必须优先考虑发展中国家。

第二，共管共享全球共同资源。在我们生存的地球上不仅存在两国以上共管的环境资源，而且还存在属于全人类的环境资源，即"人类共同继承财产"。所谓"人类共同继承财产"，主要指海洋、外层空间和南极洲。这些领域或资源不属于任何国家所有，而为全人类共有，为世界各国共同管理和合理利用。

第三，禁止转移污染和其他环境损害。保护人类赖以生存的环境，首先要由世界各国采取行动保护自己管辖范围内的环境，通过制订条约规范国家的行为，建立新的、公平的全球伙伴关系，要求各国既要保护好本国的环境，又要积极而真诚地进行国际合作。

第四，和平解决国际环境争端。随着环境污染、生态破坏和资源短缺等环境问题日益严峻，国与国之间的环境争端时有发生，其中包括越境跨界污染争端、因输出污染危害引起的争端和资源利用争端等。及时而公平合理地解决这些争端，不仅关系到全球的环境保护事业和各有关国家的切身利益，而且关系到国际安全、稳定与和平，而解决这类争端，必须采取通力合作的和平手段。[1]

《联合国宪章》第 1 条第 1 款将"以和平方法且依正义及国际法之原则，调整或解决足以破坏和平之国际争端或情势"作为实现其"维持国际和平与安全"首要宗旨的必要途径。第 2 条第 3 款规定："各会员国应以和平方法解

---

〔1〕 林灿铃：《国际环境法》（修订版），人民出版社 2011 年版，第 183 页。

决其国际争端，避免危及国际和平、安全及正义。"《联合国宪章》第六章还专门对和平解决争端作了规定。《联合国宪章》第 33 条第 1 款规定："任何争端之当事国，于争端之继续存在足以危及国际和平与安全之维持时，应尽先以谈判、调查、调停、和解、公断、司法解决、区域机关或区域办法之利用或该国自行选择之其他和平方法，求得解决。"1970 年的《国际法原则宣言》要求每个国家以和平方法解决与其他国家之间的争端，以免危及国际和平、安全及正义；并具体解释了各国和平解决国际争端的义务：①各国应以谈判、调查、调停、和解、公断、司法解决、区域机关或办法的利用或其选择的其他和平方法寻求国际争端的早日及公正解决。②争端各方如果未能以上述任一和平方法达成解决办法时，有义务继续以其商定的其他和平方法寻求争端的解决。③国际争端的当事国及其他国家应避免从事使情势恶化的任何行动。④国际争端应根据国家主权平等为基础并依照自由选择方法的原则加以解决。

国际环境问题的特点包括全方位、立体式、整体问题与局部问题交叉和相互促进、既有当前症状又有滞后效应等。环境问题的这些特点决定了它的解绝不是世界上任何一个国家所能够单独胜任的，唯有各国通力合作，协调行动，才有解决的可能。在本案中，荷兰与比利时两国针对默兹河河水的使用产生分歧时，双方通过国际合作的方式解决争端，并制订条约规范双方的行为，是国际合作的直接体现。同时，两国声明接受国际常设法院的强制性管辖，表明了双方对于未来可能出现的问题，希望通过和平方式解决的意愿。1936 年，双方出现无法协商一致的矛盾，通过国际常设法院进行裁决，不仅促进了国际环境安全的实现，也为其他国家解决国际环境争端提供了先例，有助于国际合作原则作为建立全球伙伴关系的有力保证。

本案的启示与意义

在本案中，有关默兹河河水的使用以及建立水利设施的问题，荷兰与比利时虽然最终通过国际常设法院进行了裁判，但是两国曾多次协商，希望通过制订条约化解矛盾达成共识，这足以说明，国际环境条约不啻国家间处理环境资源开发、利用和保护的重要方式。

二十八、美国与日本关于限制农产品进口措施的纠纷案

基本案情

为了防止苹果、樱桃、油桃等农产品中的外来害虫蠹蛾（the pest codling moth）入侵，日本《植物防疫法》（1950年第151号法律）第7条和《植物防疫法实施规则》（1950年第73号农林省令）规定，除了特定品种之外，禁止进口杏、樱桃、李子、梨、榅桲、桃子、苹果的果实和果核。而解除该禁令的条件是出口国采取防疫措施并证明已达到相应的防疫标准。[1]1987年日本农林水产省制定实施的《取消进口禁令指南——熏蒸》和《昆虫死亡率比较测试指南——熏蒸指南》规定，防疫措施为通过甲基溴化物熏蒸或者低温处理进行消毒，并要求对于同种农产品的不同品种分别实施防疫措施后的结果进行测试（即品种测试），以确保防疫措施的有效性。

作为农产品出口国之一的美国认为，日本农林水产省《昆虫死亡率比较测试指南——熏蒸指南》的上述品种测试要求违反世界贸易组织（WTO）的《实施动植物卫生检疫措施协定》（《SPS协定》）、《关税及贸易总协定》（GATT）以及《农业协定》（Agreement on Agriculture）的相关规定，阻碍了美国向日本市场出口农产品。1997年4月7日，美国基于WTO《关于争端解决规则和程序的谅解》（DSU）第4条的规定，[2]向WTO起诉请求与日本就

---

[1] [日] 清水章雄：「日本の農産物に係る措置」，経済産業省『WTOパネル・上級委員会報告書に関する調査研究報告書』（1999年）。

[2] DSU第4条第3款：若根据相关协议提出磋商请求，接到请求的成员方应自收到请求的10日内（双方同意的时间除外），对该请求作出答复，并在收到请求后不超过30日内，真诚地进行磋商，寻求双方满意的解决方法。若该成员方未在自收到请求之日起10日内作出答复，或在收到请求后不超过30日或双方另行达成一致的期限内进入磋商，则请求磋商的成员方可直接请求设立专家组。

其限制农产品进口措施问题进行磋商。因美日双方经 1997 年 6 月 5 日的磋商未能解决上述争端，美国于同年 10 月 3 日向 WTO 争端解决机构（Dispute Settlement Body, DSB）提出设立专家组的请求。[1]

诉讼请求

1. 请求世界贸易组织认定日本限制农产品进口措施违反《SPS 协定》第 2 条第 2 款、第 5 条第 6 款、第 7 条等规定。

2. 请求世界贸易组织要求日本撤销针对进口农产品的品种测试要求。

裁决

1997 年 11 月 18 日，DSB 决定设立专家组审议日本限制农产品进口措施案。随后，DSB 于 1997 年 12 月 18 日组建了由 Kari Bergholm 担任主席、Germain Denis 和 Eirikur Einarsson 担任成员的专家组，欧盟、匈牙利和巴西作为第三方享有参与专家组的权利。专家组在 1998 年 4 月 2 日至 3 日与当事方和第三方进行会谈后，于 1998 年 4 月 6 日提交了中期报告。

在此基础上，专家组于 1998 年 6 月 23 日召开科技专家座谈会，于 1998 年 6 月 24 日与当事方进行了第二次会谈。之后，专家组应日本的请求于 1998 年 9 月 21 日与当事方召开了中期座谈会。1998 年 10 月 6 日，专家组将最终报告发送给当事方，并于 1998 年 10 月 27 日分发给其他成员国。专家组在最终报告中主要作出以下三项裁定：①日本限制农产品进口措施缺乏科学依据，违反《SPS 协定》第 2 条第 2 款的科学依据原则；②日本限制农产品进口措施超过必要限度，违反《SPS 协定》第 5 条第 6 款的必要限度原则；③日本未公布 1987 年《取消进口禁令指南——熏蒸》和《昆虫死亡率比较测试指南——熏蒸指南》的限制农产品进口措施解禁标准，违反《SPS 协定》第 7 条的植物检疫措施透明性原则。

在接到专家组的最终报告后，日本于 1998 年 11 月 24 日提起上诉，并于 12 月 9 日向 DSB 上诉机构提交了上诉方材料，同日美国也提交了上诉方材

---

[1] DSU 第 4 条第 7 款规定：若在收到磋商请求之后的 60 日内未能经磋商解决争端，则起诉方可要求设立专家组。若进行磋商的各当事方一致认为磋商无法解决争端，起诉方可在 60 日期限内提出设立专家组的请求。

料。美日双方于 1998 年 12 月 21 日分别向 DSB 上诉机构提交了被上诉方材料。上诉机构专家组由 Christopher Beeby、Julio Lecarte-Muro 和松下满雄担任。1999 年 1 月 19 日，上诉机构专家组召开了当事方以及第三方的口头审议会。上诉机构专家组于 1999 年 2 月 22 日将审议报告提交给成员方。1999 年 3 月 19 日，DSB 通过上诉机构报告和根据上诉机构报告修改的专家组报告。上诉机构报告最终裁定，日本限制农产品进口措施违反《SPS 协定》的相关规定，建议 DSB 要求日本按照《SPS 协定》撤销针对进口农产品的品种测试要求。

问题提炼

1. 何谓"技术性贸易壁垒"？
2. 如何适用《SPS 协定》的"科学依据"原则？
3. 如何适用《SPS 协定》的"必要限度"原则？
4. 如何适用《SPS 协定》的植物检疫措施透明度原则？

解析

（一）技术性贸易壁垒与《SPS 协定》

技术性贸易壁垒作为 WTO 非关税壁垒的一种类型，在 1973 年至 1979 年进行的《关税与贸易总协定》第 7 轮谈判"东京回合"（Tokyo Round）中被正式确立。东京回合达成了《技术性贸易壁垒协定》（《TBT 协定》）。

《TBT 协定》以促进 1994 年 GATT 目标的实现为宗旨，期望保证技术法规和标准，包括对包装、标志和标签的要求，以及对技术法规和标准的合格评定程序不给国际贸易制造不必要的障碍。根据《TBT 协定》第 1 条第 5 款的规定，关于卫生与植物检疫措施的技术性贸易壁垒适用《SPS 协定》。《SPS 协定》于 1994 年 4 月 15 日签署，属于乌拉圭回合多边贸易谈判最终成果文件，成为构建 WTO 的基本协定之一，在 1995 年 1 月 1 日 WTO 成立时生效。《SPS 协定》的相关谈判向 124 个参与乌拉圭回合的成员方公开，同时听取相关国际组织（包括联合国粮食及农业组织、国际食品法典委员会、世界动物卫生组织等）专家的意见。

《SPS 协定》在序言中重申不应阻止各成员方为保护人类、动物或植物的生命或健康而采用或实施必需的措施，但是这些措施的实施方式不得构成在

情形相同的成员之间进行任意或不合理歧视的手段，或构成对国际贸易的变相限制，期望改善各成员方的人类健康、动物健康和植物卫生状况。《SPS协定》的适用对象为所有可能直接或间接影响国际贸易的卫生与植物检疫措施。

（二）《SPS协定》之"科学依据"原则的适用

根据《SPS协定》第2条第2款的规定，各成员方应保证任何卫生与植物检疫措施仅在为保护人类、动物或植物的生命或健康所必需的限度内实施，并根据"科学依据"原则，如无充分的科学依据则不再维持，但第5条第7款规定的情况除外。

而该协定第5条第7款的内容为，在有关科学证据不充分的情况下，成员国可根据可获得的有关信息，包括来自有关国际组织以及其他成员实施的卫生与植物检疫措施的信息，临时采用卫生与植物检疫措施。在此种情况下，各成员国应寻求获得更加客观地进行风险评估所必需的额外信息，并在合理期限内据此审议卫生与植物检疫措施。

《SPS协定》第2条第2款规定的上述科学依据原则的适用标准，是美国与日本关于限制农产品进口措施纠纷案的核心议题。《SPS协定》的科学依据原则要求衡量卫生与植物检疫措施的合法性时，必须首先考虑该措施是否具备充分的科学依据。

在美国与日本关于限制农产品进口措施纠纷案中，WTO的争端解决机构DSB首次对《SPS协定》科学依据原则的适用标准进行解释。该案中WTO的DSB专家组认为，日本针对进口农产品采取的品种测试要求措施与科学依据之间不存在合理的、客观的关系，因此裁定该措施不具备充分的科学依据，违反《SPS协定》第2条第2款。该案的WTO上诉机构专家组支持了此种使用标准，即合法的卫生与植物检疫措施必须与科学依据之间存在合理的、充分的关系。

（三）《SPS协定》之"必要限度"原则的适用

《SPS协定》第5条第6款规定，在不损害第3条第2款的情况下，在制定或维持卫生与植物检疫措施以实现适当的卫生与植物检疫保护水平时，各成员国应保证此类措施对贸易的限制不超过为达到适当的卫生与植物检疫保护水平所必要的限度，同时考虑其技术和经济可行性。

而《SPS协定》第3条第2款规定，符合国际标准、指南或建议的卫生与植物检疫措施应被视为为保护人类、动物或植物的生命或健康所必需的措施，并被视为与本协定以及 1994 年 GATT 的相关规定一致。

在美国与日本关于限制农产品进口措施纠纷案中，美国从技术和经济可行性方面考虑，主张日本针对进口农产品采取的品种测试要求措施超过了为达到适当的卫生与植物检疫保护水平所必要的限度。美国和科技专家向 DSB 专家组分别提出两种替代措施：产品测试法和吸附水平（sorption levels）测试法。

《SPS 协定》第 5 条第 6 款的注释明确适用必要限度原则需要符合 3 要素：①存在从技术和经济可行性考虑可合理获得的替代措施；②该替代措施可实现适当的卫生与植物检疫保护水平；③该替代措施对贸易的限制大大减少。

美国与日本关于限制农产品进口措施纠纷案中的 DSB 专家组经审议认为，科技专家提出的吸附水平测试法完全符合上述 3 要素，因此存在可合理获得的替代措施，日本针对进口农产品采取的品种测试要求措施超过了为达到适当的卫生与植物检疫保护水平所必要的限度，违反了《SPS 协定》第 5 条第 6 款。

（四）《SPS 协定》之植物检疫措施透明度原则的适用

透明度原则（Principle of Transparency）是 WTO 确立的一项重要基本原则。根据 GATT 第 9 条的规定，透明化原则要求政府向公众和其他国家披露其国内贸易体系遵循的规则、条例和措施。同时，GATT 第 10 条规定，透明度原则要求政府向公众和其他政府公开在国内贸易体系内所采用的法律、法规、司法判决和行政裁定。

WTO 框架下的主要协定也规定了透明性原则。例如，《服务贸易总协定》第 3 条第 1 款规定，除紧急情况外，各成员方应迅速公布有关或影响本协定运用的所有普遍适用的措施，最迟应在此类措施生效之时。成员方为签署方的有关或影响服务贸易的国际协定也应予以公布。《与贸易有关的知识产权协定》第 63 条第 1 款规定，成员方有效实施的、有关本协定主题（知识产权的效力、范围、取得、实施和防止滥用）的法律和法规及普遍适用的司法终局裁决和行政裁定应以本国语言公布，或如果此种公布不可行，则应使之可公开获得，以使政府和权利持有人知晓。成员方政府或政府机构与另一成员政府或政府机构之间实施的有关本协定主题的协定也应予以公布。

《SPS 协定》第 7 条规定，各成员应依照附件 B 的规定通知其卫生与植物检疫措施的变更，并提供有关其卫生与植物检疫措施的信息。《SPS 协定》附件 B 从法规的公布、咨询点、通知程序和一般保留等四个方面，对于卫生与植物检疫法规的透明度原则进行了解释。

其中，在法规的公布方面，要求各成员应保证迅速公布所有已采用的卫生与植物检疫法规（包括普遍使用的法律、法令或命令），以使有利害关系的成员知晓（附件 B 第 1 条）。除紧急情况外，各成员应在卫生与植物检疫法规的公布和生效之间留出合理时间间隔，使出口成员国特别是发展中国家成员国的生产者有时间使其产品和生产方法适应进口成员国的要求（附件 B 第 2 条）。

在咨询点方面，要求各成员方应保证设立咨询点，负责对有利害关系的成员提出的所有合理问题作出答复，并提供相关内容的文件（附件 B 第 3 条、第 4 条）。在通知程序方面，要求只要国际标准、指南或建议不存在或拟议的卫生与植物检疫法规的内容与国际标准、指南或建议的内容实质上不同，且如果该法规对其他成员方的贸易有重大影响，则各成员方即应履行提早发布通知，以使有利害关系的成员方知晓采用特定法规的建议等义务（附件 B 第 5 条）。

在美国与日本关于限制农产品进口措施纠纷案中，美国认为日本未设立负责对有利害关系的成员方提出的所有合理问题作出答复的咨询点，并且未公布《取消进口禁令指南——熏蒸》和《昆虫死亡率比较测试指南——熏蒸指南》的限制农产品进口措施解禁标准，违反《SPS 协定》第 7 条规定的植物检疫措施透明性原则。对此，日本主张其已将相关指南发布给外国政府的植物检疫部门，且外国政府可以通过其设立的咨询点了解《SPS 协定》附件 B 第 3 条（b）款规定的关于在其领土内实施的任何控制和检查程序、生产和检疫处理方法、杀虫剂允许量和食品添加剂批准程序等问题。

DSB 专家组经审议认定，仅面向外国政府植物检疫部门这样限定人数对象的发布不能等同于《SPS 协定》附件 B 第 1 条规定的迅速公布所有已采用的卫生与植物检疫法规要求，因此裁定未公布《取消进口禁令指南——熏蒸》和《昆虫死亡率比较测试指南——熏蒸指南》的限制农产品进口措施解禁标准的做法违反《SPS 协定》附件 B 第 1 条，并由此构成违反《SPS 协定》第 7 条的植物检疫措施透明度原则。

1999 年 12 月 31 日，日本撤销了对进口农产品的品种测试要求。[1]

本案的启示与意义

本案的启示与意义是为了让人们在理解技术性贸易壁垒与《SPS 协定》等基本概念及国际环境公约的基础上，掌握《SPS 协定》的科学依据原则、必要限度原则和植物检疫措施透明性原则的适用标准。

---

〔1〕 World Trade Organization. Japan-Measures Affecting Agricultural Products：Communication from Japan and the United States. WT/DS76/12，2001.

二十九、南方蓝鳍金枪鱼案

基本案情

南方蓝鳍金枪鱼（Southern Bluefin Tuna，SBT）生活在南半球，主要分布在印度洋、大西洋和太平洋的温带至寒带海域（南纬 30 度到 50 度之间，最高分布纬度接近南纬 60 度）；成年南方蓝鳍金枪鱼在大洋上层进行随季节变化的周期性洄游，产卵海域仅有一处，即印度洋东部、澳大利亚西北部外围的相对较小海域（南纬 10 度附近）；产卵季节持续整个南半球的夏季，发生在海水表面温度超出 24℃ 的海域。

南方蓝鳍金枪鱼是生鱼片最好的原料之一。20 世纪 50 年代，南方蓝鳍金枪鱼开始成为商捕鱼种（Commercial harvest），日本是南方蓝鳍金枪鱼最大的捕捞国家。由于过度捕捞，到了 20 世纪 80 年代，南方蓝鳍金枪鱼亲本原种数量（Parental stock）较 60 年代锐减 23% 到 30%。[1] 世界自然保护联盟（International Union for Conservation of Nature，IUCN）于 1996 年发布的《濒危物种红色名录》（IUCN Red List of Threatened Species），将南方蓝鳍金枪鱼列为"极危"等级（Critically Endangered，CR）[2]。世界自然保护联盟于 2009 年的最新评估又显示，从 1973 年至 2009 年，南方蓝鳍金枪鱼产卵量下降了大约 85%。[3]

面对该种群因过度捕捞而严重枯竭的急迫情况，国际社会呼吁对金枪鱼

---

〔1〕 ITLOS, Cases Nos 3 & 4, Southern Bluefin Tuna Cases（New Zealand v. Japan；Australia v. Japan），Reports of International arbitral Awards, 4 August 2000, Volume XXIII, para. 22.

〔2〕《濒危物种红色名录》将物种保护级别分为 9 等，"极危"是仅次于"绝灭"（EX）、"野外绝灭"（EW）的高绝种风险等级。

〔3〕 International Union for Conservation of Nature. Southern Bluefin Tuna. https://www.iucnredlist.org/species/21858/9328286（2019-3-1）.

种群进行保护。1993 年，澳大利亚、新西兰和日本签订了《保护南方蓝鳍金枪鱼公约》（Convention for the Conservation of Southern Bluefin Tuna，CSBT），1994 年生效，并成立养护委员会（Commission for the Conservation of Southern Bluefin Tuna，CCSBT），设定每年的全球捕捞总量（Total allowable catch，TAC）以及三国各自的捕捞配额（National allocations）。

1998 年 2 月，日本声称为调查南方蓝鳍金枪鱼的储量而实施"试验捕鱼项目"（Experimental fishing program，EFP），要大幅度提升对南方蓝鳍金枪鱼的年捕捞量，随后单方面开始自行捕捞。多次谈判磋商未果之下，1999 年 7 月，新西兰和澳大利亚分别提起 1982 年《联合国海洋法公约》（United Nations Convention on the Law of the Sea，UNCLOS）附件七规定的仲裁程序，并根据《联合国海洋法公约》第 290 条第 5 款之规定，请求国际海洋法法庭（International Tribunal for the Law of the Sea，ITLOS）在仲裁法庭组成之前采取临时措施，以暂停日本以科学实验为名而超出配额的捕捞活动。这就是著名的新西兰和澳大利亚诉日本之南方蓝鳍金枪鱼案（Australia & New Zealand V Japan：Southern Bluefin Tuna Case）。

诉讼请求

新西兰和澳大利亚请求仲裁法庭：

1. 确认日本违反了根据《联合国海洋法公约》第 64、116、119 条所应承担的保护和管理南方蓝鳍金枪鱼的义务，包括：

（1）日本没有采取必要措施，使南方蓝鳍金枪鱼储量维持或恢复到可以生产最高持续产量（Maximum sustainable yield）的水平，这违背了《联合国海洋法公约》第 117、119 条项下采取合作采取养护公海生物资源必要措施的国家义务。

（2）日本在 1998 年和 1999 年单边的试验性捕鱼行为（Unilateral experimental fishing）已经或将使日本所捕捞的南方蓝鳍金枪鱼超出南方蓝鳍金枪鱼养护委员会设定的捕捞配额。

（3）日本的行为损害了新西兰和澳大利亚作为《联合国海洋法公约》第 116 条（b）项下沿岸国的权益，也违反了《联合国海洋法公约》第 119 条第 3 款的规定，允许其国民以歧视新西兰和澳大利亚渔民的方式，捕捞额外的南方蓝鳍金枪鱼。

（4）日本违反《联合国海洋法公约》第64条有关养护和促进最适度利用高度洄游鱼种的规定，没有善意地（Good faith）就保护南方蓝鳍金枪鱼问题同新西兰和澳大利亚进行协商。

（5）没有考虑到秉承预防原则（Precautionary principle）的要求去履行《联合国海洋法公约》项下保护和管理南方蓝鳍金枪鱼的义务。

2. 因此，日本应当：

（1）未获新西兰和澳大利亚的同意之前，不再授权或进行任何进一步的试验性捕捞南方蓝鳍金枪鱼。

（2）同新西兰和澳大利亚进行善意的合作与协商，包括通过南方蓝鳍金枪鱼养护委员会进行协商，就达成未来的保护措施和全球捕捞总量，使南方蓝鳍金枪鱼的储量维持和恢复到可以生产最高持续产量。

（3）在三国间新的协议未达成前，确保其国民不采取任何可能导致日本捕捞量超过原定限额的行为。

（4）将捕捞量限制在南方蓝鳍金枪鱼养护委员会最后一次确定的限额内，并减除1998年和1999年单边试验性捕鱼过程中捕捞的数量。

3. 赔偿新西兰和澳大利亚因提起仲裁而花费的费用。

同时，新西兰和澳大利亚请求国际海洋法法庭发布如下临时措施：

1. 日本立即停止单方面的试验性捕捞南方蓝鳍金枪鱼。

2. 日本须将其捕捞量限制在南方蓝鳍金枪鱼养护委员会最后一次确定的限额内，并减除1998年和1999年单边试验性捕鱼过程中捕捞的数量。

3. 在争端最后解决前，当事各方对南方蓝鳍金枪鱼的捕捞应遵循预防原则。

4. 争端各方保证不采取任何可能使提交附件七项下仲裁法庭的争端恶化、扩大或更难解决的行动。

5. 在有关执行附件七项下仲裁法庭就实质问题作出的裁决时，争端各方保证不采取可能损害彼此权利的任何行动。

日本则认为，根据《联合国海洋法公约》附件七组建的仲裁法庭想要行使管辖权以至于有权发布临时措施，必须满足两个条件：一是仲裁法庭初步看来（Prima facie）对本案具有管辖权，这需要涉案争端必须是有关《联合国海洋法公约》的解释或适用问题；二是新西兰和澳大利亚必须依照《联合国海洋法公约》第十五部分"争端的解决"第一节的规定，善意地选择任何和平方法解决争端，然而新西兰和澳大利亚并未接受日本提出的调解和国际仲裁方式。上述两个条件本案均不符合，故附件七项下仲裁法庭不具有管辖权。

日本在最后陈述中请求：

1. 驳回新西兰和澳大利亚的临时措施申请。

2. 即使国际海洋法法庭裁定对本案具有管辖权并指令采取临时措施，临时措施也必须根据《国际海洋法庭规则》（Rules of ITLOS）第 89 条第 5 款作出，要求新西兰和澳大利亚紧急并善意地与日本重新协商，协商期为 6 个月；如果期满仍未达成协议，则应将争议提交给独立的专家组（Panel of independent scientists），因为本案是科学争议而非法律争议（Scientific rather than legal）。[1]

裁决

1999 年 8 月，国际海洋法法庭将新西兰诉日本以及澳大利亚诉日本两案合并审理，并裁定即将组建的仲裁法庭初步看来对本案具有管辖权。国际海洋法法庭认为，争端各方此前已进行过多次谈判磋商，仍未解决问题；虽然无法通过提交的证据，结论性地评估（Conclusively assess）各方现已采取的措施是否提高了南方蓝鳍金枪鱼的储量，但应当采取紧急措施，改变南方蓝鳍金枪鱼进一步减少的状况；且日本对于 1999 年以后的"试验捕鱼项目"未作出任何承诺，对此采取临时措施也是适当的。故要求在争端解决之前：

1. 当事各方应保证不采取任何可能致使争端加剧或扩大的行为。

2. 在有关执行附件七项下仲裁法庭就实质问题作出的裁决时，争端各方保证不采取可能损害彼此权利的任何行动。

3. 除非得到争端各方一致同意，否则其各自的年捕捞量都不得超过南方蓝鳍金枪鱼养护委员会当年设定的配额，即澳大利亚 5265 吨，日本 6065 吨，新西兰 420 吨。

4. 除非得到争端各方一致同意，否则任何一方都不得实施试验性捕捞南方蓝鳍金枪鱼的计划，或者其捕捞量控制在上述第 3 项确定的配额内。

5. 为达成进一步保护和管理南方蓝鳍金枪鱼的协议，双方应毫不迟疑进

---

〔1〕 ITLOS, Cases Nos 3 & 4, Southern Bluefin Tuna Cases（New Zealand v. Japan；Australia v. Japan），Reports of International arbitral Awards, 4 August 2000, Volume XXIII, pp. 1~57.

行协商。

6. 鉴于 1996 年起，《保护南方蓝鳍金枪鱼公约》非缔约国对南方蓝鳍金枪鱼的捕捞量也大幅上升，本案各方还应努力与其协商，以便保护与合理利用南方蓝鳍金枪鱼的储量。

案件第二阶段由仲裁法庭处理。2000 年 8 月 4 日，5 名仲裁员组成的仲裁法庭于以 4 票对 1 票，作出与国际海洋法法庭相反的裁决：

1. 仲裁法庭对本案争端没有管辖权。理由是《保护南方蓝鳍金枪鱼公约》第 16 条规定"缔约方对本公约的解释与执行产生争端时，这些缔约方应彼此磋商，以谈判、咨询、调解、仲裁或自行选择的其他和平方式解决争端。任何这种性质的争端无法如此解决时，应经由每一情形下的所有争端缔约方同意后，向国际法庭提起诉讼或以仲裁寻求解决"。换言之，缔约国有权自由选择解决争端的方式，每一起个案要想提交国际法庭，都必须得到所有争端当事方的一致同意，并非强制性争端解决。

2. 根据《联合国海洋法公约》第 290 条第 5 款，撤销国际海洋法法庭 1999 年的临时措施。

虽然否定了自己的管辖权并撤销了临时措施，仲裁法庭也对几个争议问题发表了看法：①本案不仅是科学争议，它涉及争端各方的法律义务，争端各方对某些条约义务的履行或不履行持有明显相反的意见。②涉案争端关乎条约的解释或适用，因为被诉的行为可以用条约规定的标准或义务加以合理衡量。[1]

问题提炼

1. 国际海洋法法庭及仲裁法庭是否具备对本案的管辖权？
2. 国际海洋法法庭发布临时措施的必要性。

解析

（一）国际环境争端解决方式的选择

如果依照《保护南方蓝鳍金枪鱼公约》第 16 条的规定，国际海洋法法庭

---

〔1〕 ITLOS, Cases Nos 3 & 4, Southern Bluefin Tuna Cases（New Zealand v. Japan；Australia v. Japan），Reports of International arbitral Awards, 4 August 2000, Volume XXIII, pp. 1~57.

及仲裁法庭只有取得所有争端缔约方同意，才能够获得管辖权。本案中仲裁法庭也正是基于此，认为没有得到日本的同意，因而拒绝了对本案的管辖。

虽然有异议认为，本案不仅仅涉及《保护南方蓝鳍金枪鱼公约》的执行，也涉及《联合国海洋法公约》有关高度洄游鱼种以及公海生物资源的养护和管理规定的解释与适用，所以经争端任何一方请示，即可提交《联合国海洋法公约》第十五部分规定的争端解决机制。但是《联合国海洋法公约》第281条又规定，只有已协议的自行选择的和平方法仍未得到解决争端且争端各方间的协议并不排除任何其他程序的情形下，才适用本部分所规定的程序。那么问题焦点集中在两点上。

（1）当事方是否穷尽了和平方法仍未解决争端？日本认为新西兰和澳大利亚并未用尽《联合国海洋法公约》第十五部分规定的友好争端解决程序，特别是第281条规定通过谈判或其他协议的和平方式谋求解决争端。但国际海洋法法庭认为它们之间的记录显示各方已经基于《保护南方蓝鳍金枪鱼公约》和《联合国海洋法公约》进行了谈判和磋商，通过该方式解决争端的可能性已经不存在，那么当事国无须继续诉诸该程序。仲裁庭在裁决中基本同意海洋法法庭的意见，但对法庭的最后说法采用了另一种更中性的表达方式，即"该款规定并不要求当事方无休止（Indefinitely）地谈判"。[1]

（2）《保护南方蓝鳍金枪鱼公约》是否排除了任何其他争端解决程序？这便又回到了解释《保护南方蓝鳍金枪鱼公约》第16条规定的意图，这也反映了有别于"特别法优于普通法"的一般原则，《联合国海洋法公约》和与之相关的或由其派生的渔业、环境等特别条约之间在适用上是并行不悖的。[2] 就此，新西兰与澳大利亚认为《保护南方蓝鳍金枪鱼公约》第16条的规定没有明示排除《联合国海洋法公约》第十五部分"争端解决机制"的适用。但按照文义解释，更有说服力的看法似乎应当是认为《保护南方蓝鳍金枪鱼公约》的缔约方借由该公约第16条，约定了争端解决的方式，设定了向国际法庭提起诉讼或仲裁的前提条件。据此，仲裁法庭对本案的裁决是符合当时的国际法的，也是尊重国家主权的体现。不过，从国际环境保护事业与国际环境法

---

〔1〕 ITLOS, Cases Nos 3 & 4, Southern Bluefin Tuna Cases（New Zealand v. Japan；Australia v. Japan），Reports f Internationalarbitral Awards, 4 August 2000, Volume XXIII, para. 55.

〔2〕 林灿铃：《跨界损害的归责与赔偿研究》，中国政法大学出版社2014年版，第339页。

的整体发展来看，国际环境争端不宜久拖不决，不宜因争端各方尚未达成进一步的协议就放任环境损害行为的持续实施。有学者认为，而今的国际海洋法法庭行动表现出管辖范围的扩张意图，并对此表示担忧。[1]但国际环境争端不同于领土和海洋划界相关问题，相关国际组织可以发挥更大的主观能动性，尽可能协助、督促有关争端解决朝着有利于国际环境保护的方向发展。

（二）对临时措施发布条件与范围的认定

《联合国海洋法公约》第290条第3款规定："如果争端已经正式提交法院或法庭，而该法院或法庭依据初步证明认为其根据本部分或第十一部分第五节具有管辖权，该法院或法庭可在最后裁判前，规定其根据情况认为适当的任何临时措施，以保全争端各方的各自权利或防止对海洋环境的严重损害。"从该条款"其根据情况认为适当"的措辞，国际海洋法法庭适用临时措施的条件相较国际法院而言更为宽松和灵活，并且未就临时措施的范围作出明确界定。

（1）临时措施的条件通常需要符合损害风险是"紧迫的"（Urgency）[2]这样一个条件。但是本案中，国际海洋法法庭Vukas法官的反对意见认为，并没有证据证明接下来的几个月对南方蓝鳍金枪鱼的生存起着决定性的作用。[3]对此，国际海洋法法庭裁决仍然认为，虽然无法对各当事方提交的证据作出结论性评估，但仍应采取谨慎行动（Act with prudence and caution）以防止对严重南方蓝鳍金枪鱼储量的危害。这说明，对于环境损害风险紧迫性的认定可以适当宽松。

（2）临时措施的范围不局限于请求方的诉请。本案中国际海洋法法庭发布的临时措施第5、6项不属于澳大利亚、新西兰的请求内容，甚至第5项是日本的反请求。这是对国际海洋法法庭自由裁量权的赋予。

本案的启示与意义

在本案中，《联合国海洋法公约》附件七"仲裁程序"首次被使用，对

---

〔1〕 丁洁琼、张丽娜："国际海洋法法庭管辖权发展趋势审视与探究"，载《太平洋学报》2017年第6期，第46~53页。

〔2〕 ITLOS, Cases Nos 3 & 4, Southern Bluefin Tuna Cases (New Zealand v. Japan; Australia v. Japan), Reports f Internationalarbitral Awards, 4 August 2000, Volume XXIII, pp. 1~57.

〔3〕 ITLOS, Cases Nos 3 & 4, Southern Bluefin Tuna Cases (New Zealand v. Japan; Australia v. Japan), Dissenting opinion of Judge Vukas, ITLOS Order of 27 August 1999, para. 6.

《联合国海洋法公约》强制争端解决机制、国际环境仲裁的发展都颇具深远意义。《联合国海洋法公约》所规定的强制争端解决机制极其复杂，部分条文又较为原则性，需要在国际司法实践中对其加以解释，相关解释往往在以后的类似案件中被尊重。本案还涉及对于临时措施发布条件与范围的认定，以及对预防原则精神的强调，也对今后类似案件的审理大有裨益。

此外，本案提示人们应当警惕对科研捕鱼例外条款的滥用，即借科研捕鱼为名，行商业捕鱼之实。

三十、瑙鲁含磷土地案

基本案情

瑙鲁是一个独立的岛国，位于密克罗尼西亚东南部。千万年来，有数不清的海鸟来到这个小岛上栖息，在岛上留下了大量的鸟粪，经年累月，鸟粪起了化学变化，成为一层厚达 10 米的优质肥料，人们称之为"磷酸盐矿"。全岛 3/5 被磷酸盐所覆盖，只有沿岸有一窄条平地。瑙鲁的经济几乎完全依赖于在中部高原发现的高品质磷矿的开采、加工和出口。它每年生产大约 200 万吨磷酸盐，最终产品出口到澳大利亚、新西兰、英国和日本。[1]

第二次世界大战后，瑙鲁成为联合国托管领土。联合国托管制度的部分目的是"促进托管领土及其附属领土居民的政治、经济、社会和教育进步逐步发展到自治"。根据《瑙鲁托管协定》，澳大利亚、新西兰和英国成立"联合当局"，接受了确保瑙鲁社会的安全、福利和发展的责任。

1989 年，瑙鲁针对澳大利亚提起了一项赔偿请求，请求的内容是：澳大利亚在托管瑙鲁期间，由于其过度地开发矿藏，致使大量被开发的瑙鲁土地含磷成分过高，对瑙鲁的生态和自然环境造成了严重破坏，澳大利亚应有义务将瑙鲁的土地恢复原状，并对瑙鲁进行赔偿。[2] 1991 年，澳大利亚就该诉状提出初步反对意见，认为该申请书不可受理而且法院不具有审理管辖权。国际法院于 1992 年作出针对初步反对意见的判决。1993 年 9 月 9 日，瑙鲁和澳大利亚的代理人通知法院，在达成和解后，双方同意中止诉讼程序。因此，法院于 1993 年 9 月 13 日发出一项命令，记录中止诉讼程序的情况，并指示将

---

〔1〕 Ramon E. Jr. Reyes, Nauru v. Australia: The International Fiduciary Duty and the Settlement of Nauru's Claims for Rehabilitation of Its Phosphate Lands, 16 N. Y. L. Sch. J. Int'l & Comp. L., 1 (1996).

〔2〕 万霞编著：《国际环境法案例评析》，中国政法大学出版社 2011 年版，第 43~44 页。

该案件从法院的名单上删除。

根据瑙鲁和澳大利亚达成的和解协议，澳大利亚同意向瑙鲁支付 1.07 亿澳元，"以帮助瑙鲁为其后磷酸盐时代的未来做准备"。然而，和解协议明确指出，支付这笔款项"并不影响澳大利亚的长期立场"，即澳大利亚对恢复磷酸盐土地不负任何责任。

诉讼请求

1. 瑙鲁请求国际法院裁决并宣布，被告国对违反下列法律义务承担责任：

（1）《联合国宪章》第 76 条和 1947 年 11 月 1 日《瑙鲁托管协定》第 3 条和第 5 条所列的义务。

（2）普遍承认的适用于执行自决原则的国际标准。

（3）尊重瑙鲁人民对其自然财富和资源具有永久主权权利的义务。

（4）不以产生广义拒绝司法的方式行使管理权的一般国际法义务。

（5）不以构成滥用权利的方式行使管理权的一般国际法的义务。

（6）负责管理领土的国家有义务不使领土状况发生变化，以致对另一国对该领土的现有或有法律利益造成不可弥补的损失或重大损害的一般国际法的义务。

2. 请法国际法院进一步裁决并宣布，瑙鲁共和国对根据 1987 年 2 月 9 日缔结的《三边协定》安排和处置的英国磷酸盐专员海外资产澳大利亚分配额享有法律权利。

3. 请求国际法院裁决和声明：由于被告国违反上面详细介绍的法律义务以及不承认瑙鲁在英国磷酸盐专员海外资产方面的利益，被告国有责任适当赔偿因此对瑙鲁共和国造成的损失。

裁决

本案中，国际法院于 1992 年作出的唯一判决是针对澳大利亚的初步反对意见的判决，因此我们首先梳理澳大利亚针对瑙鲁的诉讼请求提出的几项初步反对意见。

首先，澳大利亚认为国际法院对本案不具有管辖权。理由如下：

（1）瑙鲁认为国际法院具有管辖权基于双方都依据《国际法院规约》第 36 条第 2 款接受了国际法院的管辖权。但是澳大利亚方提出了保留：管辖权

"不适用于当事国商定或将商定采用某种其他和平解决办法的任何争端"。

（2）澳大利亚认为瑙鲁在取得独立以前，就放弃了与修复磷酸盐地有关的要求。

（3）澳大利亚认为托管协议已经终止，因此瑙鲁的要求不能被受理。

（4）澳大利亚认为瑙鲁的要求未在适当的时限之内提出，不能被受理。

（5）澳大利亚认为瑙鲁对修复问题行动前后不一致且缺乏诚意。

其次，澳大利亚认为新西兰和英国均为非诉讼当事方，国际法院行使管辖权将侵犯两国利益。国际法院若行使管辖权，新西兰和英国的义务都将被裁定，这将违背国际法院的管辖权完全来源于国家同意这一根本原则。

最后，澳大利亚提出针对瑙鲁有关英国磷酸盐专员海外资产要求的反对意见。澳大利亚坚持认为，由于瑙鲁有关英国磷酸盐专员海外资产的要求是瑙鲁诉状中首次出现的新的要求，该要求不能被受理。

国际法院在1992年6月26日作出了针对澳大利亚初步反对意见的判决，判决中确认了国际法院对于瑙鲁的申请书具有管辖权，并且该申请书可以受理。具体的关于初步反对意见的判决如下：

（1）驳回了澳大利亚有关强制管辖权声明中所作保留的初步反对意见。

（2）驳回了澳大利亚称瑙鲁曾放弃对修复磷酸盐地的所有要求的初步反对意见。

（3）驳回了基于联合国对瑙鲁的托管权已经终止的初步反对意见。

（4）驳回了基于时间推移对瑙鲁申请书可否受理的影响的初步反对意见。

（5）驳回了基于据称瑙鲁缺乏诚意的初步反对意见。

（6）驳回了基于新西兰和联合王国均非诉讼当事方的初步反对意见。

（7）确认了瑙鲁基于英国磷酸盐专员海外资产的要求是新的要求的初步反对意见，判定对于瑙鲁的该要求不予受理。

问题提炼

1. 如何确认一个国家应承担国家责任？

2. 国际法院是否可以对一个涉及非诉讼当事方利益的案件行使管辖权？

解析

（一）如何确认一个国家应承担国家责任？

本案是一起有关领土污染的国际环境纠纷。由于澳大利亚在托管期间过度开发和开采，改变了瑙鲁当地的土地结构和土壤成分，使其土地资源遭到严重破坏。对于这种破坏的事实，澳大利亚当局自始至终是无法回避的。因此，在案件审理中，澳大利亚并没有就案件的事实进行辩解，而只是通过管辖权、默认等主张来豁免其责任。

对瑙鲁来说，自获得民族独立以来，对于自己所享有的天然资源永久主权这一权利有了十分深切的认识。瑙鲁的土地状况的破坏是在托管期间造成的，理应由相应的托管当局对其承担责任。尽管当时参与瑙鲁管理事务的还有新西兰和英国，但是，根据有关协定，澳大利亚行使了管理的主要职能，是土地和矿藏开发事务的总指挥，因此澳大利亚对瑙鲁土地的破坏负有主要责任。瑙鲁针对澳大利亚提出主张和请求是恰当的。

从本案来讲，澳大利亚应当为其不法行为承担国家责任。

所谓国家责任，是指当一个国际法主体从事了违反国际法规则的行为，或者说当一个国家违反了自己所承担的国际义务时，在国际法上应承担责任。[1]

一个国家对于本国的国际不法行为必须要承担国际责任，这是一项国际法原则。此处强调的是一个国家承担国际责任需要有两个条件：第一，是该行为（或者不行为）违背了该国所承担的国际义务；第二，是该行为可归责于国家，即可视为该国的"国家行为"。有了这样两个构成要件，国家责任便可成立。从性质上来讲，违背国际法规则是客观要件，可归责于国家是主观要件。[2]

国家责任的客观要件是指国家的行为违背了该国所承担的国际义务，违反了国际法。这种国家行为不仅指的是一种积极的行为，而且也涉及消极的不为某种行为。

构成国家责任的不法行为是可以归因于国家的国家行为，这是构成国家

---

〔1〕 王铁崖主编：《国际法》，法律出版社1995年版，第136页。
〔2〕 周忠海主编：《国际法》（第3版），中国政法大学出版社2017年版，第89~90页。

责任的主观要件。这种判断要基于国际法作出，而不能基于任何一国的国内法。一个国家不可能对自己境内的"所有私人行为"负责任，因此区分行为是否归因于国家就成了构成国家责任的必备条件。

一个国家要承担传统国家责任需要符合两个要件：客观方面的要件是澳大利亚的行为违背了其所承担的国际义务；而主观方面的要件是这个行为可归责于澳大利亚当局，即可视为澳大利亚的"国家行为"。

首先，本案中的一个基本事实就是在澳大利亚托管瑙鲁的期间对瑙鲁土地中所含的磷酸盐进行大规模的开发，最终导致瑙鲁含磷土地的出现，影响了瑙鲁人正常的生存需求。笔者对于这个行为是否可以归因于澳大利亚政府进行了资料查找。对于诸如国家元首和政府首脑的行为，外交代表的行为，政府官员的公务行为，国家机关（不论是立法、行政、司法或其他权力机关）行使政府权力的行为，经国家或政府授权代表国家或政府行事的个人行为以及叛乱或革命取得成功最终成为一个国家的新政府或新国家时其所做的行为等，均可视为国家行为。[1]这一部分是我们所理解的"国家行为"的定义。澳大利亚开采瑙鲁磷酸盐的行为笔者没有找到详细资料来说明这个行为是否是在国家授权之下或者直接是政府行为，但是，从国际法院的裁决中我们可以看出，澳大利亚提出了六项反对意见，这六项反对意见中没有针对"造成损害的不是澳大利亚的国家行为"提出的，因此我们可以判定，至少磷酸盐的开采行为确实是在澳大利亚的管控和监管之下的，可以被认定是澳大利亚的国家行为。

其次，我们再来看这个事件所涉及的客观要件，也就是澳大利亚的磷酸盐开采行为是否违反了国际法规则或者其应当承担的法律义务呢？笔者认为澳大利亚确实违反了规则以及没有履行其应承担的法律义务。

第二次世界大战结束后，澳大利亚在联合国的托管制度下与瑙鲁签订了《瑙鲁托管协定》，其中明确澳大利亚、新西兰和英国成立"联合当局"，接受了确保瑙鲁社会的安全、福利和发展的责任。也就是说，保护"瑙鲁社会的安全、福利和发展"是澳大利亚当局应当履行的一项义务。然而，澳大利亚的做法使瑙鲁人民在当代就已经承受了"难以生存"的后果，更不要提到其后代是否还能继续在这个瑙鲁人赖以生存的小岛之上安家立业。从这个角

---

〔1〕 周忠海主编：《国际法》（第3版），中国政法大学出版社2017年版，第90页。

度上来讲，澳大利亚没有履行自己应当帮助和保障瑙鲁"安全、生存和发展"的义务，这个不行为，已经构成了对于国际法的违反。

从另一个角度来讲，我们也可以认定，澳大利亚违反了国际法。澳大利亚决定的这种开采行为实际上侵犯了瑙鲁人对其资源所享有的环境权，这种环境权是蕴含在瑙鲁人民对其自然财富和资源具有永久主权的权利之中的。一个国家的行为侵害到另一个国家的主权，这本身就是一种对国际规则的违反。

因此，无论从哪一个角度来讲，澳大利亚的行为都构成了对国际法规则的违反。至此，笔者认为澳大利亚的行为满足了需要承担传统国家责任的主客观要件，构成了传统国家责任，应该就其行为对瑙鲁承担赔偿责任。

（二）国际法院案件中的非诉讼方问题

本案中，澳大利亚提出的一个初步反对意见是：澳大利亚不是瑙鲁唯一的托管方，当年的《瑙鲁托管协议》中还涉及另外两方即新西兰和大不列颠及北爱尔兰联合王国（以下称"英国"），新西兰和英国没有接受国际法院的管辖权，均为本案的非诉讼当事方，如果国际法院行使管辖权将侵犯两国利益。

澳大利亚称国际法院若行使管辖权，新西兰和英国的义务都将被裁定，这将违背国际法院的管辖权完全来源于国家同意这一根本原则。因此，国际法院不可以在未经新西兰和英国同意的前提下便处理单独对澳大利亚提请的诉求。

这个问题实际上是本案中相当有争议的问题。国际法院最终给出的结论是，驳回澳大利亚的反对意见，认为国际法院从这一点上来讲对本案是有管辖权的。

国际法院指出，国际法院与国内法院在权力上有着很大的区别。国内的法院通常拥有审判中命令可能受裁决影响的第三方共同进行诉讼的权力，也就是我们国内法审判中经常会出现的第三人或共同原被告制度。这种解决办法使得争端有可能在所有有关各方都出席的情况下解决；但是，国际法院继续指出，在国际方面国际法院不拥有这种权力，其管辖权取决于国家的同意，因而国际法院不得强迫一国出庭。[1]

---

〔1〕 国际法院判决书、咨询意见和命令摘录1992-1996年，第15页。

但是，国际法院认为，根据《国际法院规约》第62条的规定，[1]在一国认为国际法院的裁决可能牵涉其合法利益的前提下，该国可以自由申请参加诉讼。并且，根据《国际法院规约》第59条的规定，[2]国际法院的裁判仅对当事国及本案内的事项有拘束力。也就是说，即使国际法院对本案作出了裁判，对于非诉讼第三方的新西兰和英国而言也没有拘束力，因此不会影响到两国的利益。

从国际法院的论述中我们已经探明国际法院对于非诉讼第三方涉案的立场。但是，本案中的一些法官仍然提出了自己的不同意见。

沙哈布丁法官认为本案的情形不涉及法院对非诉讼当事国行使管辖权的问题。他认为虽然依据托管协定三国政府的义务是一种连带义务，但是这不能阻止澳大利亚被单独起诉。而且，即使法院对澳大利亚作出判决可能基于一种推理被延伸到新西兰和英国，但这种影响也仅限于瑙鲁分别对这两个国家起诉时起到先例的影响。而本案的判决并不能实质上影响到新西兰和英国的利益。根据沙哈布丁法官的意见，非诉讼当事国受到影响的问题根本不存在。

阿戈法官、施韦贝尔法官则提出了和国际法院最终裁决相反的意见。他们从不同角度论述，但最终都认为国际法院应确认澳大利亚的反对意见，即国际法院不能对这种涉及非诉讼当事国的案件进行管辖。国际法院对于澳大利亚责任作出判决似乎就等于对未出庭的新西兰和英国的责任进行了判决，这当然是一种不合理的情形，因此单独针对澳大利亚的诉讼是不可受理的。

在这个问题上，笔者认为国际法院的总体判断是正确的。即使本案的判决可能涉及非诉讼当事国——新西兰和英国的利益，国际法院仍然可以对本案享有管辖权。理由基于以下三个方面：

第一，瑙鲁的诉求是针对澳大利亚单方提起的。澳大利亚和瑙鲁都接受了国际法院的诉讼管辖权，国际法院的管辖权来源于这两国的同意，而并不涉及英国和新西兰的利益。

第二，《国际法院规约》第62条给了非诉讼当事国一个参与案件的可能。

---

[1] 《国际法院规约》第62条："一、某一国家如认为某案件之判决可影响属于该国具有法律性质之利益时，得向法院声请参加。二、此项声请应由法院裁决之。"

[2] 《国际法院规约》第59条："法院之裁判除对于当事国及本案外，无拘束力。"

如果新西兰和英国认为本案的裁决结果可能会涉及其本国利益，那么这两方完全可以通过这个途径参与到诉讼中来。国际法院的管辖权不应受到是否涉及第三方利益问题的左右。

第三，《国际法院规约》第59条中明确规定了法院裁决的拘束力仅涉及当事国。如果新西兰和英国没有参与到案件的审判中来，那么法院的裁决对其没有拘束力。换言之，即使法院的裁决真的影响到了新西兰和英国的国家利益，那么这个裁决实际上对英国和新西兰也没有任何的意义。

综上所述，本案是在瑙鲁和澳大利亚之间的争端案件，即使可能涉及新西兰或者英国这两个非诉讼当事国的利益，也不影响国际法院对本案的管辖权。

三十一、尼罗河水资源分配案

基本概况

尼罗河是世界上最长的河流，流经卢旺达、布隆迪、坦桑尼亚、肯尼亚、乌干达、扎伊尔、苏丹、埃塞俄比亚和埃及等9个国家，尼罗河有两条主要的支流——白尼罗河和青尼罗河，白尼罗河发源于非洲东北部布隆迪高原，青尼罗河则发源于埃塞俄比亚高原，两条支流在苏丹首都喀土穆汇入干流，流经埃及，最终流入地中海，这两个水系统相互补充，共同满足了埃及和苏丹的用水需求，作为尼罗河下游国家，埃及和苏丹几乎完全依赖尼罗河进行灌溉，两者有共同的兴趣增加来自白尼罗河的供水，以减少对青尼罗河季节性水流量变化的依赖。[1]

20世纪以来，随着非洲各国现代化的加速，尼罗河沿岸国家获取尼罗河水资源的需求不断增加，但尼罗河的水量一直在下降，尼罗河水资源紧张局势加剧了尼罗河沿岸国家之间的矛盾，尼罗河的水资源对于下游国家的埃及十分重要，不仅是其经济民生所需，还关系国家安全。不同于埃及对尼罗河水资源的高度倚赖，作为上游国家的埃塞俄比亚与尼罗河的关系却截然不同，发源于埃塞俄比亚境内的青尼罗河和阿特巴拉河提供了尼罗河干流的85%以上的水量，换句话说，它提供了埃及所依赖的绝大部分尼罗河水量，但与埃及形成鲜明对比的是埃塞俄比亚仅使用尼罗河流域不到1%的水资源，即使青尼罗河占埃塞俄比亚可用水资源的约68%。[2]

早在英国殖民统治时期，英国就与当时非洲的其他宗主国如法国和意大

---

〔1〕 Andreas K. Wendl, International Water Rights on the White Nile of the New State of South Sudan, Boston College International & Comparative Law Review, (2016).

〔2〕 Daniel Abebe, Egypt, Ethiopia and the Nile: The Economics of International Water Law, Chicago Journal of International Law, (2014).

利等签署了一些关于尼罗河的协议，1929 年，独立后的埃及与由英国统治下的苏丹签署《尼罗河水协定》，确认了埃及对该河水使用的优先权，在尼罗河上游或支流上，未经埃及同意，不得兴建水利工程。1959 年，埃及和苏丹就尼罗河水资源的利用问题通过谈判签订了新的协定，确认埃及、苏丹每年分别享有 555 亿立方米和 185 亿立方米的尼罗河水份额。[1]

对于有关尼罗河流域水资源分配的协定，埃塞俄比亚认为自己不是殖民地或后殖民地协议的缔约国，埃塞俄比亚从未接受过尼罗河协议所产生的任何义务，埃及和苏丹两个尼罗河下游国家之间坚持 1959 年《尼罗河流域协定》的有效性只会加剧当代的分歧，特别是埃塞俄比亚和埃及之间的分歧。因此，任何未来的协议都必须基于各自国家利益立场的谈判，需要国际法律框架来指导和规范尼罗河水资源的公平分享，但是目前来看在上游的埃塞俄比亚和下游的埃及和苏丹之间没有这种基于主权国家谈判协商确立的水资源分享框架。

对于埃塞俄比亚的主张，埃及认为依据国际法上的"绝对领土完整"原则，埃塞俄比亚和其他沿岸国家应当尊重其历史权利，埃及认为，埃及和苏丹之间 1959 年签订的《尼罗河流域协定》是约束尼罗河沿岸国家的有效协定，对于上游国家谴责该协定为无效协定，对后继国家没有约束力的主张，埃及认为上游国家的这一立场完全与国际法的原则和规则相抵触。

事件分歧

1. 《尼罗河流域协定》的效力问题。
2. 尼罗河水资源在上下游国家的分配问题。

事件解决

为解决尼罗河水资源争端，1999 年 2 月，由布隆迪、刚果民主共和国、埃及、埃塞俄比亚、肯尼亚、卢旺达、南苏丹、苏丹、坦桑尼亚和乌干达等 10 个国家签署协议，在尼罗河流域建立了一个全方位的流域机构——尼罗河流域倡议组织（NBI），尼罗河流域倡议组织成了流域各国可持续管理和发展

---

〔1〕 洪永红、刘婷："尼罗河水资源之争非洲的国际法难题"，载《河南水利与南水北调》2011 年第 3 期。

尼罗河流域共享水和相关资源，进行谈判和协商的重要平台。2019 年 2 月，签署尼罗河流域倡议（NBI）的 10 个尼罗河流域国家的代表在卢旺达基加利聚集，以庆祝尼罗河流域倡议组织成立 20 年，会议回顾了自从 1999 年尼罗河流域倡议组织建立以来，由于缔约国、非缔约国和私营企业之间的共同努力，已经促成了价值 65 亿美元的投资。借助尼罗河流域倡议组织，还培训了 30 000 人，以提高该地区的流域管理能力。但目前尼罗河流域沿岸国家仍未就尼罗河流域的合作和协调达成一个完整的协议，因此与会者还就尼罗河流域倡议向永久性合作机制过渡的潜力进行了积极的讨论，并承诺继续进行这一工作，以确保所有流域国家能够就尼罗河水资源的利用达成符合其发展议程的协议。

问题提炼

1. 条约是否对埃塞俄比亚等上游国家有效？
2. 简述跨界水资源开发利用的国际环境法原则。

解析

（一）国家对条约的继承

"条约"一词，源于法语，原意为"达成一致、缔结契约"。在英语中，它主要具有国际法主体间的协议的意思。国家对条约继承是指一国按条约承受的权利和义务由别国所取代，条约继承是国家继承的重要方面。因此，该问题实质是被继承国的条约对继承国的效力问题。

按照国家对条约继承的规则，对于新独立国家条约的继承应该适用白板原则。所谓"白板原则"，是指新独立国家对宗主国或原殖民国所签订的条约，有权拒绝继承。1987 年《关于国家在条约方面的继承的维也纳公约》第 16 条规定：对于"新独立国家"的条约继承问题确立了著名的"白板原则"。该公约第 16 条规定，新独立国家对于任何条约，不仅仅因为在国家继承日期该条约对国家继承所涉领土有效的事实，就有义务维持该条约的效力或者成为该条约的当事国。这一原则最早来自国家实践，例如美国独立就采取了"白板原则"；第一次世界大战后芬兰脱离俄国也适用了这一原则。白板原则有其例外，即 1987 年《关于国家在条约方面的继承的维也纳公约》第 11 条和第 12 条规定了国家继承本身不影响边界制度和其他关于领土的制度，在

"利比亚诉乍得"一案中，国际法院强调，"根据条约所确定的边界永久有效，确定该条约本身的效力未必如此，条约本身是否继续有效不能直接影响边界的存在与否，即边界是否有效并不取决于协议本身的效力，"[1]"关于河流水权或航行的条约通常认为属于与领土边界制度相关的条约"。[2]

从国际法的角度评析，第二次世界大战后，非洲各国走向非殖民化历程，建立新的独立国家，属于国家继承，独立后的其他沿岸国家并没有表示同意或因行动被认为同意继承，因此新独立国家可以根据国家继承的"白板原则"拒绝继承宗主国或原殖民国所签订的条约，但是对于业已形成的航道和水权等有关领土和边界制度，根据《关于国家在条约方面的继承的维也纳公约》第11条和第12条的规定，其不受国家继承的影响。因此对于目前航道和水权分配制度，尼罗河沿岸各国都应该采取谈判协商的方式订立新的协议，以促进尼罗河公平合理使用。

（二）跨界水资源开发利用的国际环境法原则

在当前国际水法对水资源开发和利用的规范中，业已形成了一套被普遍接受和认可的基本原则，其中包括关于规范和调整跨国河流污染的几项重要原则。

一是公平合理利用原则。这一原则规定各国有权在其领土内公平合理地使用跨国河流并分享其利益，但不能剥夺其他流域国家公平利用的权利。具体而言，各流域国家有权利用位于其境内的跨国河流的水，是某一跨国河流流经其领土或为其领土边界的每一个国家都享有的对河流使用的权利。而且，国家主权平等原则还使各流域国享有相等于而且相关于其他流域国所享有的对该河流的使用权利。同时，该原则承认，如果跨国河流的水资源的开发利用并不能充分实现所有水道国的所有合理利用和从中受益而导致使用冲突，为了维护各水道国的权利平等，允许进行一些调整以实现水道的最佳利用。另一方面，关于跨国水资源的使用、管理和开发，每一国家应考虑到其他资源共有国家公平利用这些资源的权利，各国公平利用份额的划分，应由有关流域国考虑每一具体情况中的所有有关因素后加以确定这些因素，这些因素

---

[1]　ICJ, *Case concerning the territoral dispute（libya/chad, judgement of February* 1994, ICJREP,（1994）6, p. 73.

[2]　ICJ, *Gabcikovo-Nagymaros Project（Hungary/Slovaki）, judgement of September* 1997, ICJREP,（1997）7, p. 123.

包括：地理、水文、河道、气候、生态和其他自然因素；有关水道国的社会和经济的需要；每一水道国内依赖水道的人口；一个水道国使用水道时对其他水道国的影响；对水道的现行使用和可能的使用；水道水资源的养护、保护、开发和节约使用；以及为此采取的措施的费用；某项计划或现有使用有无其他价值相当的备选方案等。

二是不造成重大损害原则。应该说，这一原则的产生就是针对处理跨国河流水污染的，这一原则要求一个或多个国家应以不对其他流域国家造成损害的方式利用国际水道的水，它在一定程度上限制了国家在领土范围内所开发水资源的权利，其限制程度即依"重大损害"进行认定。如何认定损害的"重大"，我们可以参照国际环境法中对"跨界损害重大性"的认定，即"重大"的程度超过"觉察"但不必达到"严重"或者"显著"的程度。《国际水道非航行使用法公约》将之规定为"不造成重大损害的义务"，包括："1. 水道国需做出适当的努力，以不致对其他水道国造成重大损害的方式利用国际水道。2. 在作出适当的努力还是对另一个水道国造成重大的损害的情况下，如果不存在流域使用的协定，使用造成损害的国家应同受害国就以下事项进行磋商：（a）顾及第6条所规定因素证实这种使用为公平合理的限度；（b）对使用方法进行特别调整以消除或减轻所造成的损害的问题，以及酌情给予补偿的问题，可见，这一义务的规定在对发生重大损害的公平有效解决的同时减少和避免重大损害的发生。"[1]

三是，尊重国家主权和不损害国外环境原则。这是国际环境法的一项基本原则，是已被公认为国际环境保护领域的一项国际习惯法规则。其基本含义是指在环境保护领域，每个国家不论大小，都拥有对本国自然资源的永久主权，拥有自己的环境主权，有权根据本国情况决定自己的环境政策和战略，有权根据本国的需要合理开发、利用和保护其环境资源，对于本国管辖范围内的环境保护问题具有最高的处理权和对外独立性，有权自行处理经济社会发展与环境保护的关系；任何国家、组织和个人不得以保护环境为借口，干涉别国内政；为保护全球环境进行国际合作和实施各种必要的措施，但必须在互相尊重国家主权独立的基础上进行，在处理环境保护关系中每一国都必须尊重别国的主权，同时必须承担不损害国外环境的义务。作为一项基本原

---

〔1〕 参见《国际水道非航行使用法公约》第7条。

则，"尊重国家主权和不损害国外环境原则"适用于环境保护各领域，而公平合理利用原则和不造成重大损害原则结合构成了这一原则在水资源利用与保护方面的具体体现。

埃及和苏丹签订的《尼罗河流域协定》继受 1929 年《尼罗河水协定》把尼罗河水资源的大部分分配给了埃及，把一小部分分配给苏丹，上游国家几乎未能分配到水量，而汇成尼罗河的两条支流的源头全部都发源于上游国家，因此作为下游国家的埃及和苏丹应当与埃塞俄比亚为首的上游国家，依照国际环境法上的公平合理利用原则，针对尼罗河流域的水权和通航问题进行重新谈判，以达成新的协定。

三十二、在边界进行的某些活动案

基本案情

圣胡安河从尼加拉瓜湖到加勒比海全长约205公里，圣胡安湖在哥斯达黎加三角洲（Delta Colorado or Delta Costa Rica）分为两条支流河道——北圣胡安河（San Juan del Norte）和科罗拉多河（Colorado River）。北圣胡安河在其下游约30公里的三角洲处流入加勒比海；科罗拉多河，则是这两个分支中南部和较大的一条，完全在哥斯达黎加境内，在科罗拉多州巴拉德流入加勒比海，位于北圣胡安口的东南约20公里处。位于科罗拉多河和北圣胡安之间的区域被称为卡莱罗岛（Isla Calero）（约150平方公里）。在该地区内，哥斯达黎加有一个较小的地区，约17平方公里，哥斯达黎加称为波蒂略岛（Isla Portillos），尼加拉瓜称为港头（Harbor Head）。波蒂略岛位于前陶拉河以北，其北部是一个泻湖，被哥斯达黎加称为 Laguna Los Portillos，尼加拉瓜被称为 Harbour Head Lagoon。这个泻湖目前与沙洲分开。该地区包括两个具有国际重要性的湿地：东北加勒比海湿地（Humedal Caribe Noreste）和圣胡安河野生动物保护区（Refugio de Vida Silvestre Río SanJuan）。

在1857年两国之间的敌对行动之后，哥斯达黎加和尼加拉瓜政府于1858年缔结了一项限制条约（以下简称"1858年条约"），该条约从太平洋到加勒比海确定了两国之间的边界线。在确定了尼加拉瓜对圣胡安河水域享有支配权的同时，肯定了哥斯达黎加为了商业目的在河上自由航行的权利。此后，尼加拉瓜在各种场合对该条约的有效性提出质疑，哥斯达黎加和尼加拉瓜于1886年12月24日签署了另一项文书，即两国同意提交1858年条约的有效性问题以及"可疑的解释"的其他各种要点给美国时任总统格罗弗·克利夫兰进行仲裁。

在克利夫兰1888年颁发的裁决中，除其他外，克利夫兰总统确认了该条约的有效性，决定颁布之后，1896 年哥斯达黎加和尼加拉瓜同意设立两个国家划界委员会，其中包括一名工程师，也即美国的爱德华波特亚历山大将军。他"具有广泛的权力来决定在任何操作过程中可能出现的任何差异，并且他的决断将是最终的"。在划界过程中（始于 1897 年并于 1900 年结束），亚历山大将军颁布了五个裁决，其中前三个裁决与哥斯达黎加诉尼加拉瓜案尤其相关。[1]

从 20 世纪 80 年代开始，哥斯达黎加和尼加拉瓜之间就 1858 年条约哥斯达黎加的航行权的确切范围产生了分歧。这一争端导致哥斯达黎加于 2005 年 9 月 29 日向国际法院提出申请，对尼加拉瓜提起诉讼。2009 年 7 月 13 日，法院作出判决，除其他外，澄清了哥斯达黎加的航行权利以及尼加拉瓜管制圣胡安河航行的权力范围。

而本案的争端起因在于 2010 年 10 月 18 日尼加拉瓜开始疏浚圣胡安河以改善其航行性，同时还在波蒂略岛北部开展工程。而哥斯达黎加认为，尼加拉瓜在哥斯达黎加领土——横跨位于圣胡安河和泻河之间的波蒂略岛——故人为地开凿人工运河（canos），并且，尼加拉瓜还向该地区派遣了一些军事人员和其他人员。

2010 年 11 月 18 日，哥斯达黎加共和国向国际法院提交了诉状，启动了针对尼加拉瓜的诉讼程序，哥斯达黎加声称邻国尼加拉瓜的两项工程违反了国际法。第一，其正在修建一条从圣胡安河到波蒂略泻湖（以下简称"港头泻湖"）的人工运河。第二，其正对圣胡安河进行疏浚。哥斯达黎加认为尼加拉瓜在相关工程中占领了哥斯达黎加领土，并且这两项工程的目的是将圣胡安河的河水从其自然历史河道引入波蒂略泻湖。该诉讼程序基于以下四项指控："尼加拉瓜军队入侵、占领和使用哥斯达黎加领土以及违反尼加拉瓜在若干国际法文书之下对哥斯达黎加的义务。"

哥斯达黎加诉称：所谓的侵害行为位于圣胡安界河河口，更具体来讲位于波蒂略岛海岸、Laguna los Portillos 港（又称"Head lagoon 港"）的"哥斯达黎加东北加勒比顶端最初约 3 平方公里的哥斯达黎加领土面积"上。

---

[1] Certain Activities carried out by Nicaragua in the Border Area (Costa Rica v. Nicaragua), Proceedings joined with Construction of a Road in Costa Rica along the San Juan River (Nicaragua y. Costa Rica), Judgment of 17 April 2015, paras. 56~64.

第一，关于所谓开凿运河问题，尼加拉瓜在未经其同意的情况下在横跨哥斯达黎加领土的一个尼加拉瓜武装部队非法占领的地区修建了一条人工运河，正在破坏哥斯达黎加领土上的一个原始热带雨林和脆弱湿地区，[1]将圣胡安河的河水从其自然历史河道引入 Laguna los Portillos（Head Lagoon）港。这种行为有可能破坏哥斯达黎加的科罗拉多河，并且可能破坏哥斯达黎加的泻湖、河流、草本沼泽和林地。尼加拉瓜还在国际保护原始森林地区非法破坏采伐林木，其行动已经对脆弱的生态系统造成严重的破坏，而目的在于单方面改变两国之间边界，造成既成事实，试图偏离圣胡安河的河道。虽然尼加拉瓜一再明确和无可争辩地承认哥斯达黎加对波蒂略岛地区拥有主权，但上述运河今后仍将会贯穿该地区。[2]

第二，关于圣胡安河的疏浚问题，哥斯达黎加表示，首先，尼加拉瓜将河里的大量淤泥堆积在其目前占领的哥斯达黎加领土上，并且继续在某些地区砍伐森林。其次，这些工程以及与开挖争议运河有关的工程将会带来致使科罗拉多河河水严重改道的后果，而科罗拉多河完全位于哥斯达黎加领土之上。最后，这些疏浚工程将会损坏哥斯达黎加在加勒比海上的北部海岸部分，可能对 Laguna Maquenque、Barra del Colorado、Corredor Fronterizo 和 Tortuguero 国家公园中的野生动植物栖息地构成更为具体的威胁。

综上，也即正在进行的和已经计划的运河疏浚和建设活动将会严重影响流向哥斯达黎加科罗拉多河的水流，并且将会对包括位于该地区的湿地和国家野生动物保护区在内的哥斯达黎加领土造成进一步的伤害。哥斯达黎加称已经定期向尼加拉瓜抗议，并呼吁其"在其能够确定疏浚活动不会对科罗拉多河或其他哥斯达黎加领土造成破坏之前"不要实施这项工程。但是尼加拉瓜一直在继续其在圣胡安河上的疏浚活动，甚至在 2010 年 11 月 8 日宣布其将再向圣胡安河增加两台挖掘机。

不仅如此，尼加拉瓜还向哥斯达黎加领土派遣了其武装部队小分队，并且在那里修建了军营，故尼加拉瓜的行动不仅彻底违反了两国之间已经确立的边界制度，而且还违反了联合国的领土完整原则和根据《联合国宪章》第

---

〔1〕 参见《具有国际重要意义湿地拉姆萨尔名册》所列名单。

〔2〕 Certain Activities carried out by Nicaragua in the Border Area（Costa Rica v. Nicaragua），Order of 8 March 2011, para. 31.

2 条第 4 款之规定禁止对任何国家使用或威胁使用武力原则,[1]并且违反了双方之间认可的《美洲国家组织宪章》第 1、19 和 29 条规定的原则。

美洲国家组织常设理事会在 2010 年 11 月 12 日通过一项决议,[2]欢迎和核准许可美洲国家组织秘书长在其 2010 年 11 月 9 日报告[3]中提出的建议。它声称,常设理事会呼吁双方采纳这些建议,特别是要求"避免在可能引起局势紧张的地区部署军事或安全部队"。哥斯达黎加声称,尼加拉瓜"对美洲国家组织常设理事会决议的直接反应表达了其不愿遵守该决议的意图",并声称尼加拉瓜一直"拒绝有关要求其从位于波蒂略岛的哥斯达黎加领土上撤出其武装部队的所有请求"。[4]

哥斯达黎加不反对尼加拉瓜开展清理圣胡安河的工程,但条件是这些工程不对哥斯达黎加的领土构成影响,包括科罗拉多河,也不会影响其在圣胡安河上的航行权,或其在北圣胡安湾的权利。但是尼加拉瓜在圣胡安河上进行的疏浚工程并未遵守这些条件。

尼加拉瓜辩称:第一,关于哥斯达黎加所称"开凿人工运河的问题",需要回溯 1897 年 9 月 30 日的第一次亚历山大裁决,从裁决中可以看出,争议所涉地区在与圣胡安河连接起来之前,其与哥斯达黎加的边界是沿着 Head lagoon 港东部边界先是由一条西南走向再转为南方走向的自然水道划分。尼加拉瓜声称,前一条水道是运河。而事实恰与哥斯达黎加的断言相反,运河在其开展清理活动之前就已经存在。这一事实得到了各种地图、卫星照片、尼加拉瓜进行的环境影响评估及其书面陈述的证实。双方之间在争议地区的边界确实是沿着这条运河划分的,是根据这一地区的具体水文特征进行的。而波蒂略岛北部就是按上述运河界的,尼加拉瓜对这一部分领土的主权通过行使各种主权权利得到证实。[5]也即,运河只不过是一条"多年前修建的天然水道,尼加拉瓜已经开始让其再一次适合小型船只航行",不仅如此,尼加

---

〔1〕 参见《联合国宪章》第 2 条第 4 款:各会员国在其国际关系上不得使用威胁或武力,或以与联合国宗旨不符之任何其他方法,侵害任何会员国或国家之领土完整或政治独立。

〔2〕 CP/RES. 978(1777/10).

〔3〕 CP/doc. 4521/10.

〔4〕 Certain Activities carried out by Nicaragua in the Border Area(Costa Rica v. Nicaragua), Order of 8 March 2011, para. 15.

〔5〕 Certain Activities carried out by Nicaragua in the Border Area(Costa Rica v. Nicaragua), Order of 8 March 2011, para. 42.

拉瓜认为"哥斯达黎加所谴责的工程其目的并不是开挖一条人工运河，而是因为对该水道的清理和清淤工作是在尼加拉瓜领土通过人工进行的，上述水道的右岸是双方之间的边界"。

第二，关于疏浚圣胡安河的问题。尼加拉瓜有权在未征得哥斯达黎加允许的情况下疏浚圣胡安河，这是一次有限的行动，与清理运河有关的行动一样，没有对哥斯达黎加造成任何损害，也不会有造成损害的可能。没有任何理由证明需要国际法院作出有关采取哥斯达黎加所申请临时性措施的指示。

不仅如此，被砍伐的树木数量是有限的，并且尼加拉瓜已经着手在受影响地区重新植树，所有活动都是在上述水道的左岸（在尼加拉瓜看来是在尼加拉瓜领土上）进行的，具体地说，尼加拉瓜每砍伐一棵树，要补种10棵树。而且，清理水道的工程已经完工。

另外，尼加拉瓜还质疑有关其武装部队占领了哥斯达黎加领土上的一个地区的说法，虽然它声称其确实派遣其部队来保护从事清理水道及疏浚河道的工作人员，但它仍然坚持认为"这些军队仍然驻扎在尼加拉瓜领土上，并且他们现在并未在开展这些活动的边界地区驻扎"。[1]因此，哥斯达黎加所指控的活动是在尼加拉瓜领土上进行的，这些活动既没有对另一方当事人造成无法弥补的伤害，也不存在可能造成此种伤害的风险。

国际法院在2011年3月8日的命令中指示了一些针对双方的临时措施，尼加拉瓜在其答辩状中提出了四项反诉。2011年12月22日，尼加拉瓜也递交了起诉书，控告哥斯达黎加采取单方面行动，在两国边界、紧靠圣胡安河南岸修建一条长达至少120公里的新道路，称其"侵犯尼加拉瓜主权，对其领土造成重大环境损害"。其后，国际法院于2013年4月17日发出两份单独的命令将该案与"尼加拉瓜诉哥斯达黎加案"[2]合并审理。2015年4月14日至5月1日，国际法院举行了合并案件的公开庭审，听取了双方专家的意见，作出终审判决。国际法院根据2013年11月22日"哥斯达黎加诉尼加拉

[1] Certain Activities carried out by Nicaragua in the Border Area (Costa Rica v. Nicaragua), Order of 8 March 2011, para. 45.

[2] 2011年12月22日，尼加拉瓜就哥斯达黎加沿圣胡安河建设道路的争端，对哥斯达黎加提起反诉。在该申请中，尼加拉瓜表示，哥斯达黎加"侵犯尼加拉瓜主权，并在其领土上造成重大环境损害"，因为哥斯达黎加正在两国边界、紧靠圣胡安河南岸修建一条新道路，开展着重大的道路建设工程，违反了若干国际义务并造成严重的环境后果，称"尼加拉瓜诉哥斯达黎加案"。

瓜案"的命令，重申了 2011 年 3 月 8 日所示的临时措施，并指出向双方提出新的临时措施。之后，国际法院于 2018 年 2 月 2 日对哥斯达黎加要求"解决因哥斯达黎加应对尼加拉瓜非法活动造成的损害赔偿"的问题作出了判决。尼加拉瓜在 2018 年 3 月 22 日的一封信中通知法院书记官处，它于 2018 年 3 月 8 日向哥斯达黎加给付了后者的赔偿总额。[1]

诉讼请求

（一）哥斯达黎加请求

1. 驳回尼加拉瓜的所有诉请。

2. 裁定并宣告争议领土的主权属于哥斯达黎加。

3. 命令尼加拉瓜必须废止其国内法中损害哥斯达黎加所享有的自由航行权的条款。

4. 停止在圣胡安河上哥斯达黎加三角洲邻近地区及圣胡安河下游的所有疏浚活动。

5. 以补偿形式赔偿对哥斯达黎加造成的物质损失。

6. 以将由国际法院确定的方式提供满意的解决方案，以完全补偿给哥斯达黎加带来的损害。

7. 根据国际法院的命令，提供不再重犯非法行为的适当承诺和保证。

8. 以基于全额赔偿金并附加利息的方式，支付哥斯达黎加提起 2013 年 11 月 22 日关于临时措施的命令引起的所有支出和费用。

2017 年 1 月 16 日，哥斯达黎加要求国际法院"解决因哥斯达黎加应对尼加拉瓜非法活动造成的损害赔偿的问题"。

（二）尼加拉瓜请求

1. 驳回并拒绝哥斯达黎加的请求和陈述。

2. 裁定并宣告：首先，尼加拉瓜享有对连接港头泻湖和圣胡安河干流的水道的完全主权，圣胡安河右岸构成两国陆地边界；其次，哥斯达黎加有义务尊重尼加拉瓜在边界内的主权和领土完整；再次，尼加拉瓜有权开展其认为合适的改善圣胡安河航运的工程，这些工程包括疏浚尼加拉瓜圣胡安河段；

---

〔1〕 Latest development of Certain Activities carried out by Nicaragua in the Border Area（Costa Rica v. Nicaragua）. https://www. icj-cij. org/en/case/150. para. 8.

最后，哥斯达黎加对尼加拉瓜圣胡安河段享有的唯一权利是经克利夫兰裁决和亚历山大裁决解释的上述 1858 年条约界定的权利。

裁决

（一）国际法院在 2011 年 3 月 8 日的命令中指示了临时措施

1. 全体一致认定，每一方当事人应保持克制，不要向包括运河在内的争议领土派遣或保留任何人员，无论是文职人员、警察，还是安全人员。

2. 以 13 票对 4 票认定，哥斯达黎加可向包括运河在内的争议领土派遣文职人员负责那里的环境保护，但只能在必要范围之内，以避免对该领土所在湿地部分造成无法弥补的伤害；哥斯达黎加应就这些行动与拉姆萨尔公约秘书处进行协商，提前向尼加拉瓜发出通知，并尽其最大努力与尼加拉瓜一起找到解决这一问题的共同办法。

3. 全体一致认定，每一方当事人应保持克制，不要采取任何可能加剧或扩大向国际法院提交的争端，也不要使之更难解决。

4. 全体一致认定，每一方当事人应向国际法院通报其遵守上述临时性措施的情况。[1]

（二）国际法院于 2015 年 12 月 16 日就本案作出终审判决

1. 法官以 14 票对 2 票，认定哥斯达黎加对"争议领土"拥有主权。

2. 法官一致认定，尼加拉瓜开挖三条运河以及在哥斯达黎加领土上派驻军事人员已经侵犯了哥斯达黎加的领土主权。

3. 法官一致认定，尼加拉瓜于 2013 年的行动并在争议领土派驻军事人员的行为违反了国际法院于 2011 年 3 月 8 日指示的临时措施命令。

4. 法官一致认定，尼加拉瓜已经违反了哥斯达黎加国民依据 1858 年条约在圣胡安河上享有的自由航行权利。

5. 关于赔偿部分，法官一致同意尼加拉瓜有义务赔偿哥斯达黎加因尼加拉瓜在哥斯达黎加领土内的不法行为造成的物质损失。

---

[1] Certain Activities carried out by Nicaragua in the Border Area (Costa Rica v. Nicaragua) order of 8 March 2011, para. 3.

问题提炼

1. 尼加拉瓜的行为是否违反国际环境法？
2. 国际法院规定的临时措施具有怎样的效力？

解析

（一）尼加拉瓜是否违反国际环境法

哥斯达黎加指控尼加拉瓜，其有关于疏浚运河的行为违反国际环境法义务。对于其是否违反国际环境法，首先需要审查尼加拉瓜是否违反了"实施跨界环境影响评价以及提前告知与磋商"的程序性义务，其次需要审查尼加拉瓜是否违反了保护环境的实体性义务。

1. 程序性义务

（1）关于是否违反进行环境影响评估的义务。国际法院回顾了"乌拉圭河沿岸的纸浆厂案"的判决。在"乌拉圭河沿岸的纸浆厂案"（阿根廷诉乌拉圭）的判决中，预防原则被证明是一项国际习惯法。预防原则的含义是在国际性、区域性或国内的环境管理中，对于那些可能有害于环境的物质或行为，即使缺乏其有害的结论性证据，亦应采取各种预防性的手段和措施。[1]而当计划实施的工业行为可能对共享的资源以跨界的方式造成重要负面影响时，应当进行环境影响评价，这应当被视为一般国际法的一项要求。即使"乌拉圭河沿岸的纸浆厂案"中提到的是工业行为，但这同样适用于可能有重要负面影响的跨界活动，因此，国家应当对本国管辖范围内的行动尽到合理谨慎义务。这要求涉案国家实施环境影响评价，防止本国领域内发生的行为对其他国家的环境造成重大损害。而不仅如此，还应根据每个案件的具体情况确定环境影响评估的内容。如果环境影响经评估确认存在重大跨界损害的风险，则计划开展活动的国家必须按照其尽职调查义务，与可能受影响的国家进行真诚的通知和磋商，以此确定预防或减轻风险的适当措施。

而在本案中，还需要判断的是尼加拉瓜在北圣胡安湖上的疏浚工作是否具有重大的跨界损害风险。所谓"重大"，即程度超过"觉察"，但不必达到

---

[1] 林灿铃、吴汶燕主编：《国际环境法》，科学出版社2018年版，第64页。

"严重"或"显著"的程度。[1]此处的主要风险是这些疏浚活动是否会对科罗拉多河流动造成潜在的不利影响,包括对哥斯达黎加的湿地产生不利影响。而本案中的证据、提交的报告以及双方召集的专家提供的证词,均显示2006年计划的疏浚方案对科罗拉多河或哥斯达黎加的湿地不会产生重大跨界损害的风险,由于不存在重大跨界损害风险,也就不存在实施环境影响评价的要求。

(2)关于是否违反通知和协商的义务。哥斯达黎加还指控尼加拉瓜违反了根据一般国际法和一些国际法律文件规定的义务。1971年《关于特别是作为水禽栖息地的重要湿地公约》(以下简称《湿地公约》)[2]中规定了相关的义务,包括对作为水禽栖息地的国家进行通知和协商的义务,不仅如此,《中美洲保护生物多样性和保护优先野生动物区公约》中也存在相关内容的规定。

第一,与尼加拉瓜所说的相反,1858年条约可能包含有关在特定情况下通知或协商的有限义务,这一事实并不排除条约或习惯国际法中可能存在的跨界损害的任何其他程序性义务。无论如何,由于没有重大跨界损害的风险,尼加拉瓜没有履行环境影响评估的国际义务,因此无需向哥斯达黎加履行通知和协商的义务。

第二,关于《湿地公约》,虽然其第3条第2款[3]载有通知义务,但该义务仅限于通知拉姆萨尔公约秘书处"在通知国领土内、有关于该领土任何湿地的生态特征的变化或可能的变化"。在本案中,国际法院认为,其面前的证据并未表明尼加拉瓜的疏浚计划已使湿地的生态特征发生任何变化,或者因为工程的扩大,很可能导致这样的结果。因此,国际法院认为尼加拉瓜没有义务通知拉姆萨尔公约秘书处。关于同一文书的第5条,[4]国际法院注意到,虽然这一条款包含了"关于履行"公约"规定的义务"的一般义务,但

---

[1] 林灿铃、吴汶燕主编:《国际环境法》,科学出版社2018年版,第105页。

[2] 1971年2月2日签署于拉姆萨尔。

[3] 参见《湿地公约》第3条第2款:如其境内的及列入名册的任何湿地的生态特征由于技术发展、污染和其他人类干扰而已经改变,正在改变或将可能改变,各缔约国应尽早相互通报。有关这些变化的情况,应不延迟地转告按第8条所规定的负责执行局职责的组织或政府。

[4] 参见《湿地公约》第5条:缔约国应就履行本公约的义务相互协商,特别是当一片湿地跨越一个以上缔约国领土或多个缔约国共处同一水系时。同时,他们应尽力协调和支持有关养护湿地及其动植物的现行和未来政策与规定。

并未规定尼加拉瓜有义务与哥斯达黎加就某一正在进行的特定项目进行磋商（该案中指疏浚北圣胡安河）。鉴于上述情况，《湿地公约》未要求尼加拉瓜在开始疏浚工程之前对哥斯达黎加履行通知或协商的义务。

第三，关于《中美洲保护生物多样性和保护优先野生动物区公约》，国际法院认为没有必要进一步调查，因为哥斯达黎加援引的两项条款都没有规定通知或协商的具有约束力的义务。

所以，尼加拉瓜尚未被证实违反了条约或习惯国际环境法对哥斯达黎加的任何程序性义务。但是尼加拉瓜在口头审理过程中作出了以下承诺：如扩大实施其疏浚作业范围，它将实施新的环境影响评价，同时履行其提前通知与磋商的义务。并且将包括对跨界损害风险的评估，作为该进程的一部分通知哥斯达黎加并与哥斯达黎加进行协商。

2. 实体性义务

"乌拉圭河沿岸的纸浆厂案"的判决中，国际法院指出国家有义务采取一切可能措施，防止本国领域内发生的行为对其他国家的环境造成重要损害。此外，1972 年《斯德哥尔摩人类环境宣言》原则 21 和 1992 年联合国《里约热内卢环境与发展宣言》原则 2 也都强调：根据《联合国宪章》和国际法原则，各国有责任保证在它们管辖或控制之下的活动，不致损害其他国家的或在国家管辖范围以外地区的环境。[1]尼加拉瓜应对其违反哥斯达黎加领土主权的活动所造成的损害负责，因此需要判断尼加拉瓜在其位于北圣胡安河及其左岸、在尼加拉瓜领土主权范围内的疏浚"行为"是否造成了哥斯达黎加任何"损害事实"，也即二者之间是否存在因果关系。此处，法庭运用了"严格责任"的基本原则，也即需要受害人证明其受到的损害与行为者活动之间的因果关系。所以，只有在哥斯达黎加提供令人信服的证据确认存在哥斯达黎加声称的产生损害事实的基础上，国际法院才有必要解决 1858 年公约、克利夫兰裁决、习惯国际法中有关跨界损害的相关规则之间的关系。然而，哥斯达黎加并没有提供任何令人信服的证据，表明疏浚产生的泥沙在右岸沉积对湿地生态没有产生任何影响，也没有证明疏浚计划对其湿地造成了其他损害，更没有证据表明 2011 年 1 月至 2014 年 10 月期间科罗拉多河的水流出现显著降低现象。

---

〔1〕 林灿铃：《国际法上的跨界损害之国家责任》，华文出版社 2000 年版，第 49 页。

由于无法证实尼加拉瓜的疏浚作业与哥斯达黎加声称的损害之间存在确定的因果关系，因此，现有证据并未表明尼加拉瓜在北圣胡安河进行的疏浚活动违反了其国际环境法下的实体性义务。

（二）临时措施的效力

国际法院规定的临时措施的拘束力问题在很长时间内都存在着争议。《国际法院规约》第41条第1款规定："法院如认为情形有必要时，有权指示当事国应行遵守以保全彼此权利之临时办法。"其中表述为"应行遵守"，却并非"必须遵守"。所以关于临时措施之拘束力曾存在着很大的不确定性。

自2001年的"拉格朗案"的判决后，法院方开始明确承认临时措施之拘束力。其于该案中的表述为："第41条项下的临时措施命令具有拘束力"，[1] "并对美国产生了一项法律义务"。[2]表明拒不执行临时措施是一种"非法"行为。当然从临时措施的目的出发，其在于在最终裁决前达到保全争端双方当事国各自权利，并且确保案件之实体问题的判决不会因为当事方之行为而变得无法执行。倘若其拘束力不能够得到保证，其最终目的又如何实现？所以，临时措施的拘束力于应然层面、于司法实践层面都得到了肯定。

本案中，国际法院曾在2011年3月8日的临时措施令中要求双方当事人保持克制，不要向包括运河在内的争议领土派遣或保留任何人员，无论是文职人员、警察，还是安全人员。由于一切人员在争议区域聚集存在不可预知的风险，所以需要停止可能加剧目前的争端的行动。由于尼加拉瓜在口头程序中已承认，故而根据现存的无可争议的事实，国际法院认为尼加拉瓜挖掘了第二运河和第三运河，并在有争议的领土上派遣人员、建立军事存在的行为违反了2011年3月8日国际法院的临时措施命令规定的义务。国际法院在后续赔偿判决中提到"关于违反法院2011年3月8日关于临时措施的命令所规定的义务的决定，也同样适用"，说明违反临时措施命令规定的义务同样会导致相应的赔偿责任。本案属于少有的在环境领域判决当事方违反了临时措施命令的案件。

---

〔1〕 LaGrand Case, Judgement of 27 June 2001, para. 109.

〔2〕 LaGrand Case, Judgement of 27 June 2001, para. 110.

三十三、印度博帕尔毒气泄漏案

基本案情

博帕尔农药厂（UCIL）是美国联合碳化物公司（UCC）于 1969 年在印度中央邦博帕尔地区建立的用于生产西维因、滴灭威等农药的工厂。1984 年 12 月 3 日凌晨，博帕尔农药厂的储气罐出现阀门失灵，生产农药西维因所使用的异氰酸甲酯（MIC）气体便从漏缝的保安阀中溢出，并迅速向四周扩散，造成大量的人员伤亡。根据 2012 年 12 月 4 日国际特赦组织公布的数据显示，毒气泄漏事故发生的前三天就造成了至少 7000 至 10 000 人死亡；[1]根据中国人民网的报道，博帕尔事故造成直接死亡人数 2.5 万，间接死亡人数 55 万，永久性残废人数 20 余万；[2]官方统计的直接死亡人数 2259 人，中央政府博帕尔毒气泄漏案善后救济处给出的数字为 3787 人；[3]受此事件影响的居民人数高达 70 万。2006 年印度政府在最高法院的宣誓书指出，泄漏造成了 558 125 起伤害，其中包括 38 478 起临时部分伤害和大约 3900 起严重和永久性残疾，[4]博帕尔毒气泄漏案也因而成为全球环境污染的"新八大公害"之一。

博帕尔毒气事故是发达国家将高污染及高危企业向发展中国家转移的一

---

〔1〕 Chemie-Katastrophe Von Bhopal：Warten Auf Gerechtigkeit，载 https：//www. amnesty. de/2012/ 12/4/chemie-katastrophe-von-bhopal-warten-auf-gerechtigkeit？ destination = suche%3Fwords-advanced% 3Dbhopal%26search_ x%3D0% 26search_ y%3D0% 26country% 3D% 26topic% 3D% 26node_ type% 3D% 26from_ month% 3D0% 26from_ year% 3D% 26to_ month% 3D0% 26to_ year% 3D% 26form_ token% 3D9dd5b155867c02516299f1cf17d09aa4%26form_ id%3Dai_ search_ form，2020 年 4 月 16 日最后访问。

〔2〕 "揭开历史的疮疤：印度博帕尔工业灾难"，载 http://www. people. com. cn/GB/198221/ 198819/198858/12308548. html.

〔3〕 http://bgtrrdmp. mp. gov. in/index. html，2020 年 4 月 16 日最后访问。

〔4〕 In the Supreme Court of India Civil Appelate Jurisdiction I. A. NO. 48-49/2004 In Civil Appeal NO. 3187-88 of 1998.

个典型事件。事故发生后，美印双方就谁是主要责任者的问题展开了争论，关于毒气泄漏的具体原因，主要有两种观点：一种观点认为是"企业疏忽"；[1]而另一种观点认为是"工人破坏"。博帕尔毒气泄漏灾难的发生引发了长达20余载涉及博帕尔农药厂和美国联合碳化物公司、美国政府和印度政府、当地博帕尔政府以及受害灾民多方主体的法律诉讼。落后的工厂维护设备、低劣的管理人员技术培训质量、大量储存的高危险性 MIC 毒药、失灵的公共信息系统和报警系统、公众评估和保护措施的缺失、匮乏的氮气压力、VGS 和制冷装置等因素共同酿成了此次灾难性事件，造成了严重的人员伤亡。[2]

诉讼请求

1. 要求美国联合碳化公司对博帕尔毒气泄漏的受害者进行损害赔偿。
2. 要求对造成博帕尔毒气泄漏的 8 名涉案印度籍高管定罪量刑。

裁决

印度政府于 1985 年 3 月通过了《博帕尔气体泄漏法》，确定由印度政府担任博帕尔事故的唯一代理人，代表受害者向美国联邦法院纽约法庭状告美国联合碳化公司向其提出的 33 亿美元的诉讼请求，被法官以"管辖不宜"并附加"美国联合碳化公司应服从印度法院判决"为由送交印度法院。1986年，印度博帕尔地区法院启动审判程序。[3]

1988 年，受害者就赔偿问题上诉。1989 年 2 月，印度最高法院宣布印度政府和 UCC 达成附条件的和解协议，由 UCC 支付 4.25 亿美元（减去先前已支付的 500 万美元的临时救济金），UCIL 支付 4500 万美元，所附条件包括：免除被告所有过去、现有或未来的民事责任，取消所有刑事指控。[4]

1990 年，印度最高法院举行了对该和解协议的听证活动。1991 年 10 月，最高法院维持了原先 4.7 亿美元的和解协议，并要求：①印度政府从结算基

---

〔1〕 Eckerman Ingrid: Chemical Industry and Public Health Bhopal As An Example, 2001.

〔2〕 In the court of chief judicial magistrate bhopal mp（presiede by – Mohan P. Tiwari）. Cr. Case NO. 8460/1996.

〔3〕 周永平："博帕尔事故及其生产安全中的法律问题"，载《中共中央党校学报》2006 年第 4 期。

〔4〕 Union Carbide Corporation, Appellant v. Union of India and others, Respondents. AIR 1990 SU-PREME COURT 273（From：AIR 1988 NOC 50：1988 MPLJ 540）, S. C. 275.

金中购买集体医疗保险，以覆盖未来可能出现症状的 10 万人；②印度政府对结算资金的不足部分进行补充；③提供有关结算资金管理的指示；④驳回所有要求审查和解的未决请愿书；⑤UCC 及其子公司 UCIL 自愿为博帕尔医院提供八年的资金和运营成本，预计约为 1700 万美元。[1]

直至 2010 年，印度某地方法院才对灾难主要责任人作出判决，UCIL 的 8 名印度籍高管因玩忽职守导致他人死亡被分别判处最高两年有期徒刑（其中一人已经死亡）。[2]

2016 年 8 月，美国纽约第二巡回上诉法院维持下级法院的裁决，即 UCC 对博帕尔毒气泄漏事件造成的工厂现场污染影响不承担责任，理由包括：①当地工厂的项目经理不是公司的雇员，因此他的行为不能归咎于公司；②母公司 UCC 没有参与决定当地工厂的废物处理方法；③母公司 UCC 没有发挥充分直接的作用以导致有害废物从农药工厂渗入地下。[3]

问题提炼

1. 何为跨界损害的经营者责任？
2. 经营者的跨界环境损害行为可否归因于国家？
3. 东道国的环境管理权与投资者的环境责任。

解析

（一）何为跨界损害的经营者责任？

根据 2006 年国际法委员会《关于危险活动造成的跨界损害案件中损失分配的原则草案》，"经营者"指在事故发生时能够最有效控制危险或具有赔偿能力的当事方。进而将责任主体直接指向危险活动经营者，规定了经营者应该就其危险活动造成的跨界损害承担无过错的赔偿责任。"经营者"应具备以下几个要素：

第一，经营者是与其所从事的活动有直接利益关系的人。

---

[1] Union Carbide Corporation and Others, Petitioners v. Union of India and others, Respondents. (1991) 4 Supreme Court Case 584.

[2] In the court of chief judicial magistrate Bhopal mp（presiede by－Mohan P. Tiwari）. Cr. Case NO. 8460/1996.

[3] Sahu v. Union Carbide Corporation, 650 Fed. Appx. 53 (2016).

第二，经营者对该活动，特别是在跨界损害发生时，具有指挥或控制的权力或职责。

第三，从跨界损害责任损失分担的角度来说，经营者应当是依法确定的。

根据国际条约和原则草案，在跨界损害中，只要被确定为民事责任人就要在跨界损害中作为第一重义务主体承担首位责任。经营者以承担民事侵权责任的方式来分担或负担由他们自己的行为或法律规定他们应负责的行为所造成的跨界损害损失。

民事主体是行为者也是行为的受益者，对于主体行为造成的损害理应承担赔偿责任，这符合法律上的公平正义。从实践上来看，民事主体承担民事责任来解决跨界损害赔偿问题与国家对民事主体的跨界损害行为承担责任相比具有较好的操作性。另外，规定民事主体对跨界损害承担严格责任，能够一定程度上抑制民事主体对利益的最大化追求，控制和减少跨界损害事故的发生，促使经营者将风险内化在日常管理过程中。

在本案中，美国联合碳化公司作为民事主体于 1989 年 2 月与印度政府达成一项赔偿协议，并在 1991 年印度最高法院确认和解协议时，自愿为博帕尔医院提供八年的资金和运营成本。这是其作为民事主体在跨界损害中承担民事责任的表现。同时，美国联合碳化公司持有 UCIL50.9% 的股份，和 UCIL 系母子关系，而印度子公司和博帕尔农药厂是隶属关系，[1]美国联合碳化公司能够对 UCIL 实施财务、行政和技术控制，且可以自行负担全部的赔偿，并不需要其他主体帮助其负担赔偿款项。

（二）经营者的跨界环境损害行为可否归因于国家？

美国联合碳化公司作为跨国公司能够通过有效地利用资本、技术和劳动力给母国和东道国带来利益。近年来，跨国公司活动常常具有高度危险性并可能导致灾难性后果。基于跨国公司在国家领域外可能造成的损害，有必要明确投资国和东道国应该为其承担的责任。

在博帕尔毒气泄露案中，UCIL 是印度政府引进的，也是印度政府批准建设、运营的，并且印度政府和民众持股 49.1%，印度政府从 UCIL 的运营中直接受益。从权利和义务对等的角度看，印度政府对该项目既审批许可，又是受益者，也要承担相应的风险和责任。印度政府在处理博帕尔事件时，曾有

---

〔1〕 参见林灿铃："博帕尔判决的四个问号"，载《中国环境报》2010 年 8 月 17 日。

一个非正式意见，即"不影响投资环境"。印度政府在博帕尔毒气泄露案中承担了补偿责任，包括：①印度政府从结算基金中购买集体医疗保险，以覆盖未来可能出现症状的 10 万人；②印度政府对结算资金的不足部分进行补充。

尽管东道国政府可能出于救助本国受害者和环境救济的目的承担对受害者的补偿救济责任，不可否认的是东道国本身也是受害者。投资国作为跨国公司的母国，也从跨国公司海外投资项目中获益，对跨国投资者也实施属人管辖权，负有监管职责，因此也应对跨国公司海外投资项目的环境污染事件负责。跨国公司所在的母国同样也应承担"补偿"责任。这样才能在跨国公司本身缺乏足够的赔偿能力的情况下，确保受害者能够得到及时充分的救济和补偿。

追究投资国对跨国公司行为所造成的损害承担责任的原因在于投资国对跨国公司海外投资行为进行了许可并将其置于自己的监管之下。国家为跨国公司承担责任也可以看作是"权利与义务的一种平衡"。在印度博帕尔毒气泄漏一案，东道国与投资者母国都可以获利，那么也应该承担与此相关联的费用，包括发生事故所应该承担的责任。

跨国公司损害行为的国家责任依据应该是基于国际合作基础的一种包容并济的责任形式：共同责任。共同责任源于国际环境法的基本原则"共同责任原则"。针对全球性问题，单纯靠一国政府动员其本国资源不能起到有效作用。全球性问题显然需要全球决策和全球的关心。这要求采取更为完善的监测系统、更严格的控制和更多的全球一致行动，需要一个新的全球性的责任机制，同时还需要各国之间的有效行动，切实承担起这个责任。[1]

(三) 东道国的环境管理权与投资者的环境责任

当环境问题与投资问题相联系时，容易产生利益上的冲突，但这种冲突的存在并非是绝对的。法治社会是一个"双重需要保护"的社会，既要保护公共利益（如公共环境利益），也要保护私人利益（如投资者利益）。[2]国际经济的交往是为了实现全球经济发展，促进资本和技术流动，保证充分就业，提高生活水平，而环境保护的目标是保护和改善人类的生存环境，提高人类的生活质量，[3]经济发展与环境保护并不是对立的关系，投资者利益的保护

---

〔1〕 林灿铃：《国际环境法》（修订版），人民出版社 2011 年版，第 169 页。
〔2〕 张光：《国际投资法制中的公共利益保护问题研究》，法律出版社 2016 年版，第 3 页。
〔3〕 林灿铃：《国际环境法》（修订版），人民出版社 2011 年版，第 526 页。

与东道国环境保护也并不是对立的关系，跨国投资者对东道国的环境保护同样负有不可推卸的责任和义务。

1. 东道国的环境管理权和环境权益

国内法不能成为一国不履行国际法义务的理由，[1]但是投资者也需要遵守东道国的国内法，从法律上看，国家对本国环境有管理权，有权采取一般管理型的措施，管理权是国家主权的基本组成部分，限制管理权即是限制国家主权，与国际法的基本原则相悖。另一方面，国家亦不得采取降低标准的条款，这一般规定在东道国采取投资激励措施时，不得为吸引外资采取无限制的投资激励竞赛，其中的方法之一就是降低环境管理标准。[2]国家的环境管理权与不得降低环境管理标准条款，共同平衡国家环境保护利益和投资保护利益。

国家在签订投资协定，赋予自己国际法义务的时候，应当注意与国内法的衔接，首先可以在投资协定中规定一般环境例外条款，并且可以在协定中采用"依据国内立法""依据环境立法""本国环境保护水平、环境发展政策"等表述实施环境保护措施，并对本国的环境立法进行修改，可以明确要求企业承担什么程度的环境义务，并且本国企业和外国企业都适用，也符合国民待遇和非歧视原则。此外，还可以在投资协定中规定因环境引发的"征收"条款，例如明确约定国家管理环境问题造成的投资财产的损失不构成间接征收，[3]或者为了公众健康、公共利益等目的而制定的国家政策或法律文件不构成间接征收，在征收条款中将环境措施作为一种例外予以规定，明确在符合什么样的条件下，投资者利益应当让位于东道国社会环境利益，为东道国正当的环保措施提供直接法律依据和抗辩理由。因环境问题而引发的直接征收很少见，如果某一投资引发严重的环境问题，可能依照国内环境法的处罚措施来解决，但如果直接针对某些投资或投资者的目的性征收，实践中东道国仍然很难逃避赔偿义务，[4]但是为了公共利益仍然应当实施征收。如果是

---

[1] 参见《维也纳条约法公约》第 27 条。

[2] 张庆麟主编：《公共利益视野下的国际投资协定新发展》，中国社会科学出版社 2014 年版，第 145 页。

[3] 张庆麟主编：《公共利益视野下的国际投资协定新发展》，中国社会科学出版社 2014 年版，第 143 页。

[4] 例如在 Santa Elana SA v. Coasta Rica 案中，仲裁裁决认为："征收性质的环境措施无论给社会带来多大的利益，多么值得肯定，都同其他国家为了落实政策而实施的征收措施一样，只要有财产被征收，无论是本国的还是外国的，即使是为了环境目的，国家依然要承担赔偿义务。"

符合实体正义和遵循了程序正义的善意的环境管制行为，应作为间接征收的例外，认定为合法的政府环境管理权，除非该项措施的实施带有明显的歧视性，或者以保护环境为借口，实则以实现排挤外国投资、保护国内产业的目的等保护主义行为。[1]

尤其是作为大多数投资目的地的发展中国家，应当加强国内环境法律的完善，提升执法监督水平，以减少跨国投资者利用"双重标准"的机会，坚持在引进外商投资时不降低环境标准，保护本国的环境。尤其是完善相关的环境制度如环境影响评价、监测制度、应急制度等。通过建立多方面的环境标准，完善环境影响评价制度等相关程序要求，对计划开始的项目可能造成的环境影响进行分析、预测和评估，并提出相应的解决措施。[2]尤其是在外国投资者对东道国进行投资时，东道国应当明确要求投资者按照东道国法律要求，履行相应的义务，减少对东道国环境的损害。

2. 跨国投资者的环境责任

跨国投资者是国际经济交往活动中的重要主体，对国际贸易、投资等活动起着巨大的推动作用，东道国有义务保护外国投资者的合法权利。而跨国投资者的经济活动对发展中国家的环境、资源问题也会造成巨大的影响，跨国投资者也负有按照东道国法律要求和国际环境法、国际投资法的要求，保护东道国环境的义务，对外国投资者商业利益的保护，不能破坏东道国的环境。

发达国家发展早，技术水平高，形成了完善的法律体系规范，尤其是环境保护法律制度，对环保水平要求高，而发展中国家出于对发展的要求，对环保的重视不够，通常其制定的环境标准较低，很多发展中国家的监管严格程度也较低，并且也受其自身的科学技术水平和经济能力所限。与发达国家和发展中国家不同的环境标准、环境规则相对应，很多跨国投资者实行"双重标准"，在不同国家采取不同的环境策略，利用其自身的优势，以及发展中国家法律不够完善、执行不够严格等因素，对发展中国家的资源进行掠夺，造成发展中国家环境破坏的事例比比皆是。例如，发展中国家环境税普遍比发达国家低，这也使得跨国企业将污染严重的工厂转移到发展中国家，以降

---

〔1〕 白明华："基于环境的管制措施与间接征收的冲突和协调"，载《浙江工商大学学报》2012年第5期。

〔2〕 林灿铃："实现可持续发展促进人与自然的和谐"，载《当代广西》2007年第15期。

低成本，同时可以提高其产品的价格竞争力。"新八大公害事件"之一的印度博帕尔毒气泄漏事故就是发达国家美国将高污染及高危害企业向发展中国家印度转移的一个典型恶果，位于印度的博帕尔农药厂只有简单的安全措施，并且挨着居民区，而美国本土的此类工厂都要求安装有报警装置，并且远离居民区。作为母公司的美国联合碳化物公司（Union Carbide）在美国投保了责任保险，但是其位于印度的控股子公司联合碳化物（印度）有限公司（Union Carbide India Ltd.）在印度并没有投保，这显然也是在投资者母国与东道国执行"双重标准"。还有的发达国家或企业将污染物、废弃物出口到发展中国家，让自己的发展以损害其他国家或地区的环境为代价，损害了发展中国家人民享受生存、发展的权利。跨国投资者应当加强自身的环境责任意识，努力提升自主环保守法能力与水平，建立健全企业内部的环境管理体制与机制，积极承担企业环境责任。

经济合作与发展组织发布的《跨国公司准则》（OECD Guidelines for Multinational Enterprises）中的第五章环境部分也明确规定了跨国企业的环境法律责任：企业应当在它的业务所在国家的法律规定和行政框架内，并考虑到相关的国际协定、原则、目标及标准的情况下适当地考虑保护环境、公共健康和安全的需求。[1] 针对跨国企业，环境责任是企业社会责任的一个组成部分。除了强调跨国投资企业的环境法律责任，还必须强调的是企业的环境道德责任。环境道德责任是从环境伦理的层面考察企业的环境责任。跨国企业在对海外进行投资时，当东道国的环境标准低于母国时，跨国投资企业的环境道德责任便凸显出来，这也体现了环境道德责任比环境法律责任是一种更高的要求。跨国企业如果选择遵守东道国较低的标准，以此降低生产成本，获得竞争优势，虽然没有违背其在东道国的环境法律责任，但是在环境道德责任上却是说不过去的，许多跨国企业在母国是环保典范，在其他很多地方却是污染大户，这不符合对企业环境道德的要求，不符合企业环境伦理，尤其是企业环境道德原则中的利益平等原则、责任承担原则等。[2]

---

〔1〕 参见 OECD《跨国公司准则》第五章"环境部分"。

〔2〕 裴广川、林灿铃、陆显禄主编：《环境伦理学》，高等教育出版社2002年版，第244～245页。

三十四、欧盟诉波兰空气质量案

基本案情

欧洲议会和理事会于 2008 年 5 月 21 日通过《欧洲环境空气质量与清洁空气指令》(2008/50/EC)[1](以下简称《指令》)要求各成员国对空气污染程度加以设限以保护民众健康。根据欧盟所估算数据显示，欧洲每年约 40 万人由于空气质量问题过早死亡，另有更多人因空气污染罹患呼吸和心血管疾病。空气污染增加医疗支出、降低劳动生产力，给欧洲每年造成远高于 200 亿欧元的损失。根据该《指令》，欧盟委员会可以对空气质量不达标的成员国采取法律措施。

2008 年 11 月 12 日，波兰向欧盟委员会申请将 PM_{10}（可吸入颗粒物，下同）达标的最后期限延长至第 22 条所规定的期限。[2] 作为回应，欧盟委员会于 2009 年 2 月就波兰未能履行该《指令》所规定的义务提起第一轮诉讼。经过进一步沟通，2015 年 2 月，欧盟委员会发表了最终意见，并于 2016 年 6 月 5 日将波兰提交欧洲法院对波兰提起了空气质量的诉讼。欧盟委员会以 2007 年至 2015 年期间波兰空气质量不过关为由起诉波兰。欧盟委员会指出，波兰的空气质量一直超过环境空气指数 PM_{10} 限值，至今波兰 46 个空气质量监控区中仍然有 35 个区域 PM_{10} 超标；并且，波兰没有在其改进空气质量的方案中采取"适当措施"以确保在尽可能短的时间内达标。欧洲法院同意这一意

---

〔1〕 Directive 2008/50/EC of the European Parliament and of the Council of 21 May 2008 on ambient air quality and cleaner air for Europe（OJ 2008 L 152, p 1）. For further details, see〈 ec. europa. eu/info/law/better-regulation/initiatives/ares-2017-3763998_ en 〉.

〔2〕 Actions brought on 15 June 2016-European Commission v Republic of Poland,〈https://eur-lex. europa. eu/legal-content/en/TXT/PDF/? uri=uriserv%3AOJ. C_ . 2016. 343. 01. 0027. 01. ENG〉，关于案例的具体背景信息，见判决第 19~35 段。

见，并于 2018 年 2 月裁定波兰没有履行《指令》中的清洁空气义务，违反了欧盟法律；波兰提出的改善空气质量时间表理由不够充分，并驳回了波兰有关该国治理空气污染过程中所面临的社会经济和财政困难的论点。

诉讼请求

（一）欧盟委员会认为波兰共和国未能遵守第 13 条第 1 款规定的义务

1. 持续超过 PM_{10} 的上限：自 2007 年至 2013 年，波兰 46 个空气质量监控区中仍然有 35 个环境空气质量区内超过颗粒物 PM_{10} 的每日限值，有 9 个环境空气质量区超过了颗粒物 PM_{10} 的年限值，并且未提供任何信息表明这种情况有所改善；波兰 2007 年至 2015 年期间空气质量不过关。

2. 有关措施缺乏有效性，未在环境空气质量计划中采取适当措施，以尽量减少超过空气中颗粒物 PM_{10} 限值的时间。

3. 空气质量超出 PM_{10} 限值，并在延长时间后继续超出限值。

4. 波兰未正确执行《指令》第 23（1）条第 2 项。[1]

（二）波兰诉求

希望欧洲法院考虑波兰国内的社会经济发展水平，且希望将空气质量达到欧盟标准的最后期限推迟至 2020 年至 2024 年。

裁决

欧洲法院于 2018 年 22 日裁定，波兰空气质量不达标，违反了欧洲联盟相关法律。欧洲法院敦促波兰政府立即采取应对措施。欧洲法院方面认为，波兰政府给出的理由不够充分，不能成为推迟治理空气污染最后期限的借口。空气质量改善计划的延误必须有充分的理由。欧洲法院敦促波兰政府立即采取措施，否则将面临巨额罚款。[2]

欧洲法院认为，空气质量计划的采纳和良好执行须维持在处理空气污染

---

〔1〕 Actions brought on 15 June 2016 – European Commission v Republic of Poland, 〈https://eur-lex. europa. eu/legal-content/en/TXT/PDF/？uri=uriserv%3AOJ. C_. 2016. 343. 01. 0027. 01. ENG〉，关于案例的具体背景信息，见判决第 19~35 段。

〔2〕 Judge of the Court (Third Chamber), 22 February 2018, Case C-336/16, http://curia. europa. eu/juris/celex. jsf？celex=62016CJ0336&lang1=en&type=TXT&ancre=.

风险与保护公众及私人利益之间的平衡。[1] 虽然波兰在决定采取何种措施时享有一定程度的自由裁量权，但它必须确保超标的时间"尽可能短"。[2] 鉴于波兰有法律义务在 2010 年 6 月 11 日之前制定空气质量计划，欧洲法院并不认可波兰将计划达标日期定在 2020 年至 2024 年之间的提议。欧洲法院同样也不认同波兰认为其计划达标日期的时间长度是由于在实现绿色经济转型的社会经济挑战。欧洲法院认为："虽然经济发展与绿色经济转型的平衡问题是可以考虑的因素……但它是尚未确定难以解决的问题……存在排除缩短期限的可能性。"[3] 因此，在没有进一步证据的情况下，波兰的论点不足以证明其是否需要如此长时间的期限来遵守指令，未能使欧洲法院确信波兰所制定的空气质量计划的目的是使"超标时间"尽可能"短"。[4] 欧洲法院判决的第三个方面集中在 2010 年 1 月至 2011 年 6 月期间，波兰根据第 22 条获得延期，但波兰在延期的基础上的四个区域继续超过每日可吸入颗粒物的限度，因此应当同样适用于第 13 条。[5] 最后，关于欧盟委员会的第四项指控，欧洲法院认为鉴于波兰通过的任何空气质量计划均没有明确提到需要将超出期限"尽可能短"，波兰对该指令的转换无法确保其被充分、有效的适用。[6]

欧洲法院于 2018 年 2 月 22 日所作出的判决认为：

1. 波兰共和国未能履行以下法律义务，包括第 13 条（1），以及附件 XI；第 23 条第 2 款（1）；第 22 条（3），以及《指令》附件 XI。

2. 自 2007 年至 2013 年，波兰在 35 个环境空气质量区内超过颗粒物 PM_{10} 的每日限值，且在 9 个环境空气质量区超过了颗粒物 PM_{10} 的年限值，并且未提供任何信息表明这种情况有所改善，违反第 13 条第 30 款规定的义务。

3. 环境空气质量计划并没有纳入适当措施，以确保微粒物质 PM_{10} 浓度限值的超标期尽可能短。

4. 每日限值在环境空气颗粒物 PM_{10} 浓度以及增加的宽容均存在超标

---

〔1〕 C-488/15, Commission v Bulgaria〔2017〕ECLI：EU：C：2017：267 pp. 106~107. 欧洲法院引用与欧盟委员会诉保加利亚判决中同样的理由。

〔2〕 判决第 109 段。欧洲法院引用与欧盟委员会诉保加利亚判决中同样的理由。

〔3〕 判决第 101 段。

〔4〕 判决第 101 段。

〔5〕 判决第 115 段。

〔6〕 判决第 121~123 段。

问题。

5. 对《指令》第 23（1）条第 2 款没有有效执行。

问题提炼

1. 如何处理欧盟空气指令与成员国国内法的关系？特别是考虑到各成员国不同的经济、环境以及科技发展水平？

2. 波兰政府是否已尽到改善空气质量的"注意义务"？

解析

（一）欧盟加强成员国空气质量环保法律责任

本案并非欧盟委员会第一次因空气质量问题把成员国告上欧洲法院。20世纪 90 年代中期，欧盟通过了第一套空气质量标准，2008 年又通过了《指令》。此后，欧盟曾相继将保加利亚（Commission v. Bulgaria）[1]和波兰告上欧洲法院。此外，在 2018 年，欧盟委员会首次把起诉目标对准经济较发达的几个欧盟创始国。欧盟方面认为，即便是经济发达的西欧国家，同样需要采取更多措施来改善空气质量以保护民众健康，这体现出欧盟改善空气质量的决心。

毫无疑问，欧洲法院对此案的判决将受到民众欢迎，也进一步表明成员国将因"长期未能采取严肃行动"而面临严重的法律后果。继欧盟委员会诉保加利亚案后，通过增加第二个案例（本案），诉讼旨在鼓励会员国在改善空气质量方面采取积极措施。Earth Client 估计，在欧盟诉波兰的案件中可能导致对波兰一次性罚款超过 5000 万欧元，以及/或每日罚款 30 万欧元。[2]

《指令》于 2008 年 5 月 21 日通过，并于 2008 年 6 月 11 日生效。[3]与之前的立法相比，PM_{10}的限值和遵守期限没有改变。因此，自 2005 年 1 月 1 日

---

〔1〕 C-488/15, Commission v Bulgaria [2017] ECLI：EU：C：2017：267，pp. 52~54.

〔2〕 ClientEarth, "Poland breaks EU air pollution laws with illegal levels of PM_{10}" (ClientEarth, 22 February 2018), 〈 www. clientearth. org/poland-breaks-eu-air-pollution-laws-illegal-levels-PM_{10}/〉.

〔3〕 The Directive was adopted on the basis of Art 175 of the Treaty establishing the European Community (now Art 192 TFEU). See Directive preamble at p. 1: the Directive was guided by "the need to reduce pollution to levels which minimize harmful effects on human health, paying particular attention to sensitive populations, and the environment as a whole".

起，成员国有义务遵守 PM_{10} 的限制。但是，一些成员国在对欧盟指令标准进行国内法转换的时候会遇到一些阻碍。[1] 第 22 条允许将合规推迟到 2011 年 6 月 11 日，条件是在延长期内成员国将 PM_{10} 限制保持在最大容许范围内。[2] 尽管第 22 条规定了延长期限，但 28 个成员国中的 23 个成员国的 PM_{10} 指数仍然超标。[3] 如一个成员国超过时限，则必须制定合规的空气质量实施计划。[4] 这是为了鼓励会员国采取迅速行动，而不是等到延长的最后期限（2011 年 6 月 11 日）。成员国需制定"适当的措施"以确保时间符合限制保持"尽可能短"。[5] 成员国必须在其空气质量计划内列入"对情况的分析"，列出"导致空气质量超标因素的详情"和"改善空气质量的可能措施的详情"。[6]

（二）波兰政府的"尽职义务"

辩护律师在欧盟委员会诉保加利亚案中建议，《指令》第 13 条和第 23 条是"相互关联的"，[7]"忠实执行"空气质量计划可能会阻止欧洲法院对违反 PM_{10} 限值的行为的罚款。[8] 这种观点说明了《指令》是如何考虑到执行的困难而"重新制定"的。[9] 这也可以解释为什么保加利亚和波兰都被认为违反了这两条，而非仅是第 13 条。关于"尽可能短"的确切定义，欧洲法院在本案中重申，空气质量计划将根据具体情况作出判断。[10] 一方面，不能简单地从一个成员国违反 PM_{10} 限值的时间长短来推断；[11] 另一方面，长期的空气污染侵权行为可以表明，成员国根据第 23 条采取的行动是不够的。

欧洲法院在本案中判决考量的一个关键因素在于根据第 23 条说进行的平衡考量。[12] 鉴于该《指令》旨在鼓励"综合减少污染"，各成员国应在权衡措

---

〔1〕《指令》第 22 条（2）。

〔2〕《指令》第 22 条（3）。

〔3〕 European Environment Agency，Air Quality in Europe-2017 Report（EEA 2017）.

〔4〕《指令》第 22 条（4）。

〔5〕《指令》第 23 条（1）第 2 段。

〔6〕《指令》附件 XV Section A。

〔7〕 Opinion of AG Kokott：Case C-488/15，Commission v Bulgaria［2017］ECLI：EU：C：2016：862，p.75.

〔8〕 Opinion of AG Kokott：Case C-488/15，Commission v Bulgaria［2017］ECLI：EU：C：2016：862，p.75.

〔9〕 Council Directive 88/609/EEC，1988 O. J.（L 336），p.72.

〔10〕 判决第 94-96 段。

〔11〕 Council Directive 88/609/EEC，1988 O. J.（L 336），p.98.

〔12〕 判决第 101 段。

施时，在考虑到所有措施后行使自己的自由裁量权，最大限度地减少 PM_{10}。[1]然而，鉴于环境空气质量对保护生命和健康的高度重要性，成员国自由裁量的余地受到严重限制。[2]因此，欧洲法院将通过成员国根据第 23 条制定严格的审查和评估。[3]尽管如此，辩护律师还是为成员国自由裁量权的行使创造了条件，认为"不可否认存在压倒性的利益妨碍某些适当的措施"，虽然这些"压倒性的利益"的内涵和外延还有待观察。[4]然而，辩护律师使用欧盟诉保加利亚一案中的加热禁令的例子说明，虽然一些措施看起来似乎是恰当的，如果事实上它们对人类健康产生更大的影响，那么其不应出现在空气质量计划中。[5]

继本案后，寻求依靠经济性质的"压倒一切的利益"的诉求可能很难得到欧洲法院的支持。欧盟《指令》使成员国认识到，采取行动的经济成本远远低于不采取行动的经济成本。特别是考虑到世界经济论坛 2018 年年度全球风险报告指出，全球经济面临的十大风险中有五个可归纳为环境风险。考虑到到 2060 年，空气污染的成本预计将达到每年 25 万亿美元，并对经济增长产生重大影响，本案的判决结果并不令人意外。

然而，必须承认的事，发展中国家与发达国家之间在经济实力、技术水平、环境条件等方面的差距影响了发展中国家与发达国家在处理环境问题，包括空气质量问题的手段和有效性。对于一些处于经济转型和能源转型的发展中国家来说，抗击雾霾是政府的优先事项之一，但是的确在一年或短期时间内无法做到的。除了通过欧盟《指令》在法律责任上通过行政手段推动以波兰为代表的发展中国家积极减排、提高空气质量，欧盟内的其他发达国家成员国也应在资金、技术以及污染治理能力建设方面给予发展中国家更多的支持。此外，也可以利用经济手段促进空气未达标国家能源转型。对于发展中国家而言，应兼顾经济发展与环境保护之间的平衡，通过借鉴其他国家空气治理的良好经验来推动本国空气质量的改善。

（三）欧盟《指令》与波兰国内政策的协调以及对国内能源转型的影响

与西方邻国相比，波兰的国内环境标准远远低于欧盟的环境标准。《指

---

[1] Council Directive 88/609/EEC, 1988 O. J. （L 336），p. 95.

[2] Council Directive 88/609/EEC, 1988 O. J. （L 336），p. 96.

[3] Council Directive 88/609/EEC, 1988 O. J. （L 336），p. 96.

[4] Council Directive 88/609/EEC, 1988 O. J. （L 336），p. 97.

[5] Opinion of AG Kokott：Case C-488/15, Commission v Bulgaria［2017］ECLI：EU：C：2016：862，p. 97.

令》加快了波兰亟须的国内环境保护领域的变革，波兰采纳欧盟的各项指令是环境保护政策发展的重大契机，但同时也面临着极大的挑战。在欧盟要求的 27 项环境措施中，波兰国内已经存在的仅有 7 项。[1] 如上述措施得到遵守，则可以成功地改善波兰的环境状况。在过去几年中，波兰对欧盟《指令》的遵守大大减少了空气污染物的排放，温室气体排放总量在过去几年中也持续下降。然而，由于其强大的工业基础和对煤炭的依赖，波兰仍是经济合作与发展组织（OCED）中消耗资源最多，碳密集度最高的经济体之一。落后的取暖系统、糟糕的交通状况和严重依赖煤炭的能源和经济结构是波兰空气质量在欧洲排名垫底的主要原因。鉴于空气污染带来的持续和可避免的健康成本，欧洲环境专员已经敦促像波兰这样的成员国"提高他们的竞争力"。[2]

虽然该《指令》目前是世界上有关 PM_{10} 污染的最严格的立法措施之一，但限值仍远远高于世界卫生组织（WHO）发布的限值。[3] 鉴于暴露于空气污染的程度远远超出个人的控制范围，因此需要成员国采取行动以减少空气质量污染。为了欧盟达到可持续发展的目标，欧盟成员国需要采取更多的行动。此外，还应强调总检察长在欧盟委员会诉保加利亚案件中关于"公共卫生的高度重要性"的重点。空气污染必须作为一项公共卫生紧急情况得到认真对待，改善空气污染是实现个人享有健康权利的基础。[4] 为了督促成员国履行《指令》，改善空气质量，欧盟目前有 9 个成员国面临空气质量不达标的侵权诉讼。[5]

在诉讼的压力下，波兰也采取了相应的行动。自 2019 年 9 月起，在克拉

---

〔1〕 Jerzy Sommer, The Organizational and Legal Instruments Available for Harmonizing Polish Environmental law with EC Environmental Law, in Reform in CEE-Countries with regard to European Enlargement 37 (Michael Schmidt & Lothar Knopp eds., 2004).

〔2〕 K Vella, "Press Statement: Environment Council" (Environment Council, Brussels, 5 March 2018).

〔3〕 WHO, Air quality guidelines. Global update 2005. Particulate matter, ozone, nitrogen dioxide and sulfur dioxide (WHO 2005).

〔4〕 Art 12 of the International Covenant on Economic, Social and Cultural Rights and supra, note 9 (OP1.10 ter). See also, WHO Regional Office for Europe, "Exposure to air pollution (particulate matter) in outdoor air" (ENHIS Factsheet 3.3, WHO 2011).

〔5〕 K Vella, "Press Conference - Informal Environment Council in Sofia" (10 April 2018) ⟨ec. europa. eu/commission/commissioners/2014-2019/vella/announcements/press-conference-informal-environment-council-sofia_ en⟩.

科夫使用煤和固体化石燃料进行家庭取暖将是非法的。[1] 通过补贴，可将化石燃料转换为环保燃料，每户可获得 1800 欧元的煤锅炉更换补贴。此外，政府还拨出 4300 万欧元用于改善隔热效果。[2] 波兰副总理沃兹尼宣布政府和地方政府将花费 2.5 亿兹罗提（约合 2.2 亿美元）帮助贫困家庭改善取暖条件，并宣布在污染最重的 22 个城市开展试点，治理环境污染，以期在 2027年解决雾霾问题。

---

〔1〕 European Forum on Eco-Innovation, "21st European Forum on Eco-innovation: key messages and summary of the event" (5-6 February 2018), p 11, 〈ec. europa. eu/environment/ecoinnovation2018/1st_ forum/material/EcoAP% 20report%2021%2012-04%20-%20ld. pdf 〉.

〔2〕 A Brzozowski, "EU court rules against Poland's air pollution" (Euractiv, 22 February 2018), 〈www. euractiv. com/ section/air-pollution/news/eu-court-rules-against-polands-air-pollution/ 〉.

三十五、欧盟委员会诉德国、法国、英国、意大利、匈牙利和罗马尼亚六国空气质量案

基本案情

2018 年 5 月 17 日，由于德国、法国、英国、意大利、匈牙利和罗马尼亚等六国的空气质量未能达到欧盟标准，欧盟委员会向欧洲法院起诉上述六国。欧盟委员会认为，德国、法国和英国空气中的二氧化氮（NO_2）浓度超标，而意大利、匈牙利和罗马尼亚空气中的粒径在 10 微米以下的可吸入颗粒物（PM_{10}）超标。欧盟委员会此次还把不达标的欧洲城市一一分类列出。以二氧化氮（NO_2）超标来划分的话，德国的柏林、慕尼黑、汉堡和科隆，法国的巴黎、马赛和里昂，英国的伦敦、伯明翰、利兹和格拉斯哥等城市均明显超标。

而根据 PM_{10} 的情况，意大利的伦巴第、皮埃蒙特、拉齐奥和威尼托等地，2016 年全年 PM_{10} 超标时间超过 89 天；匈牙利的布达佩斯和佩奇等城市，2016 年全年 PM_{10} 超标时间超过 76 天；罗马尼亚的布加勒斯特地区，其 PM_{10} 值几乎天天超标。据欧盟调查显示，此次德国、法国、英国存在的主要问题是因汽车尾气排放以及工业生产所导致的氮氧化物超标，而意大利、匈牙利、罗马尼亚则是因为采暖、农牧业所带来的高浓度颗粒物污染。上述六国未能在 2018 年 1 月通知后及时采取有效的应对措施来降低污染，为此欧盟委员会决定启动司法程序。

诉讼请求

欧盟委员会请求欧洲法院裁定上述六国没有遵守欧盟关于空气质量和交通领域中汽车尾气标准的法律，即未遵守欧盟的空气质量限值，并且未采取

适当措施以尽可能缩短超标时间。另外，请求欧洲法院裁定要求上述六国遵守欧盟的法律。

裁定

截至目前，欧洲法院尚未作出裁定。

问题提炼

1. 欧盟关于环境保护的立法权限和立法措施及其实施。
2. 欧盟各成员国对于环境保护的义务和责任。
3. 私主体的环境保护义务和责任。

解析

（一）欧盟关于环境保护的立法措施和立法权限及其实施

1. 立法措施

国际组织在国际环境保护中的作用体现在，在欧盟一体化过程中，欧盟环境职能是一个不断得到强化的重要功能领域。1957年《罗马条约》设立欧共体，但没有提到环境保护。到20世纪60年代末，环境保护主要由各个成员国的国内法自主进行调整。20世纪70年代，随着经济发展以及其所造成的跨国界污染损害日益突出，国际环境问题提上日程，在欧洲也受到了广泛关注。20世纪80年代，欧洲共同体制定了四个环境行动规划以及相应的立法。这些立法当时是通过欧洲共同体法院来确保实施的。1987年《单一欧洲文件》第一次明确授权欧洲在环境保护领域采取行动。这些条款也是欧共体关于环境保护的第一次实体性立法。该文件在共同体条约第三部分中新增以环境为标题的内容，为共同体活动直接进入环境领域提供明确法律基础。自此，共同体环境政策的合法性得到了条约认可。这些条款也相应地保留在1993年的《欧洲联盟条约》（《马斯特里赫特条约》）中并得到进一步发展，并且欧盟将可持续发展、保护环境列入其主要目标之一。[1] 条约同时规定"共同体政策必须结合有关环保要求来制定和实施"，使高水平环境保护成为欧盟制定各项政策必须考虑的一条重要原则。

---

[1] 林灿铃、吴汶燕主编：《国际环境法》，科学出版社2018年版，第35~36页。

三十五、欧盟委员会诉德国、法国、英国、意大利、匈牙利和罗马尼亚六国空气质量案

　　"环境行动计划"是《欧盟环境法》的基本大纲，迄今欧盟委员会已多次制定环境行动计划，并据此调整环境政策。第六期环境行动计划实施期为2002年至2012年，成果显著。第七期环境行动计划已于2013年11月发布，有效期到2020年，提出了9个优先目标：保护、保持及强化欧盟的自然资本；使欧盟转变为高资源效率、高环境效率且具备竞争力的低碳经济；保护欧盟民众远离环境压力和健康风险；使欧盟环境法的利益最大化；改善环境政策的科学基础；确保针对环境及应对气候变化政策的投资，保障合理的价格；提高环境整合及政策的一致性；强化欧盟城市发展的可持续性；提高欧盟在地区及国际环境保护和应对气候变化领域的影响力。[1]

　　欧盟环境政策主要包括：废弃物管理、噪声污染、化学品污染、水污染、空气污染、保护自然和生态环境、预防和治理环境灾害等。大气污染防治是国际环境法的内容之一。自从20世纪70年代以来，为了控制有害物质排入空气中，欧盟一直以来致力于整合环境保护要求并将其纳入到交通和能源领域。在欧盟，空气污染物的排放导致呼吸道疾病，也是过早死亡的最重要环境原因之一。最新数据表明单独使用三种空气污染物（$PM_{2.5}$，NO_2和O_3）导致早产40万例。欧盟每年死亡人数包括与二氧化氮（NO_2）直接相关的约70 000人。[2]1975年，欧盟通过了它的第一项关于空气污染防治的法规——《汽油硫含量指令》。直到20世纪80年代中期，由于欧洲大气污染、酸雨、臭氧层破坏加剧及全球气候变暖等问题加剧，欧盟才逐渐加强了空气污染立法。20世纪90年代中期，欧盟通过了第一套空气质量标准，2008年又通过了《欧盟环境空气质量与清洁空气指令》。目前，欧盟针对气体和粉尘排放，共通过近20个法规和指令，针对臭氧层保护通过9个公约、决定和指令，并就成员国在空气污染防治合作方面制定了多项法规，形成了一个相当完善的法规体系。欧盟在2008年为提高空气质量专门立法，对欧盟成员国的空气污染物排放作了明确规定，其中就包括空气中二氧化氮含量的限定。2017年，欧盟通过一项关于大型燃烧装置的新空气污染标准，将二氧化氮、二氧化硫和微颗粒排放设立更低标准，并首次将水银列入。新标准将于2021年前在成

---

〔1〕 驻欧盟使团经商参处：《欧盟环境政策》2016年1月8日，载http://eu. mofcom. gov. cn/article/ddfg/k/201601/20160101230187. shtml.

〔2〕 European Commission, EU Action to Curb Air Pollution by Cars: Questions and Answers, Brussels, 31 August 2017.

员国得到完全实施。

欧盟的环境政策原则中有一体化要求原则。其核心是：环保政策要系统融合到共同体的其他各项政策中，在制定工业、农业、渔业、交通运输、能源等经济政策时，均应考虑这些政策对环境的影响，应将有关环保要求纳入到这些政策之中。二氧化氮是工厂和汽车等排放的氮氧化合物之一，属于大气污染气体，除了会引发酸雨，也被认为是细颗粒物（$PM_{2.5}$）的生成诱因之一。而道路交通是造成欧盟国家空气中二氧化氮含量持续"爆表"的最大元凶，其中柴油车的尾气排放是主要污染源。因此，在交通领域，欧盟制定了统一的有关不同类型的汽车需要达到的标准，如果一辆汽车没有达到欧盟标准则不能在欧盟市场上销售。[1]

2. 立法权限

1972 年欧共体巴黎首脑会议以前，共同体环境政策主要以《罗马条约》第 100 条为基础，该条款赋予共同体权力：以建立与维护共同市场为目标，协调成员国立法及实践。《罗马条约》第 235 条是欧洲共同体专门就环境问题进行立法的基础，该条款授权理事会在证明确有必要在共同体一级采取措施时，在条约没有赋予其相应权力的情况下，经欧盟理事会一致同意即可采取立法措施权力。

在决策程序上，欧盟条约将"共决程序"和"有效多数"表决机制确定为环保问题投票表决原则（在有关环境税收、城镇规划、能源供应等领域仍需要一致同意）。根据这一原则，有关环境法律的决策将由欧盟委员会提出建议，在经过欧洲议会和欧盟理事会以有效多数原则投票表决通过后即可成为共同体法律，这使得环保政策更加容易以法律的形式固定下来。关于管辖权划分，与其他一些共同政策领域一样，在欧盟层面主要包括立法、监督实施、协调、推动等。成员国则负责将法规（如指令）转换为国内法，并具体执行。[2]

3. 欧盟委员会的作用

欧盟委员会内负责环境保护管理的部门是环境总司。环境总司下设 7 个

---

〔1〕　自 2016 年 5 月起（根据"RDE 法案 2"，欧盟委员会法规（EU）2016/646），汽车制造商需要在相应的车辆类型获得批准之前申报并获得其排放控制策略的批准。

〔2〕　驻欧盟使团经商参处：《欧盟环境政策》2016 年 1 月 8 日，载 http://eu.mofcom.gov.cn/article/ddfg/k/201601/20160101230187.shtml.

司，其职责包括提出欧盟高水平的环境保护政策，监督各成员国实施环保法规，调查处理公民或非政府机构的投诉，代表欧盟参加环保领域国际会议，为欧盟环保项目提供财政支持等。

比如，继 2015 年 9 月大众汽车集团使用特定设备软件规避某些空气污染物的排放标准后，欧盟委员会呼吁成员国对其境内车辆中可能存在此类设备进行必要的调查，并确保欧盟污染物排放标准得到严格遵守。委员会分别于 2016 年 4 月 21 日和 22 日收到了有关英国和德国调查的最终报告。又例如，2017 年 1 月 26 日，欧盟委员会发布指南，帮助成员国评估汽车制造商是否使用失效装置或其他策略，以便在测试周期之外导致更高的车辆排放，并分析它们是否在技术上合理。委员会为了使车辆更加环保还采取了重要措施，引入了更加强大和真实的测试方法，用于测量汽车的氮氧化物（NOx）和二氧化碳排放，并提出了一项关于机动车辆批准和市场监督的法规，以确保车辆测试的独立性和真实性，加强监管在欧洲市场上的汽车，包括委员会可能直接对汽车制造商或不遵守规则的技术服务处以罚款。此外，2017 年 5 月 17日，欧盟委员会决定对意大利发起一项侵权诉讼程序，因为意大利未能履行欧盟车辆类型批准立法中有关菲亚特克莱斯勒汽车的义务。这主要是菲亚特克莱斯勒汽车集团采取的排放控制策略措施不足。在发起侵权诉讼程序之前，欧盟委员会发送了一封正式通知函，要求意大利回应此事件，来澄清事实并找到问题的解决方案。

本案中，此前欧盟委员会曾在 2018 年 1 月底给上述六个国家的环境部下达最后通牒，发出警告，通知各国若不能尽快（2 个月内）采取措施处理日益严重的空气污染问题，欧盟委员会可以向欧洲法院起诉，最终可能向有关成员国开出高额罚金。因此，当成员国没有遵守欧盟法时，欧盟委员会会向该国发出正式通知书，这是侵权程序的第一步，构成正式的信息请求。成员国有两个月的时间来回应委员会提出的论点。否则，委员会可能决定发送一个合理的意见。之后，欧盟委员会可以启动司法程序，将该成员国诉至欧洲法院，请求该成员国遵守欧盟法律并履行义务。若成员国仍旧不履行义务、没有遵守欧盟法律，则可能面临法院作出的罚金。欧盟委员会往往以诉讼为威胁，迫使成员国国内立法与执法来执行欧盟的规定。有分析指出，迫于欧盟委员会的压力，一些西欧国家采取了相应措施，部分地区空气质量有望出现改观。此外，欧盟委员会提供技术性的支持帮助各国政府提高空气质量。

4. 欧洲法院的作用

欧洲法院的职权包括执行法律，具体体现为受理侵权诉讼（infringement proceedings）。该类诉讼由欧盟委员会或者成员国提起，起诉某个成员国没有遵守欧盟法律。若该成员国被欧洲法院认定确实没有遵守欧盟法律，需要立即采取措施遵守欧盟法律，不然会面临第二次诉讼，而第二次诉讼则是诉请罚金。欧洲法院受理了多起关于空气质量、汽车环保规则的案件，举例如下：20世纪90年代，欧盟通过了第一套空气质量标准，2008年又通过了《欧盟环境空气质量与清洁空气指令》。此后，欧盟曾相继将保加利亚和波兰告上欧洲法院。2015年12月，欧盟委员会就以2007年至2015年期间波兰空气质量不过关为由起诉波兰，认为在波兰的46个区域中，35个区域的每日污染物经常超标。波兰则提出，要考虑波兰国内的社会经济发展状态，且希望将空气质量达欧盟标准的最后期限推迟至2020年至2024年。2018年2月，欧洲法院裁定波兰政府没有履行清洁空气义务，违反了欧盟法律。欧洲法院也对保加利亚作出了类似判决。

关于汽车排放，欧盟委员会于2016年12月8日针对违反欧盟规则的7个成员国（捷克共和国、德国、希腊、立陶宛、卢森堡、西班牙和英国）开启了侵权程序。具体而言，因为它们没有设立惩罚制度来阻止汽车制造商违反汽车排放法规，或者在违法行为发生时不实施此类制裁。[1] 此外，欧盟委员会认为，德国和英国违反法律，拒绝披露其调查中收集的关于大众集团汽车中潜在氮氧化物（NOx）排放违规行为的所有技术信息。

在汽车排放领域，2017年意大利违反欧盟关于汽车类型批准的规定，欧盟委员会对意大利开展侵权诉讼。欧盟法规禁止汽车中安装软件、定时器或热窗等失效装置，因为这些装置会导致测试周期以外的氮氧化物排放量增加，除非是出于保护发动机免受损坏或安全操作方面的必要性。制造商没有充分说明所使用的失效装置的技术必要性，而意大利负有纠正这些措施的义务，比如对这些制造商进行罚款与处罚，但意大利未履行这些义务。

（二）欧盟各成员国对于环境保护的义务和责任

在汽车行业，成员国负有义务监管和执行欧盟关于汽车行业的规则。根

---

〔1〕 European Commission, "Car emissions: Commission opens infringement procedures against 7 Member States for breach of EU rules", Press release, Brussels, 8 December, 2016.

据目前的汽车型式认可制度，国家主管部门负责检查每个车型是否满足所有欧盟标准，只有符合标准，汽车才可以在欧盟市场上出售。当汽车制造商违反这些要求时，他们还应采取纠正（例如下令召回）和制裁措施。根据欧盟的法规和指令，成员国必须建立有效、相称和具有劝阻性的惩罚制度，以阻止汽车制造商违法。如果发生这种违法行为，例如通过使用失效装置来降低排放控制系统的有效性，则成员国必须采用惩罚措施。在本案中，作为对欧盟委员会通知的回应，一些成员国对车辆的 NOx 排放进行了调查并发表了报告。其中有些报告认为，汽车制造商装置失效是保护发动机的必要措施，并确保车辆的安全运行。但制造商需要证明这些失效装置在技术上的必要性。

虽然欧盟有严格的环境保护立法，但成员国执法情况堪忧。在出现成员国的空气没有达到欧盟的标准时，欧盟委员会会敦促成员国遵守欧盟规则，常常以"最后通牒'的方式督促成员国按照相关规定治理空气污染。成员国在欧盟委员会的敦促和舆论的双重压力下，会采取一些措施改善空气质量。比如在本案中，德国等欧盟国家的确在讨论有关限制柴油车通行以及强制柴油车零件升级等措施，不过这些政策并未及时到位。又例如在本案中，在欧盟委员会发出警告后，伦敦市长萨迪克汗就宣布了一项措施，2017 年 10 月起将对汽车尾气排放超标的车主征收额外税费。伦敦市将这笔空气污染税费称为"毒气税"，针对尾气排放未达到欧洲标准的汽车——特别是 2006 年以前注册的汽油和柴油车。这些车辆在进入伦敦中心区域时将被征收 10 英镑的"毒气税"。征收"毒气税"意味着，未达排放标准车辆进入伦敦市中心的成本将会更高。征收空气污染税只是伦敦治理空气污染措施中的一部分，未来数月或几年时间内将陆续有其他相关政策出台，包括 2018 年在市内划出"超低排放区"，禁止尾气排放量超标的汽车驶入。从 2016 年冬天欧洲大面积遭遇雾霾天气以来，一些国家已经开始采取特别措施治理空气污染。2016 年底，马德里开始执行机动车单双号限行措施，这在西班牙尚属首次。2017 年 1 月底，巴黎再次启动机动车临时限行措施以控制道路交通造成的污染物排放。与以往单双号轮流限行不同，巴黎此次首度根据车辆污染排放水平实施区别限行，污染排放程度最高的车辆被禁止上路行驶。[1]

若成员国没有采取及时有效的措施来遵守欧盟环保方面的法律，欧盟委

---

〔1〕 任彦："空气污染让欧盟国家很头痛"，载《人民日报》2017 年 2 月 23 日。

员会会起诉该成员国至欧洲法院。当欧洲法院裁定该成员国违法了欧盟法律后，该成员国会被要求遵守欧盟法律并履行义务。若成员国仍旧不履行义务，没有遵守欧盟法，则可能面临法院作出的罚金。

在国际环境保护领域，国家责任包括传统国家责任和跨界损害责任。传统国家责任指国家从事了违反国际法规则的行为，包括作为和不作为，即国家违反了自己所承担的国际义务时，在国际法上应承担的责任。换言之，国家对其国际不法行为承担责任。跨界损害责任指国际法不加禁止的行为所引起的损害性后果的国际责任。本案中涉及的是欧盟成员国的国际不法行为，即成员国没有遵守和执行欧盟关于空气、汽车等的规则和标准。

（三）私主体的环境保护义务和责任

欧盟制定的尾气排放标准以及环保方面的规则等，例如欧盟法律明确禁止汽车中装置失效设备，需要汽车制造商严格遵守。各汽车制造商要为违规行为承担必要的责任。在本案中，成员国有义务根据欧盟规则和标准，在国内建立有效、相称和具有劝阻性的惩罚制度，以阻止汽车制造商违法。一旦汽车制造商违反了欧盟的标准和规则，则成员国应采取惩罚措施，迫使汽车制造商纠正违法行为并为违法行为承担责任。

私主体的环境保护义务和责任主要来源于污染者付费原则。污染者付费原则在欧共体的《罗马条约》中成为环境保护领域的原则之一。其核心是：环境污染行为或者后果实施者应当承担污染防治、治理及纠正的相关费用，使环境污染成本内部化。这一原则体现了欧盟运用经济手段实现环境保护的政策。近年来欧盟实施的环境税、排污权交易、废旧电器指令均体现了这一原则。早在1973年至1977年，欧共体第一个环境行动计划实行，确立了其未来的政策原则和优先领域。其所列的11条原则在后来的行动中一直有效。其中之一是，实施"污染者付费"原则，防止和恢复环境损害的费用必须由污染者承担。[1] 20世纪90年代，污染者付费原则是欧盟环境政策议程的主要内容，这导致一系列相关法规出台，如包装指令、汽车指令、报废电子电气设备指令、禁止在电子和电气设备中使用有害物质指令等。[2]

---

〔1〕 Treaty on the Functioning of the European Union，第191条第2款。

〔2〕 驻欧盟使团经商参处：《欧盟环境政策》，2016年1月8日，载 http://eu. mofcom. gov. cn/article/ddfg/k/201601/20160101230187. shtml.

三十六、汽油规则案

基本案情

为了防止和控制美国的空气污染，美国国会于 1963 年制定了《清洁空气法》（The Clean Air Act，CAA）。1990 年，美国修改了 1963 年生效的《清洁空气法》，确定两项新的计划以保证燃烧汽油的排放不超过 1990 年的水平。该新法案适用于美国的炼油商、混合加工商和进口商，并授权给环境保护局执行。为执行这两项计划，美国环境保护局于 1993 年 12 月 15 日制定发布了《汽油与汽油添加剂规则——改良汽油与普通汽油标准》（以下简称《汽油规则》），设定了两种基准来衡量汽油质量：对 1990 年经营 6 个月以上的国内炼油商适用企业单独基准。如果某进口商同时是国外炼油商，当它 1990 年进口到美国的汽油中在数量上有 75% 来自它在国外的炼油厂，就对其适用企业单独基准（所谓"75% 规则"）。混合加工商或进口商如果无法使用第一种方法设定基准，就必须适用法定基准。对 1990 年经营不足 6 个月的国内炼油商和外国炼油商适用法定基准。该《汽油规则》适用于全美所有汽油炼油厂、合成厂和进口商。

委内瑞拉和巴西指控美国《汽油规则》违反了 GATT 第 1 条的最惠国待遇规定以及第 3 条第 1 款和第 4 款的国民待遇规定，也违反了《技术贸易壁垒协议》（《协议 TBT》）第 2 条的规定；委内瑞拉还根据 GATT 第 23 条第 1 款（b）项指控美国《汽油规则》已经对其利益造成损害和丧失，而且不符合 GATT 第 20 条（义务的一般例外）的规定。

美国提出，无论《汽油规则》是否与 GATT 的其他规定一致，它都属于一般例外规定的情况，所以不违反 GATT。美国提出，它所采取的措施是 GATT 第 20 条（义务的一般例外）的 b 款所说的"保护人民、动植物生命安全"的措施和 GATT 第 20 条 g 款所说的"为有效保护可用竭资源"的有关措

施，也辩称其《汽油规则》不属于《TBT 协议》第 2 条的范围。

本案主要涉及的法律问题是美国环境保护局根据修改后的《清洁空气法》制定的《汽油规则》是否符合 WTO 的国民待遇；如果汽油规则不符合国民待遇原则，它能否适用 GATT 第 20 条 b、d、g 款规定的一般例外。[1]

1995 年 1 月 23 日，即在 WTO 成立后的第 22 天，美国收到委内瑞拉书面请求，要求根据 1994 年 GATT 第 22 条、《TBT 协议》第 11 条第 1 款和 DSU 第 1 条，就美国环境保护署（US Environmental Protection Agency）于 1993 年 12 月 15 日颁布并于 1995 年初生效的精炼汽油和常规汽油新标准对进口委内瑞拉汽油的歧视待遇，进行双边磋商。1995 年 2 月 10 日，在 DSB 第一次会议上，委内瑞拉报告，美国已经同意与委内瑞拉就此举行双边磋商，并宣布撤销此前委内瑞拉根据 1947 年 GATT 提出的设立审理该争端的专家小组的正式申请。同年 3 月 21 日，委内瑞拉与美国进行双边磋商，由于未能获得双方满意的解决办法，3 月 25 日，委内瑞拉致函 DSB，请求设立专家小组审理该争端。

1995 年 4 月 10 日，DSB 召开特别会议。委内瑞拉代表指出，美国新汽油标准对委内瑞拉汽油施加比美国国产汽油和美国从其他国家进口的汽油不利的条件，违反了 GATT 第 3 条（国民待遇）和第 1 条（最惠国待遇）的规定，而且美国此种确立贸易壁垒的措施，也违反了《TBT 协议》第 2 条第 1、2 款和第 12 条。委内瑞拉代表强调，美国汽油标准证明：多数发展中国家对环境保护措施可能成为隐蔽的国际贸易限制措施的担心绝不是空穴来风，委内瑞拉不是反对合理的环境保护，而只是要求美国对委内瑞拉汽油适用与美国汽油和他国汽油同样的标准。委内瑞拉已经启动 10 亿美元投资计划，以帮助委内瑞拉炼油厂生产符合美国国产汽油标准的汽油。美国代表表示，美国无意反对委内瑞拉的请求。澳大利亚、加拿大、欧盟和挪威等国的代表支持设立专家小组，并表示有兴趣作为第三方参与该专家小组程序。最后，WTO 争端解决机构决定设立专家小组，审查该项投诉。这也是 WTO 争端解决机构根据 WTO 争端解决机制设立的第一个专家小组。

1995 年 4 月 28 日，委内瑞拉与美国同意该专家小组由 Mr. Joseph Wong

---

[1] GATT 第 20 条规定，特殊情况下 WTO 成员的国内措施可以偏离 GATT 规定的原则，但必须符合第 20 条规定的条件。首先，它必须属于第 20 条列举的从（a）到（j）的 10 种情况之一；其次，它还必须符合第 20 条引言，即不得对情况相同的国家构成武断或不合理的差别待遇，或构成变相贸易限制。

（Chairman）、Mr.Crawford Falconer 和 Mr.Kim Luotonen 三人组成，并拥有 DSU 第 7 条所规定的标准职权范围。

1995 年 4 月 30 日，巴西要求与美国就同样问题进行磋商。5 月 1 日，双边协商失败。5 月 19 日，巴西致函 DSB 要求设立专家小组。5 月 31 日，在 DSB 会议上，巴西代表宣称，美国环境保护署新汽油标准已对巴西汽油生产商造成不利影响，在 1995 年头两个月期间，巴西发往美国的汽油货运量已从 1994 年平均 800 万美元下降到零。巴西并不反对美国此种措施所隐含的环境目标，但是对于这些措施是否符合 WTO 规则深表怀疑。巴西认为，美国对从一些国家进口的汽油施加不利条件，违反了 WTO 最惠国待遇和国民待遇条款。由于与美国的磋商已经失败，巴西再次要求 DSB 考虑其设立专家小组以审查该争端的请求。

美国对巴西的要求不表示反对。加拿大、挪威和欧盟的代表指出，他们将作为第三方参与该专家小组程序。DSB 主席澳大利亚驻 WTO 大使 Donald K. Cnyon，首先回忆了 DSU 第 9 条第 2 款的"争端各方若由各个专家小组分别审查这些投诉所将享有的权利不得受到损害"的规定，然后建议：注意到 DSB 已经根据委内瑞拉的请求就审查美国同一措施设立了专家小组，根据美国和委内瑞拉的意见以及 WTO 有关规则，授权审查美国-委内瑞拉争端的专家小组处理巴西对美国该项措施的投诉。对此，DSB 表示同意并决定，专家小组组成时间即 1995 年 1 月 28 日，维持不变，但对其职权范围作了相应调整。

专家小组于 1995 年 7 月 10 日至 12 日和 9 月 13 日至 15 日会晤争端当事各方，7 月 11 日会晤有关第三方（即澳大利亚、加拿大、欧盟和挪威，其中欧盟和挪威提出了意见）。同年 9 月 21 日，专家小组主席通知 DSB，由于 WT/DS25 文件所述延误原因，专家小组将不能在 6 个月内提出报告。同年 12 月 11 日，专家小组向争端各方提交了临时报告。1996 年 1 月 3 日，应美国依据《争端解决程序及规则的谅解》第 15 条第 2 款所提出的请求，专家小组再次与争端各方会晤。1996 年 1 月 17 日，专家小组向争端各方提出了最终报告。

1996 年 2 月 21 日，美国通知 DSB，其决定就该专家小组报告向常设上诉机构上诉，并向常设上诉机构呈交上诉通知书（notice of appeal）。委内瑞拉对美国的上诉表示关注。委内瑞拉认为，美国的上诉决定可能开创了降低 WTO 争端解决制度和专家小组可靠性的先例。巴西强调，美国的上诉决定不损害专家小组报告及其"歧视不能以不尊重 GATT 规则来证明其合法性"结论的价值。1996 年 4 月 22 日，上诉机构发布报告，纠正了专家组在解释 GATT 第 20 条 g 款时的错误，认为第 20 条 g 款不适用于本案。1996 年 5 月 20 日，DSB 会议通过上诉机构报告及其所更改的专家小组报告，并同意在 6 月 19 日召开会议，听取美国关于执行专家小组和上诉机构建议的意见。

主要争议点

本案是否可以适用 GATT 以下四个条款的规定：

1. GATT 第 3 条第 4 款："任何缔约方领土的产品进口至任何其他缔约方领土时，在有关影响其国内销售、许诺销售、购买、运输、分销或使用的法律、法规和规定方面，所享受的待遇不得低于同类国产品所享受的待遇。"

2. GATT 第 20 条 b 款："为保护人类、动植物的生命或健康所必需的措施。"

3. GATT 第 20 条 d 款："为保证遵守与 GATT 条款不相抵触的法律或规章所必需者。"

4. GATT 第 20 条 g 款："与国内限制生产与消费的措施相配合，为有效保护可能用竭的天然资源的有关措施。"

裁决

（一）专家小组裁决

专家小组得出的结论是：《汽油规则》所包含的设立基准方法违反了 GATT 第 3 条的规定，并且不能以 GATT 第 20 条 b、d、g 款的规定来证明其合法性。具体来说，国产汽油和进口汽油是相同产品，但根据《汽油规则》，进口汽油被有效地排除与国产汽油享有同样销售条件的待遇，该措施并不是 GATT 第 20 条 b 款所"必需"的；根据第 20 条 d 款，采用的技术标准并不能保证贯彻执行；按照第 20 条 g 款，虽然清洁空气是符合本款规定的可用竭自然资源，但是《汽油规则》的首要目标并不在于保护可用竭自然资源。

专家组对 GATT 第 1 条未作审查，因为对于第 3 条"国民待遇"和第 20 条的审查足以使最惠国待遇审查成为不必要；对 TBT 协议也未作裁决，因调查结果已使争端明确。

专家小组强调，其任务不是对《清洁空气法》或《汽油规则》的环境目标的必要性进行全面审查，而是根据 GATT 具体条文审查投诉方所指控的《汽油规则》的那些方面。

最后，专家小组建议 DSB 要求美国采取措施使其《汽油规则》中的该部分内容符合美国依据 GATT 所承担的义务。

（二）上诉审裁决

上诉机构推翻了专家小组关于 GATT 第 20 条 g 款的结论，确认专家小组在法律方面的错误还在于没有确定基准建立规则是否属于 GATT 第 20 条引言的范围。上诉机构裁决：尽管基准建立规则是 GATT 第 20 条 g 款所指"有关保护可用竭天然资源"的"措施"，并且该措施同限制国内生产与消费一道实施，但是，基准建立规则不符合 GATT 第 20 条引言的条件，因为在其适用时，会造成"无理的歧视"和"对国际贸易的隐蔽限制"。上诉机构的结论是：基准建立规则虽然属于 GATT 第 20 条 g 款的范围，因为"无论是各自的还是法定的汽油技术标准，都是为了保证对汽油提炼商、进口商的监督检查，使之符合品质的等级要求，这些措施在限制国内生产和消费上确有成效"，但是总体上不能以 GATT 第 20 条整个条文证明其合法性。

上诉机构报告维持专家小组报告的下列结论和建议：关于基准建立规则违反 GATT 第 3 条第 4 款和不能以 GATT 第 20 条 b、d 款证明其合法性的结论，以及请求 DSB 要求美国采取措施使该基准建立规则符合美国依据 GATT 所承担的义务的建议。

问题提炼

1. 何谓"GATT 的国民待遇原则"？
2. 美国是否可以适用 GATT 第 20 条 b 款及 d 款的规定？
3. GATT 第 20 条 g 款与《维也纳条约法公约》的一般解释规则。

解析

（一）何谓"GATT 的国民待遇原则"？

WTO 中的国民待遇，是指"对其他缔约方的产品、服务或服务提供者及知识产权所有者和持有者所提供的待遇，不低于本国相同产品、服务或服务提供者及知识产权所有者和持有者所享有的待遇"。[1]GATT 体制的国民待遇

---

〔1〕 刘力："国民待遇原则与'WTO 第一案'"，载 http://www.people.com.cn/GB/jinji/222/2003/6820/20011106/598605.html.

的适用范围较小，仅适用于货物贸易，更具体地说，仅适用于对进口商品的国内税收和政府对进口商品的法规、规章等管理措施方面。GATT 第 3 条的文本是"国内税与国内法规的国民待遇"。[1]根据该条的规定，每一成员对来自任何一个其他成员的进口商品所直接或间接征收的国内税或其他国内收费均不得高于其本国的同类产品；在进口商品从通过海关进入进口方境内至该商品最终被消费期间经过的销售、推销、购买、运输、分配或使用的法令、条例和规章方面，所享受的待遇应不低于相同的国内商品所享受的待遇。GATT 订入该国民待遇条款的目的，是防止政府实行保护主义，干预进口货物，保证各成员享受关税减让带来的利益，并保障进口商品与国内同类商品获得同等的竞争条件。

对于本案，专家小组认为，由于进口汽油与国产汽油化学成分相同，因而进口汽油与国产汽油是相似产品（like products）。GATT 第 3 条第 1 款"不低于优惠待遇"（treat no less favourable）一词，表示"与国内销售和提供产品的买卖、采购、运输、分配或使用有关的所有法律、规章与细则，为进口产品提供了有效的平等机会"。而美国国产汽油通过设立基准方法（baseline establishment method），获得了比进口汽油有利的销售条件，进口汽油在美国市场上没有获得与美国国产汽油相同的待遇。因为进口汽油与国产汽油尽管化学成分相同，但是适用标准却不同，即进口汽油适用法定基准，国产汽油适用单独基准。这样，根据《汽油规则》的规定，汽油进口商必须出售更清洁的汽油，而经营同样质量国产汽油的国内厂商则不必如此。GATT 第 3 条第 4 款的"不低于优惠待遇"之条件，必须被理解为可适用于每种进口产品的具体情况（each individual case of imported products）。专家小组不认为，某些情况下的特定进口产品所获得的不利待遇，可以通过其他进口产品所获得的优惠待遇而获得平衡或补偿。

（二）美国是否可以适用 GATT 第 20 条 b 款及 d 款的规定？

专家小组与投诉方一致认为，尽管交通工具排放物造成了美国大约一半的空气污染，但是旨在减少此种排放物的《汽油规则》属于 GATT 第 20 条 b 款的范围。专家小组也认为，必须审查美国是否实际上已经证明已被确认违反 GATT 第 3 条的《汽油规则》的那些内容是实现其所宣称的政策目标所必

---

[1] 曹建明、贺小勇：《世界贸易组织》，法律出版社 1999 年版，第 73 页。

需的。

美国的抗辩理由主张其计算汽油基准的方法是为了改善空气质量，保护人类和动植物的健康和生命。专家组同意美国的观点，但认为没有必要要求进口炼油产品必须适用法定基准，而本国的炼油厂可以自行制定汽油标准，以违反第3条国民待遇义务的方式改善空气质量，因此违反了b款的"必要性"要求，也必然违反第20条的前言。

韩国牛肉案[1]的专家组认为，判断成员方的措施是否符合第20条d款的例外，应该审查三个问题：一是措施必须是为了保障法律或规章被遵守，二是法律或法规必须同GATT不相违背，三是措施必须是保障法律执行所必要的。韩国为履行其国内《不公平竞争法》而采取的措施不是必要的，因为可以通过增加人手到各销售牛肉的商店巡查，达到禁止商人误导公众有关牛肉出产地的目的。美国汽油规则案专家组认为"进口汽油和国产汽油间适用不同的基线标准，构成了对进口产品的歧视待遇，违反第3条d款，这不是为了遵守正确的基线标准。决定汽油标准的方法不是执行措施，他们仅仅是规定了确定个别基线的方法，因此不属于第20条d款的例外，第20条d款仅仅是包括执行符合法律或法规的义务的措施，而且法律法规是强制性的"。

（三）GATT第20条g款与《维也纳条约法公约》的一般解释规则

GATT第20条g款涉及两个实质性的问题：①识别与保护自然环境有关的措施。上诉机构认为争议的对象是基准建立规则，而不是《汽油规则》的全部规定。②该措施是否与保护自然资源有关。WTO的司法实践认为可用竭的自然资源包括生物和非生物。美国海虾-海龟案上诉机构对第20条g款进行了发展的解释："我们认为可用竭的自然资源和可再生的自然资源不是互相排斥的。现代生物科学告诉我们，活的生物尽管本质上能够再生产，是可再生的资源，但是在特定条件下，人类的活动确实能够使生物灭绝。活的生物同汽油、铁矿石和其他非生命资源一样，都是有限的资源。第20条g款的'可用竭资源'是50多年前起草的，条约解释者必须考虑目前国际社会对环境保护的关注情况，对其进行解释。乌拉圭回合没有修改第20条的同时，在WTO协议的前言规定，成员方充分认识到环境保护的重要性和合法性，要实

---

[1] 韩国认为其所以要求销售商对进口牛肉和国产牛肉分类销售，是因为韩国不公平竞争法要求销售商披露产品的产地，以免消费者受到误导，符合第20条d款的规定。

现可持续发展的目标。从前言的具体规定来看，我们认为第20条g款的'自然资源'不是静态的概念，而是演进的内容，不仅包括非生物的石油和矿产，而且包括活的生物。"[1]本案中，美国为了使主要城市的污染不超过1990年的水平，而制定了不同的汽油基线标准。上诉机构认为新鲜的空气是可用竭的资源，美国的措施是符合第20条g款的。

由于第20条g款没有规定贸易政策如何保护自然资源，以及贸易政策必须如何同国内生产相联系，因此产生了一个问题，即是否贸易限制措施与保护可枯竭的自然资源有任何联系，都符合第20条g款的要件，还是必须有特定的关联才正当。在加拿大影响未加工的鲱鱼和鲑鱼的措施争端中，专家组认为，第20条的若干款是一国所采取的措施对实现其目的所"必要的"（necessary）或"不可或缺"（essential）的，有些是实现其目标有关的（related to）措施。依第20条的前言看，g款所谓"有关保护自然资源"的贸易政策，必须是其主要目的（primarily aimed）在于保护可用竭的自然资源。

上诉机构也注意到专家组看来是使用了原先在审查该措施与GATT第20条b款是否相符时所作的结论。因此，专家组忽视了"已经接受了《维也纳条约法公约》中最有权威和最简洁的表述的基本的条约解释原则"。上诉机构引用了《维也纳条约法公约》的第31条并注意到，"解释的一般原则已达到了一般国际法和习惯法的地位"，因而是上诉机构根据DSU第3条第2款所适用的国际公法习惯解释规则的一部分。上诉机构认为这种方向"反映了一种识别方式，即对GATT条文的理解不能脱离国际公法"。[2]

在适用解释规则时，上诉机构注意到鉴于GATT第20条各款措辞不同，"看来这种假设是不合理的，即WTO成员方意图被评价的措施和要促进和实现的国家利益或政策之间有同样程度的联系或关系"。[3]同时，第20条的背景也表明尽管第20条g款"不可以被广义解释为搅乱了第3条第4款的目的与目标。第3条第4款的外延不能广泛到可以削弱第20条g款和它所体现的政策和利益"。上诉机构又提到，"尽管任何一方都未提及，但'主要目的

---

〔1〕 美国海虾-海龟案上诉机构报告，WT/DS58/AB/R，第128~131段。

〔2〕 Venezucla and Bra-zil V. United States——standards for reformulated and conventional gasoline, Paragraph17.

〔3〕 Venezucla and Bra-zil V. United States——standards for reformulated and conventional gasoline, Paragraph18.

是'（primarily aimed at）并不是条约语言，不应被设计成一种简单的红蓝试纸，可以测试出某项措施确实在第 20 条 g 款的范围之内还是之外"。[1]

另外一个问题是：这样的措施是否与限制国内消耗具有有效的联系。被上诉方认为现在讨论的这一措施应该使国内现有的措施更加有效，对此，上诉机构表示不赞成。相反，上诉机构再次提到条约的习惯规则，将具体要求解释为"与限制国内产品和自然资源的消耗一起实施的措施，必须不仅仅对进口汽油，而且对国产汽油都实施了限制"，"该条款是对以保护可消耗的自然资源的产品和消费为名来实施限制所作出的公平的要求"。

上诉机构发现，"对国产不清洁汽油作出规定来限制对清洁空气的消耗与耗尽的同时也对进口汽油作了相应的限制"。问题并不是该措施是否达到了预期的效果，"某种保护可用竭的自然资源方面的可行措施实施产生效果要经历一段很长的过程。以后偶发的事件可以表明这种措施的法律特性并不合理"。[2]

发现被争议的措施符合第 20 条 g 款的要求之后，上诉机构又审查了该措施是否符合第 20 条序言的要求。上诉机构注意到，对第 20 条序言的适用是根据以下原则：当第 20 条的例外被作为法律权利提起时，应合理地适用。

决定是否应用某种措施会构成武断的或不合理的歧视[3]并不是简单地重申第 3 条的标准，因为解释必须使所有条款都有意义并有效。一个解释者不能任意采纳会使某条约的整个条款或段落归于无效和多余的解释。

上诉机构接着又阐述了"国际贸易中武断的歧视、不合理的歧视和隐蔽的歧视，可以被理解为是相互关联的"。[4]上诉机构认为："武断或不公正的

---

[1] Venezucla and Bra-zil V. United States——standards for reformulated and conventional gasoline, Paragraph19.

[2] Venezucla and Bra-zil V. United States——standards for reformulated and conventional gasoline, Paragraph21.

[3] 美国海虾-海龟案上诉机构规定，判断措施是否构成了武断或不公正的歧视，必须考虑三个要素：一是措施的适用必须导致了歧视的结果，二是歧视的性质必须是武断的或不公正的，三是歧视必须是在相同条件的国家间发生。

[4] 美国海虾-海龟案上诉机构认为："一国如果依据第 20 条一般例外，采取了不符合 WTO 的义务的措施，在成员方间造成了歧视，如果歧视不是武断的或不公正的，就符合第 20 条的前言。因此，第 20 条的歧视同 GATT 其他条款的歧视意义不同。第 1 条和 3 条的非歧视待遇是绝对的无条件的，适用于所有其他成员方的；而第 20 条的一般例外中，如果一国有正常的理由，而且是非武断的，可以对其他成员实施差别待遇。"

歧视和国际贸易的隐蔽限制是并列的概念。隐蔽性限制应该理解为包括了武断的或非公正的歧视，应该和第 20 条中的'武断的或非公正的歧视'同样适用，基本目的是为了防止第 20 条的实体规则被滥用或非法适用[1]。"单纯根据某项措施已经公告，就不是"隐蔽性的限制"，这对于限制的国家过于宽容，解释的重点是"贸易限制"，而不是"隐蔽性"一词。从这些判例可见，如果一个成员根据第 20 条的例外为其采取的违法措施进行抗辩，除了要证明其采取的措施本身符合第 20 条列举的 10 种具体措施之一，还要证明措施的实施符合第 20 条的前言，即没有构成武断或不公平的歧视和国际贸易的隐蔽性限制，不仅在形式上要公平合理公开，而且实质上也不能对贸易产生限制。

上诉机构注意到美国可以采取不止一种行动，比如实施非歧视性的固定的基线标准，也可以与委内瑞拉或巴西政府达成合作协议。然而，美国考虑到规定的基线标准对国内生产商来说花费和负担太重，却忽视了这样的花费和负担对外国生产商的影响，因此造成的歧视是一定能够预见到的，绝不仅仅是疏忽了或不可避免的，上诉机构发现基线的要求与第 20 条的序言不符。

上诉审查机制的首次成功运用，不仅打消了发展中成员方的顾虑，而且堵住了发达成员方（特别是美国）惯用的拒绝专家小组报告的借口，从而进一步加强了 WTO 争端解决机制的法律色彩，并将有助于防止任何技术性因素加剧 WTO 争端解决进程的政治化。专家小组和上诉机构多次援用《维也纳条约法公约》的解释规则和 GATT 争端解决机制的惯例，不仅表明世界性多边贸易组织争端解决机制的连续一致性，而且显示新的 WTO 争端解决机制更加鲜明的规则取向。这标志着依法解决贸易争端的传统得到了进一步的发扬，促进多边贸易争端解决机制非政治化的努力又有了新的支点。

---

〔1〕 Venezucla and Bra-zil V. United States——standards for reformulated and conventional gasoline, Paragraph25.

三十七、澳大利亚诉日本捕鲸案

基本案情

日本是一个传统的捕鲸国。1987 年，日本推出了以"科学研究"为名、以特别许可证的方式批准的"日本特许南极鲸类研究项目"（Japanese Whale Research Program under Special Permit in the Antarctic，以下简称为 JARPA），该项目由日本鲸类研究所（Institute of Cetacean Research）负责，分为两个阶段。

第一阶段即 JARPA（1987 年至 2005 年）。该项目确定，每年在南大洋管理区内捕杀 825 头南极小须鲸（以下简称"小须鲸"）和其他鲸种。但自 1987/1988 年度到 1993/1994 年度的 7 个捕鲸季内，每季捕杀的小须鲸却减少到 300 头；从 1995/1996 年度捕鲸季开始，小须鲸的数量又提高到 400 头（上下浮动 10%）。实际上，在 JARPA 实施的 18 个捕鲸季内，共有超过 6700 头小须鲸被捕杀，[1]每季平均 372 头。

第二阶段即 JARPA II（2005 年以后），其研究目标是"调查鲸类种群丰度，计算鲸类群体参数和探究鲸类在生态系统中的作用"。该项目计划每年捕杀 850 头（上下浮动 10%）小须鲸、50 头长须鲸和 50 头座头鲸。但在 2005/2006 年度、2006/2007 年度、2007/2008 年度、2010/2011 年度、2012/2013 年度捕鲸季，日本实际捕杀小须鲸分别为 853 头、505 头、551 头、170 头和 103 头。[2]

日本以"科学研究"名义开展的捕鲸活动受到了国际环保组织及一些国家的抨击和反对。2010 年 5 月 31 日，澳大利亚根据其和日本分别在 2002 年 3

---

〔1〕 *Whaling in the Antarctic (Australia* v. *Japan; New Zealand intervening)*, Judgement, p. 104, available at https://www.icj-cij.org/files/case-related/148/15951.pdf (Last visit on 13 October 2019).

〔2〕 *Whaling in the Antarctic (Australia* v. *Japan; New Zealand intervening)*, Judgement, pp. 202, 206.

月22日和2007年7月9日对《国际法院规约》第36条第2款所做的接受国际法院管辖权的声明，以日本违反《国际管制捕鲸公约》(International Convention on the regulation of whaling，以下简称《捕鲸公约》)〔1〕和国际捕鲸委员会 (International Whaling Commission，以下简称"捕鲸委员会")〔2〕规定的义务为主要理由，将日本诉至国际法院。〔3〕2012年11月20日，新西兰申请介入该案。2014年3月31日，国际法院作出判决，日本败诉。

诉讼请求

1. 综合澳大利亚2010年5月31日《请求书》及其后来在书状和口头辩论中的陈述，澳大利亚的请求主要包括下列内容：

(1) 国际法院对澳大利亚的诉讼请求有管辖权。〔4〕

(2) 日本计划和实施JARPA Ⅱ已经和持续违反了对其有效的国际义务，特别是日本在《捕鲸公约》下应承担的下列义务：①《捕鲸公约》的《附表》第10 (e) 段关于善意遵守基于商业目的捕鲸的零捕捞限额的义务；②《捕鲸公约》的《附表》第7 (b) 段关于善意遵守避免在南大洋保护区商业捕获座头鲸和长须鲸的义务；③《捕鲸公约》的《附表》第10 (d) 段关于禁止用捕鲸母船 (factory ship)〔5〕或捕鲸艇 (whale catcher)〔6〕对小须鲸以外的鲸类进行捕获、击杀或加工处理。〔7〕

(3) JARPA Ⅱ项目使日本已经和持续违反了下列国际义务：①《濒危野

---

〔1〕 该公约于1948年11月10日生效，并分别于同日和1951年4月21日对澳大利亚和日本生效。新西兰于1949年8月2日交存批准书，1968年10月3日撤回，1976年6月15日再次成为当事国。1980年9月24日中国外长致函该公约的保存国美国国务卿，通知我国决定加入《捕鲸公约》及捕鲸委员会；同时声明，台湾当局盗用中国名义对上述公约的承认和加入的申请是非法无效的。1980年10月20日美国国务院复函，确认中华人民共和国从1980年9月24日起成为本公约当事国。

〔2〕 该委员会是根据《捕鲸公约》第3条第1款设立的，由每个缔约国政府派一名成员组成，在管制捕鲸方面发挥着重要作用。委员会对《捕鲸公约》的《附表》的修正需要3/4多数票同意。修正案对当事国有约束力，除非该国提出反对，在这种情况下，修正案在该项反对撤回之前不对该当事国生效。1950年，该委员会还设立了主要由当事国指派的科学家组成的科学委员会，帮助委员会履行职能，特别是有关鲸鱼和捕鲸方面的研究和调查。

〔3〕 Supra note 1, Judgement, p. 226.

〔4〕 Supra note 1, Judgement, p. 25.

〔5〕 A ship "in which or on which whales are treated either wholly or in part".

〔6〕 A ship "used for the purpose of hunting, taking, towing, holding on to, or scouting for whales".

〔7〕 Supra note 1, Judgement, pp. 24, 35~36.

生动植物国际贸易公约》第 2 条关于附件一所列"从海洋中捕获"且不属于"例外情形"物种的基本原则,[1]也不符合其第 3 条第 5 款关于捕获座头鲸的条件的规定;②《生物多样性公约》第 3 条关于确保其管辖或控制范围内的活动不会对其他国家或国家管辖范围以外的环境造成损害的义务、第 5 条关于直接或通过主管国际组织与其他缔约方合作以及第 10 条 b 项关于采取措施避免或减少对生物多样性的不利影响的义务。[2]③日本还违反了习惯国际法的义务。[3]

(4) 鉴于日本 JARPA Ⅱ 项目的规模、捕杀的鲸鱼与保护和管理鲸类种群的关联性的证据的缺失以及对捕杀的鲸类种群的危险,JARPA Ⅱ 项目不符合《捕鲸公约》第 8 条的规定。[4]

(5) 澳大利亚要求国际法院判决日本:①遵守《附表》第 10 (e) 段商业捕鲸为零的限制;②禁止在《附表》第 7 (b) 段规定的南大洋保护区内进行商业捕鲸;③遵守《附表》第 10 (d) 段关于禁止用捕鲸母船 (factory ship) 或其附属捕鲸船对小须鲸以外的鲸类进行捕获、屠杀或处置;④遵守《附表》第 30 段所规定的关于获得科学许可的条件。[5]

(6) 澳大利亚要求国际法院判决日本:①停止实施 JARPA Ⅱ 项目;②不再授权或执行不符合《捕鲸公约》第 8 条规定的捕鲸许可;③撤销所有有关执行 JARPA Ⅱ 项目的任何授权、许可证和相关执照;④切实保证在 JARPA Ⅱ 或类似的项目满足国际法义务之前,不采取任何进一步的行动。[6]

2. 日本认为国际法院对此案没有管辖权。

裁决

2014 年 3 月 31 日,国际法院作出判决如下:

1. 一致认为国际法院对本案有管辖权。

---

[1] 附件一应包括所有受到和可能受到贸易的影响而有灭绝危险的物种。对这些物种的贸易必须加以特别严格的管理,只能在满足"例外情形"的条件下才能获得授权,以防止进一步危害其生存。

[2] Supra note 1, Judgement, p. 38.

[3] Supra note 1, Judgement, p. 39.

[4] Supra note 1, Judgement, p. 37.

[5] Supra note 1, Judgement, p. 25.

[6] Supra note 1, Judgement, p. 41.

2. 以 12 票对 4 票认定日本根据 JAPRA Ⅱ 项目捕鲸许可证授权不符合《捕鲸公约》第 8 条第 1 款的规定。

3. 以 12 票对 4 票认定日本根据 JAPRA Ⅱ 项目击杀、捕获和加工处理长须鲸、座头鲸和小须鲸的许可证授权违反了《捕鲸公约》《附表》第 10（e）段规定的义务。

4. 以 12 票对 4 票认定日本根据 JAPRA Ⅱ 授权击杀、捕获和加工处理长须鲸的行为不符合《捕鲸公约》的《附表》第 10（d）段规定的义务。

5. 以 12 票对 4 票认定日本根据 JAPRA Ⅱ 项目授权在南大洋保护区击杀、捕获和加工处理长须鲸的行为不符合《捕鲸公约》《附表》第 7（b）段规定的义务。

6. 以 13 票对 3 票认定日本根据 JAPRA Ⅱ 项目的行为没有违反《捕鲸公约》的《附表》第 30 段关于 JAPRA Ⅱ 的义务。

7. 以 12 票对 4 票认定日本应当撤销根据 JAPRA Ⅱ 项目的所有授权、许可和相关执照，并且不得对该项目进行进一步的许可。

问题提炼

1. 如何解释《捕鲸公约》的相关条款？
2. 什么是科学研究目的的捕鲸？
3. 日本 JAPRA Ⅱ 捕鲸是否属于科学研究的目的？

解析

（一）关于《捕鲸公约》相关条款的解释

《捕鲸公约》第 8 条第 1 款规定："尽管有本公约的规定，缔约政府对本国国民为科学研究的目的而对鲸进行捕获、击杀和加工处理，可按该政府认为适当的限制数量，发给特别许可证。按本款规定对鲸的捕获、击杀和加工处理，均不受本公约的约束。各缔约政府应将所有颁发的上述特别许可证迅速通知委员会。各缔约政府可在任何时期取消其颁发的上述特别许可证。"但该公约并没有对什么是"以科学研究为目的"进行解释。

日本认为，对该款的解释"必须与公约其他规定的解释和适用相一致"，应采用宽泛的解释方法，根据第 8 条授予的"特别许可证"属于公约适用范围之外的例外情况，为当事国政府提供了科学研究捕鲸的自由。[1]澳大利亚认为，该款只是《捕鲸公约》的一个有限的例外，应采用严格的解释方法，养护措施也适用于"科学目的"的捕鲸活动，否则会影响《捕鲸公约》目的与宗旨的实现。[2]新西兰同样认为适用严格的解释方法才能保证国际捕鲸管制制度的有效性。新西兰在其总结中指出：第 8 条的规定必须按其上下文并参照条约之目的及宗旨，考虑当事方后续的实践，以及经补充的解释方式所确认的可适用的国际法规则善意解释之。[3]

国际法院并未采纳当事国任何一方的意见。国际法院认为：第一，对《捕鲸公约》第 8 条的解释应符合整个公约的目的和宗旨，特别是在最后一段，各缔约方宣布已经"决定签订关于谋求适当地保护鲸类并能使捕鲸渔业有秩序地发展的公约"，还要考虑构成公约组成部分的《附表》以及国际捕鲸委员会的其他文书，包括审查科学研究项目的附件 Y 和附件 P。并且还要将该条款放到《捕鲸公约》的上下文中进行解释。第二，该款所规定的"为科学研究目的"的捕鲸，应当是增进人类对鲸类种群的认知和理解，从而更好地实现公约的目标和宗旨。既然第 8 条第 1 款确认了当事国有"为科学研究的目的"颁发特别许可证的权利，那么这种特别许可证就不再受公约《附表》关于商业捕鲸禁令和捕鲸母船禁令的限制。但第 8 条"对鲸进行捕获、击杀和加工处理"是否"为科学研究的目的"并不能仅由当事国单方确认，需要进行实质性审查。国际法院认为，可以将"以科学研究为目的"拆分成"科学研究"和"以科学研究为目的"两个部分。

（二）关于"科学研究"

关于"科学研究"，澳大利亚借助己方专家 Mangel 先生的观点，提出了科学研究的四项标准：有旨在增加种群养护和管理具有重要意义的知识的确定和可实现的目标（包括问题和研究假设）；适当的方法，包括只有在使用其他方法不能达成研究目标的情况下才使用致死性取样方法；同行评价；避免对种群的不利影响。为了支持这些标准，澳大利亚还援引了捕鲸委员会的决议以及科学委员会通过并列入附件 Y 和附件 P 的《指南》提供了相关标准，

---

[1] Supra note 1, Judgement, p. 52.

[2] Supra note 1, Judgement, p. 53.

[3] Supra note 1, Judgement, p. 26.

并支持这样一个结论，即致命性的方法只能在无法采用非致命性方法时才可使用。另外，维持就业和基础设施不能被视作科学研究的目的。

日本认为，国际法院有权审查特别许可证的颁发是否是"为科学研究的目的"，但仅限于审查通过该项决定的程序是否合法，而不是审查决定本身。日本方面的专家 Walløe 先生在某些方面同意 Mangel 先生提出的标准，但在一些重要细节上有分歧。日本对澳大利亚援引未经日本接受的《决议》和《指南》的效力表示质疑，并指出这些《决议》和《指南》只是建议性的。

国际法院认为自己有权审查特别许可证的颁发是否是"为科学研究的目的"。对此，国际法院将评估 JARPA Ⅱ 项目是否是"科学研究"，以及使用致命性的方法是否是"为科学研究的目的"。国际法院认为，必须区分专家的科学意见和法院对解释条约的职权。第 8 条的用语清楚表明缔约方可以考虑使用致死性的取样方法。澳大利亚和新西兰夸大了它们所提及的决议等文件的法律意义。按照《捕鲸公约》，捕鲸委员会的很多决议是不需要取得缔约方一致同意就能通过的，且有些决议日本甚至是投了反对票的，故这些决议既不能被视为是对第 8 条解释的嗣后协议，也不是《维也纳条约法公约》所指的"嗣后实践"。退一步来说，即使是由缔约国一致通过的"1986－2 号"《决议》和《指南》，也没有明确要求缔约方只有在其他替代方法不可行的情况下才能使用致死性取样方法。当然，国际法院也认为，《捕鲸公约》的缔约方有义务与捕鲸委员会和科学委员会合作，对使用非致死性的替代取样方法进行可行性分析。另外，国际法院认为，由于澳大利亚提出的四项标准主要来源于专家的意见，不能作为对《捕鲸公约》的解释。并且，国际法院认为，无需对"科学研究"这一术语下一个定义，也不需要提出其他可供选择的标准。

根据日本和澳大利亚提供的证据，国际法院认为，涉及对鲸类的致命性取样的 JARPA Ⅱ 项目，广义上可归为"科学研究"，但即使致命性方法可以作为"科学研究"的工具，日本还必须证明其使用致命性方法是为了实施 JARPA Ⅱ 所述的研究目标是合理的。[1]

（三）JARPA Ⅱ 项目下的捕鲸行为是否为科学研究的目的

日本指出，JARPA Ⅱ 的研究目标有四项：①监测南极生态系统；②模拟鲸类种群的竞争和未来管理目标；③阐明种群结构的时间和空间变化；④完善

---

〔1〕 Supra note 1, Judgement, pp. 126, 205.

小须鲸种群管理程序。澳大利亚认为，《捕鲸公约》第 8 条的确允许当事国出售为科研目的所产生的鲸肉，但是日本依据 JARPA Ⅱ项目产生的鲸肉数量以及鲸肉流入市场的销售情况，不得不让人怀疑日本的捕鲸活动是否是"为科学研究的目的"。即使日本的捕鲸活动内容涉及了科学研究，但如果不是为科学的目的，那也不在《捕鲸公约》第 8 条所规定的范围内。国际法院认为，是否"为科学研究的目的"，需要审查以下内容：致死性取样方法的决定；总样本量；样本大小；总样本量与实际捕获量的比较；方案的时间跨度；取得的科学成果和方案；以及与相关研究项目的合作程度。

关于致死性取样方法，国际法院认为，无论是 JARPA，还是数年后的 JARPA Ⅱ，日本对鲸鱼使用致死性取样方法的决定对实现其研究目标来说都是不合理的。因为，随着技术的进步，在严谨的科学研究中已有大量可靠的非致死性取样方法可对日本宣称要达到的目标进行研究，包括卫星标记、活检取样和围网作业发现等更有效的方法，而且这些方法比致死性取样更高效，结果更可靠。但日本没有向国际法院提供对非致死性方法已经做了充分分析的有力证据。所以，国际法院判定，在 JARPA Ⅱ项目中，采用致死性方法取样与该项目的目的之间并不存在合理性。

关于样本总量与实际捕捞量，日本的实际捕捞量与 JARPA Ⅱ设计的样本数量是有很大差异的，但日本却并没有根据实际捕捞量对 JARPA Ⅱ的样本设计做出适当调整。国际法院对日本在 JARPA 和 JARPA Ⅱ阶段捕鲸的品种和数量进行了对比。

对于小须鲸，尽管 JARPA Ⅱ计划每年捕杀 850 头小须鲸，上下浮动 10%，但实际捕杀量每年都不一样。在 2005/2006 年度，日本捕杀 853 头小须鲸，符合设计目标。但随后则没有达到计划捕杀数量，大约每年捕杀 450 头，其中，2006/2007 年度 和 2007/2008 年度分别为 505 头和 551 头，2010/2011 年度和 2012/2013 年度分别为 170 头和 103 头。[1]

对于长须鲸和座头鲸，日本分别设置了 50 头的样本量，但这样的样本量对于实现如鲸鱼性成熟年龄和雌性鲸鱼怀孕率等研究内容来说是不充足的，且 JARPA Ⅱ原来设计的最小数量是 131 头。[2]在一个两年期的可行性研究

---

〔1〕 Supra note 1, Judgement, pp. 202, 206.

〔2〕 Supra note 1, Judgement, p. 179.

中，计划捕杀长须鲸和座头鲸分别为 0 头和 10 头。[1]在 JARPA Ⅱ 项目实施的前 7 年，总共捕杀长须鲸 18 头，其中第一年捕杀 10 头；在接下来的年度中，每年捕杀长须鲸的数量为 0 到 3 头，未捕杀座头鲸。[2]

对于 JARPA Ⅱ 的样本设计总量和实际捕获量，澳大利亚认为，JARPA 和 JARPA Ⅱ 不管是在研究目标、研究对象还是研究方法上都具有高度的重合性，两个阶段都几乎完全集中在对小须鲸的数据收集上，那么日方为何要大幅提升 JARPA Ⅱ 的致死性样本量？此外，如果 JARPA Ⅱ 项目需要所有这三个物种的致命取样信息才能构建多物种竞争模型或探索"磷虾剩余假说"，那么，仅仅依靠小须鲸的数据怎么能构建起这个多物种竞争模型？而且，日本实际捕杀量与 JARPA Ⅱ 设计的样本大小完全不同，所以，JARPA Ⅱ 设计的多物种竞争模式的研究目标是"虚假的"。[3]日本辩称，小须鲸的实际捕捞量不会影响项目计划，因为数量较少的小须鲸仍然能够产生有用的信息，或者可以将研究的时间框架延长，或者是说这种不太准确的结果也是可以被接受的，该项目可以在更长的研究时间或更低的准确性水平下取得科学上有用的结果。国际法院认为，长须鲸和座头鲸的样本大小是小须鲸样本大小的论证基础，但日本对于长须鲸和座头鲸的样本数量的确定并非"精心确定"，JARPA Ⅱ 中的总样本量经不起严格的科学考量，JARPA Ⅱ 和 JARPA 这两个阶段在研究对象、研究目标以及使用的研究方法上有着相当大的相似性。

关于方案的时间跨度、取得的科学成果和方案以及与相关研究项目的合作程度。日本辩称，由于 JARPA Ⅱ 的主要目标如监控南大洋的生态系统需要持续的项目研究，所以，它是一个长期的没有具体终结日期的项目。对于小须鲸，是一个为期 6 年的计划，对于长须鲸和座头鲸，则是一个为期 12 年的计划。先有一个 6 年的"研究阶段"，该阶段结束后，"如果需要，可以进行复审并对项目进行修正"。迄今为止，作为 JARPA Ⅱ 第一个 6 年研究阶段的研究成果，日本提交了 2 篇经过同行评议的论文、3 篇科学研讨会的发言和 8 篇提交给科学委员会的论文。国际法院认为，2 篇经过同行评议的论文仅集中于 JARPA Ⅱ 前 2 年收集到的 9 条小须鲸的数据研究上；其余 8 篇文章，6 篇是关

〔1〕 Supra note 1, Judgement, p. 200.
〔2〕 Supra note 1, Judgement, p. 201.
〔3〕 Supra note 1, Judgement, p. 207.

于 JARPA Ⅱ的报道，1 篇是 JARPA Ⅱ的可行性评估，还有 1 篇讨论的是对蓝鲸的照片识别技术。[1]这样的科研成果相当有限。日本辩称，在科学委员会复审之前，对 JARPA Ⅱ的成果进行评估是没有意义的。[2]此外，在与其他研究机构合作方面，日本只和日本极地研究中心有合作，而没有任何国际性质的合作。

综上，国际法院认为，虽然从整体上看，JARPA Ⅱ项目可定性为科学研究，但是，现有的证据并不能证明 JARPA Ⅱ的设计和执行对于实现其既定的研究目标是合理的，因此，日本为实施 JARPA Ⅱ授权击杀、捕获和加工处理鲸鱼而发放的特别许可证并不属于《捕鲸公约》第 8 条第 1 款所规定的"用于科学研究的目的"。[3]

本案的启示与意义

关于鲸类种群的国际保护，已经形成了以《捕鲸公约》为核心文件并辅以捕鲸委员会通过的《附表》《决议》《指南》等系列文件构成的国际管制捕鲸公约体系。该体系对鲸类种群的保护以及以科研为目的的捕鲸的条件设定了一系列实体性和程序性的原则、规则和规章制度。当然，国际管制捕鲸公约体系应当进一步完善，首先要明确《捕鲸公约》的宗旨和目标，其次是为"以科学研究的目的"确立具体量化的标准，最后是进一步明确和强化对捕鲸活动的具体监管程序，从科研捕鲸项目实施方案的审批到科研报告的数据产出等各个环节做好全面、有效、科学和系统的监督检查机制，真正实现保护和合理利用的有效平衡。

---

[1] Supra note 1, Judgement, p. 219.

[2] Supra note 1, Judgement, p. 217.

[3] Supra note 1, Judgement, p. 127, 227.

三十八、切尔诺贝利核泄漏事件

事件概况

切尔诺贝利核泄漏事件是于苏联乌克兰普里皮亚季市切尔诺贝利核电站发生的核反应堆破裂事故，也是首例被国际核事件分级表评为最高第七级事件的特大事故。

切尔诺贝利核电站由4座RBMK-1000型压力管式石墨慢化沸水反应炉组成，核事故发生时4个反应堆共提供了乌克兰10%的电力。1986年4月26日凌晨1时23分47秒（UTC+3），切尔诺贝利核电站的4号核反应堆功率在短时间内激增至最大设计负荷的约10倍，导致蒸汽爆炸，撕裂反应堆的顶部，核反应堆堆芯立即直接暴露于大气中，释放出大量的放射性微粒和气态残骸（主要是铯-137和锶-90）。随后，空气中的氧气与超高温核心中的1700吨可燃性石墨减速剂接触，燃着的石墨减速剂加速了放射性粒子的泄漏，放射性粒子随风跨越了国界。事故的主因为反应堆进行紧急停机后的后备供电测试时，因操作人员的训练不足，最终使功率急剧增加，破坏反应堆。另外，与早期各国核反应堆类似，RBMK-1000缺乏多重防护措施，设计缺陷使大量的辐射物质被释放到环境中。

这次灾难所释放出的辐射剂量是第二次世界大战时期广岛原子弹爆炸的400倍以上。被核辐射尘污染的云层飘往众多地区，包括苏联西部的部分地区、西欧、东欧、斯堪的纳维亚半岛、不列颠群岛和北美东部部分地区。乌克兰、白俄罗斯及俄罗斯境内均受到严重的核污染，超过336 000名的居民被迫撤离。以切尔诺贝利核电站为中心半径30公里内的大片乌克兰和白俄罗斯领土至今仍被两国政府列为管制区。1986年12月，苏联政府在4号反应堆上建成了"石棺"，以免辐射扩散。2016年11月，一个安全稳定、符合生态要求的新石棺替代了严重风化的旧石棺。此次核泄漏事件造成的死亡人数因多种原因难以精确计算，经济损失达两千亿美元以上，对当地乃至全球生态造成了难以估量的恶劣影响。

问题提炼

1. 何谓"环境问题的国际化"？
2. 工业事故跨界影响与跨界损害的区别。
3. 工业事故跨界影响与国家责任。

事件解析

（一）环境问题的国际化

环境灾难是人类盲目地破坏和改变环境与生态系统，从而引发环境问题，使人类遭受可怕的严重后果。全球性生态环境问题的出现和不断恶化，是由无数国家和地区对生态环境的破坏和污染累积而成的。生产的飞速发展和人口的急剧增加，使对环境的污染和生态破坏也在不断地加剧，田地、树林、湖泊、河流、都市都受到了不同程度的污染。20 世纪 30 年代至 60 年代发生在资本主义发达国家的"八大公害"[1]都是由环境污染造成的。20 世纪 80 年代以后，公害事件的范围和规模不断扩大，环境灾难阴影笼罩着人们。一系列后果严重的地区性重大灾难跨越了国界，新的关系到世界的全球性问题频频出现，发生了"新八大公害"。[2]此外，臭氧层空洞、全球气候变暖、酸雨、赤潮以及造成严重危害的核污染和农药污染等亦普遍存在。目前，气候变化、土地荒漠化、湿地面积缩减以及生物安全（生物多样化）等已构成了世界性的四大热点环境问题。

可见，20 世纪中叶以来，严重的环境问题已从国内走向国际，由区域性问题发展成全球性问题，生态危机显现出了超越国家和全球化的性质。

（二）工业事故跨界影响与跨界损害的区别

人类工业的高速发展造成了众多有重大跨界影响的工业事故。随着现代科技的飞速前进，人类工业的高速发展达到了前所未有的广度和深度，伴之而来的突发性工业事故也就在所难免。所谓"工业事故"，即"工业生产活动

---

〔1〕 裴广川、林灿铃、陆显禄主编：《环境伦理学》，高等教育出版社 2002 年版，第 358~362 页。
〔2〕 林灿铃：《国际环境法》，人民出版社 2004 年版，第 15~16 页。

过程中发生的意外事故"，"意外"指的是不可预见性，"生产活动"则包括生产、使用、储存、操作或处理、运输等过程。[1]

按照欧洲经济委员会的《工业事故跨界影响公约》，"跨界影响"指的是发生于一缔约方管辖范围内的工业事故在另一缔约方管辖范围内造成的严重影响。[2]而所谓"影响"则指由一工业事故对下述方面除其他外造成的任何直接或间接、即刻或滞后的不利影响：①人类、动物、植物；②土壤、水、空气和景观；③第一项与第二项要素间的相互作用；④物质资产和文化遗产，包括历史遗迹。[3]

"跨界损害"是指国家管辖或控制下的活动造成国家管辖或控制范围以外地区的环境损害。它具有以下几个特征：

首先，损害必须是人类的行为所致，且其后果是物质的、数量的或是有形的。换言之，损害必须对一些方面有实际破坏作用，这些破坏作用必须能以实际和客观的标准衡量。国际法委员会就强调了"跨界损害"的"有形后果"[4]，认为跨界损害必须是活动的"实际后果"造成的，排除了金融、社会经济或类似领域的国家政策可能造成的跨界损害。

其次，行为的有形后果所造成的损害的重大性。当然，关于"重大"一词的含义，并非没有含糊性，但一般可以这样理解："重大"的程度超过"察觉"，但不必达到"严重"或"显著"的程度。[5]

最后，行为的有形后果具有明显的跨界性。跨界性是指一项活动所产生的有形后果已经超越行为所在国国界，给行为国领土以外的区域造成损害的情况。准确而言，这里所说的"界"乃是领土界线、管辖界线和控制界线。[6]

可见，跨界影响与跨界损害具有根本的区别。跨界损害是国家管辖或控

---

〔1〕 林灿铃："工业事故跨界影响的国际法分析"，载《比较法研究》2007年第1期。

〔2〕 参见《工业事故跨界影响公约》第1条第4款。

〔3〕 参见《工业事故跨界影响公约》第1条第3款。

〔4〕 参见联合国大会第51届会议补编第10号（A/51/10）《国际法委员会第48届会议工作报告》第202页；《关于国际法不加禁止的行为所造成的损害性后果的国际责任条款草案》第1条。

〔5〕 参见联合国大会第51届会议补编第10号（A/51/10）《国际法委员会第48届会议工作报告》第202页；《关于国际法不加禁止的行为所造成的损害性后果的国际责任条款草案》第1条评注。

〔6〕 参见联合国大会第51届会议补编第10号（A/51/10）《国际法委员会第48届会议工作报告》第208页；《关于国际法不加禁止的行为所造成的损害性后果的国际责任条款草案》第2条评注。

制下的活动造成国家管辖或控制范围以外地区的环境损害，它包括有意识造成国家管辖或控制范围以外地区的环境损害后果。[1]而跨界影响指的是工业事故导致在另一国家管辖范围内或在事故发生地国管辖或控制范围以外地区造成的严重影响。

（三）工业事故跨界影响与国家责任

适用于跨界损害领域的国际法律责任制度，迄今为止已有成熟的传统国家责任制度和有待进一步完善的跨界损害责任制度。

1. 工业事故跨界影响与传统国家责任

传统国家责任是指当一个国际法主体从事了违反国际法规则的行为，或者说，当一个国家违反了自己所承担的国际义务时，在国际法上应承担的责任。[2]简言之，国家责任是"国家对其国际不法行为所承担的责任"[3]或"一国对其国际不法行为的责任"。[4]

可见，国家责任的成立，必须具备违反国际法规则和可归责于国际法主体这两个要件，即必须满足主观要件和客观要件。所谓主观要件是指一不当行为可归因于国家而被视为该国的国家行为。是否可归因于国家的判断标准是国际法而不是某一国家的国内法。国家责任的主观要件意味着只有违反国际义务的行为是可归因于国家的行为，才引起国家责任，并非所有违背国际义务的行为均构成国际不法行为，不能要求国家对其境内的所有人从事的一切活动都对外负责。所谓客观要件是指国家的行为违背了该国所承担的国际义务，此项国际义务，无论是基于国际条约还是习惯国际法，其法律后果都一样，均会引起该国的国家责任。这种行为，既指国家对某一国际义务的作为，也指国家对某一国际义务的不作为。

显然，传统国家责任无法适用于工业事故跨界影响。但工业事故跨界影响是否违反了国际环境法所确立的习惯原则"尊重国家主权和不损害国外环境原则"？这一国际环境法基本原则可表述为"根据《联合国宪章》和国际

---

〔1〕 如1990年8月2日，伊拉克无视国际关系和国际法准则，非法入侵和占领科威特，并向大海倾倒原油和战败后纵火焚烧科威特油井，由此造成无法估量的大气和海洋污染以及对他国的严重侵害。

〔2〕 王铁崖主编：《国际法》，法律出版社1995年版，第136页。

〔3〕 ［英］斯塔克：《国际法导论》，赵维田译，法律出版社1984年版，第238页。

〔4〕 参见联合国大会第51届会议补编第10号（A/51/10）《国际法委员会第48届会议工作报告》第95页；《国家责任条款草案》第1条。

法原则，各国拥有按照其本国的环境与发展政策开发本国自然资源的主权权利，并负有确保在其管辖范围内或在其控制下的活动不致损害其他国家或在各国管辖范围以外地区的环境的责任"。很明显，这一原则也不适用于工业事故跨界影响。因为必须把"生产活动"与"工业事故"区分开，"生产活动"包括生产、使用、储存、操作或处理、运输等过程。而"工业事故"的发生不是生产活动的组成部分。国家承担"保证其管辖或控制范围内的活动，不致损害其他国家或国家管辖范围以外地区的环境"义务，这种意义上的活动是指该国正常的生产活动，而不包括国家也不愿发生的意外事故。这一点使工业事故造成的跨界影响与1941年特雷尔冶炼厂案和核试验案有了本质差别：在特雷尔冶炼厂案中，提炼矿物质时排放含硫烟雾的活动就是其生产活动的一部分；在核试验案中，法国在波利尼亚上空进行大气层核试验造成放射性微粒回降，这种微粒回降也是空中核爆炸活动的组成部分。所以，特雷尔冶炼厂案和核试验案都是行为本身造成了跨界损害，无疑适用"尊重国家主权和不损害国外环境原则"，而"工业事故跨界影响"则完全不同，"事故"不同于"活动"。

2. 工业事故跨界影响与跨界损害责任

"跨界损害责任"是指国家为其管辖或控制下的活动造成国家管辖或控制范围以外地区的环境损害而承担的赔偿责任。该活动虽然造成损害性后果，但其本身并非国际法所禁止，因此也称为"国际法不加禁止行为所产生的损害性后果的国际责任"。所谓国际法"不加禁止"，包含两种情形：一是国际法文件规定对此种行为不加任何限制，即不加禁止而允许的；二是国际法文件对此种行为没有明文规定禁止也没有明文规定允许。这就意味着，只看行为与后果的关系，而不问其行为是否违反国际法的规定。这一责任制度的特点是：损害发生以后，并不以行为者的过失作为其承担责任的依据，只要行为者所实施的行为与损害结果间存在因果关系，就可判定其承担损害赔偿责任。

如同国内法的发展一样，国际法并不绝对禁止产生跨界损害，国家之间边境发展都可能对邻国产生某种程度上的不利影响。各国在本国境内进行各种合法活动时会相互影响，只要没有达到"重大"程度就认为是可以容忍的。也就是说，国际上对那些只造成间接或轻微损害或影响的活动通常是可以容忍的。作为一种行为规范，国际法应在何种程度上禁止跨界损害，这就涉及损害标准的确立。此外，环境破坏所造成的损害影响往往又有一个逐渐累积的过程，所以就此来看，从环境保护角度考虑，当损害影响可估量时，就应当受到法律的限制。也就是说，并不是对所有的跨界损害都一概而论，都必须承担损害赔偿责任。正如国际法委员会所认为：……限制这些条款之范围的最有效的方法是规定这些活动须产生跨界实际后果，并产生严重损害。[1]

工业事故之"跨界影响"指的是工业事故导致在另一国家管辖范围内或在事故发生地国管辖或控制范围以外地区造成的严重影响。而所谓"影响"则指工业事故所造成的直接或间接、即刻或滞后的不利影响。"跨界损害"指国家管辖或控制下的活动造成国家管辖或控制范围以外地区的环境损害，具有行为的有形后果所造成的损害的重大性以及其后果是物质的、数量的或是有形的等特征。[2]可见，工业事故跨界影响与跨界损害具有完全不同的特征。此外，工业事故是工业生产活动过程中发生的事故而非行为者所实施的行为。所以，工业事故所导致的跨界影响也不是国家管辖或控制下的活动所造成的跨界损害。因此，工业事故跨界影响也无法适用"跨界损害责任制度"。当然，工业事故跨界影响就更不适用在外层空间探索活动与核能利用上所采取的绝对责任。[3]

（四）跨界影响补偿责任

工业事故给人类及其赖以生存的环境带来了重大的跨界影响，严重阻碍了人类经济社会的发展。在认识到工业事故跨界影响所带来的危害的同时，人们也逐渐意识到有效预防工业事故对人类和环境的负面影响之重要性和紧迫性。虽然，突发性工业事故跨界影响乃是一个在传统国家责任制度和跨界损害国家责任制度以外有待于我们研究填补的新领域，依赖于国际法的进一步发展和国际社会的进一步合作，但这并不意味着工业事故跨界影响就可以被漠视。需要明确：法的目的是防止、减少和消除侵害，是保障公平和正义。国际环境法亦然。建立健全跨界影响补偿责任制度，以保证受害者的损害能

---

〔1〕 参见联合国大会第51届会议补编第10号（A/51/10）《国际法委员会第48届会议工作报告》，第208页。

〔2〕 林灿铃：《国际法上的跨界损害之国家责任》，华文出版社2000年版，第46~53页。

〔3〕 参见《空间实体造成损失的国际责任公约》第2条和《关于核损害民事责任的维也纳公约》第2条。

够得到切实公平有效的救济。

权利不是绝对的。从传统国家责任到跨界损害责任，再到跨界影响补偿责任，这充分体现了国际环境法的不断完善与发展。

三十九、国际空气传播污染案

基本案情

A 国利用煤粉发电厂生产电力。通过这种方式，煤被碾成粉末，通过燃炉散播到空气中。作为一种粉末，煤表层广，且易于燃烧。煤粉产生的热量可产生一种超热量的蒸汽，从而驱动汽轮机并发电。世界上大多数煤粉发电厂都是采用煤粉燃烧的方式发电的。因为煤包括氮气、硫磺及其他元素。煤的燃烧能产生一些污染物，如硫磺和氧化氮。B 国是与 A 国接壤的一个小国。B 国是一个非常不发达的国家，大部分电力都靠 A 国提供。根据 A 国和 B 国达成的长期双边协议，A 国以优惠价格向 B 国提供电力。协议中包含了争端解决条款，根据该条款，任何一方都可向国际法院提起诉讼。

D 国是距 A 国几千公里的高度发达的工业国家。D 国的发电厂的电力原材料大部分都采用的是进口油。D 国有很多湖泊和小溪，是其居民和世界各国旅游者娱乐之地。

2004 年，专家在 D 国作了一次广泛调查后认为，A 国的煤粉发电厂排放出来的汞通过气流不仅污染了 A 国国内的空气、湖泊和溪流，也污染了 B 国和 D 国的空气、湖泊和溪流，使得湖里的鱼不能安全食用。

另一个问题就是臭氧问题。臭氧是一种无色的气体，吸入人体后会烧伤肺，加剧心脏病。当可燃性矿物燃烧后排出的气体与油漆、溶剂，甚至是指甲油的蒸汽混合后，在太阳照射下形成臭氧。臭氧是烟雾的主要成分。

尽管一国的空气污染会造成其他国家尤其是几千英里以外的国家的空气污染这一观念已经受到质疑，但是用于监测漂浮与海洋上的污染物的最新空中和地面探测结果以及卫星搜集的最新证据证明了含有污染物的云层可从一个洲漂移到另一个洲。

D 国最近采取了非常昂贵的措施使得空气变得更加安全，水质变得清洁。

但是，A国的煤粉发电厂削减了D国这一系列措施的效果。如果A国关闭了这些煤粉发电厂，它的经济增长速度将受到严重影响。另外，它也无法继续向B国供应电力。B国也将不得不支付昂贵费用用以购买电力。B国告知A国如果A国关闭这些煤粉发电厂，B国将要求A国支付电费的差价。

D国无法劝服A国关闭这些煤粉发电厂，也无法继续支付净化空气的费用，遂将该案件起诉到国际法院。D国要求法院：

（1）A国必须关闭它的煤粉发电厂；

（2）A国必须向D国赔偿净化空气的费用。

B国害怕D国的诉讼会引起A国关闭其煤粉发电厂，也向国际法院提起对A国的诉讼。B国称，如果A国关闭发电厂，即违反了A国和B国达成的协议，A国应向B国赔偿从其他渠道购买电力需支付的差价。

A国辩称，国际法院没有命令它关闭煤粉发电厂的管辖权，否认它对D国负有义务，也否认因为国际法院的裁定或严重的环境问题而被迫关闭其煤粉发电厂，而对B国承担赔偿责任。

问题提炼

各方都同意根据《国际法院规约》第36条第（2）款的规定，国际法院对该案件享有管辖权。国际法院将就下列事宜进行讨论：

（1）国际法院是否享有命令A国关闭煤粉发电厂的管辖权？

（2）A国是否应向D国支付净化空气的部分费用？

（3）如果A国因为国际法院的裁定或因为严重的环境问题而关闭其煤粉发电厂，A国是否应对B国承担赔偿责任？

相关知识点

（一）何谓"跨界大气污染"？如何理解"跨界大气污染损害责任"？

大气污染通常是指由于人类活动或自然过程引起某些物质进入大气中，呈现出足够的浓度，达到足够的时间，并因此危害了人体的舒适、健康和福利或环境的现象。1979年《远距离跨界大气污染公约》对"大气污染"作了明确定义，即指直接或间接的、人为因素导致的物质或能量进入大气中造成的诸如危害人类健康，破坏生活资源、生态系统、物质财富，影响或不利于舒适、合理利用环境等不利影响。所谓跨界大气污染，是指在大气污染起源国的国际法不加禁止的行为或活动将有害的物质或能量直接或间接地排入大气跨越其领土界线、管辖界线、控制界线的对另一个国家的领土内或其管辖或控制下的其他地方或者"全球公域"的人类健康、生物资源和生态系统、物质财产等造成损害或产生减损或妨碍环境优美以及环境的其他正当用途等的有害影响。由此可见，造成跨界大气污染的原因是一国领土内或管辖、控制下的国际法不加禁止的行为或活动造成的，不包括工业事故造成的大气污染跨界影响，也不包括如地震、火山爆发等自然原因引起的跨界大气污染。

虽然所有的跨界大气污染都会或大或小地产生跨界影响，但是环境本身有其自净化能力，所以，并不是所有的跨界大气污染都会导致跨界损害责任，只有产生重大跨界损害后果的跨界大气污染才导致被追究跨界损害责任。因为，跨界大气污染必须是人类的行为造成的，且其后果是物质的、数量的和有形的，行为的有形后果具有跨界性，所造成的损害是重大的。

（二）跨界大气污染损害的归责原则

法无禁止即自由。于当今人类社会的发展阶段而言，跨界损害后果的发生是在所难免的。跨界损害的后果由谁来承担，这就是归责；为什么由其承担，承担的依据就是归责原则。如果一个社会标榜是法治的，那么统领社会生活的就应当是具有实效的各种规则，而不是依赖某个人或者某群人的独裁来进行治理。跨界损害的归责原则主要解决的是，当跨界损害发生后为什么行为主体要予以赔偿的问题，其最终的目的在于确认责任的依据，其关键是要以法律规范的价值判断因素为出发点和落脚点，将受害方遭受了跨界损害的合法利益跟跨界损害的行为主体相关联，进而把受害方的损失转移给导致损害的行为主体来承担，实现对受害方遭受的损失的赔偿和弥补。可见，跨界损害责任的归责原则一方面确定了导致跨界损害的活动主体责任的根据和标准；另一方面又集中体现了法律的规范功能。

1. 利益均衡原则

在跨界损害责任中，利益均衡作为一项原则为不同主体提供了一种正当性方法论，是协调利益冲突的基础性原则。"法律是被用来调和相互冲突的自由或被用来使自由的价值同社会秩序相抵触的目的达成均衡。"[1]利益均衡原

---

〔1〕〔美〕E. 博登海默：《法理学：法律哲学与法律方法》，邓正来译，中国政法大学出版社1999年版，第284页。

则的存在弥补了规则制定中存在的形式逻辑的缺陷，使得不同的社会利益可以归于平衡与协调。在跨界损害责任之中，引起损害后果的国际法不加禁止的行为，行为主体所从事的活动不存在违法性，但是其活动却引起了损害后果。在这种情形下，行为主体从其活动中获得了利益，受害者没有任何过错受到了损害，但是却不能从违法性来追究行为主体的责任，为了使二者之间的利益达到一定的调和，利益均衡原则就具有了极其重大的意义。首先，利益均衡原则可以填补法律规定留下的不足之处。随着社会的发展和科学与技术的进步，在国际社会强势群体之间不仅形成了稳固的利益同盟关系，而且可以凭借这种同盟主导制定对自己一方更为有利的规则，而那些处于相对弱势地位的主体由于失去了话语权只能被动接受这种不公平的待遇。所以利益均衡原则在调整利益格局、促进良好国际秩序方面，起到了向弱势方倾斜和建立公平有效的利益表达和利益平衡机制的作用。其次，利益均衡原则有助于在跨界损害责任领域对过于明显的形式正义或表面上的正义进行修正，真正地实现实质正义。正当的和公平的程序在法律体系中占有比较核心的地位，这种程序作为法院信用的来源之一，其最主要的功能就是要实现公平，当规则在正当的程序中得到科学的运用后自然而然地就会产生和形成实质正义的结果。[1]但是只要实现了表面上的程序正义就一定会达到实质上的正义吗？当然不是。因为如果只是为了走完程序而僵化不知变通，这样的程序正义就是虚伪的和形式上的，在这样的程序下得出的涉及权利要求的结果必定不符合实质正义的要求。最后，利益均衡原则能够防止法律规则适用的僵化，更好地实现解决争端的目的。利益均衡原则能够对不同主体的利益进行全面评估、分析，进而形成价值判断，在这个过程中还可以对滞后的规则通过解释来加以完善，从而达到法律效果与社会效果的有机统一。

2. 风险与收益协调原则

"基于主权，国家可以不顾对他国（人）的影响而为所欲为。"这种观点实在是愚不可及。国际法要求各国在行使主权时必须接受一个基本的原则，即"使用自己的财产不得损及他人"。其基本含义就是指一个国家在合法行使自己的主权尤其是领土主权时，不能损害他国的主权及其利益和国际社会的

---

〔1〕〔美〕诺内特·塞尔兹克：《转变中的法律与社会》，张志铭译，中国政法大学出版社 1994 版，第 74 页。

整体利益。[1]在确定跨界损害责任归属问题时，应特别注意国家在主权范围的自由活动权利和不给他国造成重大损害之间保持合理的平衡，并应强调不致损害国家主权和领土完整的国际法基本原则。这一原则在国际司法实践中得到了应用和强调。在联合国国际法委员会关于"国家责任"的讨论及其意见中，"使用自己的财产不得损及他人"的原则得到了广泛的承认，并成为对国家责任进行分析研究和编纂的基础。在众多国际条约及其他国际法律文件中，"使用自己的财产不得损及他人"这一原则也得到了广泛的确立。因此，各国在其境内充分享有行动自由的同时，应当接受此原则，即保证其行为不致损害他国利益和国际社会的共同利益。

法律是人类公平诉求的载体。公平在法律上的重要表现之一就是合理配置收益与责任，通过合理地分配权利和义务构建一种较为理想的社会秩序。从公平的角度而言，法律应当对高收益者、高风险的制造者设定相对应的法律责任。根据最朴实的公平观，风险、收益与责任应当成正比。但长期以来，法律制度的设计理念不能仅仅强调在自由和安全之间寻求平衡，而忘却了收益、风险和责任间的对应性。尤其在现代科学与技术新产品带来高风险和高收益的情况下，法律提供了创新的自由，倘若没有为了社会的安全规定风险制造者们所应当承担的责任，这种偏离公平的制度理念不仅会放任和扩大市场风险的行为，而且会给整个人类社会带来不可挽救的灾难。博登海默指出："一个法律制度若不能满足正义的要求，那么从长远的角度来看，它就无力为政治实体提供秩序与和平。"缺乏收益与责任相对应的法律责任的制度，不可能很好地防范和控制风险。因此，确立收益、风险与责任对称的理念并使之贯穿到法律责任制度的设计、结构模式和追究制度中就显得尤为重要。

3. 公平正义原则

公平和正义作为法的基本价值属性，长期以来是人类社会共同追求的目标。"公平"是形容处理事情合情合理，不偏袒任何一方；"正义"则被解释为公正的、有利于人民的。公平正义原则的基本含义是社会中各种收益和风险、权利和责任应该得到公正地分配，犹如"天平的平衡"。

---

[1] 所谓"国际社会"即指"所有的国家或全人类"；所谓"整体利益"，并非指各国兼有之利益，而是特指不能够将其分配给哪一个特定国家的，是各国之间不可分的"集体的利益"。参见林灿铃：《荆斋论法——全球法治之我见》，学苑出版社 2011 年版，第 13 页。

公平与法律的紧密关系一般是我们在对公平这一概念进行考量时会最先思索的问题。[1]实际上法就是善良和公正的艺术，实质的公平就是所有法律的灵魂所在，也是法律所不懈追求的精神旨意。[2]在跨界损害责任中强调公平正义原则，实质上就是要实现行为主体和受害者利益的合理分配，以合理实现对受害者所遭受的损害的赔偿。国际法的主体在拥有从事国际法不加禁止行为的权利的同时，也承担着不对其他主体造成损害的义务，以及一旦发生损害性后果时应当承担国际责任，这就是公平正义原则。公平正义原则作为跨界损害的归责原则，其重大意义就在于践行这一法律精神，其基本要求就是不歧视、程序公平与结果公平。

4. 损失分担原则

损失分担原则是指遵循特定的法律基础和责任序位对跨界损害受害者的损失进行分担的原则。有分担就说明不只存在一个责任承担主体，跨界损害责任中的损失分担强调的是把危险活动的实施者作为责任的主要承担者，其次再让有关的获益主体对损失进行分担。进行损失分担的最主要的目的就是为了维护受害者的合法利益。跨界损害损失分担属于国际法律责任制度新的发展领域。它是国际法委员会在国家责任的项目下逐渐延伸出来的一个新的议题。它虽然涉及有关主体的民事责任或赔偿义务，但它并不是国家责任的私法化，而是从受益者分担损失、起源国履行国际义务的本源基础的角度讨论这个问题。这不仅从程序上有利于实现对受害者及时和充分的赔偿，从实体上也有利于实现国内法和国际法两个层面上的公平和正义。损失分担机制是在国际社会越来越关注跨界损害之受害者包括环境权在内的基本人权的过程中逐步建立起来的。跨界损害之损失分担原则的导入标志着新的公平正义理念的出现和普遍认同。这种新的公平正义理念，就是不仅要实现利益分配的正义，也要实现损失分担的正义。

解析

（一）国际法院是否享有命令 A 国关闭煤粉发电厂的管辖权？

从事件看，我们首先应该强调的是国家拥有按照其本国的环境与发展政

---

[1] [英] 亨利·西季威克：《伦理学史纲》，熊敏译，江苏人民出版社 2008 年版，第 56 页。

[2] [美] 金勇义：《中国与西方的法律观念》，陈国平等译，辽宁人民出版社 1989 年版，第 74 页。

策开发本国自然资源的主权权利，要认识到其经济特别依赖于矿物燃料的生产使用的国家特别是发展中国家由于为了限制因矿物燃料的燃烧导致的空气污染而采取行动所面临的特殊困难，考虑到发展中国家实现持续经济增长和消除贫困的正当的优先需要，所以应当以统筹兼顾的方式把应付大气污染的行动与社会和经济发展协调起来，以免后者受到重大不利影响。但不得不强调的是这种开发本国自然资源的主权权利并非绝对，在国际法领域中必须既有发展又有环境保护，二者都不能被忽视。一直以来，人类由于经济等原因不断地干扰自然，过去在从事这种干扰时不考虑对环境的影响，但现在由于新的科学知识和不断深化的认识。在过去30多年的时间里，很多文件制定了新的规范和标准。不仅在考虑新的可能给环境造成损害的活动时，而且在继续从事已经开始的活动时，各国都应当考虑相关的国际环境规范和标准并给予足够重视。如果在其管辖范围内或在其控制下的活动导致损害了其他国家或在各国管辖范围以外地区的环境，产生了跨界损害，则该国要承担国际法上的责任。

所以，在本事件中，虽然国际法院不应简单地命令 A 国关闭发电厂，但并非意味着 A 国对 D 国不承担跨界损害责任。

（二）A 国是否应向 D 国支付净化空气的部分费用？

根据《联合国宪章》和国际法原则，各国拥有按照其本国的环境与发展政策开发本国自然资源的主权权利，并负有确保在其管辖范围内或在其控制下的活动不致损害其他国家或在各国管辖范围以外地区的环境的责任。在本事件中，A 国在本国境内利用煤粉发电厂生产电力，这种行为本身从实体上分析并没有违反国际法，即 A 国承担的并非传统的基于不法行为的国家责任。该行为的性质是国际法上不加禁止的行为，正由于这一行为污染了 D 国的空气、湖泊和溪流，使得湖里的鱼不能安全食用，给 D 国造成了有形的重大的环境损害的事实，所以 A 国应承担跨界损害责任，应承担赔偿责任。此外，国际法上的损害，不仅包括对人、财产和环境的损害，还包括为遏制或尽量减少跨界损害性影响而采取的防范治理措施的费用。此外，根据控制二氧化硫排放的相关国际环境公约，要求缔约方努力限制和最大限度地逐步减少和防止空气污染，包括远距离跨界污染。并且应通过信息交流、磋商、研究和监测等手段制定控制空气污染物质排放的政策和战略。所以缔约国有义务制定包括空气质量管理制度，与平衡发展协调一致的控制措施，和应用经济上

可行的最佳政策和战略。在此尤为重要的是缔约方的国际合作义务。具体包括研究开发、信息交流、监测和评价等领域内的国际合作。对于穿越国家边界的二氧化硫在时段和距离上的流量数据，以及可能引起远距离跨界大气污染的国家政策和一般工业发展的重大变化和潜在影响等都应与可能受不利影响国交流信息。在本事件中，由于A国的煤粉发电厂阻碍了D国的净化空气和水质的一系列措施的效果，且A国对于本国领土内实施的可能造成严重污染的火力发电行为，没有与可能受影响国家进行信息交流和磋商，在程序上违反其应承担的国际义务，所以应承担部分净化空气的费用。

（三）如果A国因为国际法院的裁定或因为严重的环境问题而关闭其煤粉发电厂，A国是否应对B国承担赔偿责任？

在A国因为国际法院的裁定而关闭其煤粉发电厂的情况下，A国不应对B国承担赔偿责任。因为A国同意根据《国际法院规约》第36条第（2）款的规定，国际法院对该案件享有管辖权。那么A国就有执行国际法院生效判决裁定的义务。由于执行该判决而导致的与B国签订的条约嗣后履行不可能，因此，其与B国原先签订的条约即终止。所以，其无需为B国承担赔偿责任。

而在由于严重环境问题而关闭发电厂的情况下，由于不存在国际法上有关国家责任的免责事由，则A国应当承担违约责任，赔偿给B国造成的损害。根据国际法一般法律原则，损害赔偿包括发生的损害和失去的利益。因此，A国应对B国承担赔偿责任。

四十、圣胡安河沿线修建公路案

基本案情

圣胡安河流经哥斯达黎加、尼加拉瓜两国边界地区，自 19 世纪以来，两国围绕该河流的航行权一直存在纠纷。两国曾在 1858 年签署边界条约，规定这条河除靠近哥斯达黎加岸边的部分，其余全部属于尼加拉瓜。2005 年，哥斯达黎加将尼加拉瓜告上国际法院，指称尼加拉瓜对该国根据条约规定的航行权施加了不公正的限制。国际法院于 2009 年 7 月作出裁决，哥斯达黎加船在圣胡安上享有航行的权利，尼加拉瓜则有权管制航行。2010 年，哥斯达黎加政府指责尼加拉瓜军事占领了位于圣胡安河上的卡莱罗岛，尼加拉瓜则表示卡莱罗岛是属于尼加拉瓜的领土，两国关系由此骤然紧张。2010 年 11 月 18 日，哥斯达黎加向国际法院提起诉讼，称邻国尼加拉瓜的"军队入侵、占领和使用哥斯达黎加领土"（"尼加拉瓜在边界地区进行的某些活动案"）。[1]

次年 12 月 22 日，尼加拉瓜也向国际法院递交请求书（也就是本案），控告哥斯达黎加采取单方面行动，在两国边界、紧靠圣胡安河南岸修建一条长达至少 120 公里的 1856 号新公路，称此举"侵犯尼加拉瓜主权，对其领土造成重大环境损害"。尼加拉瓜在其请求书中，除其他外，诉称"哥斯达黎加的单方面行动恐会摧毁尼加拉瓜圣胡安河及其脆弱的生态系统，包括依靠尼加拉瓜河不间断的清洁水流才能存续的相邻生态保护区和受国际保护的湿地"。尼加拉瓜认为，120 公里新公路的"这些工程已经并将继续导致尼加拉瓜严重的经济损害"。[2]

---

〔1〕 "国际法院判决尼加拉瓜就其在与哥斯达黎加争议领土上进行的不法活动进行赔偿"，载 https://news.un.org/zh/story/2015/12/248682，2019 年 6 月 6 日访问。

〔2〕 *General Assembly Official Records Seventy-first Session Supplement No.*4，Report of the International Court of Justice，1 August 2015-31 July 2016，para. 129.

国际法院于 2013 年 4 月 17 日发出两项命令，将哥斯达黎加诉尼加拉瓜的"尼加拉瓜在边界地区进行的某些活动案"与本案的程序进行合并审理。

诉讼请求

尼加拉瓜要求法院判决并宣布哥斯达黎加："（a）违反了其不得侵犯尼加拉瓜领土完整的义务；（b）违反了不得损害尼加拉瓜领土的义务；（c）违反了一般国际法以及包括《关于特别是作为水禽栖息地的国际重要湿地公约》（以下简称《湿地公约》）《尼加拉瓜与哥斯达黎加边界保护区协定》（《国际和平保护区制度［SI-A-PAZ］协定》）、《生物多样性公约》和《中美洲生物多样性养护和主要野生生物区保护公约》在内的相关环境条约规定的义务。"

此外，尼加拉瓜请求国际法院裁定并宣告，哥斯达黎加应："（a）将局势恢复原状；（b）对造成的全部损害支付赔偿金，包括支付为疏浚圣胡安河而增加的费用；（c）如未进行适当的跨边界环境影响评价且将评价结果及时提供给尼加拉瓜分析和做出反应，不得在该地区进行进一步开发。"

最后，尼加拉瓜请求法院裁定并宣告，哥斯达黎加应："（a）停止影响或可能影响尼加拉瓜权利的所有正在进行的施工；（b）编制并向尼加拉瓜提供一份适当的环境影响评价报告，列明各项工程的全部细节。"

判决

国际法院于 2015 年 12 月 16 日作出合并案件的判决。其中关于本案，一致通过，哥斯达黎加违反了一般国际法规定的义务，没有就修建 1856 号公路进行环境影响评价；以 13 票对 3 票，驳回当事双方提交的所有其他诉求。

问题提炼

1. 如何理解跨界环境影响评价制度的发展？
2. 启动环境影响评价的"门槛"标准是什么？
3. 本案中违反环境影响评价义务的法律后果是什么？

解析

（一）跨界环境影响评价制度的发展

与本案合并审理的"尼加拉瓜在边界地区进行的某些活动案"中，国际法院回顾乌拉圭河纸浆厂案（阿根廷诉乌拉圭）的结论，即"当拟议的工业活动存在风险，可能在跨界背景下产生重大不利影响，特别是在共享资源上时，进行环境影响评价可能被视为一般国际法的要求"，国际法院解释称，尽管声明中提到工业活动，但基本原则普遍适用于可能在跨界背景下产生重大不利影响的拟议活动。因此，为了履行其在防止重大跨界环境损害方面进行适当尽职的义务，一国必须在开展可能对另一国的环境产生不利影响的活动之前，确定是否存在重大跨界损害的风险，这就会触发进行环境影响评价的要求。本案中国际法院得出结论认为，哥斯达黎加没有遵守一般国际法规定的有关道路建设的环境影响评价的义务。[1]

国际法院已将环境影响评价认定为一般国际法。严格意义上，一般国际法与国际习惯是有区别的。习惯国际法是《国际法院规约》第 38 条第 1 款规定的国际法渊源之一，它指的是法律的一种存在形式，即以不成文的方式存在的国际法规则。而一般国际法指的是某一国际法规则的有效性范围，即，它对所有成员有效，而不是只针对一部分成员有效。这两个概念位于不同的层面之上，指向不同的对象。[2]

随着自然环境遭到破坏以及环境污染问题日益严重，各国先后认识到仅仅依靠治理污染物等事后对策已经无法根本解决环境污染问题，所以在各领域开发项目的推进阶段应预先考虑环境因素，以便预防环境生态的恶化并实现可持续发展，环境影响评价制度就是实现这一目标的法律手段。环境影响评价作为具体体现预防环境污染原则的法律制度，包括我国在内的世界多数国家，作为环境保护的主要制度均已在国内立法。这种环评制度起源于美国国会

---

〔1〕 *Certain Activities Carried Out by Nicaragua in the Border Area*（*Costa Rica v. Nicaragua*）*and Construction of a Road in Costa Rica along the San Juan River*（*Nicaragua v. Costa Rica*）, Judgment, I. C. J. Reports 2015, para. 162.

〔2〕 ONUMA Yasuaki, *A Transcivilizational Perspective on International Law*, Dordrecht: Martinus Nijhoff Publishers, 2010, p. 212.

于 1969 年通过并于 1970 年 1 月 1 日生效的《国家环境政策法》（NEPA），[1]一般来讲，"环评"是指对决策或项目实施后可能造成的环境影响进行分析、论证、预测和评价，提出预防或减轻损害环境影响的对策和措施，并进行跟踪监测的方法和制度。环评制度如果切实有效地得到实施，可避免"先污染后治理"的怪圈并实现可持续发展，因而被誉为 20 世纪环保法领域最成功的创新。

各国通过国家法律、行政措施及国家政策来保证环境影响评价的开展活动的同时，通过国际合作促进了跨界环境影响评价的发展。1991 年，《关于跨界背景下环境影响评价的埃斯波公约》（以下简称《埃斯波公约》）由欧洲经济委员会的 41 个成员国在芬兰签订，该公约于 1997 年正式生效，是第一个以环境影响评价为主要内容的国际公约。尽管《埃斯波公约》是联合国欧洲经济委员会的产物，但是经 2001 年修订以后，开始允许其他非欧洲经济委员会成员国的联合国成员加入，当前《埃斯波公约》共有 44 个缔约国。该公约的缔约国还认识到在制订、通过规划与计划的过程中以及在制订、通过政策与法律过程中的适当范围内考虑包括健康在内的环境问题的重要性，于 2003 年 5 月 21 日签订了《〈跨界环境影响评价公约〉战略环境评价议定书》。但是，这种战略环境影响评价制度在世界各国的国内立法中还未被普遍采用。

《埃斯波公约》属于专门的跨界环评公约，但是缔约国绝大多数为欧洲国家，还不具有普遍性的国际公约性质。与此同时，世界上绝大多数国家加入的普遍性公约，例如《联合国海洋法公约》（第 206 条）、《联合国气候变化框架公约》[第 4 条第 1 款（f）项]、《生物多样性公约》[第 14 条第 1 款（a）项] 等均规定了环境影响评价的相关条款。这些公约通过实际履行以及国际法院等国际司法机构（包括准司法机构）在具体跨界环境污染争端案件中对当事国环境影响评价义务的认定，跨界环境影响评价制度逐步发展为如本案判决所指出的"一般国际法"。而这一制度的具体内容、程序在《埃斯波公约》的示范作用及跨界实践中越来越明确并法制化。

（二）启动环境影响评价的"门槛"标准

本案中国际法院回顾，一个国家有义务在防止重大跨界损害方面承担适当尽职义务，这就要求该国在从事可能对另一个国家的环境产生不利影响的活动之前，确定是否存在重大跨界损害的风险。如果是这种情况，有关国家

---

[1] 参见美国《国家环境政策法》第 102 条（2）（C）。

必须进行环境影响评价，而此义务由从事该活动的国家承担。本案中，评价是否存在重大跨界损害风险的义务落在哥斯达黎加而不是尼加拉瓜身上，评价应建立在对所有相关情况的客观评价上，且应在公路建造之前进行。对此，哥斯达黎加主张，在作出修建公路的决定时，哥斯达黎加已经对公路项目所造成的危险进行了初步评价。这意味着哥斯达黎加并不否认该国承担的义务，只是国际法院认为，哥斯达黎加没有提出任何证据表明它实际上进行了这样的初步评价。

本案中启动环境影响评价的门槛的抽象标准是"该道路的建设是否会引起重大跨界损害的危险"，判断此标准时，国际法院将考虑到该项目的性质、规模以及开展该项目的背景。国际法院认定，道路工程的规模是巨大的，并且考虑到圣胡安河沿岸的道路的规划位置以及该河流域所处的地理条件（特别是因为它将通过哥斯达黎加境内的一个具有国际重要意义的湿地，并靠近位于尼加拉瓜境内的另一个受保护的湿地）。国际法院认为，哥斯达黎加修建公路造成了重大跨界损害的危险。因此，满足了对该道路建设项目进行环境影响评价义务的门槛（threshold）标准。

《埃斯波公约》对启动环境影响评价的"门槛"标准作了具体的规定。《埃斯波公约》附件一专门列举了需要启动环境影响评价的 17 项活动清单，其中第 7 项活动就包括"高速公路"的建设，而且附件一对"高速公路"作了进一步的界定。同时，《埃斯波公约》附件三规定了"用于确定附件一未列举活动环境影响显著性的一般准则"。[1] 这些"活动清单"以及确定门槛标准的"一般准则"虽然对非《埃斯波公约》的当事国无法律拘束力，但在具体实践中判断启动环境影响评价的"门槛"标准具有重要的参考价值。

---

〔1〕《埃斯波公约》附件三"用于确定附件一未列举活动环境影响显著性的一般准则"规定："1. 在考虑第二条第 5 段适用的拟议活动时，有关方可以考虑活动是否可能产生显著的不利跨界环境影响，尤其是利用下面所述的一条或者多条准则进行判断：（a）规模：对于活动的类型来说为大规模的拟议活动。（b）地点：位于或靠近特殊的环境敏感区或重要环境区（例如根据《拉姆萨尔湿地公约》划定的湿地、国家公园、自然保护区、具有特殊科学价值的遗迹或者具有重要的考古、文化和历史价值的遗迹）的拟议活动；此外还有的拟议活动所处的地方会由于拟议开发活动的特点而可能对人口产生显著的影响。（c）影响：具有特别复杂和潜在不利影响的拟议活动，包括那些对人类或对有价值的物种或生物产生严重影响的活动，威胁对受影响地区现有和潜在利用的活动，以及造成环境承载力不能维持的额外负担的活动。2. 有关方应为此考虑位于国际边界附近的拟议活动，以及离国际边界比较远但会造成传播较远的显著跨界影响的拟议活动。"

在本案中，国际法院还审理了哥斯达黎加是否因其紧急情况而免除其评价公路项目对环境影响的义务的问题。首先，法院回顾其观点"每个国家都应在其国内立法或项目的授权过程中考虑各种影响因素来确定每种情况中所需的环境影响评价的具体内容"。[1]国际法院认为，对国内法的涉及并不影响是否应进行环境影响评价的问题。因此，根据哥斯达黎加法律可能有紧急豁免的事实并不影响哥斯达黎加根据国际法履行环境影响评价的义务。第二，不论紧急情况是否可以免除一国根据国际法进行环境影响评价的义务，或在紧急情况停止后才履行这一义务，国际法院认为，在本案的情况下，哥斯达黎加没有表明存在着不进行环境影响评价就能修建这条公路的紧急情况。鉴于这一结论，国际法院无需决定是否有紧急情况豁免在存在重大跨界损害危险的情况下进行环境影响评价的义务。[2]

（三）违反环境影响评价义务的法律后果

本案中，国际法院判决哥斯达黎加违反了一般国际法规定的义务，没有就修建1856号公路开展环境影响评价。同时国际法院驳回了停止影响或可能影响尼加拉瓜权利的所有正在进行的施工、恢复原状、对造成的全部损害支付赔偿金等其他诉求。

在是否违反实质性义务的方面，尼加拉瓜主张哥斯达黎加违反了不对尼加拉瓜造成重大跨界损害的义务；违反了《湿地公约》《尼加拉瓜与哥斯达黎加边境保护区协定》《生物多样性公约》等条约义务以及违反了尊重尼加拉瓜的领土完整和对圣胡安河主权的义务。国际法院经审理全部驳回了尼加拉瓜的主张，即哥斯达黎加没有违反实质性义务。国际法院在判决书中记录到："根据哥斯达黎加基于尼加拉瓜专家提供的数据上所作的计算，由于修建道路，河流中的沉积物最多占河流总负荷的2%，尼加拉瓜专家对此没有提出异议。"[3]这个双方当事国均认可的"由于修建道路，河流中的沉积物最多占河

〔1〕 *Pulp Mills on the River Uruguay（Argentina v. Uruguay）*，Judgment，I. C. J. Reports 2010（I），p. 83，para. 205.

〔2〕 *Certain Activities Carried Out by Nicaragua in the Border Area（Costa Rica v. Nicaragua）and Construction of a Road in Costa Rica along the San Juan River（Nicaragua v. Costa Rica）*，Judgment，I. C. J. Reports 2015，pp. 56~60，paras. 146~162.

〔3〕 *Certain Activities Carried Out by Nicaragua in the Border Area（Costa Rica v. Nicaragua）and Construction of a Road in Costa Rica along the San Juan River（Nicaragua v. Costa Rica）*，Judgment，I. C. J. Reports 2015，p. 68，para. 186.

流总负荷的 2%" 数据非常关键，判决书中共提及 7 次。由于国际法院认定哥斯达黎加没有违反实质性义务，自然不产生违反此义务的法律后果。

在是否违反程序性义务的方面，国际法院认定，哥斯达黎加没有履行其评价修建公路对环境的影响的义务。根据前述《国家责任条款草案》，其法律后果首先包括继续履行的责任。所以，国际法院裁定哥斯达黎加仍有义务为公路或毗邻圣胡安河地区的任何进一步工程编写一份适当的环境影响评价报告，如果这些工程有重大跨界损害的危险的话。在赔偿问题上，国际法院宣布哥斯达黎加违反其进行环境影响评价的义务是抵偿（satisfaction）尼加拉瓜的适当措施。[1]《国家责任条款草案》第 37 条规定："1. 一国际不法行为的责任国有义务抵偿该行为造成的损失，如果这种损失不能以恢复原状或补偿的方式得到赔偿；2. 抵偿可采取承认不法行为、表示遗憾、正式道歉或另一种合适的方式。"对一国所受精神或非物质损害案件提供的最常见抵偿方式之一，是由主管法院或法庭宣布该行为违法。国际法院在科孚海峡案中确认宣布性救济作为抵偿的一种方式在一国的非物质损害案中是有用的。[2]但是，《国家责任条款草案》第 37 条第 2 款之所以没有将司法宣布列入，只是因为这一宣布必须出自对争端具有管辖权的主管第三方，而条款无意具体述及第三方或涉足司法管辖权问题而已。

---

〔1〕 *Certain Activities Carried Out by Nicaragua in the Border Area（Costa Rica v. Nicaragua）and Construction of a Road in Costa Rica along the San Juan River（Nicaragua v. Costa Rica）*, Judgment, I. C. J. Reports 2015, pp. 77~79, paras. 224~228.

〔2〕 The International Law Commission：*Draft articles on Responsibility of States for Internationally Wrongful Acts, with commentaries*, 2001, p. 106.

四十一、死藤案

基本案情

死藤是指根植于南美洲亚马孙河流域的南美卡披木（Banisteriopsis caapi）的藤蔓。亚马孙河流域的土著居民部落萨满（Shaman）世世代代将死藤的藤茎皮加工成饮品，在宗教和治疗仪式中用于与灵魂沟通、预见未来和治疗疾病。

1984 年 11 月 7 日，美国企业家罗兰·米勒（Loren S Miller）在亚马孙河流域的花园中采集了死藤，将其命名为 Da Vine。[1]米勒在分析其药效后，将 Da Vine 向美国专利商标局（USPTO）申请植物专利，美国专利商标局于 1986 年 6 月 17 日授予其该植物专利。[2]在该专利书的摘要中，Da Vine 被描述为一种"新颖而独特的"南美卡披术植物，原因是其花瓣呈现的玫瑰色具有随着时间的推移褪色为接近白色的特征（一般南美卡披术的花瓣为淡粉色并随着时间的推移逐渐变为淡黄色[3]）并具备药用效能。[4]

1999 年 3 月 30 日，公益环保组织国际环境法中心（CIEL）代表亚马孙河流域土著组织协调机构（COICA）和亚马逊人与环境联盟（Amazon Coalition）向美国专利商标局递交了撤销 Da Vine 相关植物专利的申请书。[5]

---

[1]　USPTO Appl. No. 669, 745.

[2]　USPTO Patent No. Plant 5, 751.

[3]　Id. P. 4, Chart (pale pink becoming pale yellow with age).

[4]　Id. ABSTRACT (A new and distinct Banisteriopsis caapi plant named "Da Vine" which is particularly characterized by the rose color of its flower pertals which fade with age to near white, and its medicinal properties).

[5]　Detailed Statement in Support of Request for Reexamination of U. S. Plant Patent No. 5, 751.

诉讼请求

1. 请求美国专利商标局认定 Da Vine 不具备专利新颖性。
2. 请求美国专利商标局认定 Da Vine 不具备专利非显而易见性。
3. 请求美国专利商标局撤销授予 Da Vine 的植物专利。

裁决

CIEL、COICA 和 Amazon Coalition 在向美国专利商标局申请撤销 Da Vine 植物专利的复审请求书中指出，在罗兰·米勒申请该专利时美国主要的植物学博物馆已经有可供公众查询的卡拔木植物标本簿，因此主张这些植物标本的物理学特征能够证明 Da Vine 不具有美国植物专利的新颖性和非显而易见性要件。1999 年 11 月 3 日，美国专利商标局作出初步裁决，认定应当撤销 Da Vine 植物专利。美国专利商标局认为米罗兰·勒申请植物专利的 Da Vine 与专利复审申请材料中的卡拔木植物标本簿并无显著区别。[1]

此后，罗兰·米勒数次向美国专利商标局提交答辩书，以证明 Da Vine 的可专利性。美国专利商标局于 2001 年 1 月 26 日决定终止复审程序并修正了初步裁决结果。理由是通过并排评估（side-by-side evaluation）发现美国植物学博物馆的卡拔木植物标本与 Da Vine 之间在树叶大小和形状方面存在显著区别。根据《美国法典》第 35 典第 161 条之规定，发明或发现并且无性繁殖任何显著且新颖的植物新品种（包括培育出的变种、突变种、杂种和新发现的幼苗，但不包括块茎繁殖植物或者发现于未经栽培环境下的植物）的人，可以依据本编所规定的条件和要求获得专利。因此，美国专利商标局最终肯定了 Da Vine 的可专利性。[2]

问题提炼

1. 何谓"生物剽窃"？
2. 如何界定"遗传资源"？

---

[1] Glenn Wiser. U. S. Patent and Trademark Office Reinstates Ayahuasca Patent Flawed Decision Declares Open Season on Resources of Indigenous Peoples. Center for International Environmental Law, 2001.

[2] USPTO. Notice of Intent to Issue Reexamination Certificate: Statement of Reasons for Patentability and/or Confirmation. Control No. 90/005, 307, Art Unit 1661, 2001.

3. 事先知情同意的国际环境法依据是什么？

4. 遗传资源惠益分享的国际环境法依据是什么？

5. 国际环境法是否保护土著居民权利？

解析

(一) 生物剽窃

生物剽窃 (bio-piracy) 作为国际环境法的规制对象，是由加拿大非营利性组织 ETC 集团于 1993 年针对与生物遗传资源相关的剽窃行为创造出的专业词汇。ETC 集团将生物剽窃定义为，对于农民和土著居民的遗传资源以及传统知识（通常通过专利或者其他知识产权），进行排他性独占支配的个人或者机关对该资源或者知识实施的独占行为。

死藤案是生物剽窃的典型案例。在死藤案中，企业家及科研工作者前往遗传资源蕴藏量丰富的亚马孙河流域土著社区获取遗传资源后，对其进行生物相关的发明，并利用遗传资源原产国土著居民以及当地社区世代传承下来的传统知识进行药品研发与专利申请。如果没有亚马孙河流域土著居民的传统知识，沉睡于亚马孙河流域的遗传资源就不会被发现并有效利用。因此，传统知识对于遗传资源的研究开发至关重要。分析死藤案可知，企业家借由对遗传资源以及传统知识的利用，产生了研究成果并以申请专利的途径取得知识产权的独占排他性权利，其最终目的是利用专利制度获取高额利润。而发展中国家及其土著居民却由于遗传资源和传统知识本身被排除在专利保护范围之外，基本上得不到任何利益。

(二) 遗传资源的界定

遗传资源 (Genetic Resources) 作为国际环境法上的概念，在《生物多样性公约》中被首次确立。[1]《生物多样性公约》主要包括遗传资源国家主权原则、事先知情同意原则和惠益分享原则。作为具有法律约束力的公约，《生物多样性公约》旨在保护濒临灭绝的动植物，最大限度地保护地球上的生物资源。

《生物多样性公约》第 2 条第 10 款将遗传资源定义为"具有实际或潜在

---

[1] Peter Johan Schei and Morten Walle Tvedt, 'Genetic Resource' in the CBD: the Wording, the Past, the Present and the Future, UNEP/CBD/WG-ABS/9/INF/1, 2010.

价值的遗传材料"。该条第 10 款规定，遗传材料是指"来自植物、动物、微生物或其他来源的任何含有遗传功能单位的材料"。在国际环境法学界，《生物多样性公约》关于遗传资源的上述定义被解释为"可以延展至所有微生物、植物和动物生命体形式，以及其他脱氧核糖核酸（DNA）和核糖核酸（RNA）"的组织结构。[1]《生物多样性公约》缔约方大会（COP）明确该公约规定的遗传资源不包括人类遗传资源。[2]此外，《生物多样性公约》关于遗传资源定义中的"实际或潜在价值"被解释为"包括自然界中的社会、经济、文化和精神价值"。[3]

《生物多样性公约》关于遗传资源概念的界定在国际环境外交会议以及相关国际环境法律文件中被广泛认可和补充。为与《生物多样性公约》相关规定保持一致，2001 年联合国粮农组织（FAO）大会通过的《粮食和农业植物遗传资源国际条约》（ITPGRFA）替代了该组织已制定施行 18 年的《植物遗传资源国际承诺》(IU)。《粮食和农业植物遗传资源国际条约》第 2 条将"粮食和农业植物资源"定义为"对粮食和农业具有实际或潜在价值的任何植物遗传材料"。《粮食和农业植物遗传资源国际条约》明确规定了农民权（Farmers' Right），承认农民在保护和持续利用生物多样性资源方面的贡献。农民权包括传统知识保护权、平等分享利益权和决策参与权，目的是保障农民在现代农业技术的发展和应用过程中的利益。该条约第 9 条第 1 款呼吁缔约方"承认世界各地区的当地社群和农民以及土著居民社群和农民，尤其是原产地中心和农作物多样性中心的农民，对构成全世界粮食和农业生产基础的植物遗传资源的保存和开发已经并将继续作出巨大贡献"。《粮食和农业植物遗传资源国际条约》未对于上述农民权的具体适用标准作出规定。该公约承认现行各缔约方国内立法存在不同的国家需求，但在其第 9 条第 2 款明确要求各缔约方应当采取措施保护和加强农民权，包括"保护与粮食和农业植物遗传资源有关的传统知识"。

---

〔1〕 Antony Taubman, Genetic Resources, Silke Von Lewinski ed. , Indigenous Heritage and Intellectual Property: Genetic Resources, Traditional Knowledge and Folklore, Kluwer Law International, 2008.

〔2〕 UNEP, Report of the Second Meeting of the Conference of the Parties to the Convention on Biological Diversity, UNEP/CBD/COP/2/19, 1995.

〔3〕 Paul Oldham, An Access and Benefit-Sharing Commons? The Role of Commons/Open Source Licenses in the International Regime on Access to Genetic Resources and Benefit Sharing, UNEP/CBD/WG-ABS/8/INF/3, 2009.

（三）事先知情同意的国际环境法依据

2000 年 5 月，在通过《专利法条约》（PLT）的外交大会上，生物遗传资源和传统知识的保护议题得到了关注和探讨。世界知识产权组织总干事在该外交大会上宣布："成员方有关遗传资源的讨论将在世界知识产权组织继续进行。讨论方式将由总干事与世界知识产权组织的成员方协商决定。"在同年 9 月召开的世界知识产权组织第 26 届大会上，成员方协商决定设立了名为"知识产权与遗传资源、传统知识和民间文学艺术政府间委员会（IGC）"的特别机构，专门讨论关于遗传资源、传统知识和民间文学艺术的知识产权保护问题。IGC 的讨论议题包括专利申请制度中的遗传资源事先知情同意问题。事先知情同意制度在《与贸易有关的知识产权协定》（《TRIPs 协定》）、《生物多样性公约》及《关于获取遗传资源并公正公平分享通过其利用所产生的惠益的波恩准则》等国际条约中确立发展。

在世界贸易组织定期召开的《TRIPs 协定》理事会上讨论《TRIPs 协定》与《生物多样性公约》的关系、保护遗传资源及传统知识等议题时，重点集中在是否应当导入专利申请的遗传资源原产国披露义务问题上。对此持肯定意见的发展中国家和反对意见的发达国家双方展开了激烈的辩论。关于作为申请专利对象的遗传资源原产国披露制度的《TRIPs 协定》修订问题，印度、巴西等发展中国家向《TRIPs 协定》理事会提交了团体文件，而挪威、日本等则向《TRIPs 协定》理事会提交了反对导入专利申请的遗传资源原产国披露义务。

《TRIPs 协定》第 29 条第 1 款规定，各成员方应要求专利申请人以足够清楚与完整的方式披露发明，以使得同一技术领域的技术人员能够实施该发明，并可以要求申请人指明在申请日或在要求优先权的情况下该申请的优先权日，该发明的发明人所知的实施发明的最佳方式。该条第 2 款规定，各成员方可要求专利申请人提供关于申请人相应的国外申请和授权情况的信息。

《生物多样性公约》第 15 条第 1 款对于遗传资源的权利归属作出了规定，明确各缔约方对其自然资源享有主权权利，而能否取得遗传资源的决定权属于各缔约方政府，并依照国家法律行使。同时，《生物多样性公约》第 15 条第 5 款规定，遗传资源的取得须经提供遗传资源的缔约方实现知情同意，除非该缔约方另有决定。因此，未通知提供遗传资源的缔约方并征得其同意，擅自获取遗传资源的行为违反《生物多样性公约》规定的事先知情同意原则，构成生物剽窃行为。

（四）遗传资源惠益分享的国际环境法依据

死藤案等生物剽窃案件的发生，促使发展中国家开始要求公正并且均衡地进行利益分配，并利用国内法强化对遗传资源以及传统知识的规制。发达国家的国际环保组织等也逐渐意识到对此种行为规制的重要性。

在《生物多样性公约》的起草过程中，对于通过生物勘探（bio-prospecting）以及生物剽窃利用遗传资源所产生利益的主体归属，即惠益分享问题成了重要议题并确立为一项国际环境法制度。《生物多样性公约》是框架性公约，需要通过缔约国会议等决定其履行实施。该公约的目标主要是：承认各国对遗传资源的主权，遗传资源获取的事前知情同意原则（PIC），共同商定条件（MAT）、公平惠益分享（ABS）制度以及关于技术转让的要求。

因此，《生物多样性公约》的规定是需要通过部分调整国际知识产权制度的合作关系和结构来实现的。《生物多样性公约》第16条第5款规定："缔约国认识到专利和其他知识产权可能影响到本公约的实施，因而这方面遵循国家立法和国际法进行合作，以确保此种权利有助于而不违反本公约的目标。"这说明《生物多样性公约》在缔约国就希望将遗传资源惠益分享的履行寄托于国际知识产权法体系的协调。

为提高发展中国家根据《生物多样性公约》有效行使遗传资源主权的能力，2002年《生物多样性公约》缔约方大会（COP）通过了《关于获取遗传资源并公正公平分享通过其利用所产生的惠益的波恩准则》（以下简称《波恩准则》）。《波恩准则》主要强调惠益分享程序的公平性，要求通过适当的协商机制进行惠益分享。《波恩准则》旨在促使所有的利益相关者参与协商机制，以保证遗传资源提供方的事先知情同意，并明确了遗传资源获取使用方与提供方需要承担的责任。根据《波恩准则》的规定，事先知情同意程序要求获取遗产资源时，必须取得遗产资源提供方的事先知情同意，包括给予知情同意的主管部门、时间规定、用途说明、取得事先知情同意的程序、与利益相关者的协商机制等。《波恩准则》还为共同商定条件、激励机制、责任监管和争端解决等提供了指导。其中明确要求在确定共同商定条件时应当认真审议知识产权在遗传资源获取和惠益分享方面的影响，《波恩准则》认为源于获取行为的知识产权惠益分享应当在事先知情同意的协商过程中明确约定。因此，《波恩准则》第43条规定，共同商定条件的基本规定包括关于进行联合研究、有义务实施对所获得的发明享有的任何权利或提供共同同意的使用许可的有关知识产权使用的内容，以及根据贡献的程度共同享有知识产权的可能性。此外，《波恩准则》第 16 条第 d 款第 2 项还强调了知识产权制度的公共政策背景和透明化功能，呼吁《生物多样性公约》的各缔约方"在知识产权的申请过程中，鼓励披露遗传资源的原产国以及披露原产国当地社群和土著居民的相关创新与实践措施"。

2010 年 10 月 29 日，在日本名古屋通过了《关于获取遗传资源和公正公平分享其利用所产生惠益的名古屋议定书》（以下简称《名古屋议定书》）。《名古屋议定书》推进了《生物多样性公约》的实施，有助于确保遗传资源惠益分享义务得到有效履行。《名古屋议定书》第 6 条第 3 款第 g 项明确规定，缔约方以书面形式订立共同商定条件的内容，应当包括关于惠益分享的知识产权条款。《名古屋议定书》关于获取土著和地方社区所持有的与遗传资源有关的传统知识的规定，将加强遗传资源原产国当地社群和土著居民在与遗传资源有关的传统知识创新与实践过程中产生惠益的能力。[1]

（五）国际环境法对于土著居民权利的保护

2007 年 9 月 13 日，联合国大会正式审议通过了《联合国土著人民权利保护宣言》（United Nations Declaration on the Rights of Indigenous Peoples）。该宣言草案由联合国人权理事会的前身人权委员会制定，因规定了土著居民的民族自决权及关于土地、资源等权利而遭到了部分国家政府的反对，导致起草工作长期停滞。后经联合国土著居民国际年等长达 20 多年的反复讨论才最终被通过。

《联合国土著人民权利保护宣言》第 31 条第 1 款规定土著居民（Indigenous Peoples）"有权保持、控制、保护和发展其文化遗产、传统知识和传统文化表达方式，以及其科学、技术和文化表现形式，包括人类和遗传资源、种子、医药、关于动植物群特性的知识、口述传统、文学作品、设计、体育和传统游戏、视觉和表演艺术"，且土著居民"有权保持、控制、保护和发展关于这些文化遗产、传统知识以及传统文化表达形式的知识产权"。该条第 2 款规定"各国应当与土著居民共同采取有效措施，确认和保护这些权利的行使"。在该条的规定中，明确了土著居民对遗传资源以及传统知识享有权利，对保护

---

〔1〕 林灿铃主编：《国际环境条约选编》，学苑出版社 2011 年版，第 243 页。

土著居民的利益具有深远意义。此外,《联合国土著人民权利保护宣言》的前言、第 8 条第 2 款第 b 项、第 25 至 29 条以及第 32 条也涉及了土著居民的自然资源权利。然而,《联合国土著人民权利保护宣言》不具有法律约束力,如何进一步保障土著居民的遗传资源相关权利依然是国际环境法实践中的重要课题。

本案的启示与意义

本案例的启示与意义在于深入理解生物剽窃、遗传资源等基本概念的基础上,掌握国际环境法事先知情同意程序以及遗传资源惠益分享等相关知识。

四十二、世界贸易组织稀土案

基本案情

"稀土"是元素周期表中一组17种化学元素的通用名称，原子序数为57至71。这些元素是所谓的"镧系元素"的一部分，包括镧（La）、铈（Ce）、镨（Pr）、钕（Nd）、钷（Pm）、钐（Sm）、铕（Eu）、钆（Gd）、铽（Tb）、镝（Dy）、钬（Ho）、铒（Er）、铥（Tm）、镱（Yb）、镥（Lu）本、钪（Sc）和钇（Y）。稀土又被称为工业维生素，是开发卫星、精确制导武器和日常高科技的关键投入。

中国是当今世界上最大的稀土生产出口国，经查明的稀土资源储量占世界总储量的55.7%，但目前中国一个国家的稀土出口量就占国际市场份额的90%以上。尽管稀土作为一种原材料对各国的高科技产业至关重要，但稀土资源属于不可再生的矿产资源，或者说是一种"可用竭的自然资源"。由于多年来的大量、无序开采，商务部统计发现，中国的稀土储藏量在近5年间急速下降，如果按现有生产速度，中、重类稀土储备仅能维持不到20年。[1]同时，稀土生产、加工过程对于生态环境影响巨大。稀土之所以得名是因为其中的有效元素含量很低，而要提取这些微量元素需要使用大量化学药剂，需要经过许多化学程序，这些程序产生的废水包含了近百种化学药剂，其中还有放射性物质。在中国，稀土以往生产过程存在着方式粗放、资源浪费严重等一系列的问题，环境污染比较严重。[2]

自1988年开始，中国就已实施了稀土产品出口配额许可制度，并把稀土

---

〔1〕 Charles Kilby，"China's Rare Earth Trade：Health and the Environment"，2014 China Q.，540（2014）.

〔2〕 刘敬东：《WTO 中的贸易与环境问题》，社会科学文献出版社2014年版，第153页。

原料列入了加工贸易禁止类商品目录。2006 年，中国停止发放新的稀土矿开采许可证。2010 年 8 月，国务院正式发布《关于促进企业兼并重组的意见》，首次把稀土企业列入重点行业兼并重组的名单。2010 年 11 月 2 日，中国商务部新闻发言人姚坚表示："出于资源和保护环境的目的，2011 年中国仍将对稀土出口实施配额管理，且配额将有所削减。"[1]

2012 年 3 月 13 日，美国、欧盟和日本各自根据《关于解决争端的规则和程序谅解》（DSU）第 1 条和第 4 条以及《关税及贸易总协定》（GATT）第 22 条就"中国对稀土、钨、钼采取的出口管制措施（包括出口税、出口配额、最低出口价格、出口许可限制以及出口程序上的限制）"提出与中国进行磋商的请求，并于 4 月 25 日正式展开磋商，由于分歧较大，经过两天的磋商，并未达成一致的协议。

2012 年 6 月 27 日，美、欧、日请求根据 DSU 第 6 条建立一个有标准职权范围的专家组，认定中国采取的出口管制措施违反 GATT 和《中华人民共和国加入世界贸易组织议定书》（以下简称《入世议定书》）的相关条款和义务。7 月 23 日，WTO 争端委员会（DSB）会议决定根据 DSU 第 9 条第 1 款建立单一专家组审议美、欧、日诉中国"稀土案"。专家组由 Nacer Benjelloun - Touimi、Hugo Cayrús、Darling ton Mwape 三位专家构成，其中 Nacer Benjelloun -Touimi 任首席专家，专家组成员均由 WTO 总干事任命，阿根廷、澳大利亚、加拿大等将近 20 个国家作为第三人参加了专家组审议。

2014 年 3 月 26 日，世界贸易组织（以下简称"WTO"）公布了美国、欧盟、日本诉中国稀土、钨、钼相关产品出口管理措施案专家组报告。初步裁定中方涉案产品的出口关税、出口配额及出口配额管理和分配措施不符合世贸组织规则和中方加入 WTO 的相关承诺，同时专家组确认了自然资源主权原则，认可中国对稀土、钨、钼所采取的综合性资源与环境保护措施，并在解释原因的过程中，延伸出了尊重国家主权和不损害外国环境原则这一项国际环境法基本原则。另外，驳回了欧盟关于钼出口配额申请程序和申请资格中关于出口实绩标准要求违反非歧视性和非任意性规则的主张。

2014 年 4 月 8 日，美国就专家组报告中涵盖的法律问题以及专家组作出的法律解释向上诉机构提起上诉，4 月 17 日中国就同一问题也提起了上诉。

---

〔1〕 刘敬东：《WTO 中的贸易与环境问题》，社会科学文献出版社 2014 年版，第 154 页。

八天后，中国就欧盟和日本分别提出的另外两项争议 DS432 和 DS433 的专家组报告提出上诉。上诉机构合并了 DS431、DS432 和 DS433 的上诉程序，统一了三个上诉程序的时间表，并举行了一次口头听证会。2014 年 8 月 7 日，上诉机构报告公布，维持了专家组的裁决。随后，WTO 争端解决机构通过了上诉机构报告和专家组报告。

诉讼请求

1. 美国、欧盟、日本请求 WTO 争端解决机构认定中国对稀土、钨和钼采取的贸易限制措施违反 WTO 相关规则。

2. 要求中国取消稀土配额与出口关税限制。

裁决

2014 年 3 月 26 日，专家组初步裁定中国对稀土、钨和钼采取的征收出口税、实施出口配额和贸易权的限制违反了 GATT 1994 第 11 条第 1 款，中国入世协定第一部分第 1 条第 2 款、第 5 条第 1 款、第 11 条第 3 款，以及《中国加入世贸组织工作组报告》（以下简称《入世工作组报告》）第 84、162、165 条的相关义务。建议按照这些条款的规定履行相应的义务，对稀土、钨和钼采取的贸易限制措施做出整改。

2014 年 8 月 7 日，上诉机构维持了专家组的裁决。

问题提炼

1. 中国稀土出口贸易限制措施是否符合有关 WTO 规则？
2. 建立世界环境组织的设想。

解析

（一）中国稀土出口贸易限制措施是否符合有关 WTO 规则？

中国的稀土贸易限制措施主要涉及三方面的问题：出口税、出口配额、贸易权。

第一，关于出口税（export duties）问题，申诉人认为中国违反了《入世议定书》第 11 条第 3 款的义务。

《入世议定书》第 11 条是中国在进出口税方面所做的承诺，又称"对进出口产品征收的税费",该条第 3 款规定:"中国应当取消适用于出口产品的全部税费,除非本议定书附件 6 中有明确规定或按照 GATT 第 8 条的规定适用。"[1]其中附件 6 列举了中国可征收出口关税的 84 种产品和各自的出口税率,并注释附件中所含关税水平为最高水平,中国除例外情况外,不得提高这些产品的现行税率。如出现此类情况,在提高实施关税前,要与可能受影响的成员方进行磋商,寻求双方共同可接受的办法。本案中,稀土、钨、钼都不属于议定书附件 6 规定的 84 种可征收出口税的产品。而 GATT 第 8 条的主要内容是关于进出口规费和手续的规定,并非《入世议定书》第 11 条第 3 款规定的"出口税",二者的规范对象完全不同,"出口税"根本不在第 8 条的使用范围之内。

通过上述分析,中国确实违反了第 11 条第 3 款的规定,并且中国也承认对稀土征收出口税与该规定不符,但是中国强调其目的是为了保护人类、动植物的生命和健康,并援引 GATT 第 20 条(b)款规定进行抗辩。同时,鉴于在此案审理前的中国原材料案中,上诉机构已经作出了中国政府不得援引GATT 第 20 条的"一般例外"条款作为《入世议定书》第 11 条第 3 款抗辩的裁决,因此,在稀土案中,中国提出了新的理由,即文本沉默并不意味着是世贸组织成员方共同的意思表示来排除中国援引 GATT 第 20 条的"一般例外"作为抗辩的依据。并且提出三点论据:①《入世议定书》第 11 条第 3 款可以认为是 GATT 的一部分;②GATT 第 20 条引言中的"本协议中的任何内容不得"并不排除其作为豁免《入世议定书》第 11 条第 3 款所作承诺的抗辩依据;③要对 WTO 协定进行整体解读,并考虑其宗旨。对于这些理由,专家组的大部分成员还是持否定态度,只有一个专家认为,中国提出的新理由具有其合理性,应从条约的关联性角度去解读条约。最终,专家组认为,中国提出的新理由并不足以推翻之前的裁决,中国不能援引 GATT 第 20 条的例外条款作为其违反《入世议定书》第 11 条第 3 款相关义务的依据。并且中国无法证明其对稀土采取的出口税措施是保护人类、动物和植物生命和健康的必要措施,也就无法证明这项措施符合 GATT 第 20 条(b)款的规定。

第二,关于出口配额(export quota)问题,美国指出中国的出口配额限

---

[1] 对外贸易经济合作部世界贸易组织司译:《中国加入世界贸易组织法律文件》,法律出版社 2002 年版,第 9 页。

制措施违反了 GATT 第 11 条第 1 款中"除征收税捐或其他费用外，不得设立或维持配额、进出口许可证或其他措施以限制或禁止其他缔约国产品的进口……"的规定以及《入世议定书》第一部分第 1 条第 2 款关于逐步取消非关税措施的规定，包括取消的具体做法、取消的期限和方式。并且，违反了在《入世工作组报告》第 162 条和第 165 条关于非自动许可证和出口限制方面的承诺。虽然认识到这类出口限制措施确与这些规定不符，但中国认为其依然可以援引 GATT 第 20 条（g）款，即在实施的措施不得构成武断或不合理的差别待遇，或构成对国际贸易的变相限制的前提下，可以实施与国内限制生产与消费的措施相配合，为有效保护可用竭的自然资源的有关措施。

在这个问题上，专家组对 GATT 第 20 条（g）款进行了全面的解读，其中，对于"保护"（conservation）一词的解读，具有里程碑式的意义。专家组同意了中国的观点，指出"保护"不仅仅简单地指"保护"，应当结合每个国家对其自然资源都享有永久主权这项原则去解读，因此，"保护"还应当包含允许 WTO 成员方充分考虑其本国可持续发展的需要和目标制定相应的法律政策，比如制定"减少所开采材料数量"或"控制该类材料开采的速度"的具体措施，前提是该措施不会对该国管辖或控制范围以外的地区造成环境损害，这在某种程度上也是对国际环境法的尊重国家主权和不损害国外环境原则的肯定。专家组认为，GATT 第 20 条（g）款的目的是为了确保为保护可耗竭的自然资源而采取的出口限制措施与国内采取的限制措施互相发挥作用，并保证这种保护限制在国内与国外之间以一种公平的方式分配。在审查了中国出口配额制度的设计和架构，并充分考虑稀土出口保护限制与国内保护限制措施二者是否平衡的基础上，专家组认定，中国对稀土产品采取的出口配额措施仅仅针对的是出口，并未对国内稀土的生产和消费造成影响，虽然表面上符合中国提出的依据本国对自然资源的主权制定的符合可持续发展目标的保护政策，但实际上是为了实现其稀土产业政策的目标，满足其国内制造商的开采与优先使用。

第三，关于附加在允许出口稀土的企业上的特定限制（出口最低价格、出口许可证限制以及出口程序上的限制），也即贸易权（Trading rights）的问题。

申诉方认为中国违反了《入世议定书》第一部分第 5 条第 1 款的规定：

在不损害中国按照符合 WTO 协定的方式管理贸易的权利的情况下，中国将逐步放宽贸易权的获得和范围，以便在入世三年后，所有在中国的企业都能够在中国关税领土范围内，从事所有货物贸易，但在附件 2A 中所列依照本议定书继续实行国有贸易的货物除外。这种贸易权是进出口货物的权利……对于附件 2B 所列的货物，中国应根据该附件中的时间表逐步取消对贸易权的授予限制。中国应在过渡期内完成所有必要的立法工作，以实施这些规定。

关于《入世议定书》第 5 条第 1 款的规定，专家组认为该款规定有三个要素：①将贸易权授予在中国的所有企业；②授予贸易权的对象是所有货物，除了附件 2A 和 2B 中规定的货物；③中国必须在三年内完成所有与贸易权有关的立法工作，以便履行该义务，而这个期限在 2004 年 12 月 11 日到期。而该案中的稀土与钼并不在附件 2A 和 2B 中，因此，中国有义务确保中国的所有企业都有出口稀土和钼的权利。

并且，中国还违反了《入世工作组报告》中第 83 条与第 84 条的相关义务：①第 83 条（a）项：中国代表确认，入世后中国将为中外企业废止出口表现、贸易平衡、外汇平衡和以往经历（进出口）等要求作为获得和保持进出口的标准；②第 83 条（b）项：关于中资企业，中国代表指出，尽管外资企业要依据所批准的经营范围获得有限的贸易权利，但是中资企业要获得这种权利现在也需要提出申请，并且达到有关当局对此类申请的初始要求。为了加快这种审批过程和更加便于获得贸易权，中国代表确认，将获取贸易权注册资本的最低要求（这一要求原先只适用于中资企业）第一年降至 500 万元人民币、第二年 300 万元人民币、第三年 100 万元人民币，并将在过渡期结束时取消对贸易权的审批制；③第 83 条（d）项：中国代表还确认，在入世后的三年内，在中国的所有企业都将获得贸易权。外资企业不再需要为了从事进出口业务而建立特殊形式的机构或独立的实体，也不再需要新的销售营业执照；④第 84 条（a）项：中国代表再次确认，中国将在入世后三年内取消贸易权审批制。到那时，中国将允许在华的所有企业、外国企业和个人，以及 WTO 其他成员方的独资企业，在中国的关税辖区内进出口所有的商品（《入世议定书》附件 2A 中列明的专为国家贸易公司保留的进出口产品份额除外）。然而，这种权利并不允许进口商在中国境内经销商品。提供经销业务要根据《服务贸易总协定》下的中国具体承诺时间表来进行；⑤第 84 条

（b）项：关于给予外国企业和个人（包括 WTO 其他成员方的独资企业）贸易经营权，中国代表确认，这种权利的给予应是无歧视的和非任意的。他进一步确认，对获得贸易权的任何要求只是出于海关和财政上的目的，并不构成贸易障碍。中国代表强调，拥有贸易权的外国企业和个人必须遵守所有符合 WTO 规定的关于进出口的要求，如关于进口许可、技术性贸易壁垒（TBT）和动植物卫生检验检疫（SPS）等要求，但是关于最低资本和以往经历的要求不再适用。

关于上述条款的违反，专家组认为，中国可以援引 GATT 第 20 条（g）款进行抗辩，但是中国对稀土出口实施贸易权限制与保护国内稀土资源并无实质上的关联。同时，由于这几个条款规定了不同的承诺，因此中国必须分别证明违背这些不同的承诺是符合例外条款条件的，但是，显然中国并没有能够给出令人满意的答案。

此外，对于欧盟提出的钼出口配额申请程序和资格中关于出口实际标准要求违反非歧视性规则的主张，专家组认为欧盟并未提出充分的证据支持其主张，因此予以驳回。[1]

（二）建立"世界环境组织"的设想

目前联合国系统内唯一一个专门致力于国际环境事务的机构就是联合国环境规划署，其任务是"贯彻执行规划理事会的各项决定；根据理事会的政策指导，提出联合国环境活动中期和长期计划，并制定、执行和协调各项环境方案的行动计划；向理事会提出审议的事项以及有关环境的报告；管理环境基金等"。但是，联合国环境规划署缺乏解决环境纠纷的功能，无法满足环境破坏和环境污染的诉求。其解决途径众所周知是置于世界贸易组织框架下的。以世界贸易组织解决于人类生存生活而言与贸易自由同等重要的环境问题，而非充分发挥环境科学、环境法诸领域专家的作用以求快速、有效、公正地解决环境纠纷，实属遗憾。

鉴此，应尽快建立世界环境组织（World Environment Organization，WEO），旨在通过促进国际合作、协调分歧、法律裁决等方式建立一个保护人类生存环境并有效解决环境争端的机制。WEO 的职能除了提供一个信息和数据交换

---

[1] Panel Reports, China——*Measures Related to the Exportation of Rare Earths, Tungsten and Molybdenum*, WT/DS431/R；WT/DS432/R；WT/DS433/R.

的平台外，还可以对各国在环境领域以及公域环境所面临的共同问题进行政策分析，通过谈判和协商等方式，协调各国在这些区域的利益和活动，保护人类的共同利益。[1]

---

[1] 林灿铃:《荆斋论法——全球法治之我见》，学苑出版社 2011 年版，第 168~169 页。

四十三、太平洋海豹仲裁案

基本案情

太平洋海豹仲裁案，又称白令海仲裁案（Behring Sea Arbitration），是英美两国设立的仲裁法庭裁决的案件。案件的起因是美国与英国之间关于白令海的海豹捕猎的纠纷。

1867 年 3 月 30 日美国从俄罗斯购买阿拉斯加领土。在美国购买阿拉斯加以前的一百多年中，俄罗斯大量地捕杀软毛海豹（fur seals）以获取它们的皮毛。在美国接管阿拉斯加之后，1869 年至 1873 年间美国颁布法律禁止在白令海的所属岛屿及其附近水域捕猎海豹。美国将其管辖范围延伸到了当时所主张的领海 3 海里范围以外，以保护前往本国领土的海豹，并开始阻挠英国渔船的截杀行为。在 1886 年至 1887 年间美国曾拿捕了几艘英国船舶，由此引起美英两国长时间的争执。

1892 年 2 月 29 日，两国签订仲裁协定成立了一个 7 人仲裁庭，美国和英国各指派两名仲裁员，法国、意大利和瑞典各指派一名仲裁员。仲裁员根据协议中列明的主要争议问题进行澄清与裁决。在仲裁过程中各方可以随时向仲裁庭提交自己认为与仲裁有关的事实问题并要求仲裁庭作出解答。同时还成立了混合委员会协助英美两国进行有关海豹活动的事实问题的调查。

仲裁庭于 1893 年 8 月作出了仲裁裁决。随后，在 1896 年由英美双方成立的混合委员会解决了之前仲裁庭保留的赔偿问题。

诉讼请求

1. 在阿拉斯加出让给美国之前，俄罗斯曾经对白令海的海域以及相关海豹渔业方面主张并享有过哪些专属管辖权和专属权利？

2. 这些关于海豹渔业的管辖权的主张在多大程度上得到了英国的承认和

让步？

3. 在 1825 年《英俄条约》中"太平洋"一词中是否包括我们现在所称的白令海海域？在上述条约签订后，俄罗斯在白令海海域享有并行使了哪些权利？（如果有的话）

4. 根据 1867 年 3 月 30 日的《美俄条约》，俄罗斯对白令海海域的管辖权和对海豹渔业的所有权是否受到损害（转移给美国）？

5. 美国有没有权利对出现在 3 海里海域外的软毛海豹进行保护？如果有的话，美国有什么权利保护它们？

如果对以上问题中关于美国的管辖权问题所作出的裁定使得美国处于必须征得英国同意才能制订在白令海范围内适当保护和保全软毛海豹的规定与规章，那么请求仲裁员确定在各自政府管辖范围以外，哪些并行规章是必要的。

裁决

仲裁法庭在 1893 年 8 月 15 日作出裁决，认为：

1. 俄罗斯在白令海从来没有排他的管辖权。

2. 英国从未承认过俄罗斯在其领水外享有排他的管辖权。

3. 1825 年《英俄条约》中"太平洋"一词包括白令海在内，但在签订该约后俄罗斯从未享有任何专属权利。

4. 根据 1867 年《美俄条约》，俄罗斯的权利应转移给美国。

5. 美国对 3 海里以外的海豹没有任何保护权或财产权。

仲裁庭还根据仲裁协定的授权制定一项保护和保全海豹的规章，规定环绕白令海上普里比洛夫群岛 60 海里的区域内禁止远洋捕猎海豹，同时还规定禁止捕猎的季节和捕猎方法。该规章对英美两国有拘束力。

问题提炼

1. 国家管辖范围以外海域海洋生物资源保护。

2. 国际环境争端解决机制。

解析

(一) 国家管辖范围以外海域海洋生物资源保护

在"太平洋海豹仲裁案"发生一百多年以后的今天，从 20 世纪 90 年代

后开始，沿海国逐渐完成了国家管辖范围以内的海域确权问题。国际社会逐渐把目光转向国家管辖范围以外的区域（Area Beyond National Jurisdiction，以下简称"ABNJ"）的海域制度的制定和修改之上。

其中，国家管辖海域外生物多样性（Biodiversity Beyond National Jurisdiction，以下简称"BBNJ"）的保护问题得到了国际社会的广泛关注。

从 20 世纪 70 年代起，为了应对国家管辖海域外海洋生物多样性的养护不良和可持续利用不善问题，国际社会已经做出了一系列努力和安排，以联合国大会、《生物多样性公约》、粮农组织、政府间海洋学委员会和国际社会的工作尤为突出。

1. 国家管辖外海域生物保护的现有法律框架

（1）1982 年《联合国海洋法公约》。《联合国海洋法公约》（以下简称《公约》）是在 1973 年至 1982 年召开的第三届联合国海洋法大会上颁布的国际协定，并于 1994 年 11 月 16 日生效。《公约》的第十二部分专章规定了"海洋环境的保护和保全"的内容，为海洋环境的保护做出了很大的贡献。

然而，由于《公约》制定期间的科学技术限制和人类对环境问题认识的不足，《公约》虽然对海洋生物的养护和管理有所规定，但是更多着眼于海洋污染的防治，没有明确提及关于"生物多样性"保护的问题。

（2）《生物多样性公约》。1995 年《生物多样性公约》缔约方大会第二届会议讨论了由生物多样性科技委员会提出的"海洋生物多样性保护的雅加达任务"，实质是制定世界海洋生物多样性保护的规划，为各国开展海洋生物多样性保护提供了指导性文件。[1]

至此之后，历届《生物多样性公约》缔约方大会的会议中多有涉及海洋生物多样性保护的议题，其中包括：珊瑚礁保护、岛屿多样性等。其中，较为重要的内容在 2008 年第九届会议中提出在国家管辖范围以外的海洋区域建立海洋保护区。

（3）1995 年通过的《执行 1982 年 12 月 10 日〈联合国海洋法公约〉有关养护和管理跨界鱼类种群和高度洄游鱼类种群的规定的协定》。这一协定对海洋生物资源，特别是公海渔业资源的养护与管理以及国际渔业合作产生了

---

[1] 林新珍："国家管辖范围以外区域海洋生物多样性的保护与管理"，载《太平洋学报》2011 年第 10 期。

重要的影响。尤其是该协定的第 3 条明确指出，协定适用于国家管辖地区之外的领域。

协定中的第三部分和第四部分提出，关于鱼类的保护方法要建立"国际合作机制"，其中谈到了一些具有可操作性的方法，比如设立专门的区域和分区域的渔业管理组织。

（4）区域性公约和协定。

从区域的角度来看，有一些区域的海洋组织已经将 ABNJ 的海洋环境问题纳入了其管理的范围，并准备通过一些手段加强区域的生态环境保护。比如，现有的公海保护区基本上都是通过区域性协议或公约的方式建立起来的。

2. 现有法律框架中存在的缺陷和不足

从上述分析中我们可以发现，目前国家管辖范围以外的海域生物保护方面的法律框架十分零散，缺乏系统的监管和治理框架。

这些缺陷具体体现在以下几个方面：[1]

（1）缺乏适用现代保护原则和应用现代保护工具（如，海洋保护区），以及环境影响评价（EIA）和战略环境评价（SEA）进行监督、核查合规性、执行具有约束力判决的全球机构、进程和标准。

（2）缺乏全球性的国际文书或机制来确保诸如生态系统管理和预防原则等现代保护原则能够纳入全球和区域机构并在其中发挥作用。

（3）缺乏经授权能够促进国家管辖海域以外生物多样性保护和可持续利用，并能对海域行使监管权的组织。

（4）缺乏促进船旗国有效执法的机制和国家、地区、机构之间协调合作的机制。

（5）缺乏能力建设和海洋技术转让的标准、程序和指导。

（6）国家管辖海域外获取和利用海洋遗传资源制度方面缺乏明确的规定。

如何来弥补和解决这些缺陷成了现代国际社会需要解决的首要问题。有一些国家认为，可以在现有的法律框架体系之内进行完善和贯彻执行；另外一些国家认为，现有的国际公约和区域性协定并不足以解决目前存在的问题，需要在国际层面上进行商讨和协议，达成一个全球性的具有强制执行力的国

---

〔1〕 刘乃忠、高莹莹："国家管辖范围外海洋生物多样性养护与可持续利用国际协定重点问题评析与中国应对策略"，载《海洋开发与管理》2018 年第 7 期。

际协定，以此来保障国家管辖范围外海洋资源的获取和公平分享问题得到有效处理。

3. 国家管辖海域外生物保护领域的新发展

联合国大会在国家管辖海域外的海洋生物多样性保护方面做出了不可忽视的贡献。

关于这个问题的最初的讨论可以追溯到 2002 年的可持续发展世界首脑会议，会议上提出到 2012 年时要建设有代表性的海洋保护区网络的倡议。

2004 年开始正式把国家管辖范围以外的海洋生物多样性保护作为重点讨论的内容。2006 年第八届《生物多样性公约》缔约方大会中也明确提出建立"海洋保护区"的议题。

此后，经过国际社会和相关国家不懈努力，目前世界上已经建立了几个公海保护区。比如，南奥克尼群岛南大陆架海洋保护区是根据第 28 届南极生物资源保护委员会大会上通过的一项举措而建立的。[1] 地中海派拉格斯海洋保护区则是根据 1999 年 11 月 25 日法国、意大利和摩纳哥在罗马签署的《建立地中海海洋哺乳动物保护区协议》而建立的海洋保护区。第三个是大西洋公海海洋保护区网络，在挪威卑尔根召开的 OSPAR 委员会部长级会议上，成员国采用了提议，由此组成了大西洋第一个国家管辖海域以外公海海洋保护区网络。[2]

海洋保护区的建立当然为 ABNJ 的海洋生物多样性保护做出了很大的贡献。但是它仍然是一个区域性的、碎片化的管理方式。而且，海洋保护区以外范围的海域将如何进行管理也同样是一个问题。

2015 年联合国大会通过第 69/292 号决议，拟在《联合国海洋法公约》项下建立第三个执行协定，即"国家管辖范围外海域生物多样性（BBNJ）养护和可持续利用协定"（以下简称"BBNJ 协定"）。联合国目前已经针对该问题组建了筹备委员会，正在努力制定一份具有法律约束力的国际文书，也就是我们提到的 BBNJ 协定。

BBNJ 协定关注四个方面的重点问题：①海洋遗传资源，包括利益分享的

---

〔1〕 桂静、范晓婷、公衍芬："国际现有公海保护区及其管理机制概览"，载《环境与可持续发展》2013 年第 5 期。

〔2〕 桂静、范晓婷、公衍芬："国际现有公海保护区及其管理机制概览"，载《环境与可持续发展》2013 年第 5 期。

问题。②区域管理工具，尤其是海洋保护区的建立和管理。③环境影响评价制度的建立。④能力建设和海洋技术转让的必要性。

4. 公海自由原则和海洋生物保护之间的利益平衡

众所周知，世界各国享有广泛的公海自由。而国际社会目前在 BBNJ 协定方面所作的努力必然会在一定程度上限制各国对海洋生物资源的开发与利用。对此，世界各国也产生了较大的分歧。

事实上，回到案件本身，美国和英国向仲裁庭所提出的请求实质上就是一种关于公海自由和海洋生物保护之间的利益权衡问题。从当时的仲裁结果来看，仲裁庭更倾向于保护英国在公海自由上所享有的权利，而同时，仲裁庭也在海豹的保护方面做出了一定的努力。它依据美国的额外请求以及仲裁协议所授予的权力制定一项保护和保全海豹的规章，规定环绕白令海上普里比洛夫群岛 60 海里的区域内禁止远洋捕猎海豹，同时还规定禁止捕猎的季节和捕猎方法。该规章对英美两国有拘束力。

这件古老的案子事实上显示出了在环境保护和发展之间的矛盾，而当时的仲裁庭也确实作出了一项很具有参考价值的裁决。如果该项裁决可以获得更多的关注度和重视度，也许国际上关于 BBNJ 的讨论会到来的更早一些。

公海自由和国家管辖范围以外的海洋生物保护之间确实存在着矛盾。这种矛盾不是完全对立的，进行 BBNJ 协定的制定实际上为了之后更好的发展，从而避免在公海自由下的国家过度捕捞和开发行为而导致的"公地悲剧"。用可持续发展的眼光来看待这个问题，BBNJ 协定的制定也是为之后各国利用公海资源的自由提供了有力保障的方法。

BBNJ 协定的出现和制定是随着各国对 BBNJ 的重视程度逐渐加深而不断发展的。在不久的将来，BBNJ 协定可以平衡和协调海洋资源保护和公海自由之间的冲突，但是我们仍然要意识到，BBNJ 这种通过划定区域管理工具，也就是海洋保护区进行管理的方式仍然可能会在未来遇到或多或少的问题，比如，仍然是区域范围的问题，海洋保护区以外的生物资源是否也可以得到保护呢？

这些都是我们仍然需要关注的国际环境领域的重要问题。

（二）国际环境争端解决机制

本案带来的另一个值得思考的方面是关于国际环境争端的解决机制问题。"太平洋海豹仲裁案"发生的时间较早，在国际环境法发展的早期，还没有完

善的国际环境争端解决的机制。最终的结果是英国和美国将案件提交给了一个临时组建的仲裁庭，并授权其对相关问题作出裁决。

该案件的裁决为后来1911年制定的禁止在北太平洋进行深海捕猎海狗和禁止进口海狗皮的公约（《美国、英国、北爱尔兰和俄罗斯关于保护和保存海狗的公约》）奠定了基础。[1]

从这个角度来讲，这种国家间的仲裁对国际法的发展有着一定的促进作用，而国际法也在解决这些争议性事件方面努力发挥着作用。

1. 现有的国际环境争端解决机制

所谓国际环境争端，是指在国际环境领域由于各种人为的原因造成的污染和破坏而产生的冲突和纠纷。其范围主要限于两国之间，也可能涉及若干国家或整个地区，甚至全世界。[2]

国际环境争端具有以下特点：[3]

（1）国际环境争端的主体不限于主权国家。

（2）国际环境争端往往涉及重大利益，比其他争端复杂和难以解决。

（3）国际环境争端的起因比较复杂，既有政治因素，也有法律因素。

（4）国际环境争端的解决往往受到国际关系力量对比的制约。

（5）国际环境争端的解决方法和程序是随着历史的发展变化而发展变化的。

目前为止，国际上解决国际环境争端的方法主要分为政治解决方法，包括谈判与协商、斡旋与调停、和解与国际调查；以及法律解决方法，国际环境仲裁与司法解决。本文的讨论重点将放在国际仲裁之上。

2. 本案所采取的方式——国际仲裁

国际仲裁是指国家之间发生争端时，当事国同意将争端提交给他们自己任选的仲裁者进行裁决，并且承认裁决的结果对他们具有法律拘束力的一种争端解决方式。

适用国际仲裁的方式进行国际环境争端解决有以下几个方面的优势：

（1）仲裁是一种比较灵活的法律解决方法。在国际仲裁中，当事人可以

---

〔1〕 杨国华、胡雪编著：《国际环境保护公约概述》，人民法院出版社2000年版，第3页。

〔2〕 林灿铃：《国际环境法》（修订版），人民出版社2011年版，第223页。

〔3〕 林灿铃：《国际环境法》（修订版），人民出版社2011年版，第223页。

自己选择仲裁者、自己制定仲裁协议，与法院起诉的方式相比，国际仲裁的灵活性不言而喻。这为国际环境法方面的争端解决提供了一个途径：国际环境法是一门专业性很强的学科，因此国际环境法方面的争端也不可避免地会涉及很多专业问题。国际仲裁使得争端双方可以共同协商，从而选择合适的、具有专业知识的仲裁员，更加有利于争端解决。

（2）仲裁往往可以带来一种比较公正的结果。正是由于仲裁的灵活性和自由性，使得争端双方在仲裁过程中可以被仲裁员平等地对待。因为在仲裁员的选择过程中，争端双方都有着平等选择的权利。相比政治解决途径，仲裁方式受到各方力量大小影响的程度更小。

（3）仲裁可以保密进行。这个优点则是相对于国际司法程序比较而言的。在国际仲裁中，仲裁双方往往可以更加轻松，不必考虑仲裁程序和结果公开而带来的压力。这也是争端各方愿意选择仲裁的一个缘由。

3. 国际环境争端解决机制的新发展——不遵约机制的出现

不遵约机制最早出现在1987年的《关于耗损臭氧层物质的蒙特利尔议定书》中，其中第8条规定：“缔约国应在其第一次会议上审议并通过据以裁定不遵守本议定书规定的情事和处理被查明不遵守规定的缔约国的程序及体制机构。”而后《控制危险废物越境转移及其处置公约》《卡塔赫纳生物安全议定书》以及《联合国气候变化框架公约京都议定书》中都规定了不遵约机制的程序。

不遵约机制是指，为了实现国际环境条约的目的，促进缔约方履行其条约义务而对未能履约的情势进行预防、判别和应对所作的非对抗性的机构和制度安排。

不遵约机制具有“促进作用的”“非对抗的”“合作的”“预防性的”“灵活的”“非司法性的”等特点。不遵约机制与“对抗性，包含惩罚因素”的传统保障机制并非对立：一方面，两者的最终目的都是为了保障条约的遵守，促使条约目的的实现；另一方面，不遵约机制的产生是为了弥补传统的条约保障机制的不足。

不遵约机制的启动方式：

（1）不遵约机制程序的启动可以通过缔约方主动提交关于自己的呈件。这是一种比较独特的方式，这种启动方式是所有不遵约机制启动方式中最引人注目的，它强调了不遵约机制的非对抗性特点，该特点的理论基础是如何切实帮助无法履行条约的当事方，而不是立即对其进行严厉谴责或者施加制裁。这是国际环境合作要求的体现，属于国际环境法的一个创新。因为国际环境保护更需要的是合作制度，而不是责任制度。该机制确立的目的不是为了惩罚，而是为了查明不遵约的原因，找到解决的办法，如获得资金支持、技术援助等。

（2）不遵约机制程序的启动可以通过某个缔约方提交的关于另一个缔约方履行情况的呈件。缔约方之间有权相互监督条约的遵守与实施。如果某一个缔约方发现另一个缔约方没有履行或可能出现不履行的情况，那么就可以提交呈件来对这一个缔约方进行监督和督促。

（3）不遵约机制程序的启动可以由条约机构提交呈件。由条约机构提出启动程序，即由条约秘书处或者特定的专家评审组提出启动不遵约机制的意见。这种启动方式主要取决于秘书处的效率以及是否客观公正。不遵约机制并不是仅靠缔约方单方面自觉履行的一种机制，而条约机构也可以从另一个方面进行监督和管理。

（4）其他方式。履约机构提出的呈件、国际环境条约理事机构提交的呈件、公众提交的呈件等也为国际环境条约的履行提供了多方面的保障。

在不遵约机制出现之前，国际环境法的争端解决机制多是一种事后处理，即在事件发生之后才想办法进行弥补和修复，往往为时已晚。不遵约机制则是从事先预防的角度来对国际环境进行保护的。这种程序注重过程的监管，在缔约方将要或者已经不遵守条约义务的时候，可以启动程序避免不遵约的发生或继续，从而避免或者解决争端。[1]不遵约机制颠覆了传统争端解决方式注重事后救济的方法，而采用事后救济和事先预防并举，为国际环境方面的争端解决提供了一种全新的思路。而基于环境侵害不可逆、环境损害的严重性等特点，不遵约机制实质上更好地贯彻了国际环境法基本原则——预防原则的理念。

总而言之，不遵约机制是人类环境保护事业发展进程的重大创新，更是承载国际环境法走出困境的破冰之船。

回到"太平洋海豹仲裁案"本身，美国和英国之间的冲突我们抽象来看

---

〔1〕 朱鹏飞："国际环境争端解决机制研究——国际公法的视角"，华东政法大学 2009 年博士学位论文，第 136 页。

其实就是发展利益和环境资源保护之间的一种冲突。英国的过度捕捞在当时实际上是为了发展和金钱利益，而美国则意识到了海豹种群数量的急剧减少，意识到了资源保护的重要性。从不遵约机制的角度来看，如果之前有相关公约的规定，那么在英国"过度捕捞"而导致违背公约目的时，其他缔约方，比如美国就可以提交呈件，对英国的行为进行监督，敦促英国继续履行其公约义务。

本案的启示与意义

本案不但深刻地揭示了在国家管辖范围之外的海域保护海洋自然资源的固有困难，同时体现了国际仲裁对于和平解决国际环境争端的重要作用以及国际仲裁裁决对国际环境法发展的促进作用。

四十四、"托列峡谷号"油轮搁浅案

基本案情

"托列峡谷号"油轮是 1959 年建造的一艘单螺旋桨油轮，并于 1965 年在日本佐佐保进行了扩建。它的毛重为 61 263 吨，净重为 48 437 吨，载重能力为 120 890 吨。它的蒸汽涡轮机有 25 000 轴马力，其负载时的航速约为 16-1/2 节。它配备了雷达、罗兰、无线电测向仪、无线电话、测深仪和航向记录器。它被劳埃德船级社列为 100 A-I 级（最高的船级），并获得了各项国际公约所要求的所有必要文件。"托列峡谷号"油轮在利比里亚共和国注册，悬挂利比里亚国旗。其永久性注册证书号为第 281-65 号（该注册证 1965 年 12 月 16 日颁发并于 1967 年 3 月 18 日全面生效）。其船主和租赁方均为美国人。

1967 年 2 月 18 日，"托列峡谷号"油轮在波斯湾装载了 119 328 吨原油，该原油是由英国 B.P 贸易有限公司发运的。其终的目的地是英格兰米尔福德港，途经非洲的好望角。船上载有 36 名船员，其中包括船长帕斯特伦戈·鲁贾蒂。环绕好望角的航行平安无事，平均航速约为 16.23 节。3 月 14 日下午，这艘船在加那利群岛的特内里费岛和加那利群岛的大加那利岛之间航行。这艘船原本计划在锡利群岛以西约 8 公里处航行，该油轮当时并不想从锡利群岛往东走。油轮配备了斯佩里陀螺仪自动转向系统。在到达锡利群岛之前，"托列峡谷号"油轮获得最后一次天文修复的时间是 3 月 17 日中午。该船位于北纬 45.6 度，西经 8.51 度。从这个位置可以看出，这艘船仍在它预定的航线上，向西驶过锡利群岛。雷达探测到锡利群岛的时间预计是在 3 月 18 日上午 6 点左右。当船长在凌晨 2 点 40 分的时候准备退下来休息的时候，他给大副留下了书面指令，即在雷达发现锡利群岛时通知他。大副在大约早上 6 点 30 分时在距离港口附近大约 24 英里远的地方从雷达上捕捉到了锡利群岛。他知道，这条船当时所走的路线是要把它带到锡利群岛的东边去，而不是像他所预料的那样，把它带到西边去。大约在早上 6 点 55 分时，根据航线记录表，他把航线改为 6 度，把毕肖普岩礁灯塔矫正为船的正前方，把群岛向西航行所必需的航向进一步改变的空间留给船长。船长独自做出了到锡利群岛以东去的决定。距离只有 4.5 公里。船长知道他的船已经非常靠近那七石礁了，于是就向舵手大喊，让他回到舵边，用力向左拐。舵手立即走到操舵台，把方向盘朝左边使劲一甩，但没有什么反应。尽管经过了一番努力，但在早上八点五十分时，这艘船撞上波拉德礁石，突然停了下来，重重地搁浅了。主引擎停止，油轮的声音表明所有六个右舷箱体都破裂了，可能还有其他的地方也一样。在油轮以大约 15.75 节的速度全速撞击之前，主引擎没有接到任何指令。所有打捞船只的努力都失败了，这艘船和船上的货物最终全部损失。船员们被分小组救走：第一批于 3 月 19 日离开；最后一批离开这艘船的时间是在 3 月 21 日。没有船员受伤。

根据利比里亚调查委员会的调查结论，船长独立对这次事故承担责任，因为是他决定穿行锡利群岛东面，也是他决定在锡利群岛和七石礁之间航行，他做这些决定时没有征求大副、二副等船员们的意见，也没有事先把他的意图告诉他们。根据在听证会上提出的事实，委员会的结论是船长没有作出正确的判断，也没有良好的操作技艺，不能被认为在那样的情况下采取了正确的行动。根据所有的证据，包括证人的证词，劳氏船级社出具的证书及其他文件，调查委员会最后得出的结论是："托列峡谷号"油轮没有任何足以造成这一事故的任何机械故障或缺陷；就有关情况而言，这艘船和它的设备一直处于完好状态，并正常运作；造成这一事故的唯一原因是人为的错误。

这场事故的性质是非常严重的。除了损失了一艘好船和价值数百万美元的货物外，由此造成的石油污染还给整个英格兰西南海岸造成了数不清的困难和破坏，法国境内的海域环境也因此受到了破坏性影响。这的确是海商史上最严重的船舶灾难之一。1967 年 3 月 19 日，这艘搁浅在七石礁的"托列峡谷号"油轮最终被英国皇家海军轰炸而毁灭，船上的 118 000 吨原油被泄到大西洋、康沃尔郡的海滩上和法国的布列塔尼镇。大量的原油还源源不断地向英国海岸和法国海域扩散。尽管英国政府在泄漏的原油上撒了大量的清洁剂，但仍然无济于事，英国政府虽然承认存在法律上的困难，最后还是决定有必要通过炸毁油轮来烧掉漂浮在海面上的原油。英国政府动用了所有的人员和设备，海岸最终被清理了。

诉讼请求

1967年5月4日，英国政府在新加坡高等法院针对梭鱼油轮公司提起了索赔诉状，寻求对"托列峡谷号"姊妹船（"帕鲁尔德湖号"油轮和"Sansinena"油轮）的管辖权，并索赔300万美元。1968年4月1日，"帕鲁尔德湖号"油轮在鹿特丹港口被法国扣留，并要求提供320万美元的担保。同时，法国政府也在鹿特丹法院提起索赔诉讼。在诉讼中，"托列峡谷号"油轮的利益攸关方为船长的疏忽行为进行了辩护，比如导航装置不能正常运行，船主没有配备有能力的船长和船上的有关船员，也未能为他们提供所有必要的、正确的航向、海图和航行路线。根据英国法律在船东的责任限制诉讼中，赔偿限额责任大约每吨66.33美元，总额低于英国单独的索赔。百慕大和新加坡的法律也是相同的，但根据美国法律，"托列峡谷号"油轮搁浅案中的限制基金相当于该船及其货物的获救价值或者只有50美元，不超过被冲上岸的救生艇的价值。事故发生后，国际货币基金组织理事会批准了一项雄心勃勃的研究计划，包括一个国家在多大程度上受到直接威胁或那种发生在其领海以外的伤亡事故影响，应当能够采取措施保护其海岸线、港口或便利设施，即使这些措施可能影响船东、打捞公司、保险公司甚至船旗国政府的利益。

裁决

最终该案通过英法两国政府与定期租船人和船主之间通过谈判达成和解协议结案。在整个事件中，联合王国和法国政府一直进行充分合作，两国政府在联合协商的每一个阶段都采取了行动。船主和定期租船人已同意支付300万英镑作为两国政府索赔的全部和最后解决办法，两国政府将平分这笔款项。该和解协议还满足了英国根西行政区（靠近法国海岸线）所遭受的任何损害赔偿责任。1968年，联合国国际法委员会也基于保护海洋环境的必要声明英国的行为符合"情势必需"原则，"托列峡谷号"事件威胁到英国沿海海洋环境的安全，英国有权采取"自保措施"。英国于1969年5月4日，把沿海国干预海洋污染事故和污染引起的民事责任问题向国际海洋咨询组织特别会议提出。

问题提炼

1. 船旗国和船主对船舶在公海造成的环境污染事件应承担怎样的责任？

2. 沿海国是否有权对于公海上发生的可能威胁其海域安全的事件进行管辖并采取行动？对公海上发生的环境污染事件，到底哪些国家有权管辖？

3. "方便旗"船舶应该如何管理？

4. 可能受到环境污染事件影响的非相关公约缔约国是否有权采取防御性行动？

解析

（一）船旗国和船主对船舶在公海造成的环境污染事件的责任

1969年《国际油污损害民事责任公约》为船舶油污的受害者提供了便于向造成污染的船舶所有人索赔的一套机制。为此，公约规定的适用公约的责任主体包括有船舶登记所有人、在未登记情况下实际拥有船舶的人、如果船舶为国家所有并由在该国登记为船舶经营人的公司所经营的公司即为船舶所有人。公约采用严格责任制和限额赔偿制。为减轻船舶所有人依规定的严格责任和强制保险而承受的沉重经济负担，保证遭受重大油污损害的受害人得到充分的赔偿，政府间海事协商组织在1971年召开关于设立国际油污损害赔偿基金的会议并通过《国际油污损害赔偿基金公约》。该公约于1978年生效。令人遗憾的是，适用本案油轮搁浅石油泄漏事故的国际法规则在当时处于空白状态。所幸的是该事故所引致的索赔争端得到了和解，英国政府的表现也得到了国际社会的谅解，并获得联合国国际法委员会的认可。

《联合国海洋法公约》第194条规定，"各国应采取一切必要措施，确保在其管辖或控制下的活动的进行不致使其他国家及其环境遭受污染的损害，并确保在其管辖或控制范围内事件或活动所造成的污染不致扩大到其按照本公约行使主权权利的区域之外"。对此而给其他国家或"公域环境"造成的跨界损害，船旗国应承担跨界损害责任。这种责任的承担主体就是国家，在本案就是指船旗国。关于跨界损害责任的承担方式问题，联合国国际法委员会于2006年二读通过的《关于危险活动造成的跨界损害案件中损失分配的原则草案》确立了跨界损害损失分担机制，分担的前提就是首先确立多重主体，这种多重主体之间是一种赔偿序位的补充关系，即当前一序位的主体不能满足对受害者的赔偿时，由后位的主体进行补充赔偿。一般而言，跨界损害损失的首位主体是跨界损害活动的经营者，其次是相关受益者或潜在污染者，引起跨界损害活动的起源国则往往是最后一个序位主体，履行国际赔偿责任。

（二）沿海国是否有权对于公海上发生的可能威胁其海域安全的事件进行管辖并采取行动？对公海上发生的环境污染事件，到底哪些国家有权管辖？

从公海自由原则确立以来，对于处于公海的船舶，要遵循船旗国法，服从船旗国的相关法律管制。1969 年《国际干预公海油污事故公约》规定，当船舶在公海遭遇重大和紧急的危险，有理由判断和预料会对沿岸地区有关利益方造成严重后果时，任何缔约国都有权采取干预措施，以防止、减轻或消除危险或威胁，但措施必须限于必要，且仅为防污目的。同时，公约还规定了沿海国的管辖权，即使污染事件发生在公海，如果沿岸国采取了必要的预防措施，事故的后果波及沿岸国，对于损害赔偿的诉讼，该沿岸国的法院有管辖权。这是第一个规定沿海国为了防污目的可以在公海对他国船只采取干预措施的国际协定，是对传统的公海上船旗国专属管辖法律制度的突破，使环境受到威胁的国家可以合法地进行自我保护。该公约仅仅适用于船舶造成的油污事故。

在 1973 年开始的第三次海洋法会议上，焦点之一是关于沿海国对其管辖范围内海域污染的管辖权问题。海域污染，直接受害者是沿海国家。因此会议认为沿海国有权对领海接近范围内的海域进行相关法规的制定，也可以采取对策进行管辖，以有效避免海洋遭受污染，同时，可以对于造成污染损害的船舶进行处理。《联合国海洋法公约》就海洋防污法律规章的制定及执行等方面作出了规定，明确了综合的沿海国、船旗国、港口国的管辖权，实现了沿海国管辖权的扩展，直接缩小了船旗国的管辖范畴，将沿海国的管辖权扩展到专属经济区。《联合国海洋法公约》第 192 条规定，"各国有保护和保全海洋环境的义务"。第 194 条第 1 款规定："各国应适当情形下个别或联合地采取一切符合本公约的必要措施，防止、减少和控制任何来源的海洋环境污染，为此目的，按照其能力使用其所掌握的最切实可行方法，并应在这方面尽力协调它们的政策。"第 198 条规定："当一国获知海洋环境有即将遭受污染损害的迫切危险或已经遭受污染损害的情况时，应立即通知其认为可能受这种损害影响的其他国家以及各主管国际组织。"第 199 条规定："第 198 条所指的情形下，受影响区域的各国，应按照其能力，与各主管国际组织尽可能进行合作，以消除污染的影响并防止或尽量减少损害。为此目的，各国应共同发展和促进各种应急计划，以应付海洋环境的污染事故。"

为了对船舶造成的其他污染进行调整，1973 年 11 月，政府间海事组织在伦敦召开的防止船舶造成污染会议上通过了干预公约的议定书，将沿岸国在公海上采取干预措施的权利扩大到造成非油类物质污染的海损事故，该议定书于 1983 年 3 月 30 日生效。1973 年《国际防止船舶污染公约》是第一个全面控制船舶造成海洋污染的全球性公约，共 20 条，附有 2 个议定书和 5 个技术附则。该公约的目的是"彻底消除有意排放油类和其他有毒物质而污染海洋环境并将这些物质的意外排放减至最低限度"。公约还赋予了沿岸国一定的执法和司法管辖权。

（三）"方便旗"船舶应该如何管理？

1986 年 2 月 7 日，联合国船舶登记条件会议上通过的确定船舶登记条件的国际公约旨在解决由于"开放登记"带来的难以确定船舶所有人、船舶技术条件差、船员的工资福利得不到保障、容易发生海运欺诈事件和扰乱航运市场秩序等问题的《联合国船舶登记条件公约》，实际上也是对"方便旗"船舶加强管理并为逐步消除悬挂"方便旗"的船舶创造条件。按照公约的规定，每个国家，无论是沿海国还是内陆国都有权让悬挂其船旗的船舶在公海上航行，船舶具有船旗国的国籍，船舶只应在一国的旗帜下航行，船舶不能同时在两国或多国登记，除了在真正转换所有权或改变登记的情况下更换船旗外，船舶在航行期间或靠港时可不换船旗。所谓"方便旗"船舶是指那些出于政治上、经济上和技术上的原因，将本国购买或建造的船舶登记为其他国家的船舶，船上悬挂登记国的旗帜，当然必须与该国签订协定才能达此目的。所谓政治原因，系指由于当时的政治环境或政治气候，不允许某国的船舶从事国际航行。所谓经济原因，系指一些国家的船公司，为了躲避进口关税，在国外购买的船舶直接在国外登记，船舶悬挂登记国的旗帜并在境外从事国际运输。所谓技术原因，系指一些国家的船舶公司，由于本国的船舶登记的技术条件比较严格，船舶的技术状况达不到条件，只好寻找登记条件相对宽松的国家登记，船舶悬挂登记国的旗帜。

总之，上述三种船舶都属于"方便旗"船舶。在严格意义上说，这种船舶基本上属于非标准船舶。从历史上看，发生事故的船舶多数是这类挂方便旗的船舶，本案也是如此。因为这类船舶的设备状况和技术状况，一般都不能完全符合国际公约规定的标准，或是船舶状况差，或是船员素质差，所以在遇到恶劣气候条件时难以应付，结果就发生了事故。为此，国际海事组织成立了船旗国履约分委会，每年召开一次会议，讨论船旗国在履约方面存在的问题，并建立了船旗国审核机制和港口国监督机制。

1954年《国际防止海上油污公约》是第一个海洋环境保护的全球性公约，但该公约及其修正案只有船旗国才有司法管辖权，而方便旗国没能按照公约标准惩处造成油污的船舶，公约也没有涉及对发生在公海的事故造成油轮所载原油泄漏的处理，所以，对本案根本不适用。

（四）可能受到环境污染事件影响的非相关公约的缔约国是否有权采取防御性行动？

回答是肯定的。这是由国际法基本原则之一的国家主权原则决定的。所谓国家主权是指国家区别于其他社会集团的最重要属性，是一个国家固有的在国内的最高权力和在国际上的独立自主权利。任何国家都有权按照自己的意愿，根据本国的情况，选择自己的社会制度、国家形式，组织自己的政府，独立自主地决定、处理本国的内部和外部事务，其他国家无权进行任何形式的侵犯或干涉。主权的内容一般包括独立权、平等权、自保权、管辖权、司法豁免权等。独立权是国家自主地处理本国的内外事务，排除任何外来干涉的权利。平等权是直接从主权引申出来的权利即各国的主权是平等，不问经济、社会、政治或其他任何性质上的差异与不同均有平等权利与责任并为国际社会的平等成员。自保权除传统意义上的国家有保卫自己的生存和独立不受侵犯的权利之外，还包括在遭受到其他方面的危害例如环境危害时也有权利采取相应的措施以保护其自身的利益，因为主权从来就包含两个方面，国家既有在其本国领土上的行动自由，又有免受域外活动造成损害以及不受影响地享用本国领土的权利。当船舶在公海遭遇重大和紧急的危险，非缔约国有理由判断和预料会对沿岸地区有关利益方造成严重后果时，基于主权逻辑同样有权采取必要的干预措施，以防止、减轻或消除危险或威胁。

四十五、"威望号"油轮污染案

基本案情

2002 年 11 月 23 日，一艘装载着 7 万多吨燃料油的油轮……威望号（Prestige）油轮从拉脱维亚出发前往直布罗陀海峡。在途经大西洋比斯开湾西班牙西北部加利西亚省海域的时候，于距离海岸 9 公里处的海域遭遇高达八级的风暴，进而发生严重事故。"威望号"油轮的船体出现了一个长达 35 米的巨大裂口，燃料油从此处向外泄露，导致当地海面出现一大片油污带。事发后，西班牙命令 4 艘拖船将"威望号"油轮拖往外海，在 19 日上午已经拖至距离西班牙海岸 95 公里海面上。然而，"威望号"油轮的船体就在此处断为两截，最终沉没。在这一外拖过程之中，沿途出现了一条宽 5 公里、长 37 公里的黑色油污带。不但如此，"威望号"油轮在沉没之后，还对大约 50 公里之外的葡萄牙海域产生了不良影响，不但对当地海域的生态环境造成了威胁，甚至还直接威胁到毗连着葡萄牙的法国海域。据专家的估算，"威望号"油轮泄露的燃料油所造成的海岸污染面积长达 500 公里，这可能造成了有史以来最为严重的海上漏油事故之一。显然，如此大范围严重的燃料油泄露必然会对海洋生态环境造成难以估量的损害。同时，泄露的燃料油通过传导，还会对在污染区域周边居住和生活的当地居民造成严重的健康损害。由于油污的消除旷日持久，因此"威望号"油轮事故的影响还会长时期地持续下去。

威望号所污染的区域主要位于西班牙的加利西亚海岸。当地海域以盛产各种鸟类和海产闻名于世，而且渔业资源十分丰富，还有大片珊瑚存在，历来是各类海鸟及其他海洋生物的重要停留之地和迁徙之地，也因此成了众多游客的旅游胜地。在当地沿岸居民中，有约 4 千人以打鱼为生，另有 3 万多人从事旅游、餐饮和运输等服务工作，污染事故必然会对当地的经济发展造成重创。由于燃料油的性质使然，其毒性远远超过普通原油。燃料油所形成的油膜封闭性极强，能够导致海洋生物因缺氧而死亡。海鸟等物种如果粘上此类物质，则会丧失保暖与飞翔的能力，最终还会因无法觅食而死亡。不但如此，燃料油的毒性还会经由作为中介的环境要素进入人体内部。鉴于此种严重后果，时任西班牙首相阿斯纳尔下令调查此次污染事故的来龙去脉，为此，西班牙政府动员了大量人力和物力清除海面油污，并努力援救遭受威胁的各类生物。

"威望号"油轮污染事故发生以后，国际爱护动物基金会也迅速成立了紧急救助小组，并与当地野生动物保护组织通力合作建立了海鸟救助中心。大量救助人员集结在一起，为抢救因油污而受困于海面和海岸的海鸟等生物而努力。

诉讼请求

要求"威望号"油轮等有关责任主体就污染造成的损害进行赔偿。

裁决

"威望号"油轮污染事故发生之后，最要紧的便是确定责任主体。经查明，威望号悬挂的是巴哈马国旗，但船舶的拥有者却是一家利比里亚公司，船舶的实际管理者则是希腊人，船长也是希腊人。发生污染事故时，船舶正在由一家设立在瑞士的俄罗斯石油公司租赁使用中。

"威望号"油轮本是日本于20世纪70年代生产的单壳油轮。由于存在严重风险，虽然早在20世纪90年代，国际航运组织就已经要求各国航运公司清理并报废此类油轮，但船舶所有者们却置若罔闻，各国管理部门也对此要求未加以重视，长期疏于管理。在此次污染事故发生之后，日本声称威望号于1976年投入使用，本应在1999年就报废。希腊政府声称，威望号因为悬挂的是巴哈马国旗，因此与希腊无关，该船舶应当是一艘巴哈马油轮。西班牙与欧盟则严厉指责拉脱维亚和英国违反了海上运输安全规定。事实上，拉脱维亚轻易地将装油后的"威望号"油轮放行，而英国则在明知该船舶超期服役的情况下，依然同意其运输燃料油并往返于直布罗陀海峡。

受到污染威胁的西班牙与法国下令，从2002年11月27日起，对于任何装载石油原油和燃料油等极易污染海洋的危险货物运输船舶实施严格管理，并严禁船龄在15年以上的运输油类物质的单壳船舶通过其领海。2002年11

月底，欧盟 15 国交通部长举行会议并一致同意，决定自 2006 年后严禁成员国运输公司使用单壳油轮开展营运活动，且不得委托单壳油轮运油，对于不顾安全在成员国海域造成生态事故的船主及船上人员将采取极为严厉的惩罚措施。

从 2002 年 11 月 19 日起，在西班牙原告和当事各方的努力推动下，关于确定责任归属的一系列诉讼同时在多个国家中进行。而且，西班牙的科尔库维翁刑事审判庭对此次事故还进行了刑事调查。由于威望号悬挂的是巴哈马的国旗，巴哈马海事当局后来发布了一个有关该事件的调查报告，不过该报告认为并无可靠证据证明船舶最初所发生的破损究竟是由何种原因造成的，因此也仅仅提出了几种推测。

该案的审理旷日持久，且涉及海上责任保险理赔等复杂问题。直至 2017 年 11 月，西班牙西北部城市拉科鲁尼亚省法院才对该案作出了一审判决。2018 年 12 月，西班牙高院下达了终审裁决，"威望号"油轮船长和互助保险公司伦敦保赔分公司将分别向西班牙和法国支付 15.7 亿欧元和 6100 万欧元的环境污染损失赔偿金。但是，互助保险公司伦敦保赔分公司对此判决表示不满。截至判决作出时，互助保险公司伦敦保赔分公司表示将与有关各方合作，争取未来能达成一项其认为合理的赔偿方案。[1]

问题提炼

1. "威望号"油轮在运输管理上存在的问题。
2. 如何有效补救"威望号"油轮所造成的损失？
3. 设置船舶油污的国家责任制度之合理性是什么？

解析

（一）"威望号"油轮在运输管理上存在的问题

对于承运危险或易造成环境污染物质的船舶而言，最重要的便是加强预防工作，通过运输管理上的日常防范，可以大大降低船舶爆发污染事故的可能。从法律角度来讲，这涉及如何评价单壳船舶的安全性，以及为确保船舶

---

〔1〕 "西班牙高院裁定'威望号'油轮赔付 16 亿污染损失"，载 http://www.sohu.com/a/284610142_ 120020524，2019 年 3 月 26 日访问。

安全而落实其船旗国监管责任的问题。

就第一个问题而言，单壳船舶一度盛行有其历史背景。20世纪70年代，日本之所以大量制造此类船舶的原因在于其成本低廉，能够尽快抢占运输市场。但这样一来，也存在着高度的安全隐患，为了尽可能地节省成本，此类船舶所使用的几乎都是非常薄的钢板，一旦发生漏油事故，造成灾难性后果也就是再自然不过的事情了。但是，面对海洋运输的营利需要，各国依然大量使用单壳船舶开展海洋运输。尽管其非常容易发生事故，但是否采用此类船舶却属于运输企业的经营自由，除非得到国际法上的明确禁止，否则便无从指责对此类船舶的使用。当然，在有些国家如美国的国内法上，早已严禁进口单壳船舶，但是直至"威望号"油轮事故发生之时，此类船舶依然在全球广泛运营，是当时世界油轮中的重要组成部分，一度占据多达三成的比例。对于单壳船舶可能对海洋环境造成的损害，总体来看各国都缺乏预见。如果从国际环境法的角度来看待这一经济行为，它是明显存在问题的。国际环境法上的黄金规则即"预防原则"[1]（precautionary principle）要求各国不得以缺乏科学证据为由拒绝采取预防措施。依照该原则，各国本应对于单壳船舶可能带来的风险有所预见，并应主动采取各项有效的预防措施，包括强制此类船舶逐渐退出航运市场等。但是，恰恰因为各国忽视了单壳船舶对海洋环境产生的潜在影响，导致事实上放任此类船舶大行其道，从而疏于管理，最终酿成重大污染事故。

就第二个问题而言，首先，船舶的船旗国对船舶运输负有不可推卸的管理责任，而且这种责任在国际法上是船舶管理的主要责任。然而，实践中大量存在着的"方便旗"[2]现象却构成了落实这一责任的巨大障碍。船舶在航行中应当悬挂其所注册的国籍国的旗帜以表明其归属与身份，根据《联合国海洋法公约》的规定，一艘船舶只应有一个国籍，而且船舶要与国籍之间存在真实的联系。例如，船舶所有权人的国籍应当与船舶的国籍相同，而且船长和一定比例的船员也应当是本国人等。这样一来，船旗国便能自然而然地对船舶进行合法的管理。可是，"方便旗"却严重违反了国际法的这一规定。船舶所有人往往为了规避其真实所属国的高标准管理，会刻意选择寻找一些

---

〔1〕 林灿铃：《国际环境法》（修订版），人民出版社2011年版，第166~167页。

〔2〕 Flag of convenience.

管理松懈的国家进行注册，这些国家往往只管收费却不采取实质性的管理措施。[1]"方便旗"的存在虽然对船舶所有人和发放旗帜的国家而言有利可图，但对于其他国家来说却是潜在的威胁。因为，放任数量众多悬挂"方便旗"的船舶在海上航行，爆发灾难性后果的可能大大提高。其次，除了船旗国以外，船舶航行经过的沿海国、港口国等也有权对涉及船舶的有关事务进行管理，如卫生检疫等。沿海国、港口国可以要求船舶遵守沿其制定的法律规定，并对经过本国海域或停靠本国港口的船舶依法实施管理。

但是，"威望号"油轮作为单壳油轮在事故发生时已经连续三年未接受正规检查，其船旗国也好，航行中经过的沿海国、港口国也好，全都疏于管理，任其在海面上自由航行，教训不可谓不深刻。对于"威望号"油轮所造成的海洋环境污染，包括船舶所有人、承运人、船旗国及有关国家均应当承担相应的责任。

（二）如何有效补救威望号所造成的损失？

对于如何有效地补救"威望号"油轮所造成的损失，可以从三个方面来进行分析。

第一，作为对事故进行反思所采取的预防措施。"威望号"油轮所造成的事故充分说明加强对不合格的船舶之管理已经迫在眉睫。西班牙在事故之后迅速颁布行政措施，禁止单壳油轮进入西班牙海域。欧盟则加速推进落实采用双壳油轮的动议。2003年，欧洲议会通过了欧盟理事会所制定的第1726/2003号法令。该法令确立了新的欧洲海上安全政策，其特别强调禁止单壳油轮运输重油、加速推行单壳油轮的清除工作，并提高了15年以上船龄的油轮进入欧盟各成员国的条件。此类预防性质的措施能够从根本上防止和杜绝类似污染事故的发生，显然具有风险预防的意味。

第二，司法诉讼。"威望号"油轮事故发生于2002年，但最终的判决却迟至2018年才作出。虽然判决要求被告赔付天价金额。但是，这一诉讼耗时过久，加之未能及时地弥补修复海洋环境、恢复当地居民正常生产生活秩序所需的费用，可谓是迟来的正义。尽管开展常规诉讼乃是弥补受损海洋环境和居民损失的必然要求，但囿于环境问题的复杂性，特别是因果关系的不确定性，加上涉及国际政治角力的影响，诉讼这一手段本身还不足以满足原告

---

[1] 发放方便旗的国家比较突出的有巴哈马、巴拿马、利比里亚、哥斯达黎加等国。

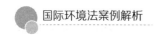

的诉求，也难以适应海洋环境保护的需求。

第三，作为赔偿之补充的财政机制。如前所述，诉讼成本过于高昂，严格的证据证明要求对于环境问题而言通常很难得到实现，而且受限于财力水平，很多环境污染事故的肇事者也缺乏足够的赔偿能力。为了及时应对环境问题后果的持续蔓延，就迫切需要建立以有效应急为目的的财政机制，从而能第一时间迅速地弥补权利主体的损失。由于船舶泄露造成的海洋污染历来备受关注，相对于冗长的诉讼过程，通过多样化的财政机制筹措资金迅速赔偿和补救便成了理想的选择。从实践来看，此类财政机制可以划分为责任保险与赔偿基金两大类，且多见于海上油污事故的处理。

就责任保险而言，主要的国际法文件有 1969 年《国际油污损害民事责任公约》及其议定书、1971 年《设立赔偿油污损害国际基金公约》、1996 年《国际海上运输有毒有害物质损害赔偿责任和赔偿公约》、2001 年《国际船舶燃油污染损害民事责任公约》等。多年来，这些国际法律文件不断地拓展适用范围，细化船舶加入责任保险的各项条件，[1]已经发挥了巨大的作用。

就赔偿基金而言，主要的国际法文件有 1969 年《国际油污损害民事责任公约》、1971 年和 1992 年《设立赔偿油污损害国际基金公约》等。基金的特别之处在于，其虽然没有对受害人造成损害，但却能在一定条件下对跨界损害承担独立的赔偿责任，是一种特殊的责任主体，[2]能够有效地针对特定情形的污染进行补偿。

（三）设置船舶油污的国家责任制度之合理性是什么？

船舶油污所致环境损害大多是由国际法不加禁止行为造成的，例如，船舶运输过程中由于天气、海浪等自然原因而发生泄漏。按照传统国际法的观点，对于此类损害国家不应承担责任。但是，此类泄漏事故对海洋环境所造成损害的影响往往要持续多年，很多生物物种会遭遇灭顶之灾，加上随着国际法日益要求国家要对不加禁止行为所致后果承担严格责任，因此，考虑在船舶油污的处置中设置国家责任便成为紧迫的议题。在本案中，"威望号"的船体开裂究竟是由于什么原因所致已经很难查明，如果承认是由自然因素所致而有关国家不必承担国家责任，这就无法督促其切实履行对于船舶的管理

---

〔1〕 林灿铃：《跨界损害的归责与赔偿研究》，中国政法大学出版社 2014 年版，第 362~366 页。

〔2〕 林灿铃：《跨界损害的归责与赔偿研究》，中国政法大学出版社 2014 年版，第 376~379 页。

责任。

　　基于上述分析，设置国家责任的理由在于：第一，国际法上主要的防止油污公约中，国家是缔约方，当然负有防止此类污染的责任。第二，国际环境法特别强调，国家不得对其管辖范围之外的环境造成损害。国家必须加强对拥有其国籍的船舶的管理，如果疏于监管，就应当承担相应的国家责任，这样有利于国家增强责任心，落实其注意义务，防止将责任全部转嫁到作为船舶所有者的个人与企业身上。第三，国家责任的兜底功能。对船舶所有者课以过重的赔偿责任，有可能反而损害航运业的健康发展，提升海洋运输成本。如果针对船舶油污设置国家责任，就能极大地减轻从业者的负担，实现公平与效益之间的平衡。当然，对于船舶油污国家责任的具体落实，需要根据实践的需要进一步就一系列细节问题做出安排。

四十六、我国机电产品因欧盟推行CE标志出口受阻事件

事件概况

随着经济全球化不断加深，国际贸易作为经济全球化的首要内容，步入新一轮的高速增长，对世界经济的发展产生重大影响。以发达国家为中心的国际贸易格局依然不变，全球范围的区域经济合作势头高涨，贸易自由化和保护主义的斗争由来已久，各种贸易壁垒层出不穷。20世纪40年代，西欧国家感受到，要在美苏两大国间保证自身安全，提高国际地位，加快经济发展，必须联合起来，力推欧洲一体化进程。在这一过程中，欧盟推行CE标志（CE Marking）认证扮演了重要角色。我国机电产品因欧盟推行CE标志出口受阻案，是指欧盟推行以CE标志为主的国际认证，造成中国部分机电产品在欧盟市场，因不符合CE标志指令，而遭遇难以流通或面临召回的困局与挑战。

国际认证中以欧盟CE标志为代表的涉及安全、健康、质量和环境保护等诸多方面的产品认证制度已在国家或地区层面广泛实施。CE标志的英文曾使用"EC Mark"，1993年7月22日发布的《CE标志指令》即93/68/EEC指令中正式使用"CE Marking"取代"EC Mark"。"CE"是法文"Conformite'Europeene"的缩写，意为"符合欧洲"或"欧洲统一"。"CE Marking"作为欧盟正式文件中的官方术语沿用至今，而"CE Mark"有时也会出现，但不作为官方术语。目前而言，CE标志有两个重要属性，即"安全标志"和"欧盟护照"。首先，CE标志是安全合格标志而非质量合格标志。CE标志作为一种国际认证标志，是只限于产品不危及人类、动物和货品的安全方面的基本安全要求，而不是一般质量要求。在欧洲经济区（欧洲联盟、欧洲自由贸易协会成员国，瑞士除外）市场上销售的商品中，加贴CE标志，表示该产品符合欧

盟《技术协调与标准化新方法》指令所要表达的安全、卫生、环保和消费者保护等一系列要求。其次，CE 标志被视为制造商打开并进入欧洲市场的护照。贴有 CE 标志的产品可在欧盟各成员国内销售，无须符合每个成员国的要求，从而实现产品在欧盟成员国范围内的自由流通。在欧盟市场，CE 标志属于强制性认证标志，不论是欧盟内部企业生产的产品，还是其他国家生产的产品，要想在欧盟市场上流通，必须加贴 CE 标志，以表明产品符合欧盟《技术协调与标准化新方法》指令的基本要求。

1990 年 1 月 1 日，玩具成为首批必须加贴 CE 标志的产品，此后包括机电产品（Mechanical and Electrical Products）在内的 20 多个大类产品陆续被要求在投放欧共体市场前，必须已经符合欧共体相关法规的具体要求，并加贴 CE 标志。根据中华人民共和国出入境检验检疫行业标准 SN/T 2838.2-2011《进出口机电产品检验专业通用要求术语和定义》中，关于机电产品的定义是：机电产品是指能量产生/转换/传输/测量的设备，一般包括机械设备、电气设备、交通运输工具、电子产品、电器产品、仪器仪表、金属制品等及其零部件、元器件。[1]另外，在商务部机电和科技产业司编制的《机电产品进出口统计工作手册》中，机电产品的商品类别包括：金属制品、机械及设备、电器及电子产品、运输工具、仪器仪表及其他。[2]总而言之，机电产品包含的范围非常广，几乎涵盖了生产生活中所有机械和电器方面的产品。

与 CE 标志有密切关系的是，根据欧盟于 2001 年 12 月颁布的《有关一般产品安全的指令 2001/95/EC》第 11 条规定，欧盟委员会建立了"欧盟非食品类商品快速报警制度"（Rapid Alert System for non-food consumer products，RAPEX）。[3][4]2001/95/EC 指令经过 3 年的过渡期，于 2004 年 1 月 15 日生效，同年 2 月 9 日，RAPEX 正式启动。RAPEX 要求在成员国及欧盟委员会之间快速交换有关对不安全产品采取限制措施方面的信息，即成员国通知此类产品的危险；获得报警通知的其他成员国也应该通知它所将采取的措施。

---

〔1〕 参见《进出口机电产品检验专业通用要求术语和定义》。

〔2〕 参见《机电产品进出口统计工作手册》。

〔3〕 RAPEX 是一种用于通报食品以外的消费品的快速预警系统，主要功能是确保成员国主管机构确认的危险产品的相关信息能够在成员国主管机构及欧盟委员会间迅速地分发，防止并限制向消费者供应这些产品。

〔4〕 参见《有关一般产品安全的指令 2001/95/EC》第 11 条。

简而言之，RAPEX 就是成员国对欧盟市场内不符合安全要求的产品进行互相通报并采取限制性措施，包括安全性检查、要求提供信息、提取样品进行检查、要求标注警示语、临时禁止销售、禁止销售、召回并销毁等措施。欧盟 RAPEX 年度通报显示，2010 年，一共通报不合格产品案例 2244 个，其中我国产品高达 1134 例，占全年通报总额的 58%，并呈逐年上升趋势。2018 年前三季度我国产品被欧盟 RAPEX 召回通报数 806 例，同比增长百分比为 8.8%，占 RAPEX 通报总数的 52.9%，其中机电产品比例居高不下。我国产品被通报和退运的主要原因之一就是产品上加贴的 CE 标志不符合欧盟的有关要求。机电产品国际贸易是国际贸易的主导产业之一，也是衡量一国参与国际分工能力和对外贸易竞争力的重要标志之一。我国的机电产品不仅出口量位居世界第一，而且根据中国海关总署发布的进出口数据，近年来的机电产品出口一直是我国出口贸易中比重最大的产品类别，比例近六成（58.4%）。虽然近年来，在欧盟市场的比重有所下滑（近 17%，是我国机电产品的第二大出口市场），但仍是我国机电产品最重要的出口市场之一。因此，我国机电产品因欧盟推行 CE 标志出口受阻之困局，对我国机电企业乃至整个机电行业都有着深远影响。

事件影响

CE 标志作为欧盟市场的流通护照，目前世界上承认 CE 标志的国家主要是欧盟成员国及地区，美国、加拿大、日本、新加坡、韩国等国家均不接受 CE 标志。中国迫于一定的对外贸易压力，仍需通过使产品符合 CE 认证的标志才能够顺利进入欧盟市场，这对于我国的经济和产业发展具有深远影响。

一方面，欧盟推行 CE 标志，这对我国目前的机电行业产生了一定负面影响。直接涉及的就是我国机电产品出口成本上升，具体表现为原材料替代成本、技术专利成本、CE 标准检测认证成本以及管理成本等各种成本大量增加。CE 标志的推行迫使中国机电的制造和出口成本增加，从而丧失价格上的竞争优势，减弱企业的直接竞争力，例如 2001 年 10 月的温州打火机出口欧盟案，根据欧盟规定，2 欧元以下的打火机必须设有防止儿童打开的安全锁，而设置安全锁的技术专利已被国外获得，增加安全锁意味着成本的增加以及价格优势的丧失，同时增加了相关知识产权纠纷的风险，这也是中国加入 WTO 后遭遇技术壁垒的第一案。

失之东隅，收之桑榆。我国机电产品虽因欧盟推行 CE 标志而产生出口困局，但同时也促使我国机电行业的升级发展。第一，推动增加机电企业竞争手段，提高机电行业竞争优势。虽然中国机电产业的长足发展有目共睹，但核心技术仍是软肋。核心技术的缺失使中国的机电生产企业长期处于被动地位，根据中国出入境检验检疫局对我国几十家出口欧盟机电企业的抽样调查显示，针对这一情况，TCL、美的、海尔、海信、澳柯玛等大型企业对"欧盟标志"给予了重视，并采取相关措施进行应对，包括绿色供应系统、绿色设计、绿色管理系统、拟建回收系统等安全产品及绿色制造的技术。随之而来，一些研发能力不足或难以转型升级的机电企业就面临被淘汰或被兼并的局面，从而引发我国机电行业的升级与重组，这在一定程度上推动了我国机电行业的产业优化。第二，推动中国机电业开拓国际新市场。在我国机电产品出口的国家和地区中，欧盟市场在很长一段时间内都是我国机电产品的最大出口市场，约占机电产品出口总额的 20%，但根据 2018 年、2019 年和 2020 年中国海关总署发布的数据显示，美国目前已经跃居成为中国机电产品的最大出口市场，约占中国机电产品出口总额的 20%，欧盟则以近 17% 的比重位居第二。另外，根据我国政府与东盟 10 国签订的中国-东盟自由贸易区《货物贸易协议》和《争端解决机制协议》，从 2005 年 7 月开始，已有马来西亚、新加坡、泰国、印尼、菲律宾、越南 6 个东盟国家降低部分机电产品进出口关税，这也为我国机电产品出口提供了新的机遇。第三，一定程度上推动中国国内环境立法和环境标准的完善，加强与国际环境立法的接轨。中国机电产品的出口之所以受到欧盟 CE 标志的阻碍，有部分原因是中国的环境立法与环境标准和以欧美为代表的发达国家所实施的环境标准不同。环境保护立法工作在中国的起步相对较晚，1973 年第一次召开全国环境保护会议确定了环境保护 32 字方针（全面规划、合理布局、综合利用、化害为利、依靠群众、大家动手、保护环境、造福人民），并在此次会议上讨论并通过了中国第一个环境保护标准——《工业"三废"排放试行标准》。1983 年在第二次全国环境保护会议上提出"环境保护是我国的一项基本国策"。于欧盟推行 CE 标志认证的 1993 年中国开始开展环境标志计划，当时实施的环境标准仅 300 余项。经过 20 余年的发展，截至 2020 年 8 月 15 日中国生态环境部发布的数据显示，中国实施的国家环境标准已经达到 1867 条。第四，强化中国机电企业的法律意识和环保意识。随着国内环境立法和环境标准的不断完善，以及与国际环

境立法的接轨，我国出台的法律法规及环境标准，一定程度上能有效地引导机电产业快速进入绿色通道。

问题提炼

1. 环境与贸易问题是如何产生的？
2. 何谓"绿色条款"？
3. 何谓"绿色壁垒"？

解析

（一）环境与贸易问题的产生

20世纪90年代在国际环境保护领域和国际贸易领域发生了两件大事：其一是标志着环境保护运动新高潮到来的1992年里约热内卢联合国环境与发展大会；其二是标志着国际贸易自由化达到了新高度并有了制度化保障的1995年的世界贸易组织的建立。这两件大事体现着世界发展的两个不同趋势，环境保护所希冀的是控制某些国际贸易，贸易自由化则是希望取消所有贸易障碍。二者将环境保护与贸易间的关系推进到了一个历史的新阶段，同时，这两大潮流的相互碰撞与交流也催生了国际环境法领域引人关注的环境保护与贸易自由议题。

"环境与贸易"这一热点问题的产生并非偶然。这是因为任何生产、生活都是在一定的自然基础上展开的。从深层次来看，具有内在增长机制的贸易活动对自然资源需求的无限性和具有内在稳定性机制的生态环境对资源供给的有限性之间具有矛盾的关系，贸易的增长和发展是人类社会生产力和社会分工发展的客观要求，而生态环境的平衡稳定则是一种客观自然规律，不以人类的意志为转移。以前，环境问题一直被错误地认为是一个区域性的问题，是一个国内问题，环境问题的解决由一国的价值取向和社会关注程度决定。今天，伴随着人类工业文明的积淀，随着国际贸易活动的强化和环境与资源的恶化，环境问题已由潜在的、幕后的危机演变成为再也不容人类忽视的突出问题。现实告诉我们：环境问题无国界，它是不以人的意志为转移的。全球变暖、水土流失，物种濒临灭绝、危险废弃物的越境转移、大气污染、臭氧层破坏、森林剧减等严重困扰人类的环境问题无不与国际贸易密切相关。

20世纪90年代，随着全球生态环境的日益恶化和人们环境保护意识的不断增强，越来越多的多边环境条约试图抑制自由贸易体制中不利于环境的消极方面，或试图以与贸易有关的措施促进环境保护，1992 年联合国环境与发展大会通过的一系列重要文件，如《里约热内卢环境与发展宣言》《21 世纪议程》《联合国气候变化框架公约》《生物多样性公约》等无不对国际贸易中不利于环境保护的因素予以了限制。日益高涨的环境保护意识波及世界的各个角落，对全球政治、经济、文化和社会的各个方面都产生了深刻的影响。而 1995 年成立的世界贸易组织的宗旨则是取消贸易壁垒，促进贸易的全球化和自由化。这就使得两股潮流必然会在一定的情况下发生交集。这主要表现为国家的宏观决策者担心环境保护的代价或费用可能影响该国在国际贸易中的竞争力。与此相反，环境保护者则认为环境恶化已成为全球危机，各国应毫不迟疑地采取对策，即便因此在短期内牺牲一些经济利益也是值得的，强调自由贸易对环境的消极影响。此外，发展中国家与发达国家之间在贸易与环境的关系问题上存在较大的分歧。因此，发展中国家和发达国家对环境保护与贸易问题往往有着不同的理解和主张。

总而言之，环境保护与贸易的关系是一个十分复杂且内容广泛的课题，它涉及多边环境协定中的贸易限制措施、多边贸易体制下的环境保护条款以及与环境有关的单边贸易措施并涉及条约法、知识产权法、服务贸易法、争端解决程序法等许多法律部门。

（二）绿色条款的产生

绿色条款指的是多边贸易体制下各类协议中的环境保护例外条款，多边贸易体制则是指世界贸易组织（WTO）及其成立前的关贸总协定（GATT）所建立的贸易体制。20 世纪 60 年代末至 70 年代初期，环境政策对国际贸易的影响开始成为 GATT 关注的课题。1971 年，GATT 缔约方成立了一个环境措施和国际贸易的工作组，但是，当时它并没有正式运转。斯德哥尔摩人类环境会议召开之后，开始于 1973 年的关贸总协定东京谈判明确提出了环境概念。随着国际贸易规模的扩大和国际市场竞争的加剧，环境与贸易的关系问题在 20 世纪 90 年代再次受到各国重视。1991 年，在欧洲自由贸易联盟成员国的建议下，GATT 环境措施和国际贸易工作组重新开始启动。1992 年，联合国环境与发展会议达成共识，开放、平等和非歧视的多边贸易体系将推动世界各国更好地保护环境以促进可持续发展。《里约热内卢环境与发展宣言》第 12 条原则强调：为了更好地处理环境退化问题，各国应该合作促进一个支持性和开放的国际经济体系,这个体系将会导致所有国家实现经济增长和持续发展。[1]为环境目的而采取的贸易政策措施不应该成为国际贸易中的一种任意或无理歧视的手段或伪装的限制。应该避免在进口国家管理范围以外单方面采取对付环境挑战的行动。解决跨越国界或全球性环境问题的环境措施应尽可能以国际协调一致为基础。这一原则要求尽可能以国际协调一致的环境措施来解决环境问题。鉴此,1994年4月,GATT乌拉圭回合谈判,环境问题尽管不包括在谈判的内容中,但各缔约方签署的正式协议却决定在WTO中全面开展环境与贸易问题的工作,《马拉喀什建立世界贸易组织协议》宣称:"本协定参加方,认识到在处理它们在贸易和经济领域的关系时,应以提高生活水平、保证充分就业,保证实际收入和有效需求的大幅稳定增长以及扩大货物和服务的生产和贸易为目的,同时应依照可持续发展的目标,考虑对世界资源的最佳利用,寻求既保护和维护环境,又以它们各自在不同经济发展水平的需要和关注相一致的方式,加强为此采取的措施。"[2]这体现了可持续发展精神,制定了贸易自由化和环境保护的双重目标,并于1995年1月31日成立专门的贸易与环境委员会(Committee on Trade and Environment),以处理与成员方贸易有关的环境问题。

(三)绿色壁垒

绿色条款的出现,标志着人们对环境问题认识的一次飞跃,标志着人类社会发展的一大进步。在过去相当长的一段时间里,贸易保护总是通过提高关税来实现的。第二次世界大战以后,各国为保护本国市场,纷纷画地为牢,征收高关税,严重阻碍了自由贸易的发展。为此,关贸总协定开始了削减关税的多轮谈判。此时主要包括数量限制、海关检疫、许可证、技术限制和管理条例等的非关税壁垒却悄然兴起。进入20世纪90年代,应关贸总协定乌拉圭回合的要求,各缔约方开始削减传统的非关税壁垒。就在此时,以环境保护为由的新的贸易壁垒——绿色壁垒出现了。

绿色壁垒主要表现为绿色技术标准、绿色环境标志、绿色包装、绿色卫生检疫、绿色补贴等几种形式。其主要内容:①推行"环境标志"制度。环

---

[1] 参见《里约热内卢环境与发展宣言》第12条原则。
[2] 国家环境保护总局政策法规司编:《中国环保法规与世界贸易组织规则》,光明日报出版社2002年版,第697页。

境标志是一种贴在产品上的图形，证明该产品不仅质量符合环境标准，且在生产、使用、处置等过程中也符合环保要求。②"绿色包装制度"。许多国家为了节约能源，减少废弃物，要求产品必须采用易于回收利用或再生或易于自然分解不污染环境的包装，否则将限制甚至禁止进口。③环境进出口附加税。进口国为了保护国内环境，对入境的有严重污染或污染难以治理的原材料、产品以及大量消耗自然资源和能源的产品、工艺生产设备征收环境附加关税。

如果说传统的非关税壁垒只是各国苦心孤诣创造出的保护本国市场的小伎俩，那么环境壁垒就构成了对国际贸易的巨大挑战。因为传统的非关税壁垒不具备任何合理性，而环境壁垒虽有贸易保护主义之嫌，但它存在的合理性却显而易见。首先，在理念上，环境壁垒的出发点是环境保护。这个目标与席卷全球的环保浪潮相呼应，符合世界发展的潮流。其次，在制度层面，国际贸易法律制度的确为环境辟垒留下了广大的运用空间。仅仅是 GATT 第20条"一般例外"就给各国采用环境贸易壁垒提供了很大的回旋余地。因此，需要特别注意这种具有名义上的合理性（保护生态环境、自然资源和人体健康），形式上的合法性（以一定的国际环境条约或国内环境法律作为其制定实施的依据）及手段上的隐蔽性（不采用配额、许可证那样具有明显歧视性的措施）等特点的贸易保护措施被滥用、恶用而导致新的不公平的歧视性的贸易壁垒。

本案的启示与意义

本案告诉我们：贸易与环境之间并无固有的不可调和的冲突，二者目的一致。所以，既不能以破坏环境为代价取得贸易的增长，也不能为了保护环境而放弃贸易的增长。在环境与贸易关系中，贸易增长与生态环境稳定之间，客观上存在着一种协调机制。完全可以通过一系列规章和措施建立起这一协调机制，从而实现环境与贸易的同步发展。

四十七、乌拉圭河纸浆厂案

基本案情

阿根廷与乌拉圭在乌拉圭河沿岸的边界是由 1961 年 4 月 7 日在蒙得维的亚签订的旨在确定这一边界的双边条约（以下简称《1961 年条约》）所确定的。该条约第 1 条至第 6 条规定了两国在乌拉圭河的边界、岛屿归属及河上的航行制度。第 7 条规定了双方建立一个涵盖各种内容的"河流利用制度"，包括生物资源的养护和防止河流的水污染。《1961 年条约》第 7 条通过 1975 年《乌拉圭河规约》（以下简称《1975 年规约》）得以具体规定。《1975 年规约》第 1 条指出，各方采纳这一制度"是为了严格遵守对各方均有效力的条约和其他国际协定所产生的权利和义务，确立使乌拉圭河得到最佳和合理的利用所需的联合机制"。

作为争端起因的第一家纸浆厂 CMB（ENCE）由 CMB 公司设计，由西班牙公司 ENCE 建立。这家纸浆厂本打算建造在乌拉圭河左岸的乌拉圭里奥内格罗部，其对面是阿根廷的瓜列哇伊丘地区，更具体地说是在"圣马丁将军"国际桥附近的弗赖本托斯市东边。2003 年 10 月 9 日，MVOTMA（乌拉圭住房、土地利用规划和环境事务部）向 CMB 发放了建造 CMB（ENCE）纸浆厂的初步环境许可。

2005 年 11 月 28 日，乌拉圭批准为建造 CMB（ENCE）纸浆厂而开展了筹备工作（场地清理）。2006 年 3 月 28 日，该项目的发起人决定停工 90 天。2006 年 9 月 21 日，他们宣布不打算在选定的乌拉圭河沿岸位置建造纸浆厂。

第二个引发争端的项目由芬兰公司 Oy Metsä-Botnia AB 于 2003 年根据乌拉圭法律成立的子公司建立，这家纸浆厂 Orion（Botnia）建造在乌拉圭河的左岸，位于 CMB（ENCE）纸浆厂选址的下游数公里，离弗赖本托斯市不远。该纸浆厂自 2007 年 11 月 9 日起开始运营。

乌拉圭建造两家造纸厂的活动引起了对岸阿根廷人对乌拉圭河受污染的担忧，一些环境保护团体进行了激烈的抗议，他们封锁了乌拉圭河上连接两国的圣马丁将军大桥长达数月之久，阿根廷官方也明确反对在两国界河边上建造纸浆厂并要求停止建设。

2006 年 5 月 4 日，阿根廷向国际法院书记官处提交了申请，就其所指称的乌拉圭违反《1975 年规约》[1]所规定义务，起诉乌拉圭。阿根廷在此份申请中称，这一违反源于"授权、建设和投产乌拉圭河沿岸的两家纸浆厂"，并特别提到了"这种活动影响乌拉圭河的水质及该河区域"。在此份申请中，阿根廷援引《国际法院规约》第 36 条第 1 款，作为国际法院对《1975 年规约》第 60 条第 1 款的管辖权的依据。

本案中两国分别申请国际法院做出临时保全措施，即阿根廷请求国际法院责令乌拉圭最终裁决前中止纸浆厂的建设与运营，乌拉圭则请求国际法院责令确保连接两国的桥梁运输畅通。国际法院分别以"违反程序义务"和"持续建设纸浆厂"并不会导致不可逆转的损害以及"封锁桥梁的行为"并没有明显妨碍纸浆厂的建设等理由，拒绝了两国的请求。

由于国际法院没有双方国籍的独立法官，两国行使《国际法院规约》第 31 条第 3 款项下的权利，各自为本案选定一名专案法官。阿根廷选定比努埃萨先生，乌拉圭选定托雷斯·贝纳尔德斯先生。

诉讼请求

（一）阿根廷的要求

1. 裁定，乌拉圭通过授权建造 ENCE 纸浆厂、在乌拉圭河左岸建成并运作 Botnia 纸浆厂及其相关设施，违反了《1975 年规约》规定乌拉圭应承担的各项义务，对其负有国际责任。

2. 裁定并宣布，乌拉圭因此必须：

（1）恢复关于《1975 年规约》对其规定的义务的严格遵守。

（2）立即停止其负有责任的国际不法行为。

（3）在当地并在法律意义上恢复国际不法行为之前的局势。

（4）对这些国际不法行为所造成的损失（无法恢复原状的损失）对阿根

---

[1] United Nations, *Treaty Series* (*UNTS*), Vol. 1295, No. I-21425, p. 340.

廷进行赔偿，赔偿数额将由国际法院在这些诉讼的下一个阶段决定。

（5）提供足够的保证，保证今后它将不再阻止适用《1975 年规约》，特别是该条约第二章设立的协商程序。

（二）乌拉圭的要求

乌拉圭的要求国际法院裁定并宣布，驳回阿根廷所提交的请求，肯定乌拉圭按照《1975 年规约》的规定继续经营 Botnia 纸浆厂的权利。

判决

国际法院于 2010 年 4 月 20 日作出判决：

1. 以 13 票对 1 票，裁定乌拉圭违反了《1975 年规约》第 7 条至第 12 条规定的程序性义务。

2. 以 11 票对 3 票，裁定乌拉圭没有违反《1975 年规约》第 35、36 和 41 条规定的实质性义务。

3. 一致通过，驳回当事国提交的所有其他诉求。

问题提炼

1. 国际法院对本案的管辖权。

2. 是否违反程序性义务的判断？

3. 是否违反实质性义务的判断？

4. 本案中环境影响评价包括哪些内容？

解析

（一）国际法院对本案的管辖权

阿根廷与乌拉圭双方均认为，国际法院管辖权的依据是《国际法院规约》第 36 条第 1 款〔1〕和《1975 年规约》第 60 条第 1 款。〔2〕但是，双方在阿根廷提出的所有要求是否均属于争端裁决条款（compromissory clause）的范围上

---

〔1〕《国际法院规约》第 36 条第 1 款："法院之管辖包括各当事国提交之一切案件，及联合国宪章或现行条约及协约中所特定之一切事件。"

〔2〕《乌拉圭河规约》第 60 条第 1 款："无法通过直接谈判加以解决的关于条约和规约的解释或适用的任何争端，可由任何一方提交给国际法院。"

存在异议。[1]国际法院认为，阿根廷提出的要求中，只有那些依据《1975 年规约》属于第 60 条所载争端解决条款规定的内容，才属于国际法院的管辖权范围。

尽管阿根廷在提出关于由纸浆厂引起的噪音和"视觉"污染的指控时，援引了《1975 年规约》第 36 条，但国际法院认为该主张没有法律依据。《1975 年规约》第 36 条明确规定："各方应通过委员会协调必要的措施，以避免导致生态平衡的任何变化，控制虫害和河流及受其影响的地区的其他有害因素。"国际法院认为，它并未涉及阿根廷所提出的噪音和视觉污染问题。国际法院也没有在《1975 年规约》中找到这种要求的任何其他依据。因此，关于"噪音"和"视觉污染"的要求明显不属于第 60 条赋予国际法院管辖权的范围。

同样，《1975 年规约》中也没有条款涉及阿根廷所主张的"臭味"问题。因此，基于同样的理由，关于臭味影响阿根廷旅游业的说法也不属于国际法院的管辖权范围。在此，国际法院尽量按照条款本身包含的文义进行解释，而没有扩大解释及适用。

国际法院随后转向另一问题，即《1975 年规约》第 60 条规定的国际法院管辖权是否也包含了阿根廷所援引的其他国际协定和一般国际法所规定的缔约方义务，以及这些协定和一般国际法在本案中的作用。

国际法院的结论是，阿根廷所依据的各项国际公约没有被纳入《1975 年规约》。出于这个原因，它们不属于争端裁决条款的范围。因此，国际法院没有管辖权来裁决乌拉圭是否遵守了阿根廷所援引的国际协定和一般国际法所规定的缔约方的义务。

（二）是否违反程序性义务的判断

阿根廷于 2006 年 5 月 4 日提交的申请涉及指控乌拉圭违反了《1975 年规约》规定的程序性和实质性义务。

1. 程序性义务和实质性义务之间的关系

《1975 年规约》的目标和宗旨（该规约第 1 条作了规定）是各方通过促进合作的"联合机制"实现"乌拉圭河的最佳和合理利用"，有关国家正是

---

[1] *Case concerning Pulp Mills on the River Uruguay（Argentina v. Uruguay）*, ICJ Judgment of 20 April 2010, Para. 48.

通过合作才得以共同管理可能由其中一国实施的计划造成环境损害的风险，通过履行《1975 年规约》规定的程序性义务和实质性义务防止出现相关损害。

国际法院认为："虽然实质性义务往往措辞笼统，但程序性义务范围较窄，也更为具体，可通过有关各方的持续协商进程促进《1975 年规约》的实施。"[1]两类义务互为补充，使各方能够实现其在《1975 年规约》第 1 条中设定的目标。

国际法院指出，《1975 年规约》创立了乌拉圭河行政委员会，并建立了与该机构有关的程序，以使各方能够履行自己的实质性义务。然而《1975 年规约》中并未规定，一方可通过只遵守其程序性义务来履行实质性义务，也没有规定违反程序性义务的同时也违反了实质性义务。同样，各方遵守了其实质性义务并不意味着他们被视为事实上遵守了其程序性义务，或者可免于遵守其程序性义务。

总之，国际法院认为，《1975 年规约》规定的这两类义务之间在预防污染方面确实存在功能性联系（functional link），但这种联系并不妨碍当事国根据其具体内容分别对这些义务负责，并在必要时根据情况承担因违反这些义务而产生的责任。

但是，哈苏奈和西马两位法官对国际法院多数法官对两类义务之间关系的判断持不同立场。哈苏奈和西马法官也承认实质性原则的伸缩性（elasticity）和一般性（generality），但是正因为如此，履行各国承担的程序性义务格外重要，是一个具体案例中是否违反了实质性义务的重要指标。因此在本案中，两位法官不同意"不履行《1975 年规约》中规定的相关程序性义务最终不影响遵守同样包含在其中的程序性义务"这一论点。他们认为，国际法院承认《1975 年规约》中规定的程序性义务和实质性义务之间具有功能性联系还不够，国际法院对于这种相互依赖性并没有给予充分重视。

2. 程序性义务及其相互关系

国际法院指出，向乌拉圭河行政委员会告知其在《1975 年规约》下职权范围内的任何计划通知另一方并与另一方进行谈判，是各方所接受的实现其

---

[1] *Case concerning Pulp Mills on the River Uruguay*（*Argentina v. Uruguay*），ICJ Judgment of 20 April 2010, Para. 77.

在《1975 年规约》第 1 条中所设目标的适当途径。

当一项共有资源有争议时，这些义务就愈加重要（如本案），共有资源只能通过沿岸各国开展密切和连续的合作才能得到保护。国际法院审查了乌拉圭河行政委员会的性质和角色，随后审议了乌拉圭是否遵守了其义务，即告知乌拉圭河行政委员会并通知阿根廷其计划的义务。总之，在本案中，乌拉圭的程序性义务包括告知乌拉圭河行政委员会和告知阿根廷以及与其谈判的义务。国际法院指出，发起计划活动的当事国告知乌拉圭河行政委员会的义务是整个程序机制的第一阶段，使双方得以实现《1975 年规约》的目标，即"乌拉圭河得到最佳和合理的利用"。该规约第 7 条第 1 款规定的涉及发起计划活动的当事国告知乌拉圭河行政委员会该计划活动的情况，以便后者能够"在初步基础上"（"on a preliminary basis"）并最长在 30 天内确定该计划是否可能对另一方造成重大损失。

为了开展剩余的程序，双方在《1975 年规约》中列入了替代条件：要么乌拉圭河行政委员会认为一方计划发起的活动可能会对另一方造成重大损失，从而一方承担预防义务，应与另一方协商，将风险消除或者减至最低程度；要么乌拉圭河行政委员会除非获得合理的信息之前，不应在规定的期限内作出决定。

国际法院指出，双方一致认为，计划建设的两家纸浆厂比较重要，属于应告知乌拉圭河行政委员会的范围。这同样适用于在弗赖本托斯修建一个专供 Orion（Botnia）纸浆厂使用的港口码头的计划，其中包括疏浚工作和河床利用。

在本案中尽管委员会已数次要求提供这方面的信息，乌拉圭也没有向乌拉圭河行政委员会提交《1975 年规约》（第 7 条第 1 款）所要求的关于 CMB（ENCE）和 Orion（Botnia）这两家纸浆厂的信息。国际法院的结论是，乌拉圭在为建造每一家纸浆厂和临近 Orion（Botnia）纸浆厂的港口码头发放初步环境许可之前，没有将计划开展的工程告知乌拉圭河行政委员会，这种做法未能遵守《1975 年规约》第 7 条第 1 款规定其应遵守的义务。

另外，国际法院在判断乌拉圭是否违反告知乌拉圭河行政委员会的义务过程中，对两个观点的确认值得关注。

第一，国际法院指出，预防原则作为一项习惯规则起源于对一国在其领土上尽责的要求。国际法院引用科孚海峡案判决认为："每个当事国都有义务阻止故意使其领土被用于违反另一国权利的行为。"[1]因此，一国必须运用其掌握的一切手段以避免在其领土上或在其管辖下的任何地方发生的活动对另一国的环境造成严重损害。国际法院已经将这一义务确定为"有关国际环境法的主体组成部分"。[2]

第二，法院认为，乌拉圭河行政委员会通过有关公司或其他非政府来源获得的关于两家纸浆厂的信息，不能替代《1975 年规约》第 7 条第 1 款所规定的告知义务，这项义务应由该条款中所提到的开展计划项目的一方承担。确认该观点时，国际法院援引"关于刑事事项互助的若干问题案（吉布提诉法国）"，国际法院注意到"如果吉布提通过新闻获得相关信息，那么通过此种途径传播的信息不能被考虑用作适用两国达成的《刑事事件互助示范条约》第 17 条之目的，该条款规定须提供任何拒绝提供互助的理由"。[3]

国际法院接着审理另一程序性义务（告知阿根廷以及与其谈判的义务）。法院认为，通知的义务是为了给双方开展成功合作创造条件，使其能够在尽可能全面的信息基础上，就计划对河流的影响进行评价，必要时通过谈判进行调整，以避免计划可能造成的潜在损害。

国际法院的结论是，乌拉圭未能遵守《1975 年规约》第 7 条第 2 款和第 3 款规定的义务，即通过委员会将计划通知阿根廷。同时，乌拉圭在谈判期间批准建造纸浆厂以及在弗赖本托斯建造港口码头的做法违反了《1975 年规约》第 12 条规定的谈判义务。因此，乌拉圭构成了对《1975 年规约》第 7 条至第 12 条规定的整个合作机制的漠视。但是，国际法院认为，协商无果时乌拉圭单方面建造并运行纸浆厂并不违反国际法。对此，国际法官斯科特尼科夫持不同主张：如果协商无果，乌拉圭可以选择整体放弃纸浆厂计划，或者根据《1975 年规约》第 12 条请求国际法院解决这项争议。他认为，如果乌拉圭被判令拆除纸浆厂，在此过程中还可能对河流造成破坏并带来经济损失，将这种可能性纳入规约中，便无从谈起《1975 年规约》第 1 条中定义的那样"乌拉圭河的最佳和合理利用"。

---

[1] *Corfu Channel* (*United Kingdom v. Albania*), Merits, Judgment, I. C. J. Reports 1949, p. 22.

[2] *Legality of the Threat or Use of Nuclear Weapons*, Advisory Opinion, I. C. J. Reports 1996（I），p. 242（para. 29）.

[3] Certain Questions of Mutual Assistance in Criminal Matters（Djibouti v. France），ICJ Judgment of 4 June 2008, para. 150.

（三）是否违反实质性义务的判断

在确认乌拉圭违反了其告知和谈判的程序性义务后，国际法院转向另一个问题，即该国对《1975年规约》规定的实质性义务的遵守情况。在对指控违反《1975年规约》所规定的义务进行分析之前，国际法院解决了两个先决问题，即举证责任和专家证据。

国际法院一贯坚持的"举证责任在于原告"这一既定原则适用于本案原告和被告所认定的事实。但是，这并不意味着被告不应配合提供其可能掌握的有助于国际法院解决争端的证据。对于阿根廷提出的关于举证责任倒置和每一方按照《1975年规约》负有平等的举证责任的论点，国际法院认为，虽然风险预防方法在解释和适用规约的条款方面具有合理性，但该方法的使用并非举证责任倒置。国际法院还认为，《1975年规约》本身也没有任何条款规定双方负有平等举证的责任。

阿根廷和乌拉圭都向国际法院提供了大量事实和科学材料以支持其各自的主张。关于那些作为辩护人出现在听证会上的专家，国际法院认为，如果他们作为《国际法院规约》第57条和第64条[1]所规定的缔约方的专家证人而不是作为各自代表团中的辩护人出庭的话，可能更为有用。那些在其所掌握的科学或技术知识或亲身经历基础上出庭提供证据的人士应当以专家、证人或者（在某些情况下）专家兼证人的身份出庭作证，这样，他们可以接受另一方和国际法院的质询。

至于这些专家的独立性，国际法院认为并不必要。国际法院只需记住一个事实，即尽管提交的事实信息量大又复杂，在仔细审议了所有证据之后，国际法院有责任确定哪些事实必须被认为具有相关性，评估其证明价值，并酌情从中得出结论。因此，国际法院将依据提交给它的证据对事实作出自己的决定，然后将国际法的有关规则适用于那些它发现确实存在的事实。

----

〔1〕《国际法院规约》第57条规定："在不妨碍本规则关于提出文件的规定的情况下，当事国各方应在口述程序结束前的足够时间内将关于其拟提出的证据或请求法院搜集的证据的情况通知书记处，这项通知应包括该当事国拟传唤的证人和鉴定人的姓名、国籍、情况和住址，并且要说明其证据将证明的问题，同时，应提供这项通知的副本一份，以便送交当事国另一方。"《国际法院规约》第64条规定："除法院由于特殊情况决定采用不同的措辞形式外，（a）每一证人在作证以前应作以下的宣言："我以我自己的荣誉和良心为保证郑重宣言，我将完全据实陈述，既不隐瞒也不曾添"；（b）每一鉴定人在陈述以前应作以下的宣言："我以我自己的荣誉和良心为保证郑重宣言，我将完全据实陈述，既不隐瞒也不曾添，我的陈述和我的真诚信念是一致的。""

国际法院认为，阿根廷尚未证实其论点，即乌拉圭关于大规模开展桉树种植以及向纸浆厂供应原材料的决定不仅对土壤和乌拉圭林地的管理产生影响，而且对河流的水质也有影响。因此，乌拉圭没有违反"确保对土壤和林地的管理不损害河流系统及河流水质的义务"（《1975年规约》第35条）。在采取协调措施以避免生态平衡发生变化的义务（《1975年规约》第36条）方面，国际法院的结论是，阿根廷尚未令人信服地表明，乌拉圭拒绝进行第36条所设想的这种协调而违反该规定。

《1975年规约》第41条规定："在不损害在这方面分配给委员会职能的情况下，各方承诺：a. 通过规定适当的规则和按照所适用的国际协定，并在相关时按照国际技术机构的指导方针和建议措施，保护和维护水生环境，特别是要防止其污染；b. 在其各自的法律制度中不降低：（i）防止水污染的现行技术要求；（ii）对违法行为规定的处罚力度；c. 相互告知任何他们打算规定的水污染方面的规则，以在其各自的法律制度中确立对等的规则。"

关于是否违反第41条义务方面，国际法院仔细审议双方的论点之后裁定：记录中没有确凿证据证明乌拉圭没有适当尽职行事，也不能证明 Orion（Botnia）纸浆厂自2007年11月投产以来所排放的污水会产生有害影响或对河流的生物资源、水质或生态平衡造成损害以及纸浆厂排放的有害气体对水生环境的损害（本案不涉及大气污染本身）。因此，根据提交给国际法院的证据，国际法院的结论是，乌拉圭没有违反其根据第41条承担的义务。

总之，国际法院认为乌拉圭没有违反实质性义务，但至少国际法院的举证责任分配及专家意见采信方面受到少数法官的反对意见。这些少数意见可以归纳为：①国际法院本身不具备充分判断复杂科学证据的资格；②不同意国际法院作出的举证责任方面遵守传统规则；③国际法院应当行使《国际法院规约》第50条[1]赋予的权利；④国际法院应当进行现场调查。随着越境环境污染争端等含有科学复杂性案件的增加，国际法院及其法官应当重视这些问题，在实践中积极适用指定专家制度的相关规定，完善相关程序，同时探索举证责任的合理分配，以形成解决此类科学证据公开且合理的处理方式。

---

[1]《国际法院规约》第50条规定："法院得随时选择任何个人、团体、局所（bureau）、委员会或其他组织，委以调查或鉴定之责。"

（四）环境影响评价的义务及其内容

国际法院指出，为了使各缔约方适当地履行其根据《1975 年规约》第 41 条（a）款和（b）款承担的义务，为了保护和维护水生环境之目的，开展可能造成跨界危害的活动时必须进行环境影响评价。正如国际法院在"航行权及相关权利争端案"中所指出的，"在一些情况下，缔约方在缔结条约时，其意图或被推定的意图是，给予所使用的术语（或者其中的一些术语）某个不固定的，可以不断发展变化的含义或内容，以便为国际法的发展留出余地"。[1]

在这个意义上，《1975 年规约》第 41（a）条款规定的保护和保存的义务必须按照"不断发展变化的含义"进行解释，这种做法在近年来被各国广为接受，现在可以视为一般国际法（general international law）下的一个要求，即在拟议的工业活动可能造成严重的跨界损害的情况下，需要实施环境影响评价。此外，如果实施计划可能影响河流系统或水质的活动一方未对这种工程的潜在影响开展环境影响评价，那么视为违反了适当尽职的责任。

国际法院注意到，《1975 年规约》和一般国际法都没有具体规定环境影响评价的范围和内容。此外，国际法院指出，阿根廷和乌拉圭都不是《跨界环境影响评价埃斯波公约》的缔约方。最后，国际法院指出，阿根廷为支持其论点所援引的其他文件（即《环境规划署目标和宗旨》）对缔约方不具有约束力。但是，作为一个国际技术机构发布的指导方针，每一缔约方在按照第 41 条（a）款在其国内监管框架内通过措施时须将其考虑在内。此外，这一文件只规定"环境影响评价中评价环境影响的详细程度应当与可能的环境意义相称"（原则 5），并未指出评价的具体内容。因此，国际法院认为，应由每一缔约方在其国内立法或项目批准进程中决定每一案例所需的环境影响评价的具体内容，同时顾及拟议开发活动的性质和规模及其可能对环境造成的不利影响，以及在开展这种评价时保持尽职的必要性。

环境影响评价必须在项目实施之前进行，这种评价需要提供可替代方案或备选地点，考虑待建工厂所在地区河流可能的承受能力，同时评价该地区的人口是否会受到影响。在本案中的环评程序还包括是否与沿岸的乌拉圭居民和阿根廷居民进行了协商。国际法院认为，乌拉圭没有违反上述要求。

---

［1］ *Dispute Regarding Navigational and Related Rights*（*Costa Rica v. Nicaragua*），ICJ Judgment of 13 July 2009，para. 64.

　　此外，一旦项目开始实施（必要时在整个项目生命周期内）都应当对活动的环境影响进行持续监测。国际法院指出，《1975 年规约》规定缔约方有义务彼此合作，以确保实现其目的和宗旨，这一合作的义务包括不断监测工业设施。

四十八、宇宙交通肇事案

事件概况

2005 年 1 月 17 日，南极上空 885 公里，发生了一起看似偶然的"宇宙交通事故"——一块美国 31 年前发射的雷神火箭推进器遗弃物，与中国 6 年前发射的长征四号火箭 CZ-4 碎片相撞。这是一起典型的空间碎片"宇宙交通肇事案"。

2009 年 2 月 11 日北京时间零时 55 分，美国于 1997 年发射的一颗通信卫星"铱 33"与俄罗斯于 1993 年发射的一颗已报废的卫星相撞，地点位于西伯利亚上空，这是人类历史上首次卫星相撞事故。此次卫星相撞事故中，一方是俄罗斯"宇宙 2251"军用通信卫星，重约 900 公斤，发射于 1993 年 6 月 16 日，由宇宙-3M 号运载火箭带入太空，另一方是属于美国铱星公司（Iridium Satellite LLC）的一颗通信卫星。事故导致卫星服务部分中断，对卫星通信用户造成一定影响。根据美国国防部与铱星公司签订的合同，铱星的用户包括 2 万个左右的政府用户。事故发生后，铱星公司发言人称，公司准备启动一颗已在轨的备用卫星来全面恢复通信网络。据俄罗斯媒体报道，俄罗斯的"宇宙 2251"卫星用于秘密军事用途。而铱星公司也是服务国防部的，实际上也是服务于美军的。发生撞击意外的轨道非常重要，主要用于通信和气候观测卫星。美国铱星公司表示，该公司提供的服务可能会受到间歇性影响，他们准备在 30 日内调动一枚后备卫星取代。俄太空专家认为，这次相撞产生的碎片有可能威胁到在相似轨道中的地球跟踪卫星和气象卫星，碎片有可能引发一连串的相撞。

自 1957 年 10 月人类第一颗人造地球卫星升入太空，人类探索外层空间的脚步不断向前迈进。空间碎片、卫星相撞皆严重威胁到了人类航天活动的开展，"宇宙交通肇事案"引发了国际社会的广泛关注。

问题提炼

1. 外层空间在国际环境法上的法律地位及空间碎片的危害。

2. 空间碎片损害责任主体如何判定？

3. 外层空间环境保护的法律依据是什么？

解析

（一）外层空间在国际环境法上的法律地位及空间碎片的危害

外层空间在国际环境法上的法律地位属于"公域环境"。"公域环境"是指国家管辖范围以外的区域，包括公海、公空、国家管辖范围意外的海床和洋底及其底土、地球南北两极、外层空间等。公域环境是人类的共同继承财产，不属于任何个人，也不属于任何国家或团体，它们的开发、利用和保护关系到全人类的共同利益。

随着科学技术的飞速发展，各国对于空气空间的探索也达到了一个崭新的高度。卫星的研发与利用，不仅对于国家的外太空科学研究起到了极大的推动作用，也为人类日常生活增添无数便利。然而，不断产生的增加的空间碎片也为我们敲响了警钟。

什么叫作空间碎片？概括地讲，空间碎片是指所有人类的空间活动的遗留物与丢弃物。空间碎片的种类与范围十分广泛，最主要的来源便为宇航器残骸、废弃火箭与卫星"遗体"。自苏联 1957 年发射第一颗人造地球卫星至21 世纪的今天，全球累计发射的航天器已经超过 4800 个，但随着它们使命的相继完成和寿命的终结，目前只有不到一半数量的航天器还运行在轨道上，大部分都已经坠入地球大气层，成了我们所说的空间碎片。我们可以清楚地看到，越来越多的空间碎片的堆积，宛若一个个不定时炸弹，不可预知的某一次碰撞就会给整个外层空间甚至整个地球带来巨大危害。可以说，空间碎片已经成为人类航空航天活动的巨大阻碍，也成了威胁人类与地球环境安全的新的威胁。从案例可窥知空间碎片的主要危害，首先是威胁宇航员及宇航设备安全。当大量的空间碎片与宇航器在一个空间高速运转的过程中，二者极有可能发生碰撞，此种碰撞不仅会对整个宇航器造成巨大损害，同时会威胁到人员生命，而且此种碰撞又会产生新的空间碎片，以此循环后果不堪设想。其次是威胁大气层及地球安全。较大体积的空间碎片会降落到地球表面，随着空间碎片的日渐增多，其对地球与人类的损害将无法预测与估量。最后是会造成严重的环境污染。空间碎片中存在很多含核元素污染物，空间碎片穿透大气层，对地球以及人类必将造成严重的核辐射，危及地球和人类健康，随着空间碎片的不断增加，此种危害必将随之增加，产生的危害后果是无法估量的。

（二）空间碎片损害责任主体如何确定

1. 可以辨明来源的空间碎片损害责任主体问题

在人类空间活动之初，限于技术和政策的限制，外层空间活动的主体主要是国家，因此，承担责任的责任主体也主要是国家。但是，随着技术的发展和各国空间政策的宽松，许多国家通过私人实体的商业活动参与到外层空间活动中。目前对于空间碎片污染损害责任的主体，《关于各国探索和利用包括月球和其他天体在内的外层空间活动原则的条约》和《关于各国探索和利用包括月球和其他天体在内的外层空间活动原则的条约》遵循了"责任集中于国家"原则，即使政府间国际组织参与到外空开发的活动中，其所承担的赔偿责任也因国际组织法人适格的问题而有所区别。《关于各国探索和利用包括月球和其他天体在内的外层空间活动原则的条约》在可能的限度内重视被害国的利益，将承担连带责任的发射国特定为三种类型：①发射或促使发射空间实体的国家；②从其领土或设施发射空间实体的国家；③正式地委托他国并接受他国所提供的发射业务的国家。而实践中，对于应当承担责任的发射国的确定往往具有很多复杂且不确定的因素。例如，海上发射公司是在开曼群岛注册成立的以商业卫星发射为目的的私人公司。其有四个股东：美国波音商业空间公司、挪威科维尔纳公司、俄罗斯能源航天火箭公司和乌克兰南方设计局与南方机器制造科研生产联合体。其中，美国波音商业空间公司是最大的股东，持股比例为40%。海上发射公司的发射平台位于赤道附近的公海上。

2. 不能辨明来源的空间碎片损害责任主体问题

一般认为，不能辨明来源的空间碎片是指在所致环境污染或人身、财产损害之时，无法查明其来源国或组织的空间碎片。虽然《关于登记射入外层空间物体的公约》对空间物体的登记作了规定，但是其要求的登记只是在发射阶段，并没有对之后的在轨运行进行监测追踪。并且要求登记空间物体的信息也是基本轨道参数及空间物体的一般功能等简单的信息。这就造成了对空间碎片的主体认定没有参考依据，使得大部分空间碎片无法确定所属国。对于空间碎片的监测和追踪，美国目前处于世界的领先地位，其一直监测直径 10 厘米及以上的碎片踪迹，但许多种类的碎片还是没有办法监测到，尤其是爆炸解体或是碰撞产生的大量细小的空间碎片。况且，即便是追踪到的空间碎片也并不一定就都能确定所属国。

2011 年 9 月 1 日，欧洲航天局（ESA）公布了一张近地轨道区域的空间碎片合成图片。该图片上的空间碎片是由从 1957 年 10 月 4 日至 2008 年 1 月 1 日期间世界各国发射的约 4600 枚火箭所携带的 6000 颗卫星产生的。这些空间碎片大多数都不能识别其所属国。对这些不能辨明来源的空间碎片并没有法律规制，各国国内法也没有相关法律，由这些空间碎片造成的污染损害的责任主体成为法律上的空白。

（三）外层空间环境保护的法律依据

迄今，外层空间环境保护的法律依据主要有联合国和平利用外层空间委员会（United Nations Committee on the Peaceful Uses of Outer Space，UNCOPU-OS）主持制定的相关国际条约。

（1）1967 年《关于各国探索和利用包括月球和其他天体在内的外层空间活动原则的条约》（以下简称《外空条约》）。有关空间碎片的第一个条约是《外空条约》，这一条约为大部分空间国家所接受。《外空条约》也是国际社会对外空活动课以责任要求的第一个公约，是关于外层空间的基础性条约，被称为外空"宪章"。该条约的中心原则是外空的探索和使用"应当符合所有国家的利益进行"，外空"是全人类的共同领域"。所以，外空不能被任何国家通过占领或其他方式而占有。

《外空公约》第 6 条规定了缔约国应对其发射的空间物体承担责任，要求缔约国对其管辖范围内的非政府机构的空间开发活动进行批准和监督。条约明确规定了国家对其国民的外空活动，无论是政府还是非政府部门的，都要承担责任。第 7 条规定："公约的任何缔约国发射或促使发射某一空间物体进入太空……就需对该物体或其组成部分导致的损害负国际赔偿责任。"第 9 条明确提及了对环境的保护原则。各国在进行外空活动时应当避免有害污染和引起地球环境的不利变化。这一规定表明国际社会意识到空间利用活动会引起不利的环境影响，比如空间碎片污染，因此而建议发射国要负责消除或减少产生的这些危害。类似的，《营救协定》也要求缔约国应当"采取有效措施……消除其空间物体在返回地球时可能产生的损害"。虽然这一规定只涉及返回地面的物体而不包含仍在外层空间的物体，但是这一规定提醒缔约国对其非功能性物体要负持续性责任。第 9 条规定，如果缔约方有合理理由认为其空间活动会"对其他缔约方的和平开发和利用外空活动引起潜在的有害干扰"时要"进行适当的国际磋商"。《外空公约》第 11 条规定缔约国负有义务"在最大实际可行的程度上，将其进行的空间活动的性质、行为、地点和结果通知联合国秘书长、公众以及国际科学界"。虽然这些都是有利于保护环境的，但是这些规定尚不完善，很难为解决空间碎片的问题提供切实有效的途径。

（2）1972 年《外空物体造成损害的国际责任公约》（以下简称《责任公约》）。《责任公约》规定了空间物体的所有者对这些物体导致的损害要承担责任。《责任公约》是对上述《外空条约》第 6 条、第 7 条的细化和扩充，是对《外空条约》关于国际责任和赔偿责任原则的进一步发展。对于"空间物体对地球表面和飞行中的航空器造成的损害"，公约规定了严格损害赔偿责任制度。但是，对于在外空中发生的损害，公约实行过错责任制度。因此，发射国对于其空间物体在外空中所造成的损害只有在其存在过错时才承担损害赔偿责任。此外，该公约比《外空条约》更完善的地方是对"损害"和"空间物体"等术语进行了一定的界定。《责任公约》规定，损害是指"生命丧失，身体受伤或健康之其他损害；国家或自然人或法人财产或国际政府间组织财产之损失或损害"。根据公约的这一规定，"损害"包括对地球环境造成的损害，是指对一国管辖范围内的地球表面的环境损害。在宇宙 954 号一案中，加拿大主要就是依据《责任公约》的规定向苏联要求损害赔偿的。而最终双方通过外交谈判解决了这一争端。《责任公约》第 8 条规定："一国遭受损害或其自然人或法人遭受损害时得向发射国提出赔偿此等损害之要求；倘原籍国未提出赔偿要求，另一国得就任何自然人或法人在其领域内所受之损害，向发射国提出赔偿要求；倘原籍国或在其领域内遭受损害之国家均未提出赔偿要求或通知有提出赔偿要求之意思，另一国得就其永久居民所受之损害，向发射国提出赔偿要求。"根据这一规定，受害人可以通过其本国、损害发生地所属国家和永久居住地国三个渠道提出其赔偿要求。这给受害方提供了多种可供选择的救济途径。

（3）1976 年生效的《关于登记射入外层空间物体的公约》（以下简称

《登记公约》）。《登记公约》规定了缔约国发射外空物体的强制登记义务。其中，第 1 条规定"每一登记国应在切实可行的范围内尽速向联合国秘书长提供有关登入其登记册的每一个外空物体的下列情报……"这一规定的目的是为了帮助缔约国辨认外空物体。鉴于空间碎片具有的巨大危害作用和空间碎片来源国识别的困难性，空间物体登记制度的建立是非常有必要的。《登记公约》要求成员国对各自发射的物体在联合国进行登记。如果造成损害的空间碎片无法从登记信息中识别出来源国时，公约要求其他有空间监测和跟踪设备和能力的成员国应尽其最大实际可能协助识别该空间碎片的身份。《登记公约》规定每一登记国"得随时向联合国秘书长供给有关其登记册内所载外空物体的其他情报"，并且当一外空物体现已不复在地球轨道内时必须将此情况通知联合国秘书长，但是公约没有明确规定当物体仍在其轨道运行时要对之进行跟踪监测的要求。因为很多国家可能没有能力进行跟踪监测，而且对于那些小型的空间碎片，现有的技术条件也无法对之进行跟踪监测。如果某一空间物体失去其原有功能但仍在其原有轨道运转，发射国则不负有通知联合国秘书长的义务。即使有理由认为该物体已经和其他物体相撞并遭受结构损坏时，发射国仍不负有通知义务。

《登记公约》成员国的履约情况不容乐观。公约虽然要求各发射国必须对所发射物体进行登记，却没有明确规定向联合国登记的时间。公约要求各国发射的空间物体的登记项目（发射国名称、物体的标志或登记号、基本轨道参数、外空物体的基本功用）是有限的，而且没有要求在发射成功运行一段时间后出现的新状况进行登记或通知。没有要求对发射的空间物体的爆炸或故障进行通知，没有要求对燃料或废气、化学或放射性物质以及其他可能造成外空环境污染的物质的类型和数量进行登记。总之，在对空间物体进行跟踪观测等规范方面，《登记公约》作用不大。公约也没有根本解决空间碎片来源无法识别的问题。

（4）1979 年《指导各国在月球和其他天体上活动的协定》（以下简称《月球协定》）。《月球协定》第 7 条是在《外空条约》中简单的环境规定基础上进行的详细规范。《月球协定》对《外空条约》第 9 条进行了改进。第 7 条规定各缔约国：①应采取措施防止月球环境的现有平衡遭到破坏，不论这种破坏是由于对月球环境不利变化的导入；②避免地球以外的物质引入或其他方式造成对地球环境的损害；③应将所采取的措施通知联合国，并将其在月球上放置放射性物质的计划通知联合国。与《外空条约》第 9 条不同的是,《月球协定》第 7 条明确地对环境质量问题进行了规范。此外,很明显,技术变化所带来的影响也包含在对科学调查的环境限制之内。但是,其第 7 条同样也存在《外空条约》第 9 条所存在的弊病。比如,术语运用的不明确性。其中防止月球环境的现有平衡遭到破坏是缔约国的主要义务。这一条款是对外空条约相关条款规定不足的补充,但是这种补充是有限的,并没有完全弥补《外空条约》和其他条约在有关外空活动环境保护方面的不足。

四十九、印度河与Kishenganga河仲裁案

基本案情

一直以来，巴基斯坦与印度两国在克什米尔地区，除了领土争议外，同时还有印度河水如何分配之争议。随着人口增长与经济发展，两国对水资源的需求也持续增加。

面对印度河水争议，在世界银行斡旋下，直到 1960 年印度和巴基斯坦结束长达十年的谈判，签订《印度河水源条约》（Indus water treaty），规定了缔约方利用印度河系统的水资源相关权利和义务，并确定两国在印度河流域的控制权范围。该条约规定印度得以不受限制地使用东部三条河流（Sutlej、Beas 和 Ravi），而西部三条河流则由巴基斯坦使用（印度河主干道、Jhelum 和 Chenab）。唯就双方如何"利用"水源，《印度河水源条约》并未规范之，更精确地说，因查谟–克什米尔地区之主权争议迟迟无法平息，故《印度河水源条约》回避去规范该地区水资源利用的问题。

为确保该条约之施行并解决两国争端，两国依据《印度河水源条约》一同设立了"常设印度河水委员会"（Permanent Indus commission），并在该条约第 9 条规定了相关的争端解决机制：倘两国间之"问题"经由常设印度河水委员会无法解决，则需判断该问题是否为"技术性问题"，若属于法规上的"技术性问题"应交由"中立专家"解释之。何谓技术性问题，已列于该条约附表中的 part1。反之，若非技术性问题，或该中立专家认为非技术性问题，则该"问题"就会成为"争议"，必须通过"正式的谈判"解决之，若谈判无结果，且经由双方同意，则该争议即交由 7 人组成之仲裁庭解决之。

本案之争端起源于印度提议在一条名为 Kishenganga 河的支流上游推行水力发电计划（即建造水力发电系统）。而 Kishenganga 河是 Jhelum 河的一条支流，位于印度控制的查谟–克什米尔地区。Kishenganga 河穿越印度和巴基斯坦

之边界后，流入巴基斯坦管理之克什米尔地区，被巴基斯坦重新命名为 Neelum 河，而 Kishenganga 河最后会流入 Jhelum 河。

而印度的 Kishenganga 河水力发电计划（以下简称"KHEP"），是要从 Gisz 山谷中的 Kishenganga 河（即 Neelum 河）牵引水源，在水源汇流至较低海拔的另一支流前，通过隧道牵引至离河流 23 公里的发电站。而位于下游之巴基斯坦，亦试图推行 Neelum-Jhelum 水力发电计划（以下简称"JHEP"），利用下游水源进行水力发电。Jhelum 河是印度河系统之主干道，该系统灌溉了印度和巴基斯坦的大片地区。但由于印度的 Kishenganga 河水力发电计划的施行，对巴基斯坦的供水产生影响，故巴基斯坦于 2010 年 5 月根据《印度河水源条约》提交了仲裁申请。

诉讼请求

1. 印度将 Kishenganga 河的水源引入 KHEP 是否违反该条约之印度义务？

2. 在不可预见的紧急情况外，该条约是否允许印度为水力发电而消耗水位至低于备用水位？

裁决

仲裁庭于 2010 年 12 月 17 日成立。2011 年 6 月，巴基斯坦向仲裁庭申请临时措施，仲裁庭于 2011 年 9 月 23 日发布"临时措施命令"（An Order on Interim Measures）。随后，于 2012 年 8 月 20 日至 31 日，仲裁庭在海牙常设仲裁法院进行了两次实地访问，并就案情进行了口头听证。2013 年 2 月 18 日，仲裁庭作出部分裁决，允许印度继续进行 KHEP 的建设和营运，唯最终裁决决定其部分之营运应有某些限制。

（一）第一争点之裁决

此点涉及印度 KHEP 之设置及 Kishenganga 水源之牵引是否符合条约规定。

裁决指出，依据该条约第 3 条和第 4 条第 6 款，除了列举于条约中之例外用途外，印度必须使其所控制之水源流入由巴基斯坦控制之河流中，亦即，只有在特殊情况下，印度才能使用上游之水源。对此，巴基斯坦主张，由于 KHEP 产生的电力将供应给整个印度北部之电网，故违反该条约第 3 条关于限制印度使用西部河流作为其"流域（the drainage basin）"之目的。唯仲裁庭不同意其主张，认为，虽然第 3 条第 2 款对印度使用西部河水施加了地域限制，但这种限制并未扩展到使用这些水作为水力发电等用途。另，巴基斯坦亦主张，印度没有充分评估支流间转移（牵引）对环境的影响，故其违反了第 4 条第 6 款规定的"尽最大努力维护自然渠道"的一般义务。对此，仲裁庭认为，虽然第 4 条第 6 款是强制性的，但其与本案并无直接关联，该条只是关于"维护渠道之环境"，并非关于"水源供应的容量与时机"。

再者，该条约之附录 D，订有关于川流式水力发电厂之设计和运行限制。巴基斯坦认为，首先，附录 D 并不允许永久性牵引支流；其次，即使允许此类牵引，KHEP 也不符合附录第 15 段第 3 点规定的"发电厂"资格；最后，即使 KHEP 是"发电厂"，它也无法通过第 15 段第 3 点所载之必要性测试。

针对以上主张，仲裁庭全部否定之。首先，KHEP 是根据附录 D 第 2 段第 g 点规定设计之川流式发电厂，且其建造已通知巴基斯坦。其次，水力发电厂必须位于 Jhelum 的支流上。巴基斯坦指出，实际上发电之位置，并非位于 Kishenganga，而系进行于离 Kishenganga 23 公里的地方。对此，仲裁庭认为，不能将"分散于各地"之水力发电厂视为"一个整体"，并认为 KHEP 已满足条约之规定，因为其"储水"的部门位于 Kishenganga 上。最后，仲裁庭认为，将水牵引到另一个支流，以"产生水电"是必要的，因此符合第 15 段第 3 点之要求。对于必要性的审查，仲裁庭认为，不能采用国际贸易法、投资法和国家责任法等国际法制定的必要性概念，而是应采用"必要"这个词最简单之含义来描述本案之"必须"或"必要"。在这个审查基准之下，牵引支流进入另一支流，并利用两条支流之间的高度差异以产生大量电力是"必要的"。

此外，就争点一之本质来看，根据附录 D 第 15 段第 3 点的要求，印度就该支流的水力发电厂，仅能在巴基斯坦"现在存在"（then existing）对该支流的农业用途或水电使用不会受到负面影响下始能运作。而所应探讨的，为巴基斯坦的 JHEP，是否"现在存在"农业或水利用途，从而依照附录 D 第 15 段第 3 点之要求，印度不能使用水力发电厂？就此，仲裁庭认为，判断是否"现在存在"农业或水利用途之时点，应以巴基斯坦在"关键时期"（critical date），即 KHEP"招标、融资担保、政府批准和正在进行的建设已达到一定程度的确定性"时之农业或水利现况作为标准。依此标准，仲裁庭认为 KHEP 先于 NJHEP，因此 NJHEP 并非巴基斯坦"现在存在"之农业或水利用途。因此，应准许印度根据第 15 段第 3 点进行支流间牵引。唯仲裁庭亦认为，依据该条约之目的，KHEP 所为之支流牵引不能毫无限制，盖其实施会限制巴基斯坦使用"最低限度水源"之权利，故印度有义务确保巴基斯坦始终拥有"最低限度"用水之权利。另，该条约适用现代国际习惯法对于环境保护之原则——"尽责，警惕和预防的义务"，即各国都有义务在实施各项发展计划时，预防或至少减轻其对环境的重大损害。基于此仲裁庭认为，印度必须承担此责任，确保下游之水量可供给邻国至"最低限度"。

（二）第二争点之裁决

第二争点涉及是否允许 KHEP 之执行使水源枯竭。唯仲裁庭认为此争点之本质系 KHEP 水库清淤技术[1]之问题。

针对巴基斯坦之质疑，印度提出两点主张。首先，印度认为，除非常设印度河水委员会同意寻求替代方案，否则依约之要求，须由中立专家初步确定该事项是否属于技术"差异"或"争议"，才能提交仲裁，巴基斯坦的主张并未作出这样的初步决定；其次，根据附录 F 所列之事项，第二争点应交由中立专家处理。唯仲裁庭否认印度之主张，认为，按该条约第 9 条第 2 项 a 款，对于进入仲裁程序并未强加"额外之程序障碍"，且印度无权主张该事项是"差异"或"争议"。此外，即使第二争点是附录 F 第一部分中列出的技术问题，该条约亦无规定只有中立专家才能审议此类事项，而仲裁庭则可以审议任何问题或事实的存在，包括技术问题。

又，仲裁庭认为，该条约中有几条规定，限制印度使用和减少备用库存水量，是为了该水库清淤之技术所设。具体而言，依据该条约，除了不可预见的紧急情况外，绝对禁止减少备用库存。就此，本案双方皆认为，泥沙淤积并不构成不可预见的紧急情况，故仲裁庭认为，应禁止印度为水力发电而消耗备用库存之水量。另，仲裁庭亦认为，印度使用西部河水之权利，在不使用"泄降水位冲砂法"（drawdown flushing）的前提下，仍得以进行之，并建议印度得以"泄沙（sluicing）"之方式取代"泄降水位冲砂法"来清理淤沙。

（三）结论

仲裁裁决最后允许印度继续建造 KHEP，唯必须确保下游之最小流量。但

---

〔1〕此排淤之方法为"泄降水位冲砂法"（drawdown flushing），载 http://sdl. ae. ntu. edu. tw /Tai CATS/knowledge_ detail. php? id＝45。于 2007 年，中立之专家认定 KHEP 得采用此技术。

禁止印度使用"泄降水位冲砂法"清理 KHEP 之淤沙，亦禁止印度在未来建造任何会使用到西部河川之川流式水力发电厂。

问题提炼

1. 跨界水资源开发利用是否有可依据的国际环境法原则？

2. 印度所进行的水力发电计划（即 KHEP）若因此造成巴基斯坦的损失，印度是否应负国家责任？

解析

（一）公平合理利用原则及不造成重大损害原则

公平合理利用原则，是指各国有权在其领土内公平合理地使用跨界水资源并分享其利益，但不能剥夺其他国家公平利用的权利。1966 年《赫尔辛基规则》规定，每个流域国在其领土范围内对跨界水资源应合理且公平分摊资源的利用效益，而所谓"合理公平地利用"，则需要顾及每个流域国的社会经济需求，以及依赖流域水资源生活的人口，最重要的是，不得对其他流域国造成实质性的损害。[1]

由于几乎每一条跨国河流都涉及公平合理利用的问题，因此跨国水资源的管理、开发和利用，都必须考虑到各流域国公平利用这些资源的权利。至于如何公平利用，则应由每一个流域国考虑到具体情况中包括地理、水文、河道、气候、生态等自然因素之外，以及各个国家的社会、经济、仰赖水资源生活的人口等人文因素，方能使每个流域国均能公平合理地利用该条跨界的水资源，不至于让任一国家的权利受到损害。为此，1997 年联合国大会通过了《国际水道非航行使用法公约》，明确提出"国际水道"这一概念，并建立了"国际水道"公平合理利用原则，被国际公认为对于跨界水资源开发利用领域中最重要的一个国际公约。[2]该公约第 5 条即明文规定了公平合理利用原则，是缔约国的权利也是缔约国的义务："水道国应在各自领土内公平合理地利用国际水道，特别是，水道国在使用和开发国际水道时，应着眼于与充分保护该水道相一致，并考虑到有关水道国的利益，使该水道实现最佳

〔1〕 林灿铃：《荆斋论法——全球法治之我见》，学苑出版社 2011 年版，第 173 页。

〔2〕 林灿铃：《荆斋论法——全球法治之我见》，学苑出版社 2011 年版，第 171、172 页。

和可持续的利用和受益"。"水道国应公平合理地参与国际水道的使用、开发和保护,这种参与包括本公约所规定的利用水道的权利和合作保护及开发水道的义务。"而公约第 6 条则是说明公平合理地利用国际水道,必须考虑到的相关因素和情况,包括:地理、水道测量、水文、气候、生态和其他属于自然性质的因素;有关的水道国的社会和经济需要;每一水道国内依赖水道的人口;一个水道国对水道的一种或多种使用对其他水道国的影响;对水道的现有和潜在使用;水道水资源的养护、保护、开发和节约使用,以及为此而采取的措施的费用;对某一特定计划或现有使用的其他价值相当的替代办法可能性。

更重要的是,公约第 7 条明文课予缔约国:"在自己领土内利用国际水道时,应采取一切适当措施,防止对其他水道国造成'重大损害',且如对另一个水道国造成重大损害,应采取一切适当措施,消除或减轻这种损害,并在适当的情况下,讨论补偿的问题。"此即为"不造成重大损害原则"。因跨界水资源的开发、利用或多或少都会对原始状态产生影响,即使在公平合理地使用下也可能对生态环境或是其他国家造成不利的影响。然而国际法并不绝对禁止跨界损害的产生,因为任何在本国境内开发或利用的行为都有可能会影响或损害其他国家的利益,但是这种影响若没有达到"重大"的程度,就被认为是可以被容忍的。因此,不造成重大损害原则在一定程度上限制了国家在其领土范围内利用、开发跨界水资源的权利,其限制程度则是依据是否"重大"而定。[1]

综上,各国均有权对于其管辖和控制的领土内公平合理地开发、利用跨界水资源并分享其利益,但这一权利又受限于不剥夺其他国家公平利用的义务,除此以外,水道国也被要求必须做出适当的努力,以不至于对其他水道国造成"重大损害",而这不也就呼应了《斯德哥尔摩人类环境宣言》中所提及最重要的原则——"尊重国家主权和不损害国外环境原则",亦即各国有根据其环境政策开发其资源的主权权利,各国也有义务使其管辖范围内或控制下的活动不对其他国家的环境或国家管辖范围以外的地区造成损害,此也成为目前国际环境法中最重要的习惯规则。

---

〔1〕 林灿铃:《荆斋论法——全球法治之我见》,学苑出版社 2011 年版,第 174、175 页。

（二）跨界损害责任的法律基础

传统的国家责任理论强调，国家责任的成立必须具备主观要件和客观要件。主观要件是指一不当行为可归因于国家而被视为该国的国家行为。而客观要件是指某一国家行为客观上违背了该国的国际义务，而违反国际义务的行为或不行为，还必须具有故意过失等主观因素。换言之，传统国家责任理论强调：无过失即无责任。然而各国在进行科学研究，以及自然资源的开发活动时，亦可能造成邻国的居民、财产和环境的危害，但此种活动并非是国际法所禁止的活动，若完全依据传统国际法的要求，必须是国家有国际不当行为时方才负有国际责任，显然无法解决此种问题，不但给了行为国逃避责任的借口，也让受害国求偿无门。[1]

因此，跨界损害责任着实为此种问题的解决提供了坚实的论理依据。跨界损害的活动本身并非国际法所禁止，对于这些国际法不加禁止的行为所引起的损害性后果，依传统的国家责任理论已无法解决，因此主张，不应再强调国家责任的主观因素，亦即跨界损害责任的产生并不取决于行为的不法性，而应取决于跨界损害的事实。换言之，只要行为造成损害，受害国即有求偿权，因此跨界损害责任所适用的是所谓的"严格责任"。而"严格责任"是指不以故意过失为判断责任的要件，只要行为与损害之间有因果关系，就足以导致行为人的赔偿责任，且因通常此种损害，受害人举证不易，故必须同时有举证责任的转换，亦即受害人只要证明其所受的损害与行为者活动之间有因果关系，就足以获得赔偿，除非行为者能证明其损害是由于受害者的过错所引起的，方可减轻或免除其赔偿责任。如此始能让受害人获得合理的赔偿，并加强行为人预防和减少实际损害的义务。[2]

（三）国际环境仲裁

由于环境问题往往具有跨界性，不论是空气污染、水污染、海洋污染、温室效应等，基本上不会因为人为的国界划分而停留在某一国的境内，此势必为国际性的议题，然本案系因涉及跨界水资源利用，故双方签署了双边条约，针对相关争议约定了以仲裁解决纷争的方式，但往往环境争端的产生未必有所约定，因此国际应如何透过法律方式解决其纠纷，着实为目前一大

---

[1] 林灿铃：《国际环境法》（修订版），人民出版社 2011 年版，第 243~254 页。
[2] 林灿铃：《国际环境法》（修订版），人民出版社 2011 年版，第 262、263 页。

课题。

然而国际环境争端的产生，仍须仰赖司法解决，目前仍以联合国国际法院的判决最受各国重视，也最具有拘束力。但依据《国际法院规约》，争讼当事人仅限于国家，如此一来，当环境损害发生，受损害的自然人或法人必须透过其国籍国或住所地国进行相关法律争讼程序，若该国因国际关系之考虑拒绝其请求，或是未能判断该受害的自然人或法人的国籍国或住所地国，将剥夺其主张权利的机会。所幸，国际海洋法法庭针对主体的部分有所放宽，认为即使是非主权国家的实体亦可以进入国际海洋法法庭进行相关司法程序，着实有利于人类生存环境的保护，但国际海洋法法庭管辖的环境范围仍有其局限性。故在国际环境争端的领域，国际仲裁制度可能会是另一个可以选择的途径。

国际上对于以国际仲裁方式解决环境纠纷已有相当认识，故在许多公约中明定仲裁程序为其法律救济途径。但是许多公约均无设置常设机构处理依据公约提出的仲裁案件，因此这些程序并无特定的仲裁机构予以协助进行相关程序，仅能将案件送交常设仲裁法院或是以临时仲裁方式进行，显然无法发挥国际仲裁在解决环境争议问题上的优势。

再者，环境争议问题往往涉及高端科学技术问题。从国际环境法的立法可以看出，许多目标和规定，通常是在各国对于该环境问题的因果关系有了相当程度令人信服的证明后，才会在法律上有相应的行动，且国际环境法本身亦包含许多技术性法律规范，但就目前为止，大自然的变化还是有太多是人类所无法理解的，因此有许多的行为目前看起来并无破坏环境，但却可能对于环境有莫大潜移默化的结果，况且环境问题也具有高度边缘综合性，除了与海洋法、国际水法、国际发展法、国际经济法相互交叉之外，亦与环境科学、环境伦理学、物理学、化学、天文学、地理学、生物学、经济学等学科有密切关联。因此，直到目前，虽然是科学如此发达的年代，仍有可能面临环境问题未必能明确判断其起因的状况，加上国际法院的法官虽然都是精通国际法的专家学者，但对于此种复杂、又具有高度边缘综合性、科学技术性的环境问题未必有所专精，此时若都将争端交由国际法院，恐无法作出令人信服的判决。

由于目前国际上仍无一个专门处理国际环境争端的国际组织，为因应环境争议问题的特殊性，建议应另行制定公约，建立常设性的机构，专门处理

环境争议问题。为此，我们应倡导尽快建立"世界环境组织"（World Environment Organization，WEO），旨在透过促进国际合作、协调分歧、法律裁决等方式，建立一个保护人类生存环境并有效解决环境争端的机制。其设立的目的，是在于保护全球环境，促进国际环境争端公正和平的解决，以最大限度保护全人类的环境利益。[1]

而在WEO架构下，建议应成立专门解决环境纠纷的争端解决机构，让任何国家、公法人、国际组织、团体、个人，都可以向WEO的争端解决机构提出救济手段。然因仲裁提起的前提要件仍须双方事先成立仲裁协议始可，但环境争议问题的发生，往往不易在事后成立仲裁协议，故应参考国际海洋法法庭的管辖权设计，另以公约规范缔约国，使该公约成为提付仲裁的独立依据，以避免争端当事国无法达成仲裁协议，将仍无法利用该仲裁机构进行仲裁的问题。除此之外，由于WEO仲裁程序的设计是让任何国家、公法人、国际组织、团体、个人，都可以向WEO的争端解决机构提出救济手段，因此该仲裁程序应完全独立于各个国家的国内法，不受任何国家的国内法院干预，最重要的，是建立WEO的公约中应特别设计与《纽约公约》相同的规定，意即要求各缔约国对于WEO的争端解决机制中所作出的仲裁判断，除非有例外事项，否则均应予以承认，且该仲裁判断在其国内应视为国内法院的最终判决，并应自动履行该仲裁判断对于其财政上的义务。

---

〔1〕 林灿铃：《荆斋论法——全球法治之我见》，学苑出版社2011年版，第169页。

五十、智利与欧共体箭鱼纠纷案

基本案情

箭鱼，又称剑鱼和青箭鱼，身长可达 4.45 米，可重达 540 公斤，主要分布在北纬 45 度和南纬 45 度之间以及水平面至 650 米深处附近。[1]它是一种价值较高的经济性鱼类，是《联合国海洋法公约》（以下简称《公约》）附件一所列的高度洄游鱼类之一。[2]

箭鱼纠纷案至少可以追溯至 1991 年。大西洋金枪鱼养护国际委员会为应对大西洋箭鱼种群日渐枯竭的问题，于 1989 年实施箭鱼限制捕捞措施。[3]该限制使得一些欧共体（1993 年 11 月后，改为欧盟，下同）船队如西班牙船队意识到，继续在大西洋捕捞是不经济的。一些船队在收到欧共体委员会的经济补贴后，来到了太平洋东南部的其他渔场进行捕捞。数据显示，仅在禁令实施后的一年就有 4 艘渔船来到这片海域捕鱼，1992 年甚至达到了 11 艘渔船捕鱼的顶峰。[4]为了应对这些欧共体船队频频在东南太平洋临近智利专属经济区的大片海域内过度捕捞箭鱼的问题，智利颁布了一项禁令，[5]禁止在

〔1〕 Marcos A. Orellana, "The Swordfish Dispute between the EU and Chile at the ITLOS and the WTO", 71 Nordic J. Int'l L., 55 (2002).

〔2〕 《联合国海洋法公约》附件一。关于高度洄游鱼种的具体内容，参见《联合国海洋法公约》第 64 条。

〔3〕 Andrew Serdy, "See You in the Port: Australia and New Zealand as Third Parties in the Dispute between Chile and the European Community over Chile's Denial of Port Access to Spanish Vessels Fishing for Swordfish on the High Seas", 3 Melb. J. Int'l L., 79 (2002).

〔4〕 P Garzotti and E Cavarero, European Commission, TBR Proceedings Concerning Chilean Practices Affecting Transit of Swordfish in Chilean Ports: Report to the Trade Barriers Regulation Committee of the European Communities, (1999) 27.

〔5〕 《智利国家渔业法》第 165 条。

毗邻其 200 海里专属经济区海域违反智利有关规则捕捞箭鱼的本国和外国捕捞船在智利的港口卸货与过境，从而达到间接规制这些船队在南太平洋海域的过度捕捞行为。

这一禁令激起欧共体船队的强烈不满。在这些船队看来，一旦在距渔场最近的智利港口卸货被禁止，它们将无法借道智利港口将捕捞的箭鱼出口到美国等北美自由贸易区各国，将被迫增加燃料和供应的补给费用，从而对整体生产力带来不利影响。

智利与欧共体方对有关问题产生激烈争执。智利方认为，双方应首先就捕捞限制达成一致，之后再就港口的船舶准入问题进行讨论。而欧共体方则认为，只有在智利先取消港口禁令的情况下，它才准备讨论限制捕捞的有关问题。关于禁令（《智利国家渔业法》第 165 条）的性质，欧共体方认为这条禁令践踏了开放的自由贸易和自由货物运输，其具有"环境攻击性"和"歧视性"，因为这条智利的保护性措施不仅使箭鱼向智利出口不可能，而且也使得有关产品再出口到美国市场成为不可能。[1]智利方则坚称第 165 条是一项旨在"被广泛接受和公认的"渔业枯竭问题的必要的和公平的环境措施。智利的目标是向"在超过其 200 海里海域捕鱼的他国国家渔船施加压力，使这些渔船以负责任、透明和规范的方式从事捕鱼活动……事实上，对其沿海水域建立起严格的控制，是智利一直就有的做法"。[2]

欧共体和智利自 1995 年以来一直试图在该争端上达成和解，形成共识。但是谈判逐年失败。2000 年 4 月，欧共体开始在 WTO 框架下寻求争端解决。根据乌拉圭回合《关于争端解决规则与程序的谅解》（DSU）第 4 条，以及《关税与贸易总协定》（GATT）第 23 条，欧共体请求与智利进行磋商，此请求同时抄送争端解决机构（DSB）主席。2000 年 6 月，双方在瑞士日内瓦举行了磋商，但未能成功。在 2000 年 11 月 17 日 DSB 会议上，欧共体请求成立专家组。在 2000 年 12 月的下一次 DSB 会议上，根据 DSB "反向协商一致"决策原则，专家组自动成立。在专家组成立之时，澳大利亚要求保留其作为第三方的权利，之后，新西兰、加拿大、厄瓜多尔、印度、挪威、冰岛以及

---

〔1〕 Lesley Murphy, "EC and Chile Reach Agreement on 10-year Swordfish Dispute (Feb. 2001)", http://www. oceanlaw. net/bulletin/sample/focus/0102c. htm.

〔2〕 Gustavo Capdevila, "Chile and EU Caught in Dispute over Swordfish (Dec. 12, 2000)", http://www. twnside. org. sg/title/sword. htm.

美国也提出了同样的要求。

在 WTO 争端解决机制框架下，此案焦点在于市场准入及对可用尽自然资源的保护问题。欧共体方认为，禁令违背了 GATT1994 第 5 条 "过境自由" 和第 11 条 "数量限制的一般取消" 的规定。智利方援引 GATT 第 20 条一般例外的（b）项 "为保护人类、动物或植物生命健康所必需的措施" 及（g）项 "与保护可能用竭的天然资源有关的措施，如此类措施与限制国内生产或消费一同实施" 进行抗辩，主张本国实施的禁令不是对国际贸易进行任意的、不合理的限制手段。

关于经济与环境冲突的国际案例并不少见。本案最不寻常的地方在于，针对同一争议援引了两个争端解决机制。在欧共体将争议提请 WTO 争端解决机制的框架时，智利于 2000 年 6 月 27 日至 9 月 1 日期间发起反击，通过《公约》第 15 部分启动了强制性争端解决机制。最初智利选择的是《公约》附件七项下的仲裁庭予以仲裁。但最后经过与欧共体的三轮会议后，双方决定将此次智利与欧共体之间关于南太平洋箭鱼资源保护及可持续的开发争端交由据《国际海洋法法庭规约》第 15 条第 2 段成立的特别分庭来处理。根据 2000 年 12 月 20 日，国际海洋法法庭（ITLOS）发布的第 2000/3 号命令，特别分庭将根据《公约》就双方列出的争议事项作出裁决。

智利方希望特别分庭对欧共体是否遵守了以下义务进行裁决：是否遵守了《公约》所规定的义务，特别是第 116 至 119 条关于公海生物资源的养护义务；是否履行了第 64 条确定高度回游鱼种养护的国际合作的义务；是否履行了第 300 条所规定的诚信和禁止权利滥用原则所规定的有关义务。[1]

欧共体方的诉讼请求则为：智利有关法令是否意在公海上适用智利有关箭鱼的单方面保护措施，这些措施是否违反了《公约》第 87 条、第 89 条和第 116 至 119 条；[2]加拉帕戈斯协定的实质性条款是否与《公约》第 64 条和第 116 至 119 条相一致；智利有关箭鱼的养护行动是否符合《公约》第 300

---

〔1〕 Order 2000/3 of 20 December 2000, https://www.itlos.org/fileadmin/itlos/documents/cases/case_ no_ 7/published/C7-O-20_ dec_ 00. pdf.

〔2〕《公约》第 86 条至第 89 条的规定主要是有关公海的一般规定，分别规定了 "本部分的规定的适用" "公海自由" "公海只用于和平目的" "对公海主权主张的无效" 的内容。《公约》第 116 条至第 119 条规定的是公海生物资源的养护管理，分别规定了 "公海上捕鱼的权力" "各国为其国民采取养护公海生物资源措施的义务" "各国在养护和管理生物资源方面的合作" "公海生物资源的养护" 的内容。

条；双方是否仍有义务根据《公约》第64条谈判合作协定；特别分庭是否对有关问题享有管辖权。[1]

第2000/3号命令还规定双方可以在程序开始后90天内提出异议，在接到异议之后6个月内提交抗辩书，并在接到对方抗辩书后3个月内提交反抗辩书。

案件结果

欧共体和智利在争端后期，开始倾向于通过双边谈判来推动争端的解决。2001年1月25日，欧共体和智利就欧共体渔船停靠智利港口以及养护箭鱼进行双边和多边科学与技术合作达成临时安排。此后争端双方要求暂停程序，同时欧共体也请求WTO暂停专家组程序。2008年10月16日，双方达成谅解备忘录，内容如下：

1. 一个更加结构化的渔业合作框架，以取代并将2001年的双边临时安排转变为一项明确承诺，长期养护和管理东南太平洋的箭鱼种群并进行合作。

2. 进行剑鱼捕捞时，捕捞量应当与保证箭鱼资源可持续性发展和保护海洋生态系统相适应。

3. 双方在2008年或历史最高峰时冻结捕鱼活动。

4. 建立双边科学技术委员会（BSTC），其任务如下：交换有关渔获量和捕捞活动以及鱼群状况的信息和数据；向渔业鱼群管理者提供有关科学的建议，协助他们确保捕捞的可持续性；如有需要，就采取进一步的保护措施向双方提供建议。

5. 目前正在进行的多边协商应包括东南太平洋箭鱼渔业的所有相关参与者和受邀对箭鱼渔业有合法利益的现有组织的观察员。

6. 同意按照新谅解所载目标对在公海上捕捞箭鱼的欧盟船只应获准进入指定的智利港口进行登陆、转运、补充或修理。

随后于2009年分别请求ITLOS分庭终止案件的审理，分庭作出如下命令：根据《国际海洋法法庭规约》第105条第2款，智利和欧共体于2000年

---

[1] Order 2000/3 of 20 December 2000, https://www.itlos.org/fileadmin/itlos/documents/cases/case_no_7/published/C7-O-20_dec_00.pdf.

12 月 20 日提起的诉讼经双方同意终止，且该案例从案例列表中被删除。[1]

问题提炼

1. 环境保护与贸易自由是什么关系？
2. 争端双方为什么会选择不同的争端解决机制？

解析

（一）环境保护与贸易自由是什么关系？

本案中尽管争端双方达成了临时协议，着手建立科学的渔业计划和保护框架，但是此次争议仍凸显了贸易自由和环境保护之间的关系。

环境保护的目标是保护和改善人类的生存环境，提高人类的生活质量；贸易自由的目标是消除贸易障碍，实现贸易的自由化和全球化，以保证充分就业，保证实际收入和有效需求的大幅稳定增长，提高生活水平。二者的目标实现上乃殊途同归。但毋庸置疑，环境保护与贸易自由目标的一致性也并不能消除实际操作中两者可能产生的冲突。

首先，这种冲突表现为某些国家在追求发展（贸易）时不注意保护环境，从而使贸易对环境产生负面影响。箭鱼产业最初在 20 世纪 30 年代和 40 年代因美国的需求推动而迅速扩张，至 1946 年捕捞量就已超过 2100 吨。[2]经过 30 年左右衰落后，1985 年后，该产业重新蓬勃，对新鲜冷藏鱼的需求增加，且因有关技术升级，形成了以出口为导向的渔业产业，为加工业创造了空间，并促使工业船队从 1989 年在专属经济区内针对箭鱼开始捕捞。在东南太平洋的公海上，日本、韩国和西班牙的远洋渔船一直在积极捕捞箭鱼。日本延绳的渔船没有直接针对箭鱼，但对金枪鱼大量捕捞。西班牙渔船于 1990 年抵达该地区，1991 年智利船只开始冒险对超过 200 海里的箭鱼进行捕捞。[3]大型工业船只在公海和专属经济区的捕捞活动不仅导致传统手工渔业的崩溃，对

〔1〕 Order 2009/1 of 16 December 2009, https://www.itlos.org/fileadmin/itlos/documents/cases/case_no_ 7/published/C7_ Ord_ 161209. pdf.

〔2〕 United States National Marine Fisheries Service, http://www. st. nmfs. gov/ st3/vol4swordfish. html.

〔3〕 Marcos A. Orellana, "The Swordfish Dispute between the EU and Chile at the ITLOS and the WTO", 71 Nordic J. Int'l L. ,55 (2002).

沿海渔民生计产生不利影响，[1]而且因箭鱼的养护不当、过度捕捞对当地海洋环境生态造成了非常不利的影响。

其次，不合理的措施可能产生不可想象的后果。一方面，不合理的环境措施可能演变成新的非关税壁垒。[2]智利此次的第 165 条禁令在欧共体各方看来自然是极其不合理的，并歧视性地建立起了某种程度的壁垒。智利港口地理位置优越，基础设施发达，商业设施发达，是东南太平洋地区转运箭鱼最方便的港口。这项禁令使得它们必须向第三国的港口转运物资，将导致更多不便和额外费用产生，如前往其他第三国港口的额外运营成本及前往其他第三国港口时，箭鱼损失量可能会增加。[3]同时，智利与美国在"这一领域"有着"密切的商业关系"，"禁止将捕获物运至陆地，从而禁止使用邻近机场，从而阻止箭鱼生产商向美国市场出口……从而对生产者产生不利的贸易影响"。[4]另外，这似乎还影响到了未来的市场。欧共体在《公约》和东南太平洋国际合作方面的地位将削弱，从而产生"潜在的不利贸易影响"和"对该共同体的进一步发展施加不利影响"。[5]另一方面，不合理的贸易政策也可能引发环境危机。虽然因某些类型的补贴可能有助于渔业的可持续发展，如政府资助的减少捕捞计划、增加孵化场、获得技术支持，[6]但越来越多的证据表明，渔业补贴对海洋环境造成了有害影响，[7]使天然海洋资源的开采变得不可持续。本案中，欧共体对诸如西班牙船队的经济性补贴大大刺激了这些船队开始从大西洋转移，来到东南太平洋尤其是临近智利的专属经济区

---

〔1〕 John Shamsey, "ITLOS vs. Goliath: The International Tribunal for the Law of the Sea Stands Tall with the Appellate Body in the Chilean–EU Swordfish Dispute", 12 *Transnat'l L. & Contemp. Probs.*, 513 (2002).

〔2〕 林灿铃：《国际环境法》（修订版），人民出版社 2011 年版，第 526 页。

〔3〕 Commission Decision of 5 April 2000 under the provisions of Council Regulation (EC) No. 3286/94 concerning the Chilean prohibition on unloading of swordfish catches in Chilean ports, 2000/296/EC, p. 15.

〔4〕 Marcos A. Orellana, "The Swordfish Dispute between the EU and Chile at the ITLOS and the WTO", 71 Nordic J. Int'l L., 55 (2002).

〔5〕 Marcos A. Orellana, "The Swordfish Dispute between the EU and Chile at the ITLOS and the WTO", 71 Nordic J. Int'l L., 55 (2002).

〔6〕 WT/CTE/W/154, Environmentally-Harmful and Trade-Distorting Subsidies in Fisheries, Communication from the United States (4 July 2000).

〔7〕 UNEP,"Fisheries Subsidies and Overfishing: Towards a Structured Discussion (February 2000)", http://www. unep. ch/etu/etp/acts/manpols/fishery. htm.

和公海从事捕鱼活动，最终酿成箭鱼生物资源枯竭的危机。面对这一全球性问题，人们越来越多达成一个贸易共识，即消除这种破坏性极强的负面经济补贴。

再次，环境保护与贸易问题由于发达国家与发展中国家之间的差距和分歧以及贸易保护主义等因素的介入也变得复杂起来。欧共体和智利分别代表的是发达国家和发展中国家的利益。欧共体强调自由贸易，智利出于本国利益注意到环境问题的影响，这些发展中国家对环境保护问题关注开始逐渐提升。本案给发展中国家的启示是，发展中国家在采取环保措施时，必须全盘考虑并收集相关信息，避免给一些发达国家以变相限制国际贸易的口实。智利在这次纠纷开始阶段的被动局面就是一个深刻的教训。[1]

最后，世贸组织争端解决程序与多边环境的争端解决程序的关系在某种程度上也体现了环境保护与贸易自由二者的不协调。

事实上，环境保护与贸易自由两者的本质关系应当是对立统一的。

第一，贸易自由与环境保护的根本目的是一致的。贸易自由和环境保护的基本目标都是通过自然资源的有效配置而不断改善人类的生活质量，两者之间具有互补性、兼容性和统一性。环境保护与贸易自由应是人类社会发展的齐头并进的两部马车，或者说是载着我们奔向美好生活的马车的两个轮子。牺牲任何一方都不利于人类社会的发展，我们没有必要在环境保护和贸易自由之间做出非此即彼的选择，二者对人类的生存和有一个更加美好的未来都是缺一不可的。[2]

第二，良好的自然环境是贸易正常进行的基础，使国际贸易得以存在并获得必要的资源。

第三，贸易自由促进世界各国更加有效地提高经济效益，以缓解生存过程所导致的环境压力，即使用更少的自然资源取得相同的产出或者使用相同的自然资源获得更大的产出。正如《21世纪议程》指出的，环境和贸易政策应是相互支持的……环境的利害关系不应作为限制贸易的借口。[3]

（二）争端双方为什么会选择不同的争端解决机制？

欧共体和智利分别选择了不同的争端解决机制都是出于自身利益的考量。

〔1〕 Marcos A. Orellana, "The Swordfish Dispute between the EU and Chile at the ITLOS and the WTO", 71 Nordic J. Int'l L., 55 (2002).

〔2〕 林灿铃：《国际环境法》（修订版），人民出版社2011年版，第525页。

〔3〕 参见《21世纪议程》第二章"为加速发展中国家的持续发展的国际合作"。

从欧共体的选择来看，欧共体避开了常规的多边环境协定（MEA）的争端解决结构，[1]转而选择 WTO 争端解决机制，即采取了 DSU，无非是因为这种机制胜算要更大些：其一，该争端主要是管辖权问题，涉及智利对其专属经济区的解释，而不是环境争端；其二，诉诸 WTO，一旦欧盟胜诉，裁决能够通过报复措施等得以强制实行，而在 ITLOS，即使胜诉，也难以消除不利的贸易壁垒；其三，WTO 的争端解决程序有着严格的时间表等。[2]而 WTO 在处理涉及环境与贸易问题上，往往都是向自由贸易倾斜的，这在早期的金枪鱼——海豚案（GATT 时期）中尽显无疑。[3]因此欧共体选择 WTO 争端解决机制也就顺理成章了。

就智利选择 ITLOS 法庭的原因，与 WTO 争端机构相比，ITLOS 法庭的审判理念似乎更倾向于环境保护。对智利方面而言，将争端提交 ITLOS 法庭，显然比诉诸 WTO 争端解决机构胜算更大。[4]

智利与欧共体箭鱼纠纷案表明，在现行国际法的框架之内，海洋环境与贸易争端双方根据自己在争端个案当中的利益所需挑选争端解决机构，已经成为国际法不容回避的新挑战。[5]

另外，有关海洋环境的条款不明晰也是导致不同的争端解决机制被提起的一个重要原因。

虽然通过故意使用含糊不清的海洋环境条款，能够平衡沿海国和远洋捕捞国的不同法律利益，[6]但确实也引发了海洋生物资源和海洋生态系统保护的一系列案例，如南方蓝鳍金枪鱼案、海虾-海龟案等。各方可以通过援引不同的国际法制度来捍卫各自的立场。如本案中，智利主要引用的是《联合国海洋法公约》中第 116 条至第 119 条关于公海生物资源的养护义务和《公约》

---

〔1〕 1999 年贸易壁垒规制委员会报告提到："欧共体的政策是，首先诉诸 MEA 的争端解决结构，而非 DSU……通过由环境争端解决机构来处理争端，才能避免有关当事国通过 WTO 这一路径绕过或回避多变环境协定，并因此削弱多变贸易协定的可信度与有效性。"

〔2〕 万霞编著：《国际环境法案例评析》，中国政法大学出版社 2001 年版，第 126 页。

〔3〕 朱建庚：《海洋环境保护的国际法》，中国政法大学出版社 2013 年版，第 200 页。

〔4〕 谭宇生："欧共体——智利'剑鱼案'的再考量：发展中国家的视角"，载《欧洲研究》2007 年第 3 期。

〔5〕 朱建庚：《海洋环境保护的国际法》，中国政法大学出版社 2013 年版，第 200 页。

〔6〕 Marcos A. Orellana, "The Swordfish Dispute between the EU and Chile at the ITLOS and the WTO", 71 Nordic J. Int'l L., 55 (2002).

第 64 条确定高度回游鱼种的养护的国际合作的义务及第 300 条所规定的诚信和禁止权利滥用原则所规定的有关义务。欧共体方主要援引的是《公约》第 87 条、第 89 条和第 116 条至第 119 条、《公约》第 64 条及《公约》第 300 条等。

实现保护箭鱼作为人类共享资源的前景因目前普遍适用于高度洄游物种的模糊不清而变得渺茫。

本案的启示与意义

本案例体现了公共资源治理所面临的挑战，我们当以全人类的共同利益以及与子孙后代的代际利益来思考和协调公共资源的分配问题。贸易规则的狭隘解读可能会阻碍经济模式向可持续发展过渡，并阻碍在国家管辖范围以外地区实现环境保护的前景。此外，在国际贸易领域，具有破坏性的补贴应当被消除。[1]

---

〔1〕 Marcos A. Orellana，"The Swordfish Dispute between the EU and Chile at the ITLOS and the WTO"，71 Nordic J. Int'l L.，55（2002）.

五十一、日本福岛核泄漏事件

事件概况

2011 年 3 月 11 日，日本东部发生 9.0 级大地震和袭击日本沿海包括东北海岸在内广大区域的海啸。东京电力公司运行的福岛第一核电站是世界上最大的核电站，位于日本福岛工业区。地震造成福岛第一核电站供电线路的损坏，海啸造成该核电站运行和安全基础设施重大破坏，致使该核电站内外电力丧失，三个在运反应堆机组以及乏燃料贮存水池丧失冷却功能。正在满功率运行的 1 号、2 号和 3 号机组发生了堆芯过热、核燃料熔化和三个安全壳的破裂，氢从反应堆压力容器中释放出来，导致 1 号、3 号和 4 号机组的反应堆厂房内发生爆炸，造成严重的核泄漏，以核电站为中心半径 30 公里内超过 20 万的居民被迫撤离。放射性核素从该核电站释放到大气中，然后沉积到陆地上和海洋中，也发生了向海洋的直接释放。此次核泄漏造成超过 1.5 万人死亡，6000 多人受伤，还有约 2500 人失踪，最终认定事故等级与切尔诺贝利核泄漏事件同为 7 级。

核泄漏发生后，大气放射性释放随盛行风向主要向日本东部和北部传输，然后遍布全球。在受影响区域的食品、饮用水和非食用产品等一些消费产品和个人或家庭日常使用的物品中发现了放射性核素。即便如此，日本仍源源不断地将放射性污水排放至海洋当中。2011 年 4 月 4 日，核设施运营者东京电力公司称，由于来不及设置转移高浓度放射性污水的临时水罐，只能将低浓度放射性污水排入海中，为高放射性污水提供足够空间，并表示，这些低辐射核污水所含的放射性物质浓度最高约为法定排放上限的 500 倍。如果民众每天都食用附近海域的水产品，每年累积的辐射量约为 0.6 毫希，低于普通人每年吸收辐射量安全标准 1 毫希。

日本排放核污水的行为立刻遭到周边邻国以及国内公众的抗议。俄罗斯副总理伊万诺夫表示，如果海水受到辐射污染，俄罗斯在距离福岛约 160 公里的海域捕鱼将非常危险。

韩国《朝鲜日报》于 2011 年 4 月 4 日援引韩高官发言称，日本在未通报、协商的情况下，擅自将核污水排放到海内，此举涉嫌违反了国际法，韩国政府考虑向国际法庭提出起诉并要求日本赔偿损失。

2011 年 4 月 5 日，日本内阁官房长官枝野幸男称向海内排放核污水是"实在没有办法的事"，是"不得已的措施"，他"感到很遗憾也很抱歉"，但这"不会立即对邻国产生辐射污染"。

日本外相松本刚明也对此事向公众表示道歉，但他强调日本已就此事向邻国政府和国际原子能机构进行了通报，并认为这一做法并不违反国际法规定。

问题提炼

1. 海洋防止倾倒污染的国际法律保护为何？
2. 日本应承担哪些国家责任？
3. 禁止转移污染和其他环境损害的内容为何？

事件解析

（一）海洋防止倾倒污染的国际法律保护为何？

"公域环境"，指国家管辖范围以外的区域，包括公海、公空、国家管辖范围以外的海床和洋底及其底土、地球南北两极、外层空间等。公域环境是人类的共同继承财产，不属于任何人，也不属于任何国家或团体，它们的开发、利用和保护关系到全人类的共同利益。公域环境是人类共同继承财产。所谓人类共同继承财产通常指这样的区域或资源：①在任何国家管辖和主权之外；②为了人类的共同利益而存在；③其存在或使用影响全人类；④其应仅为和平目的的使用；⑤与其相关的信息应被共享；⑥任何从其得到的利益应在所有国家间平等分享，而不独属于开发者；⑦其应处于全球管理之下。为保护海洋环境，国际上制订了诸多公约。

1972 年《防止倾倒废物及其他物质污染海洋公约》（以下简称《伦敦公约》）是为控制因倾倒行为导致的海洋环境污染而订立的全球性国际公约。《伦敦公约》在序言中指出，缔约国应采取一切可能的措施，防止因倾倒废物及其他物质污染海洋，它们可能危害人类健康、损害生物资源和海洋生物、破坏环境优美或妨碍海洋的其他正当用途。《联合国海洋法公约》第192条规定："各国有保护和保全海洋环境的义务。"第194条规定："各国应适当情形下个别或联合地采取一切符合本公约的必要措施，防止、减少和控制任何来源的海洋环境污染，为此目的，按照其能力使用其所掌握的最切实可行方法，并应在这方面尽力协调它们的政策。""各国应采取一切必要措施，确保在其管辖或控制下的活动的进行不致使其他国家及其环境遭受污染的损害，并确保在其管辖或控制范围内的事件或活动所造成的污染不致扩大到其按照本公约行使主权权利的区域之外。"国际原子能机构于1995年制定的《放射性废物管理原则》指出，放射性废物管理必须确保对人类健康的保护和环境影响达到可接受水平，必须考虑超越国界的人员健康和环境的可能影响。《放射性废物管理原则》原则2还规定："放射性核素释放到环境中，要考虑对除人类之外的其他生物物种可能受到的照射及其影响；还要考虑在相当长的时间内对天然资源的可用性产生的不利影响；还要考虑化学污染或生物天然栖息地变更的影响等。"1998年《乏燃料管理安全和放射性废物管理安全联合公约》规定，缔约方应确保在乏燃料管理的所有阶段充分保护个人、社会和环境免受放射危害。

海洋在自然属性上是一个统一的流动的整体，海洋环境是整个地球环境的一个重要组成部分，海洋污染状况在很大程度上代表着全球环境的状况。

核辐射污染产生的后果短期内并不会显现出来，它的影响是一个累积的过程。如果日本依然源源不断地向海里排放核污水，那么核污染累积的过程会更长，危害也可能加剧，韩国等国的抗议有助于及时制止日本的排污行为。日本若不及时停止向海水中排放核污水，海水内核辐射物质的增多可能会对周边海域造成更大的危害，不仅会污染日本及邻国的海水和海产品，还有可能使公海海水遭受核污染。在此次事件中，日本以无法处理大量放射性废水为由，将含有核元素的废水向海洋中进行长期和大规模的倾倒，属于明显违反《联合国海洋法公约》等相关国际条约的行为，是对全球生态环境和生存环境的弃之不顾，是对国际社会强烈反对的置若罔闻，日本核泄漏以及日本所采取的行为将带来不可抗拒的全球性后果，既损害自己更祸及他人。

历来很多国家将海洋作为天然的"垃圾场"，常常向海里倾倒、排放工业废料、废水，尤其是核废料。这是严重违反国际法、国际环境法的行为。尤其是公海海域，虽然不属于任何国家所有和控制但其与人类生存和整个自然界息息相关，因此即便日本是无针对性地向海里排放核污水，从国际环境法的角度讲，这种行为也是不被允许的。

（二）日本应承担哪些国家责任？

当某一行为可归因于国家且违背该国所承担的国际义务，则该国须承担国际法律责任，此即传统国家责任。传统国家责任以"过失责任论"为基础，强调国家责任的成立必须具备主观要件和客观要件。主观要件是指一不当行为可归因于国家而被视为该国的国家行为，是否可归因于国家的判断标准是国际法而不是国内法。客观要件是指某一国家行为客观上违背了该国的国际义务。

一国对其管辖或控制下的行为造成国家管辖或控制范围以外地区的环境损害时应承担国际赔偿责任，此为跨界损害责任。即只要行为造成了跨界损害性后果，行为国就需承担赔偿责任。跨界损害具有三个特征：第一，损害必须是人类的行为所致，且其后果是物质的、数量的或是有形的。第二，行为的有形后果所造成的损害的"重大"性。第三，行为的有形后果具有明显的跨界性。所谓"跨界性"，是指一项活动所产生的有形后果已经超越行为所在国国界，给行为所在国领土以外的区域造成损害的情况。跨界损害责任的法律基础是严格责任。严格责任，是指一国无论有无过失均对其行为所引起的损害担负赔偿的责任。也就是说，行为主体是否应担负责任，要看有无客观的损害后果而不看行为主体有无过失，只要有损害结果，行为主体就要承担损害赔偿责任。这体现了国际环境法的一项基本原则——"尊重国家主权和不损害国外环境"。这一原则在肯定国家环境主权的同时要求国家承担不损害国外环境的义务，包括"公域环境"，即公海、公空、国家管辖范围以外的海床和洋底及其底土、地球南北两极、外层空间等区域。

传统国家责任与跨界损害责任的区别就在于传统国家责任强调行为的不法性，不论行为的后果如何都须课予国际法律责任而承担国家责任；而跨界损害责任则强调跨界的损害性后果，即使行为本身并不违法。

当一跨界损害后果并非由于主体行为所致时，如工业事故或突发性灾难所导致的跨界损害后果，则既不适用传统国家责任也不适用跨界损害责任。当此情形，则适用跨界影响补偿责任。跨界影响补偿责任是指由于突发事故导致的在事故发生地国管辖或控制范围以外地区造成严重影响而对因突发事故而遭受实际损害者予以补偿。而所谓"影响"，指的是工业事故所造成的直接或间接、即刻或滞后的不利影响。1993年《预防重大工业事故公约》第3条（d）项规定："重大事故，指在重大危害设置内的一项活动过程中出现的突发性事件，诸如严重泄漏、失火或爆炸，涉及一种或一种以上的危害物质，并导致对工人、公众或环境造成即刻的或日后的严重危险。"2003年《关于工业事故越界影响对越界水体造成损害的民事责任和赔偿的议定书》，试图为工业事故跨界影响对跨界水体造成损害的民事责任以及对损害做出充分、迅速的赔偿规定一项全面制度。它确立了基于严格和过错责任的连带责任制度。《关于核损害民事责任的维也纳公约》第2条规定："核装置的运营者应在下列情况下对和损害负有责任：（一）当证明核损害是在他负责的核装置中发生的一次核事件造成的；或（二）当证明核事件所造成的核损害涉及的核材料是来自或产生于他的核装置。"有鉴于此，工业事故可定义为工业生产活动中发生的意外事故。这是指由于突发事故导致在事故发生地国管辖或控制范围以外地区造成严重影响而对因突发事故而遭受实际损害者予以补偿。事故发生地国在事故发生后应采取积极的预防和控制措施，向可能受跨界影响的国家及民众告知该事故的潜在危险，提供相关的信息资料，以便受影响国采取必要的措施，最大限度地减少损害或寻求替代措施。如1986年《及早通报核事故公约》，其宗旨就在于加强缔约国之间尽早提供有关核事故的情报，以使可能超越国界的辐射后果减少到最低限度。

环境无国界。地球上所有的水域都是相通的。日本核电站泄漏以及日本所采取的排污入海行为将带来不可抗拒的全球性后果，既损害自己更祸及他人。在没有履行国际义务的情况下，日本擅自排放低辐射核污水的行为是违背了国际法的国际不当行为。《核安全公约》明文规定，凡是关于核设施而引起的安全问题责任都要由对其具有管辖权的国家来承担。向海里排放核污水的行为可以看作是日本的国家行为，日本是该不当行为的主体。如果日本是在明知核污水会对周边海域产生核污染的情况下决定排放污水，那么对其国家责任的认定条件是成立的，可以肯定为违反国际法的国际不当行为。

以法眼观之，海啸引发的日本福岛核泄漏事故本身并非国家有意实施的行为，亦非国家管辖或控制下的活动所造成的损害性后果。但在其导致周边国家遭受核辐射威胁的同时，作为《及早通报核事故公约》缔约国的日本，在核事故发生后没有将该核事故情况及时及早地通报、通知实际受影响或可能受影响的国家，且在处理核泄漏事故过程中擅自将核污水排入海洋，这一排污入海行为显然是（日本也承认是）主观上的故意行为。

综上所述，此种情势及其行为，毋庸置疑，日本已违反了国际法，应承担相应的前述一种或几种国际法责任。

（三）禁止转移污染和其他环境损害的内容为何？

国际合作，是现代国际法的一项基本原则，也是国际环境法的一项基本原则，旨在国际环境领域，各国进行广泛密切的合作，通过合作采取共同的环境资源保护措施，实现保护国际环境的目的。其内容主要包括：第一，兼顾各国利益和优先考虑发展中国家。第二，共管共享全球共同资源。第三，禁止转移污染和其他环境损害。第四，和平解决国际环境争端。

保护人类赖以生存的环境，首先要由世界各国采取行动保护自己管辖范围内的环境，但是仅仅依靠世界各国的国内措施是不够的，还必须由世界各国在国际范围内进行广泛的国际合作，采取共同行动，一起保护地球。核废水的肆意倾倒不仅大大损害了其他国家的利益，而且危害全球环境。作为国际合作原则的重要内容之一的"禁止转移污染和其他环境损害"，要求世界各国在面对环境污染和环境损害时，通过国际合作的方式进行有效治理。《联合国海洋法公约》第 195 条规定："各国在采取措施防止、减少和控制海洋环境的污染时采取的行动不应直接或间接将损害或危险从一个区域转移到另一个区域，或将一种污染转变成另一种污染。"《里约热内卢环境与发展宣言》第 14 项原则进一步规定："各国应有效合作阻碍或防止任何造成环境严重退化或证实有害人类健康的活动和物质迁移或转让到他国。"《及早通报核事故公约》第 2 条规定，应在发生核事故后立即直接或通过国际原子能机构，将该核事故及其性质、发生时间和在适当情况下确切地点通知那些实际受影响或可能会实际受影响的国家和机构。在核泄漏发生后，应当对事故及早进行通报，并采取国际合作共克时艰，绝非单方面通过海洋对核废水转移，以至于造成另一种污染。

五十二、新加坡与马来西亚柔佛海峡填海造地案

基本案情

新加坡自 1965 年独立以来，其后的 50 年间其国土面积大幅增加——这其中除却海岸侵蚀、淤积等自然演变和人工测量精度不断提高等因素外，绝大部分来自于新加坡的填海造地工程。在 1960 年后，新加坡进入了大规模填海造地时期，其在主岛填海规模达到一定峰值后，开始陆陆续续对于周边现存的离岛进行大面积的改造、填埋和利用。

2000 年 6 月起，新加坡于柔佛海峡西面的大士（Tuas）进行大规模的填海工程（土地复垦工程）。2000 年 11 月后，新加坡又在柔佛海峡东面的德光岛（Pulau Tekong）开始进行填海工程。此举招致邻国马来西亚的不满，马来西亚认为，新加坡在德光岛和大士周围的土地复垦活动不仅正在对海洋环境造成不可逆转的损害，还严重侵犯了马来西亚的权利。

从 2002 年 1 月 18 日开始，马来西亚就屡次对新加坡发出通告，不满其土地复垦活动。2003 年 7 月 4 日，马来西亚以新闻形式通知新加坡，称已要求将其与新加坡的争议提交给根据《联合国海洋法公约》（以下简称《公约》）附件七下设立的仲裁庭。2003 年 8 月 13 日和 14 日在新加坡举行的会议上，两国进一步就此事进行意见交换，新加坡代表团呼吁马来西亚采取合作方式，包括进一步的信息交流和会议谈判。而在 2003 年 8 月 25 日的会议结束后，马来西亚向新加坡发送了一份说明，该说明表示，尽管 8 月 13 日、14 日新加坡声称需要采取合作的方式，但是事实是，到目前为止，双方缺乏合作却是由于新加坡的单方面行为导致。新加坡进行了大面积土地复垦的项目，这些项目对马来西亚有明显的影响，但是新加坡却没有对马来西亚进行事先通知或与马来西亚采取任何形式的协商。特别是，无论新加坡进行何种内部评估，都没有与马来西亚分享其评估报告。马来西亚一再表明，其对新加坡填海活

动的过程和实质问题都给予了很高的关注。但是尽管马来西亚有这些担忧，新加坡代表团却明确表示，其无意暂停工程，也不打算更改项目施工日程表。

2003 年 9 月 5 日，马来西亚基于《公约》第 290 条第 5 款，向国际海洋法法庭提出临时措施方案的请求。马来西亚提出，新加坡在德光岛和大士周围进行的土地开垦行动正在对海洋环境造成严重和不可逆转的损害，严重损害了马来西亚的权利。理由大致分为以下几个方面：第一，新加坡的填海活动正在使海水的流动状况和沉积作用产生重大变化，因为填海活动不仅会影响原有海洋水动力，还会影响海水的流动方向和沉积物的移动。第二，填海工程已经大大限制了柔佛海峡东部的航行。对于各种规模的船舶，该通道原本始终可以随时免费导航，这是马来西亚的一项重要利益。第三，填海活动在影响海岸侵蚀，对于马来西亚而言，其针对大德光岛附近的跨境影响补救措施（如海岸侵蚀）可能非常昂贵。第四，填海活动使敏感水域生态和水质条件不断恶化。第五，其与新加坡在柔佛海峡两岸的海上边界问题尚未解决，包括受填海活动影响的西区在内，所以新加坡的填海活动侵犯了马来西亚于柔佛及"第 20 点"地区周围的领海。故而，新加坡的土地复垦活动不可避免地会产生严重的影响，侵犯了马来西亚在柔佛海峡内及附近的权利。马来西亚力求维护其有关维护海洋和沿海环境以及维护其《公约》所保障的"进入海岸线"的权利。马来西亚还依赖国际法的预防原则，该原则指示，任何缔约国都必须适用和履行《公约》规定的义务。据此，马来西亚要求国际海洋法法庭就此案发布临时措施。

而经马来西亚基于《公约》第 290 条第 5 款规定临时措施的请求，国际海洋法法庭对此案发布临时措施命令。国际海洋法法庭由 21 名独立法官组成，现任庭长为格林纳达籍法官内尔森（Nelson），副庭长为克罗地亚籍法官乌卡斯（Vnkas）。鉴于法庭没有在法官席上包括当事人国籍的法官，并且根据《国际海洋法法庭规约》（以下简称《规约》）第 17 条第 3 款，马来西亚选择了卡迈勒·侯赛因（Kamal Hossain），新加坡选择了伯纳德·H. 奥克斯曼（Bernard H. Oxman）作为专案法官。[1]国际海洋法法庭在 2003 年 9 月 10 日的命令里，确定 2003 年 9 月 25 日为本案的开庭日期。随后，法庭于 2003 年 10 月 8 日对本案发布临时措施。

---

〔1〕 Land reclamation Case, Order of 10 September 2003.

而争端提交的仲裁庭为《公约》附件七下的仲裁庭，由于当时双方自己于 2005 年达成和解协议，所以仲裁法庭并没有对案件进行实质审理。争端双方申请仲裁后自行和解，达成和解协议，并请求仲裁庭根据和解协议作出裁决书。依此，仲裁庭于 2005 年 9 月 1 日作出裁决，停止诉讼。

诉讼请求

（一）马来西亚向附件七下仲裁庭提出的请求

1. 划定两国领海之间的界限，包括 1995 年《协定》中的第 W25 和 E47 点。

2. 宣布新加坡违反其 1982 年《公约》和一般国际法规定的义务，在未经适当通知和与马来西亚充分协商的情况下，开始并继续开展土地复垦活动。

3. 决定由于上述违反其义务的行为，新加坡应：（a）在构成马来西亚水域一部分的任何地区停止目前的土地复垦活动，并将这些地区恢复到工程施工前所处的状况；（b）暂停其目前的土地复垦活动，直至其对环境及受影响的沿岸地区的潜在影响进行公布，并考虑到受影响的各方的陈述；（c）作为评估过程的一个方面：（i）向马来西亚提供有关当前和预计工程的全部信息，包括其提议的范围、建造方法、所用材料的来源和种类，以及沿海保护和补救（如果有的话）；（ii）让马来西亚有充分的机会评论工程及其可能的影响，除其他外，考虑所提供的资料，以及（iii）与马来西亚就任何尚未解决的问题进行谈判；（d）根据评估及与马来西亚磋商和谈判所需的程序，修订其填海计划，以尽量减少或避免污染的风险或影响或这些工程对海洋环境的其他重大影响（包括过度沉积、床层变化和海岸侵蚀等问题）；（e）向马来西亚提供充分和及时的信息，说明预计施工的桥梁或其他工程将限制进入柔佛海峡的沿海地区和港口设施的权利，并考虑到马来西亚的任何陈述，以确保马来西亚海上过境的权利并且不妨碍马来西亚依据国际法获得该种权利；（f）在以下情况下——尽管采取了上述措施——马来西亚或马来西亚的个人或实体仍然会受到复垦活动的伤害，新加坡必须为此类伤害提供全额赔偿，此类赔偿金额（如果双方事先未达成协议），则由法庭在诉讼过程中确定。

（二）马来西亚向国际海洋法法庭提出的请求

1. 在仲裁庭作出决定之前，新加坡应暂时停止在两国之间的海上边界附近的所有土地复垦活动，特别是柔佛海峡东面的德光岛和西面的大士附近的土地复垦活动。

2. 新加坡应提供给马来西亚当前和预计工程的全部资料，包括其进行土地复垦活动的范围、建造方法、所用的材料以及来源以及沿海设计保护和生态补救措施（如果有的话）。

3. 让马来西亚有充分机会评估该工程及其潜在影响。

4. 新加坡应同意就任何尚未解决的问题与马来西亚进行谈判。

裁决

国际海洋法法庭于 2003 年 9 月 10 日发布第一份命令，列明了全体法官的名单，命令的内容为：法庭审议后考虑到《公约》第 290 条第 5 款、《规约》第 27 条、《国际海洋法法庭规则》（以下简称《法庭规则》）第 45 条和第 90 条第 2 款，考虑到马来西亚于 2003 年 7 月 4 日向新加坡提交的通知和索赔说明，按照《公约》附件七的规定提起仲裁程序。还考虑到马来西亚于 2003 年 9 月 5 日提交的关于要求法庭根据《公约》第 290 条第 5 款规定临时措施的请求，在确定了各方的意见后，修正 2003 年 9 月 25 日为开庭日期，随即通知争端各方。

随后，国际海洋法法庭于 2008 年 10 月 8 日对本案发布了第二份命令，就本案发布临时措施：

1. 法庭全体一致地提出如下临时措施：马来西亚和新加坡将互相合作，并进行协商，以达到如下目的：（1）立即建立独立的专家组：①在马来西亚和新加坡都认可的指导原则下，在本判决生效前一年之内，开展研究以制定出合适的措施，应对此类土地开发带来的负面影响；②尽快地准备一份关于德光岛 D 区域填海工作的中间报告；（2）在一般基础上，交换关于新加坡土地开发活动的信息和风险评估；（3）在第 7 附属仲裁庭针对德光岛 D 区域的此类短期措施取得即刻协议之前，无偏见地、高效地完成记录在本判决书上的有关承诺，包括（1）①中提到的该区域调查研究完成之前所采取的停止或调整填海行为；并无偏见地相信新加坡执行 85-87 节承诺的能力。

2. 全体一致地指示新加坡，不应从事可能对马来西亚的权利或海洋环境造成不可挽回的损失的行为，对独立专家组的报告应特别重视并予以考虑。

3. 全体一致地决定：在 2004 年 1 月 9 日前，马来西亚和新加坡应各自向法庭及附件七仲裁庭提交针对《公约》第 95 条第 1 节规定的中间报告，除非

仲裁庭决定不需要这么做。

4. 全体一致地决定双方各自承担诉讼费用。

争端双方申请仲裁后自行和解，达成和解协议，并请求仲裁庭根据和解协议作出裁决书。依此，仲裁庭于 2005 年 9 月 1 日作出裁决，停止诉讼。

问题提炼

1. 国际海洋法法庭是否有权针对本案发布临时措施？
2. 国际海洋法法庭是否应当就本案提出临时措施？

解析

（一）关于国际海洋法法庭是否有权针对本案发布临时措施

1. 初步管辖权

临时措施是一种附带程序，其目的在于保证最终裁决对争端的解决。马来西亚为了防止其所称权利遭受新加坡土地复垦行为的侵害，考虑到直到仲裁庭成立及其规定相关措施和审理案件实体问题需要一定的时间，马来西亚又向国际海洋法法庭提出了临时措施。

《公约》第 290 条规定："1. 如果争端已经正式提交法院或法庭，而该法庭或法庭依据初步证明认为其根据本部分或第十一部分第五节具有管辖权，该法院或法庭可在最后裁判前，规定其根据情况认为适当的任何临时措施，以保全争端各方的各自权利或防止对海洋环境的严重损害。2. 临时措施所根据的情况一旦改变或不复存在，即可修改或撤销。3. 临时措施仅在争端一方提出请求并使争端各方有陈述意见的机会后，才可根据本条予以规定、修改或撤销。4. 法院或法庭应将临时措施的规定、修改或撤销迅速通知争端各方及其认为适当的其他缔约国。5. 在争端根据本节正向其提交的仲裁法庭组成以前，经争端各方协议的任何法院或法庭，如在请求规定临时措施之日起两周内不能达成这种协定，则为国际海洋法庭，或在关于'区域'内活动时的海底争端分庭，如果根据初步证明认为将予组成的法庭具有管辖权，而且认为情况紧急有此必要，可按照本条规定、修改或撤销临时措施。受理争端的法庭一旦组成，即可依照第 1 款至第 4 款行事，对这种临时措施予以修改、撤销或确认。6. 争端各方应迅速遵从根据本条所规定的任何临时措施。"

根据《公约》第 290 条，在仲裁庭未有结论期间，只要国际海洋法法庭认为方案符合《公约》中"保留于相关方各自的权利或防止了对海洋环境的进一步破坏"的精神，及它初步证明仲裁庭具有管辖权且情况较为紧迫，则可以提出临时措施方案。另外，马来西亚的请求也符合《规则》第 89 条第 3 款和第 4 款的要求，所以，国际海洋法法庭证明了其初步管辖权。

2. 临时措施的时间段

在该案中，新加坡称，由于依据附件七仲裁庭的计划组成时间不晚于 2003 年 10 月 9 日，考虑到在该日期前的余下时间很短，没有必要提出临时措施。

（1）关于"法庭能够提出临时措施"的时间段。基于《公约》第 290 条第 5 节，法庭完全有能力可以在第 7 附属仲裁庭组成之前提出临时措施。

（2）关于临时措施有效的时间段。根据第 290 条来看，国际海洋法法庭不能够在仲裁法庭组成后继续根据第 5 款来规定临时措施，并不代表着仲裁法庭一旦组成，国际海洋法法庭规定临时措施命令的效力就要停止。反而是，国际海洋法法庭提出的临时措施的效力会持续到仲裁庭按照第 290 条第 5 款对其进行修改或者撤销。

（二）关于国际海洋法法庭是否应当就本案提出临时措施

1. 法庭提出临时措施的条件

《公约》第 290 条第 1 款表述为："1. 如果争端已经正式提交法院或法庭，而该法庭或法庭依据初步证明认为其根据本部分或第十一部分第五节具有管辖权，该法院或法庭可在最后裁判前，规定其根据情况认为适当的任何临时措施，以保全争端各方的各自权利或防止对海洋环境的严重损害。"同时，第 290 条第 3 款规定："临时措施仅在争端一方提出请求并使争端各方有陈述意见的机会后，才可根据本条予以规定、修改或撤销"。

在"MOX 工厂案"判决中仲裁庭提出："国际司法实践确认，规定临时措施以保护当时各方权利的一个一般性的要求是，需要证明情况紧迫和对所主张权利之难以弥补的损害。"本案中，法庭关于裁量是否作出临时措施的表述为：是否"存在紧急情况，或者它所声称的对领海领域的权利可能遭受不可逆转的损害"。[1]而在其最终的判决中，又作出了如此的表述："一致指示新加坡不以可能对马来西亚的权利造成无法弥补的损害或严重损害海洋环境

---

〔1〕 Land reclamation Case, Order Of 8 October 2003, para. 72.

的方式进行土地复垦。"〔1〕那么从法庭在司法实践中的态度来看，其是否指示临时措施需要考虑的关键则聚焦在"争端一方提出请求""情况紧迫"以及"对主张权利之难以弥补的损害"上。

而"所称的权利的存在与否"是否需要作为提出临时措施的先决问题或条件之一？马来西亚曾在其 2003 年 9 月 5 日的临时措施请求中明确指出，它通过授予临时措施力求保留的权利是"与保护海洋和沿海环境及维护其权利有关的权利，以及通过海峡进入其海岸线（特别是通过柔佛海峡的东部入口）的权利"。〔2〕那么倘若其为先决条件，则法庭必须认定马来西亚所称权利存在，才能指示临时措施。实际上，国际海洋法法庭曾在"路易莎号案"和"自由号案"中不止一次确认了其规定临时措施时不需要最终确定当事方所主张的权利存在，所以，其并非提出临时措施的先决问题或条件之一。在本案中，法庭在指示临时措施时，也表达了同样的态度，并不以其权利之真实存在作为提出临时措施的条件。再结合《公约》第 290 条的内容可以看出，提出临时措施需要满足的仅有"提出临时措施请求"的程序性条件和"难以弥补的损害"和"情况紧迫"两个实质性条件。

（1）请求的提出。根据《公约》第 290 条第 3 款可以看出，法庭规定临时措施需要依赖于争端当事方提出临时措施的请求。也即，当争端当事方未提出请求时，就算法庭认为其他提出临时措施条件都已具备，仍然不能够规定临时措施。2003 年 9 月 5 日，马来西亚在关于新加坡在柔佛海峡及其周边地区开垦土地的争端中向法庭书记官处提出了根据《公约》第 290 条第 5 款规定临时措施的请求，〔3〕所以这一条件在该案中已然成立。

（2）难以弥补损害的危险（the risk of irreparable damage）。

第一，关于难以弥补的损害的危险。首先，"危险"代表着对当事方权利造成损害的行为已经发生，或仅仅只是存在着这种可能性。其次，该种侵害必须"难以弥补"。也即不能够通过支付赔款或通过其他某种物质形式的赔偿或恢复原状而得到弥补。倘若能够以其他各种形式进行弥补，则不能够称作为"难以弥补"。在判决中，法庭提到，马来西亚提供的证据并未表明存在紧

---

〔1〕 Land reclamation Case, Order Of 8 October 2003, para. 106.

〔2〕 Land reclamation Case, Request for Provisional Measures, Para. 60.

〔3〕 Land Reclamation Case, Order Of 8 October 2003, para. 2.

急情况，也即如果没有仲裁庭的努力，它所声称的对领海领域内的权利可能遭受"不可逆转的损害"。[1]

第二，关于预防原则。预防原则的含义是，在国际性、区域性或国内的环境管理中，对于那些可能有害于环境的物质或行为，即使缺乏其有害的结论性证据，亦应采取各种预防性手段和措施，对这些物质或行为进行控制或管理，以防止环境损害的发生。[2]马来西亚的请求中提及了其临时措施请求以预防原则为论据之一："根据《公约》第300条和预防原则，根据国际法，该原则必须指导任何一方执行和履行这些义务。"同样，在《公约》第290条第1款的规定中，提及"防止对海洋环境的严重损害"。而其如何裁量？从法庭在司法实践中的态度来看，当不能够最终评估争端各方所提交的科学证据的情况下，需要依预防原则来证明此种"难以弥补的损害的危险"存在。

（3）情况紧迫（the urgency of the situation）。

第一，对情况紧迫的衡量标准。法庭在判决中关于情况紧迫的阐述分别有："考虑到根据《公约》第290条第5款，如果法庭认为情况的紧迫性需要，可以在附件七仲裁庭组成之前规定临时措施"，"必须考虑到附件七的期限来评估情况的紧迫性"。这种"情况紧迫"的内涵应当为：有关临时措施的请求中是否确实存在如此紧急的情况，以致不能够等到仲裁庭就案件实体问题作出终局判决。

第二，法庭评估"情况紧迫"的时间段和"法庭可以提出临时措施"的时间段的区分。首先，关于"法庭可以提出临时措施"的时间段，根据《公约》第290条第5款，可知法庭有权在"附件七仲裁庭组成之前"提出临时措施。但是否考量"情况紧迫"的期间必须也限定在"附件七仲裁庭组成之前"？实际上，仲裁法庭成立后很少能够立即具备处理有关临时措施相关的问题的能力，所以国际海洋法法庭在多年的审判实践中对其"可以规定临时措施的时间段"的态度也是在不断进步的。基于对第290条第5款以及临时措施的最终目的之考量，法庭认为："《公约》第290条中没有任何内容建议法庭规定的措施必须限于该期间。"也即是，法庭提出临时措施的期间与评估"情况紧急"或"规定措施适用"的时间并不一样。所以，在本案中，法庭

---

[1] Land Reclamation Case, Order Of 8 October 2003, para. 72.

[2] 林灿铃、吴汶燕主编：《国际环境法》，科学出版社2018年版，第64页。

对此问题的考量是,"情况紧迫"的时间段不仅包括仲裁庭组成之前,还包括仲裁法庭组成之后仲裁庭尚无法"修改、撤销或确认这些临时措施"[1]的时间段。同时必须考虑到附件七的期限来评估"情况紧迫"的时间段。

2. 临时措施的内容

关于临时措施的内容,按照上述《公约》第 290 条第 1 款的规定:"如果争端已经正式提交法院或法庭,而该法庭或法庭依据初步证明认为其根据本部分或第十一部分第五节具有管辖权,该法院或法庭可在最后裁判前,规定其根据情况认为适当的任何临时措施,以保全争端各方的各自权利或防止对海洋环境的严重损害。"

第一,所谓"根据情况认为适当的任何临时措施",是否需要受到当事方的请求内容的限制,或者说必须与当事方请求的内容密切相关?实际上,法庭基于其权利原则和多年的司法实践,表明了其提出临时措施之自由裁量权不应受到双方诉讼请求之限制的意见。本案中也提及《规则》第 89 条第 5 款,其表述为:"请求临时措施后,法庭可以规定全部或部分不同于所要求措施的措施,并指出应采取或遵从每项措施的当事各方。"

第二,所谓"保全争端各方的各自权利",其含义是法庭最后规定的临时措施之内容并不能仅仅为了"服务原告",也即为了保障原告的权利而存在,还应当充分保护被告的权利。

综上,即使法庭在裁决中明确提出,马来西亚的临时措施请求并不满足"难以弥补损害的危险"以及"情况紧迫"的要求,不符合临时措施提出之条件的情况下,法庭也可以依照其自由裁量权,提出其他能够"保全争端双方各自权利"的临时措施。从本案来看,也确实表明了法庭的立场,其提出的临时措施几乎不同于马来西亚的诉讼请求。

对于其最终作出的临时措施,法庭表示,其考虑到了听证会上各方态度的转变,如"新加坡已经明确表示愿意分享马来西亚所要求的信息"[2]"新加坡明确表示将给予马来西亚充分机会对填海工程及其潜在影响发表评论"[3]"新加坡愿意针对马来西亚上文第 23 (d) 段所述的第四项要求措施,宣

---

〔1〕 Land Reclamation Case, Order Of 8 October 2003, para. 66.

〔2〕 Land Reclamation Case, Order Of 8 October 2003, para. 76.

〔3〕 Land Reclamation Case, Order Of 8 October 2003, para. 77.

布其已明确表示愿意进行谈判……[1]""在听证会马来西亚表示它接受土地复垦的重要性，并且不对新加坡的活动要求否决权"[2]"马来西亚将准备接受这些保证"[3]等情况，在新加坡已就部分问题作出了保证的情况下，法庭仍进一步认为应当"迫切需要在确保迅速和有效合作的承诺的基础上再接再厉"，[4]在其提出的临时措施中"尽力"地推动双方"迅速有效"地进行合作。

本案的启示与意义

本案的启示与意义在于明确大规模的填海造地虽然带来了一定的土地空间和经济效益，却给海洋生态环境造成了不可逆转的破坏。

---

[1] Land Reclamation Case, Order Of 8 October 2003, para. 78.

[2] Land Reclamation Case, Order Of 8 October 2003, para. 83.

[3] Land Reclamation Case, Order Of 8 October 2003, para. 79.

[4] Land Reclamation Case, Order Of 8 October 2003, para. 98.

五十三、松花江污染事件

事件概况

2005 年 11 月 13 日，位于吉林省吉林市的中国石油天然气集团公司吉林石化分公司双苯厂的苯胺车间发生剧烈爆炸，事故导致 5 人死亡，1 人失踪，近 30 人受伤，10 000 多名居民被迫离开家园。爆炸厂区位于松花江上游最主要的支流第二松花江江北，距离江面仅数百米之遥，松花江一路向北流入黑龙江（俄方称阿穆尔河）。此次吉林石化爆炸事故产生的主要污染物为苯、苯胺和硝基苯等有机物，事故区域排出的污水主要通过吉化公司东 10 号线（雨排线）进入松花江，造成 100 吨左右高毒性和可致癌的化学物质泄漏到松花江中，这些有毒有害化学物质可以通过呼吸、皮肤接触和食用等方式进入人体，对人体产生严重后果。同时，更为严重的是，这些有毒有害化学物质一旦渗入地下水，将产生严重的环境污染后果。11 月 22 日，中国外交部正式就松花江苯污染事件知会俄罗斯。11 月 23 日，中国原国家环保总局发布公告承认，由于吉化爆炸事件，松花江发生重大水污染事件。

问题提炼

1. 工业事故的界定。
2. 跨界影响与跨界损害的区别。
3. 工业事故跨界影响与损害责任制度。
4. "跨界影响"的法律属性。

事件解析

（一）工业事故的界定

基于人类当前的文明程度和迅猛发展的科学技术，尤其是人类工业的飞速发展，人类尚难避免意外事故尤其是突发工业事故所带来的灾难，而灾难性的突发工业事故又往往难以避免产生跨界影响。毋庸置疑，现实生活中造成工业事故的活动很多，如采矿、化工生产等。这些活动对于一个国家的国计民生、经济发展都是必不可少的，而且在国内从事的此类活动只要没有造成跨界影响，对任何一个国家都不会产生损害。所以，无论是国际条约还是国际习惯都没有将这些活动规定为禁止进行的活动。

何谓"工业事故"？当前并无普遍性国际公约对此作出统一定义，具有普遍效力直接调整工业事故跨界影响的国际条约也不存在。唯一涉及这一问题的仅有欧洲经济委员会于1992年通过并于2000年生效的《工业事故跨界影响公约》。

根据欧洲经济委员会《工业事故跨界影响公约》第1条第（1）项的规定，"工业事故"指的是任何涉及危险物质的活动过程中发生的突发性事件。[1]这些活动过程包括：①发生在一设施中的活动，如生产、使用、储存、操作或处理过程；②受第2条第2款第（4）项规制的任何运输过程。[2]此外，理解这个定义可参考1993年第80届国际劳工大会通过的《预防重大工业事故公约》第3条（d）项："重大事故"一词系指在重大危害设置内的一项活动过程中出现的突发性事件，诸如严重泄漏、失火或爆炸，涉及一种或一种以上的危害物质，并导致对工人、公众或环境造成即刻的或日后的严重危险。

鉴此，工业事故可定义为"工业生产活动过程中发生的意外事故"，"意外"指的是不可预见性，"生产活动"则包括生产、使用、储存、操作或处理、运输等过程。

（二）跨界影响与跨界损害的区别

若按照欧洲经济委员会《工业事故跨界影响公约》的规定，"跨界影响"指的是发生于一缔约方管辖范围内的工业事故在另一缔约方管辖范围内造成的严重影响。[3]而所谓"影响"则指由一工业事故对下述方面除其他外造成的任何直接或间接、即刻或滞后的不利影响：①人类、动物、植物；②土壤、

---

〔1〕《工业事故跨界影响公约》第2条第2款（4）。

〔2〕《工业事故跨界影响公约》第2条第2款（4）规定，公约不适用于陆上交通事故，但以下事故除外：①对此类事故的紧急反应；②在危险活动处所进行的运输。

〔3〕《工业事故跨界影响公约》第1条第4款。

水、空气和景观；③第①项与第②项要素间的相互作用；④物质资产和文化遗产，包括历史遗迹。[1]

"跨界损害"指国家管辖或控制下的活动造成国家管辖或控制范围以外地区的环境损害。它具有以下特征：

首先，损害必须是人类的行为所致，且其后果是物质的、数量的或是有形的。换言之，损害必须对一些方面有实际破坏作用，这些破坏作用必须能以实际和客观的标准衡量。国际法委员会就强调了"跨界损害"的"有形后果"，[2]认为跨界损害必须是活动的"实际后果"造成的，排除了金融、社会经济或类似领域的国家政策可能造成的跨界损害。

其次，行为的有形后果所造成的损害的"重大"性。当然，关于"重大"一词的含义，并非没有含糊性，但一般可以这样理解："重大"的程度超过"察觉"，但不必达到"严重"或"显著"的程度。[3]

最后，行为的有形后果具有明显的跨界性。"跨界性"是指一项活动所产生的有形后果已经超越行为所在国国界，给行为国领土以外的区域造成损害的情况。准确而言，这里所说的"界"乃是领土界线、管辖界线和控制界线。[4]

可见，跨界影响与跨界损害具有根本的区别。跨界损害是国家管辖或控制下的活动造成国家管辖或控制范围以外地区的环境损害，它包括有意识造成国家管辖或控制范围以外地区的环境损害后果。[5]而跨界影响则指的是由于工业事故导致在另一国家管辖范围内或在事故发生地国管辖或控制范围以外地区造成的严重影响。

（三）工业事故跨界影响与损害责任制度

适用于跨界损害领域的国际法律责任制度，迄今有成熟的传统国家责任

---

〔1〕《工业事故跨界影响公约》第 1 条第 3 款。

〔2〕参见联合国大会第 51 届会议补编第 10 号（A/51/10）《国际法委员会第 48 届会议工作报告》第 202 页；《关于国际法不加禁止的行为所造成的损害性后果的国际责任条款草案》第 1 条。

〔3〕参见联合国大会第 51 届会议补编第 10 号（A/51/10）《国际法委员会第 48 届会议工作报告》第 202 页；《关于国际法不加禁止的行为所产生的损害性后果的国际责任条款草案》第 1 条评注。

〔4〕参见联合国大会第 51 届会议补编第 10 号（A/51/10）《国际法委员会第 48 届会议工作报告》第 208 页；《关于国际法不加禁止的行为所产生的损害性后果的国际责任条款草案》第 2 条评注。

〔5〕如 1990 年 8 月 2 日，伊拉克无视国际关系和国际法准则，非法入侵和占领科威特，并向大海倾倒原油和战败后纵火焚烧科威特油井，由此造成无法估量的大气和海洋污染以及对它国的严重侵害。

制度和有待进一步完善的跨界损害责任制度。

1. 工业事故跨界影响与传统国家责任

传统国家责任是指当一个国际法主体从事了违反国际法规则的行为，或者说，当一个国家违反了自己所承担的国际义务时，在国际法上应承担的责任。简言之，国家责任是"国家对其国际不法行为所承担的责任"或"一国对其国际不法行为的责任"。[1]

可见，国家责任的成立，必须具备违反国际法规则和可归责于国际法主体这样两个要件，即必须满足主观要件和客观要件。所谓主观要件是指一不当行为可归因于国家而被视为该国的国家行为。是否可归因于国家的判断标准是国际法而不是某一国家的国内法。国家责任的主观要件意味着只有违反国际义务的行为是可归因于国家的行为，才引起国家责任，并非所有违背国际义务的行为均构成国际不法行为，不能要求国家对其境内的所有人从事的一切活动都对外负责。所谓客观要件是指国家的行为违背了该国所承担的国际义务，此项国际义务，无论是基于国际条约，还是习惯国际法，其法律后果都一样，均引起该国的国家责任。这种行为，既指国家对某一国际义务的作为，也指国家对某一国际义务的不作为。

显然，传统国家责任无法适用于工业事故跨界影响。但工业事故跨界影响是否违反了国际环境法所确立的习惯原则"尊重国家主权和不损害国外环境原则"呢？这一国际环境法基本原则可表述为"根据《联合国宪章》和国际法原则，各国拥有按照其本国的环境与发展政策开发本国自然资源的主权权利，并负有确保在其管辖范围内或在其控制下的活动不致损害其他国家或在各国管辖范围以外地区的环境的责任"。很明显，这一原则也不适用于工业事故跨界影响。因为必须把"生产活动"与"工业事故"区分开，"生产活动"是包括生产、使用、储存、操作或处理、运输等过程。而"工业事故"的发生不是生产活动的组成部分。国家承担"保证其管辖或控制范围内的活动，不致损害其他国家或国家管辖范围以外地区的环境"义务，这种意义上的活动是指该国正常的生产活动，而不包括国家也不愿发生的意外事故。这一点使工业事故造成的跨界影响与1931年特雷尔冶炼厂案与核试验案有了本

---

〔1〕 联合国大会第51届会议补编第10号（A/51/10）《国际法委员会第48届会议工作报告》第95页：《国家责任条款草案》第1条。

质差别：在特雷尔冶炼厂案中，提炼矿物质时排放含硫烟雾的活动就是其生产活动的一部分；在核试验案中，法国在波利尼亚上空进行大气层核试验造成放射性微粒回降，这种微粒回降也是空中核爆炸活动的组成部分。所以特雷尔冶炼厂案和法国大气层核试验案都是行为本身造成跨界损害，无疑适用"尊重国家主权和不损害国外环境原则"，而"工业事故跨界影响"则完全不同，"事故"不同于"活动"。

2. 工业事故跨界影响与跨界损害责任制度

"跨界损害责任"是指国家为其管辖或控制下的活动造成国家管辖或控制范围以外地区的环境损害而承担的赔偿责任。由于该活动虽然造成损害性后果，但其本身并非国际法所禁止，因此也被称为"国际法不加禁止行为所产生的损害性后果的国际责任"。所谓国际法"不加禁止"包含两方面的情况，一是国际法文件规定对此种行为不加任何限制，即不加禁止而允许的；另一种是国际法文件对此种行为没有明文规定禁止也没有明文规定允许。这就意味着，只看行为与后果的关系，而不问其行为是否违反国际法的规定。这一责任制度的特点是：损害发生以后，并不以行为者的过失作为其承担责任的依据，只要行为者所实施的行为与损害结果间存在一种因果关系，就可判定其承担损害赔偿责任。

如同国内法的发展一样，国际法并不绝对禁止产生跨界损害，国家之间边境发展都可能对邻国产生某种程度上的不利影响。各国在本国境内进行各种合法活动时会相互影响，只要没有达到"重大"程度，就被认为是可以容忍的。亦即，国际上对那些只造成间接或轻微损害或影响的活动通常是可以容忍的。作为一种行为规范，国际法应在何种程度上禁止跨界损害，这就涉及了损害标准的确立。此外，环境破坏所造成的损害影响往往又有一个逐渐累积的过程，所以，就此来看，从环境保护角度考虑，当损害影响可估量时，就应当受到法律的限制。也就是说，并不是所有的跨界损害都一概而论，都必须承担损害赔偿责任。正如国际法委员会所认为的，……限制这些条款之范围的最有效的方法是规定这些活动须产生跨界实际后果，并产生严重损害。[1]

---

〔1〕 联合国大会第 51 届会议补编第 10 号（A/51/10）《国际法委员会第 48 届会议工作报告》第 208 页。

工业事故之"跨界影响"指的是由于工业事故导致在另一国家管辖范围内或在事故发生地国管辖或控制范围以外地区造成的严重影响。而所谓"影响"则指由工业事故所造成的直接或间接、即刻或滞后的不利影响。"跨界损害"指国家管辖或控制下的活动造成国家管辖或控制范围以外地区的环境损害,具有行为的有形后果所造成的损害的重大性以及其后果是物质的、数量的或是有形的等特征。[1]可见,工业事故跨界影响与跨界损害具有完全不同的特征。此外,工业事故是工业生产活动过程中发生的事故而非行为者所实施的行为。所以,工业事故所导致的跨界影响也不是国家管辖或控制下的活动所造成的跨界损害。因此,工业事故跨界影响也无法适用"跨界损害责任制度"。当然,工业事故跨界影响就更不适用在外层空间探索活动与核能利用上所采取的绝对责任。[2]

(四)"跨界影响"的法律属性

国际上,关于油污、核材料利用、航空航天等活动造成跨界影响基本上都已建立起了相关的条约制度。例如,在调整油污领域有1969年的《国际油污损害民事责任公约》和《国际干预公海油污事故公约》、1971年的《设立国际油污损害赔偿基金公约》、1990年的《国际油污防备、反应和合作公约》以及2001年的《国际燃油污染损害民事责任公约》等;在核材料利用方面则有1986年的《及早通报核事故公约》和《核事故或辐射紧急援助公约》、1994年的《核安全公约》、1997年的《关于核损害民事责任公约》等;在航空航天领域有1963年的《关于在航空器内犯罪和其他某些行为的公约》(《东京公约》)、1970年的《关于制止非法劫持航空器的公约》(《海牙公约》)、1971年的《关于制止危害民用航空安全的非法行为的公约》(《蒙特利尔公约》)、1967年的《关于各国探索和利用包括月球和其他天体在内外层空间活动的原则条约》、1972年的《空间物体造成损害的国际责任公约》等。

尽管突发性工业事故频仍,在所难免,但与其所导致的跨界影响相关的制度却未见雏形,目前依然缺少与此相关的普遍性国际条约。

1986年4月26日,位于苏联乌克兰地区基辅以北130公里的切尔诺贝利核电站爆炸,事故产生的放射性元素扩散到大面积区域,大约100万居里至

---

〔1〕 林灿铃:《国际法上的跨界损害之国家责任》,华文出版社2000年版,第46~53页。

〔2〕 参见《空间物体造成损害的国际责任公约》第2条和《核能损害民事责任公约》第2条。

300 万居里的铯 137 被排泄出来，其中 1/3 沉降在苏联境内，1/3 在欧洲其他国家，1/3 进入北半球其余地区。苏联政府在爆炸发生 15 天后才向外界发表公开声明。遭受这次核污染的国家包括瑞典、挪威、意大利、威尔士、联邦德国等。这次污染事故造成了巨大的经济损失，对于环境和人体健康造成的损失更是不可估量。而当时受到损害的国家都没有对苏联提起求偿诉讼。主要是以下几个方面的原因：找不到要求苏联政府赔偿的法律基础；难以量化损害，难以确定放射性微尘与损害的直接因果关系；可能造成消极政治影响。事故虽然过去了，但是这次事故造成的灾难却依然在继续，它对环境破坏和人体健康的损害是数年不灭的，甚至还是延续的。2005 年，俄罗斯批准了《核损害民事责任公约》。但是，作为苏联继承者的俄罗斯却拒绝就切尔诺贝利核事故承担责任。其理由如下：①公约并未规定恐怖活动导致的核损害赔偿；②公约的主要目的是为对因发生在另一国的核事故遭受损害的一国国民提供保护，但俄罗斯国内法目前还没赋予受害者此种保护；③事故发生在俄罗斯批准公约前，且发生在另一国范围内。

1986 年 11 月 1 日，位于瑞士巴塞尔的桑多兹（Sandoz）化学公司的一个化学品仓库发生火灾，大量有毒化学品被消防水冲入莱茵河，造成有毒化学品泄漏事故。事故发生后，据桑多兹公司承认，共有 1246 吨各种化学品被扑火的水冲入莱茵河，其中包括 824 吨杀虫剂、71 吨除草剂、39 吨除菌剂、4 吨溶剂和 12 吨有机汞。这起事件不仅使瑞士蒙受损失，而且使法国、德国、荷兰等莱茵河沿岸国家不同程度地受害。事故发生后，国际赔偿并未经过司法程序，而由相关国家协商解决。为表示道歉，工厂还设立了桑多兹-莱茵河基金，以赞助 1987 年至 1992 年间莱茵河上的 36 个生态系统科研项目。

2000 年 1 月底，罗马尼亚西北部连降几场大雨，该地区的河流和水库水位暴涨。1 月 30 日夜至 31 日晨，西北部城市巴亚马雷附近金矿污水处理池出现了一个大裂口，10 多万升含剧毒的氰化物及铅、汞等重金属污水流入附近的索梅什河，又经此河流入匈牙利境内的蒂萨河，造成该河 88% 到 90% 的动植物死亡。含氰化物的污水污染了匈牙利的蒂萨河后，又流入南斯拉夫境内的多瑙河段，造成鱼类大量死亡。出事的金矿是罗马尼亚与澳大利亚的合资公司。匈牙利和南斯拉夫都表示要求罗马尼亚政府和金矿公司承担赔偿责任。但是，由于缺乏可以适用的国际规则，由这起污染事故导致的损害最终没有得到赔偿。虽然没有解决任何赔偿问题，但此次事故催生了 2003 年《关于工业事故越界影响对越界水体造成损害的民事责任和赔偿的议定书》（即 2003 年《基辅议定书》）。《基辅议定书》试图为工业事故跨界影响对跨界水体造成损害的民事责任以及对损害做出充分、迅速的赔偿规定的一项全面制度。它确立了基于严格和过错责任的连带责任制度。它规定经营人[1]要对工业事故造成的损害负赔偿责任。它还规定任何人都要对其故意、轻率或疏忽的不当作为或不作为所造成或促成的损害负赔偿责任，不当作为或不作为由可适用的相关国内法的规则确定，包括关于雇用人和代理人赔偿责任的法律。[2]根据《基辅议定书》第 2 条第 2 款（c）的规定，损害包括如下内容："（a）生命丧失或人身损害；（b）财产的损失或损害，应负责者所持有的财产除外；（c）为经济目的以任何方式使用越界水体而获得的法律所保护的权益因越界水体遭到破坏而受到损害，从而直接造成的收入的丧失；（d）为恢复被破坏的越界水体而采取的措施所涉及的费用，但只限于已实际采取或拟采取的措施所涉及的费用，以及（e）反应措施的费用。"

可见，当前对于工业事故所造成的跨界影响，除前述《预防重大工业事故公约》《工业事故跨界影响公约》及其议定书外，尚无其他对工业事故跨界影响进行规制的国际条约。而《预防重大工业事故公约》和《工业事故跨界影响公约》目前也只适用于少数几个国家，只对少数缔约国生效，[3]并非普遍性的全球公约。再者，公约亦没有规定工业事故造成跨界影响时来源方对于受害方的责任，只有《工业事故跨界影响公约》在其第 13 条"责任与赔偿责任"中规定：当事方应支持阐明责任与赔偿责任领域的规则、标准和程序的国际努力。没有进一步澄清责任的实体性或程序性规则。此外，《工业事故跨界影响公约》议定书尚未生效。显然，突发性工业事故跨界影响乃是一个在传统国家责任制度和跨界损害国家责任制度以外有待我们研究填补的新领域，依赖于国际法的进一步发展和国际社会的进一步合作！

---

〔1〕 根据《工业事故跨界影响公约》第 1 条（e）的规定，经营人是指负责某项活动，例如监督、计划实施或实施活动的任何自然人或法人，包括公共当局。

〔2〕 联合国大会第 56 届会议报告《关于国际法不加禁止的行为所产生之损害性后果之国际责任专题的各种责任制度概览》第 57 页。

〔3〕 目前批准《预防重大工业事故公约》的国家有阿尔巴尼亚、亚美尼亚、比利时、巴西、哥伦比亚、爱沙尼亚、黎巴嫩、荷兰、沙特阿拉伯、瑞典、津巴布韦等 11 国；目前《工业事故跨界影响公约》的缔约方则主要是欧盟国家。

主要参考文献

一、中文文献

1. 王铁崖主编：《国际法》，法律出版社 1995 年版。

2. 王铁崖、田如萱编：《国际法资料选编》，法律出版社 1995 年版。

3. 王铁崖主编：《中华法学大辞典——国际法学卷》，中国检察出版社 1996 年版。

4. ［英］詹宁斯、瓦茨修订：《奥本海国际法》（第 1 卷第 1 分册），王铁崖等译，中国大百科全书出版社 1998 年版。

5. 周忠海主编：《国际法》（第 3 版），中国政法大学出版社 2017 年版。

6. 裴广川、林灿铃、陆显禄主编：《环境伦理学》，高等教育出版社 2002 年版。

7. 林灿铃：《国际法上的跨界损害之国家责任》，华文出版社 2000 年版。

8. 林灿铃：《国际环境法》，人民出版社 2004 年版。

9. 林灿铃等：《国际环境法的产生与发展》，人民法院出版社 2006 年版；

10. 林灿铃等：《国际环境法的理论与实践》，知识产权出版社 2008 年版。

11. 林灿铃：《国际环境法》（修订版），人民出版社 2011 年版。

12. 林灿铃：《荆斋论法——全球法治之我见》，学苑出版社 2011 年版。

13. 林灿铃主编：《国际环境条约选编》，学苑出版社 2011 年版。

14. 林灿铃：《跨界损害的归责与赔偿研究》，中国政法大学出版社 2014 年版。

15. 林灿铃、吴汶燕主编：《国际环境法》，科学出版社 2018 年版。

16. 林灿铃：《国际环境立法的伦理基础》，中国政法大学出版社 2019 年版。

17. 朱建庚：《海洋环境保护的国际法》，中国政法大学出版社 2013 年版。

18. 世界环境与发展委员会：《我们共同的未来》，王之佳、柯金良译，吉林人民出版社 1997 年版。

19. 李浩培：《条约法概论》，法律出版社 2003 年版。

20. 中国政法大学国际法教研室编：《国际公法案例评析》，中国政法大学出版社 1995 年版。

21. 蒋克彬、张洪庄、谢其标编：《危险废物的管理与处理处置技术》，中国石化出版社

2016 年版。

22. 世界卫生组织欧洲地区办公室编:《危险废物的管理》,严珊琴等译,中国环境科学出版社 1994 年版。

23. 王曦主编:《国际环境法与比较环境法评论》(第 1 卷),法律出版社 2002 年版。

24. 吴卫星:《环境权理论的新展开》,北京大学出版社 2018 年版。

25. 陈建民、张亚主编:《海洋法》,中国石油大学出版社 2009 年版。

26. 张光:《国际投资法制中的公共利益保护问题研究》,法律出版社 2016 年版。

27. 张庆麟主编:《公共利益视野下的国际投资协定新发展》,中国社会科学出版社 2014 年版。

28. 国家环境保护总局政策法规司编:《中国环保法规与世贸组织规则》,光明日报出版社 2002 年版。

29. 万霞编著:《国际环境法案例评析》,中国政法大学出版社 2011 年版。

30. 杨国华、胡雪编著:《国际环境保护公约概述》,人民法院出版社 2000 年版。

31. 刘敬东:《WTO 中的贸易与环境问题》,社会科学文献出版社 2014 年版。

32. 韦经建、王彦志主编:《国际经济法案例教程》(第 2 版),科学出版社 2011 年版。

33. 曹建明、贺小勇主编:《世界贸易组织》,法律出版社 1999 年版。

34. [美] 金勇义:《中国与西方的法律观念》,陈国平等译,辽宁人民出版社 1989 年版。

35. 对外贸易经济合作部世界贸易组织司译:《中国加入世界贸易组织法律文件》,法律出版社 2002 年版。

36. [美] 爱蒂丝·布朗·魏伊丝:《公平地对待未来人类:国际法、共同遗产与世代间衡平》,汪劲等译,法律出版社 2000 年版。

37. [英] J. G. 斯塔克:《国际法导论》,赵维田译,法律出版社 1984 年版。

38. [美] E. 博登海默:《法理学:法律哲学与法律方法》,邓正来译,中国政法大学出版社 1999 年版。

39. [美] 诺内特·塞尔兹克:《转变中的法律与社会》,张志铭译,中国政法大学出版社 1994 版。

40. [英] 亨利·西季威克:《伦理学史纲》,熊敏译,江苏人民出版社 2008 年版。

41. 林灿铃:"工业事故跨界影响的国际法分析",载《比较法研究》2007 年第 1 期。

42. 林灿铃:"实现可持续发展促进人与自然的和谐",载《当代广西》2007 年第 15 期。

43. 林灿铃:"博帕尔判决的四个问号",载《中国环境报》2010 年 8 月 17 日。

44. 林灿铃:"改善生态环境归根到底要靠法治",载《中国法制报》2012 年 11 月 21 日。

45. 林灿铃:"环境法实施的立法保障",载《比较法研究》2016 年第 1 期。

46. 林灿铃:"国际环境法之立法理念",载高鸿钧、王明远主编:《清华法治论衡》(第 13 辑),清华大学出版社 2010 年版。

47. 高志宏："'历史性权利'的文本解读及实践考察"，载《学术界》2018年第12期。

48. 曲波："海洋法中历史性权利构成要件探究"，载《当代法学》2012年第4期。

49. 周永平："博帕尔事故及其生产安全中的法律问题"，载《中共中央党校学报》2006年第4期。

50. 洪永红、刘婷："尼罗河水资源之争非洲的国际法难题"，载《河南水利与南水北调》2011年第3期。

51. 丁洁琼、张丽娜："国际海洋法法庭管辖权发展趋势审视与探究"，载《太平洋学报》2017年第6期。

52. 白明华："基于环境的管制措施与间接征收的冲突和协调"，载《浙江工商大学学报》2012年9月第5期。

53. ［德］洛塔尔·京特林："国家对跨国界污染的责任"，载《当代联邦德国国际法律论文集》，北京航空航天大学出版社1992年版。

54. 袁林新："美国《1990年油污法》评价"，载《中国海商法年刊》1991年第6期。

55. 刘玲："美国石油污染损害赔偿制度对我国的启示——以海洋石油开发为视角"，载《河北法学》2013年第7期。

56. 宋家慧："美国《1990年油污法》及船舶油污损害赔偿机制概述"，载《交通环保》1999年第3期。

57. 徐昊、张忠潮："从拉努湖仲裁案看陕西省水权制度的优化"，载《山西农业大学学报（社会科学版）》第2期。

58. 刘哲："海洋环境保护之船旗国管辖制度"，载《法学博览》2017年第4期。

59. 任彦："空气污染让欧盟国家很头痛"，载《人民日报》2017年2月23日。

60. ［英］菲利普·桑兹："国际法庭与可持续发展概念的应用"，王曦译，载王曦主编：《国际环境法与比较环境法评论》（第1卷），法律出版社2002年版。

61. 谭宇生："欧共体——智利'剑鱼案'的再考量：发展中国家的视角"，载《欧洲研究》2007年第3期。

62. 林新珍："国家管辖范围以外区域海洋生物多样性的保护与管理"，载《太平洋学报》2011年第10期。

63. 刘乃忠、高莹莹："国家管辖范围外海洋生物多样性养护与可持续利用国际协定重点问题评析与中国应对策略"，载《海洋开发与管理》2018年第7期。

64. 桂静、范晓婷、公衍芬："国际现有公海保护区及其管理机制概览"，载《环境与可持续发展》2013年第5期。

二、外文文献

1. Laura A. W. Pratt, *Decreasing Dirty Dumping-A Reevaluation of Toxic Waste Colonialism and*

the Global Management of Transboundary Hazardous Waste, 35 Wm. & Mary Envtl. L. & Pol'y Rev. , 2011.

2. Chirac, *champion du monde de la nature*, Liberation, 1998.

3. Willian H. Rodgers Jr. , *Environmental Law*, West Publishing Co. , U. S. A. , 1977.

4. World Bank Group, *Environmental, Health and Safety Guidelines*, 2007.

5. The International Court of Justice: *Handbook*, 2013.

6. *Yearbook of the International Law Commission*, 1975, Vol. II.

7. *Yearbook of the International Law Commission*, 2001, Vol. II.

8. Rudolf Dolzer, Christoph Schreuer, *Principles of International Investment Law*, Oxford Univ Pr. 2012.

9. ONUMA Yasuaki, *A Transcivilizational Perspective on International Law*, Dordrecht: Martinus Nijhoff Publishers, 2010.

10. Sylvia F. Liu, *The Koko Incident: Developing International Norms For The Transboundary Movement Of Hazardous Waste*, Journal of Natural Resources & Environmental Law, 1992–1993.

11. Olanrewaju A. Fagbohun, *The Regulation of Transboundary Shipments of Hazardous Waste: A Case Study of the Dumping of Toxic Waste in Abidjan*, Cote D'Ivoire, 37 Hong Kong L. J. , 2007.

12. *Nuclear Tests (New Zealand v. France)*, Interim Protection, Order of 22 June 1973, ICJ Reports, 1973.

13. ICJ Judgment on Case concerning*The Gabcikovo–Nagymaros Project* on 25 September 1997, Separate Opinion of Vice-president Weeramantry, 1997.

14. National Research Council, *National Academy of Sciences*, *Decline of the Sea Turtles: Causes and Prevention*, Washington D. C, 1990.

15. Section 609 of Public Law 101–102, codified at 16 *United States Code* (U. S. C.), 1537.

16. *Panel Report on United States–Import Prohibition of Certain Shrimp and Shrimp Products*, WT/DS 58/R.

17. *Appellate Body Report on United States –Import Prohibit ion of Certain Shrimp and Shrimp Products*, WT/DS 58/AB/R.

18. Charlene Barshefsky, *Conservation, commerce can coexist*, Journal of Commerce, 1998.

19. *WTO Shrimp Ruling Heightens Environment vs Trade Debate*, Journal of Commerce, 1998.

20. PCA, *The North Atlantic Coast Fisheries Case (Great Britain, United States)*, Reports of International Arbitral Awards, Vol. XI, 1910.

21. Historic Bays: Memorandum by the Secretariat of the United Nations. A/CONF. 13 /1, *United Nations Conference of the Law of the Sea*. Official Records. Vol. 1: Preparatory Documents, 1957.

22. UN Secretariat Juridical Regime of Historic waters including historic bays, Extract from*the Year-*

book of the International Law Commission, Vol. II, 1962.

23. Anglo – Norwegian Fisheries Case, ICJ Reports of Judgments, Advisory Opinions and Orders, 1951.

24. N. J. J. Gaskell, The Amoco Cadiz: (I) Liability Issues, J. Energy & Nat. Resources L. , 1985.

25. Linda Rosenthal and Carol Raper, Amoco Cadiz and Limitation of Liability for Oil Spill Pollution: Domestic and International Solutions, 5 Va. J. Nat. Resources L. , 1985.

26. James W. III Bartlett, In re Oil Spill by the Amoco Cadiz – Choice of Law and a Pierced Corporate Veil Defeat the 1969 Civil Liability Convention, Mar Law, 1985.

27. Responsibilities and Obligations of States Sponsoring Persons and Entities with Respect to Activities in the Area, Advisory Opinion, List of Cases no. 17, Advisory Opinion, 2011.

28. Art. 1, para. 1 (1) of the UN Convention on the Law of the Sea, 1833 UNTS Entered into force, 1994.

29. International Tribunal of the Law of the Sea, Seabed Disputes Chamber, Case No 17, Advisory Opinion, 2011.

30. Rio Declaration, UN Doc A/CONF. 151/26 (Vol I) annex I Principle 15, 1992.

31. Convention on the Determination of the Minimal Conditions for Access and Exploitation of Marine Resources within the Maritime Areas under Jurisdiction of the Member States of the Sub-Regional Fisheries Commission.

32. ITLOS, MOX Plant, Request for Provisional Measures.

33. OSPAR arbitral tribunal, MOX Plant, final award.

34. UNCLOS arbitral tribunal, MOX Plant, Suspension of Proceedings on Jurisdiction and Merits and Request for further Provisional Measures.

35. Case C-459/03, Commission v. Ireland, European Court of Justice, 2006.

36. Astrid Epiney, Environmental Impact Assessment, in The Max Planck Encyclopaedia of Public International Law, Vol. 3, Oxford University Press, 2012.

37. UNECE Espoo Convention on Environmental Impact Assessment Becomes a Global Instrument, UNECE press release, 2001.

38. Article 1 of Convention on the Prohibition of Military or Any Other Hostile Use of Environmental Modification Techniques: "…not to engage in military or any other hostile use of environmental modification techniques having widespread, long-lasting or severe effects as the means of destruction, damage or injury to any other State Party."

39. United States–Restrictions on Imports of Tuna, Report of the Panel, DS21/R.

40. General Assembly Official Records Sixty-ninth Session Supplement No. 4, A/69/4, ICJ Reports, 2013-2014.

41. *Counter-Memorial of the Republic of Colombia*, *Case Concerning Aerial Herbicide Spraying* (*Ecuador v. Colombia*), 2010.

42. *General Assembly Official Records Forty-seventh Session Supplement No.* 4, A/47/4, ICJ Reports, 1991-1992.

43. *Corfu Channel* (*United Kingdom v. Albania*), Merits, Judgment, ICJ Reports 1949.

44. *Legality of the Threat or Use of Nuclear Weapons*, Advisory Opinion, ICJ Reports 1996.

45. United States-Standards for Reformulated and Conventional Gasoline, WT/DS2/AB/R.

46. *Japan-Taxes on Alcoholic Beverages*, WT/DS31/AB/R.

47. *Metalclad Corp. v. United Mexican States*, Final Award, 2000.

48. WTO, *Japan-Measures Affecting Agricultural Products*: *Communication from Japan and the United States*. WT/DS76/12, 2001.

49. ITLOS, Cases Nos 3 & 4, *Southern Bluefin Tuna Cases* (*New Zealand v. Japan*; *Australia v. Japan*), Reports of International arbitral Awards, Vol. XXIII, 2000.

50. ITLOS, Cases Nos 3 & 4, *Southern Bluefin Tuna Cases* (*New Zealand v. Japan*; *Australia v. Japan*), Dissenting opinion of Judge Vukas, ITLOS Order, 1999.

51. Ramon E. Jr. Reyes, *Nauru v. Australia*: *The International Fiduciary Duty and the Settlement of Nauru's Claims for Rehabilitation of Its Phosphate Lands*, 16 N. Y. L. Sch. J. Int'l & Comp. L. 1, 1996.

52. Andreas K. Wendl, *International Water Rights on the White Nile of the New State of South Sudan*, Boston College International & Comparative Law Review, 2016.

53. Daniel Abebe, Egypt, Ethiopia and the Nile: *The Economics of International Water Law*, Chicago Journal of International Law, 2014.

54. *Case concerning the territoral dispute* (*libya/chad*), ICJ Reports, 1994.

55. *Gabcikovo-Nagymaros Project* (*Hungary/Slovaki*), ICJ Reports, 1997.

56. *Certain Activities carried out by Nicaragua in the Border Area* (*Costa Rica v. Nicaragua*), Proceedings joined with Construction of a Road in Costa Rica along the San Juan River (Nicaragua y. Costa Rica), 2015.

57. *Certain Activities carried out by Nicaragua in the Border Area* (*Costa Rica v. Nicaragua*), 2011.

58. *Latest development of Certain Activities carried out by Nicaragua in the Border Area* (*Costa Rica v. Nicaragua*).

Available: ⟨https://www. icj-cij. org/en/case/150⟩.

59. *LaGrand Case*, Judgement, 2001.

60. In the Supreme Court of India Civil Appelate Jurisdiction I. A. NO. 48-49/2004 In Civil Appeal NO. 3187-88, 1998.

61. Eckerman Ingrid, *Chemical Industry and Public Health Bhopal As An Example*, 2001.

62. In the Court of Chief Judicial Magistrate bhopal mp (presiede by-Mohan P. Tiwari). Cr. Case N0. 8460/1996, 1996.

63. Directive 2008/50/EC of the European Parliament and of the Council of 21 May 2008 on ambient air quality and cleaner air for Europe, 2008.
    Available: ⟨ec. europa. eu/info/law/better-regulation/initiatives/ares-2017-3763998_ en⟩.

64. Opinion of AG Kokott: Case C – 488/15, *Commission v Bulgaria* ECLI: EU: C: 2016: 862, 2017.

65. Jerzy Sommer, *The Organizational and Legal Instruments Available for Harmonizing Polish Environmental law with EC Environmental Law*, in Reform in CEE-Countries with regard to European Enlargement 37 (Michael Schmidt & Lothar Knopp eds.), 2004.

66. K Vella, *Press Statement: Environment Council*, Environment Council, Brussels, 2018.

67. WHO, *Air quality guidelines for Particulate matter, ozone, nitrogen dioxide and sulfur dioxide*, Global update 2005, 2005.

68. Art 12 of *the International Covenant on Economic, Social and Cultural Rights and supra*, note 9 (OP1. 10 ter). See also, *WHO Regional Office for Europe, Exposure to air pollution (particulate matter) in outdoor air* (ENHIS Factsheet 3. 3, WHO), 2011.

69. K Vella, *Press Conference-Informal Environment Council in Sofia*, 2018.
    Available: ⟨ec. europa. eu/commission/commissioners/2014-2019/vella/announcements/press-conference-informal-environment-council-sofia_ en⟩.

70. European Forum on Eco-Innovation, *21st European Forum on Eco-innovation: key messages and summary of the event*, 2018.
    Available: ⟨ ec. europa. eu/environment/ecoinnovation2018/1st _ forum/material/EcoAP%20report%2021%2012-04%20-%20ld. pdf⟩.

71. A Brzozowski, *EU court rules against Poland's air pollution*, 2018.
    Available: ⟨www. euractiv. com/section/air-pollution/news/eu-court-rules-against-polands-air-pollution/⟩.

72. European Commission, *EU Action to Curb Air Pollution by Cars: Questions and Answers*, Brussels, 2017.

73. European Commission, *Car emissions: Commission opens infringement procedures against 7 Member States for breach of EU rules*, Brussels, 2016.

74. *Certain Activities Carried Out by Nicaragua in the Border Area (Costa Rica v. Nicaragua) and Construction of a Road in Costa Rica along the San Juan River (Nicaragua v. Costa Rica)*, ICJ Reports, 2015.

75. *Pulp Mills on the River Uruguay（Argentina v. Uruguay）*, ICJ Reports, 2010.

76. *Certain Activities Carried Out by Nicaragua in the Border Area（Costa Rica v. Nicaragua）and Construction of a Road in Costa Rica along the San Juan River（Nicaragua v. Costa Rica）*, ICJ Reports, 2015.

77. The International Law Commission, *Draft articles on Responsibility of States for Internationally Wrongful Acts, with commentaries*, 2001.

78. USPTO Appl. No. 669, 745.

79. Detailed Statement in Support of Request for Reexamination of U. S. Plant Patent No. 5, 751.

80. Glenn Wiser, *U. S. Patent and Trademark Office Reinstates Ayahuasca Patent Flawed Decision Declares Open Season on Resources of Indigenous Peoples*, Center for International Environmental Law, 2001.

81. USPTO, *Notice of Intent to Issue Reexamination Certificate*: *Statement of Reasons for Patentability and/or Confirmation*, Control No. 90/005, 307, Art Unit 1661, 2001.

82. Peter Johan Schei and Morten Walle Tvedt, *Genetic Resource in the CBD*: *the Wording, the Past, the Present and the Future*, UNEP/CBD/WG-ABS/9/INF/1, 2010.

83. Antony Taubman, Genetic Resources, Silke Von Lewinski ed. , *Indigenous Heritage and Intellectual Property*: *Genetic Resources, Traditional Knowledge and Folklore*, Kluwer Law International, 2008.

84. UNEP, *Report of the Second Meeting of the Conference of the Parties to the Convention on Biological Diversity*, UNEP/CBD/COP/2/19, 1995.

85. Paul Oldham, *An Access and Benefit-Sharing Commons? The Role of Commons/Open Source Licenses in the International Regime on Access to Genetic Resources and Benefit Sharing*, UNEP/CBD/WG-ABS/8/INF/3, 2009.

86. Charles Kilby, *China's Rare Earth Trade*: *Health and the Environment*, China Q. , 2014.

87. Panel Reports, *China——Measures Related to the Exportation of Rare Earths, Tungsten and Molybdenum*, WT/DS431/R; WT/DS432/R; WT/DS433/R.

88. United Nations, *Treaty Series（UNTS）*, Vol. 1295, No. I-21425.

89. *Pulp Mills on the River Uruguay（Argentina v. Uruguay）*, ICJ Reports, 2010.

90. *Corfu Channel（United Kingdom v. Albania）*, Merits, Judgment, ICJ Reports, 1949.

91. *Legality of the Threat or Use of Nuclear Weapons*, Advisory Opinion, ICJ Reports, 1996.

92. *Certain Questions of Mutual Assistance in Criminal Matters（Djibouti v. France）*, ICJ Judgment, 2008.

93. *Dispute Regarding Navigational and Related Rights（Costa Rica v. Nicaragua）*, ICJ Judgment, 2009.

94. Marcos A. Orellana，*The Swordfish Dispute between the EU and Chile at the ITLOS and the WTO*，71 Nordic J. Int'l L. 55，2002.

95. Andrew Serdy，*See You in the Port：Australia and New Zealand as Third Parties in the Dispute between Chile and the European Community over Chile's Denial of Port Access to Spanish Vessels Fishing for Swordfish on the High Seas*，3 Melb. J. Int'l L. 79，2002.

96. P Garzotti and E Cavarero，European Commission，*TBR Proceedings Concerning Chilean Practices Affecting Transit of Swordfish in Chilean Ports：Report to the Trade Barriers Regulation Committee of the European Communities*，1999.

97. Lesley Murphy，EC and Chile Reach Agreement on 10-year Swordfish Dispute，2001.
Available：〈http://www. oceanlaw. net/bulletin/sample/focus/0102c. htm〉.

98. Gustavo Capdevila，*Chile and EU Caught in Dispute over Swordfish*，2000.
Available：〈http://www. twnside. org. sg/title/sword. htm〉.

99. See Order 2000/3 of 20 December，2000.
Available： 〈 https://www. itlos. org/fileadmin/itlos/documents/cases/case ＿ no ＿ 7/published/C7-O-20＿ dec＿ 00. pdf〉.

100. John Shamsey，*ITLOS vs. Goliath：The International Tribunal for the Law of the Sea Stands Tall with the Appellate Body in the Chilean - EU Swordfish Dispute*，12 Transnat'l L. & Contemp. Probs，2002.

101. Commission Decision of 5 April 2000 under the provisions of Council Regulation（EC）No. 3286/94 concerning the Chilean prohibition on unloading of swordfish catches in Chilean ports，2000/296/EC，2000.

102. WT/CTE/W/154，*Environmentally - Harmful and Trade - Distorting Subsidies in Fisheries*，Communication from the United States，2000.

103. UNEP，*Fisheries Subsidies and Overfishing：Towards a Structured Discussion*，2000. Available：〈www. unep. ch/etu/etp/acts/manpols/fishery. htm〉.

104. *Land reclamation Case*，Order of 10 September 2003，2003.

105. ［日］清水章雄：“日本の農産物に係る措置”，載経済産業省《WTOパネル・上級委員会報告書に関する調査研究報告書》（1999 年）。

106. ［日］安藤仁介：“領域外において私人行為の国家責任”，載《日本神户法学杂志》1980 年 9 月第 30 卷第 25 号。

后 记

草蛇灰线，伏行千里。它山之石，可以攻玉。

本书精选五十多个国际环境事件进行分析，内容涉及国际环境法理论发展、国际环境法主体、国际环境法渊源、国际环境法基本原则和水土资源、气候系统、生物多样性的国际环境法保护以及环境与健康、环境与贸易等领域，由此构成本书之学科特色与专业知识体系，旨在让人们了解并理解国际环境问题的潜在性与特殊性，以案说法，希望通过本书的学习了解并掌握有关国际环境事件的前沿动态，以国际环境司法实践为视角，将国际环境法的理论与案例实践相结合，通过精选的国际环境事件及其所涉及的国际环境法问题的解读与解析，以增强理论联系实际和运用国际环境法专业知识解决实际问题的能力，培养具有独立进行科学研究的能力和能够掌握运用国际环境法专业知识为人类正确运用法律手段促进人类环境保护事业的发展造就具有新思想新理念的德才兼备的优秀人才。有助于提高全人类全社会发现、解决国际环境问题的洞察力并切实遵守、履行人类环境行为规范。

参加本书编撰的有郭红岩教授、张力教授、金哲教授、吴盈盈博士、刘冰玉博士、王惠博士、吴汶燕博士、林森博士、王琦博士、林婧博士、田丹宇博士、汪珂如博士、蒲昌伟博士、陈文彬博士、邵莉莉博士、林煜博士和博士生贾辉、孙世民、刘春一、何勇、岳雷雨、邹纯忻、陈维民、潘婧、王翔以及硕士生许子昀、漆宇舟、许刘希、赵文文、尚雨辰、粘以净、张进等。在此，深表由衷谢忱！

　　本书的出版，要特别感谢中国政法大学研究生精品课程建设和研究生教学改革项目的大力支持，并特别感谢中国政法大学出版社丁春晖编辑的辛勤付出。

2020 年 6 月 30 日　于荆斋